工程项目管理

主　编　韩少男
副主编　李玉胜　常继峰　潘　睿

北京理工大学出版社
BEIJING INSTITUTE OF TECHNOLOGY PRESS

内 容 简 介

本书主要介绍了工程管理的运用规律、理念、方法和准则。全书共分为3篇14章，主要内容包括：第一篇工程项目档案管理，包含工程项目档案管理概论、工程项目施工前期档案、工程项目施工过程中档案、工程项目竣工验收阶段档案；第二篇工程项目施工管理，包含建设工程项目管理概论、工程项目质量管理、工程项目进度管理、工程项目成本控制；第三篇工程项目招投标与合同管理，包含工程承包、工程招标与投标、工程合同管理、工程项目安全生产管理、工程项目信息管理、工程项目职业健康与环境管理。

本书可作为高等院校工程管理专业和土木工程等相关专业的教材，也可作为相关专业工程技术人员的参考用书。

图书在版编目(CIP)数据

工程项目管理 / 韩少男主编. —北京：北京理工大学出版社，2019.2(2023.7 重印)
ISBN 978-7-5682-6726-7

Ⅰ. ①工… Ⅱ. ①韩… Ⅲ. ①工程项目管理－高等学校－教材 Ⅳ. ①F284

中国版本图书馆 CIP 数据核字(2019)第 028514 号

出版发行 / 北京理工大学出版社有限责任公司
社　　址 / 北京市海淀区中关村南大街5号
邮　　编 / 100081
电　　话 / (010)68914775(总编室)
82562903(教材售后服务热线)
68944723(其他图书服务热线)
网　　址 / http://www.bitpress.com.cn
经　　销 / 全国各地新华书店
印　　刷 / 廊坊市印艺阁数字科技有限公司
开　　本 / 787毫米×1092毫米 1/16
印　　张 / 19.25
字　　数 / 452千字
版　　次 / 2019年2月第1版 2023年7月第3次印刷
定　　价 / 52.00元

责任编辑 / 李志敏
文案编辑 / 赵　轩
责任校对 / 黄拾三
责任印制 / 李志强

前 言

Preface

工程项目管理自20世纪80年代从国外引进中国以后，通过多年的消化吸收和实践应用，进行了大量的自主创新，已经提升了我国的各工程领域项目管理的科学水平和技术力量，为我国工程管理和经济社会的发展做出了重要贡献。

2017年，我国颁布了《建设工程项目管理规范》(GB/T 50326—2017)。该规范是工程项目管理科学应用的具体体现，是我国工程项目管理实践的总结和升华，是规范工程项目管理行为的国家标准，构成了中国特色的工程项目管理知识体系。土木工程各专业的学生应该通过工程项目管理课程的学习，建立规范所提出的以人为本、自主创新、科学发展和可持续发展等工程领域的科学管理理念。

《建设工程项目管理规范》(GB/T 50326—2017)指出了我国工程项目管理的发展方向，使工程项目管理科学化、规范化、制度化和国际化。在各级工程领域，工程项目管理是作为一种国家制度必须遵守的。我国已经实现了工程项目管理规范化，逐渐向工程项目管理国际化发展。本书阐述了工程项目管理的科学规律、理念、方法和知识体系，正确把握了工程项目管理岗位需要的知识重点，与《建设工程项目管理规范》(GB/T 50326—2017)的知识体系保持一致，重视案例教学，注重工程项目管理的实用性和可操作性，关注业主与工程项目管理的重要关系，介绍了工程总承包的经营方式和发展方向，引入了工作实践经验和专业领域内的最新研究成果。通过对本书的学习，学生可以更好地掌握这门科学知识，同时具备应用于未来各工程领域的能力，最终为工程项目管理事业的科学发展做出贡献。

本书以培养学生具有工程项目管理的能力为目标，全面、系统地讲述了工程项目管理的理论、方法和实例，其中包括建设项目管理、建设监理和施工企业项目管理，并且以施工企业项目管理为主。围绕施工企业项目管理，本书详细阐述了流水施工方法、工程网络计划技术、施工组织总设计、单位工程施工组织设计和施工项目目标管理等。另外，本书吸收了国内外工程项目管理科学的传统内容和最新成果，紧密结合我国建筑业、施工企业和工程建设的改革实际，着力与国际做法衔接。

本书由韩少男担任主编，李玉胜、常继峰、潘睿担任副主编。

由于编写时间仓促和编写水平有限，书中难免有不妥之处或不足，恳请同仁专家或者广大读者批评指正。

编　者

目录

Contents

第一篇　工程项目档案管理

第二篇　工程项目施工管理

第三篇　工程项目招投标与合同管理

第一篇

工程项目档案管理

第一章
工程项目档案管理概论

工程项目档案管理是工程项目管理的重要内容。它是广大工程技术人员、工程管理人员按建筑安装工程施工验收规范和质量评定标准，以及各地方有关工程档案的程序、做法要求完成的。工程项目档案可以证明工程质量的优劣、结构的安全可靠程度和工程的质量等级；它可以为工程结算提供依据；它可以督促施工人员按规范、规程组织施工，并考核其施工管理水平；它可以为施工企业积累丰富的施工技术资料；它可以为建设项目的复查、维修、改造、扩建等提供技术依据；还可以作为工程项目的历史见证，以便查考工作，总结经验，进行技术交流。因此，工程项目档案管理与工程项目管理的其他各项工作是同等重要的。项目建设的参与者包括建设单位、勘察设计单位、施工单位和监理单位等，为保证基本建设项目能够按设计的要求，更好地得以完成，在建筑工程施工中应特别注重工程项目档案的管理。

第一节　工程项目档案概述

一、工程项目档案的概念与编制要求

工程项目档案是城建档案的重要组成部分。它是指在整个工程项目建设过程（包括从立项、审批到竣工验收、备案等一系列活动）中直接形成的具有归档价值的文字、图表、声像等各种形式的历史记录。

工程项目档案是伴随工程项目的建设过程产生的。它真实、准确地记述和反映了项目在整个建设过程中的实际状况与历史过程，也是各种建设活动的直接记录和原始记录。然而，在工程项目建设完成后，人们根据自己的观点和需要另行编写、收集与复制的资料则不能称为工程项目档案。

工程项目档案应按完整化、规范化、标准化的要求整理编制，必须做到及时、准确、系统、科学。

1.及时

及时，是在施工过程中对各种要求的数据、现象及时进行记录；竣工验收时，施工单位要

及时做好工程技术档案的整理、归档以及移交工作。

2.准确

准确，即要求施工过程中形成的技术文件材料，应如实地反映工程施工的客观情况。严格按施工图和现行材料质量标准、质量检验标准、施工验收规范施工，做到变更有手续、有根据，施工各部位有记录；严禁出现擅自修改、伪造和事后补做技术文件材料等情况。

3.系统

系统，即要求按照施工程序和施工顺序，对形成的技术文件材料进行系统整理，系统地反映施工的全过程。

4.科学

科学，是以科学的态度对待施工中的每一个数据，应做到施工有依据，检查有结论，现场有记录，试验、化验有报告，预制构件、材料有证件，修改图样有手续，工程竣工有结论。

二、工程项目档案的主要任务

工程项目档案来源于工程技术资料，它应与工程建设同步进行。工程项目档案与建筑产品的关系十分密切，如施工组织设计、技术交底记录、技术措施等记载了施工组织情况和技术活动情况；隐蔽工程记录、工程测量记录等则记载了工程施工的实际情况；分部分项工程质量检查记录反映的是工程施工的实际质量情况。而原材料的出厂合格证，构件、门窗等半成品的出厂证明，则是反映建筑材料质量的原始凭证。图样会审、设计变更记录等是施工依据的设计图样，在整个施工过程中不可避免地会发生必要的修改和补充，作为最终产品的建筑物已与原设计图样有了差异，这些差异又与建筑物的质量、工程成本有直接关系，影响工程的验收和决算。因此，工程项目档案是工程施工、验收和决算的依据。

工程项目档案的主要任务是在工程建设过程中对技术活动和工程质量所做的真实记载，并随着工程的进展逐步收集、整编、审定、积累起来。工程竣工后，这些技术资料经过整理后移交给技术档案管理部门和建设单位归档，并作为工程日后合理使用、维护、管理、改建、扩建的依据，更好地进行施工生产和经营服务。

三、工程项目档案的作用

工程项目档案记述了工程项目建设过程中相关的管理和技术信息，凝结着工程管理人员、技术人员和操作人员的劳动与智慧。它既是一种重要的信息资源，也是工程建设的管理经验和技术经验借以贮存与传播的手段之一。工程项目档案管理对提高工程项目建设的技术水平，促进管理的科学化、规范化和法制化有重要意义。

工程项目档案对施工单位和建设单位有极其重要的作用，具体内容如下：

(1)为建筑工程的使用、维修、改建、扩建提供技术依据。

(2)为工程质量优劣、结构安全可靠程度、认定工程质量等级提供重要依据。

(3)为工程的结算提供可靠依据。

(4)可督促施工人员按规范、规程组织施工，为考核工程施工管理水平提供重要依据。

(5)系统积累施工技术经济资料，为施工建设提供参考，为工程技术人员了解、熟悉、掌握专业技术服务，以及施工企业各领导和技术负责人进行生产、技术上的决策与指挥工作提供重要信息。

(6)为城市管理提供技术依据。

四、工程项目档案的内容

工程项目档案按照工程项目的建设过程划分，可分为施工前期有关资料、施工阶段有关资料、竣工验收阶段有关资料等。工程项目的施工阶段是工程蓝图实现的过程，施工阶段有关资料作为工程项目施工全过程的记录，为工程验收和使用提供最直接的科学依据。它是工程项目档案最主要的组成部分。

工程项目档案按其种类可分为土建工程、给水排水工程、暖卫安装工程、通风空调工程、电气安装工程、电梯安装工程档案。

1.施工前期有关资料

(1)申请报告，批准文件。

(2)有关决议、指示、批示，领导重要讲话，会议记录等。

(3)可行性研究、方案论证材料。

(4)征用土地、拆迁、补偿等文件。

(5)工程地质勘查报告。

(6)概预算。

(7)承发包合同、协议书、招标、投标文件。

(8)建筑企业执照及规划、消防、环保、劳动等部门审核文件。

2.施工阶段有关资料

(1)开工报告。

(2)工程测量定位记录。

(3)图纸会审、技术交底记录。

(4)施工组织设计等文件。

(5)地基处理、基础工程施工文件资料。

(6)隐蔽工程验收记录。

(7)工程变更通知单、技术核定单、材料代用单。

(8)建筑材料质保、试验记录。

(9)水、电、煤气、供暖等设备安装施工记录。

(10)工程质量事故报告及处理记录。

(11)沉降观测记录。

(12)垂直度观测记录。

(13)分部分项工程质量评定记录与单位工程质量综合评定表。

(14)施工日记。

(15)竣工报告。

3.竣工验收阶段有关资料

(1)竣工项目验收报告。

(2)竣工决算与审核文件。

(3)竣工验收会议文件、会议决定。

(4)工程竣工验收质量评定表。

(5)工程建设总结。

(6)有关照片、录音、录像、名人题字等。

(7)竣工图等。

五、工程项目档案的编制依据

工程项目档案主要是依据国家、行业和地方的有关规范、标准以及规定，并结合各自工程的实际情况编制而成的，主要体现在以下几个方面。

(1)国家批准的基本建设计划文件、单位工程项目一览表、投资指标、建筑地点所在地主管部门的批件以及施工任务书。

(2)批准的初步设计和技术设计，设计说明书，工程总概算、预算，以及工程定额和已批准的计划任务书。

(3)建筑所在地区的气象、地形、地质和地区的调查资料。

(4)施工图样、图样会审记录、设计变更通知单以及标准图册。

(5)原材料、半成品、成品出厂质量证明和试检验报告资料。

(6)工程测量定位、标高、轴线测量检测资料。

(7)有关上级指示，国家、行业和地方的现行规定、规范、操作规程、质量评定标准，以及合同协议书和议定事项等。

(8)《中华人民共和国档案法》。

(9)《建设工程文件归档整理规范》(GB/T 50328—2014)。

六、工程项目档案的编制分工

工程项目档案是工程项目在立项、审批、施工到竣工验收的一系列活动中形成的。它涉及建设、勘察设计、施工和监理等若干单位，一般情况下，各单位负责本单位在相关建设活动中的工程文件材料的形成、积累和立卷归档工作，并向建设单位移交，只有建设单位才可拥有工程项目的全套档案。建设单位要在工程招标与勘察设计、施工、监理等单位签订合同时，就明确提出对工程档案的要求，并在执行中负责监督和检查。

第二节　工程项目档案的管理与验收

一、工程项目档案的归档范围

建设项目(工程)竣工时，应将工程来往的批件、技术资料和施工图样整理完好归档、保存，各有关单位可视其重要程度和需要决定是否保存以及保存多长时间。根据中华人民共和国国家标准《建设工程文件归档整理规范》(GB/T 50328—2014)的规定，建设工程文件归档范围见表 1-1。

表 1-1　建设工程文件归档范围

类别	归档文件	保存单位				
		建设单位	设计单位	施工单位	监理单位	城建档案馆
工程准备阶段文件(A 类)						
A1	立项文件					
1	项目建议书批复文件及项目建议书	▲				▲
2	可行性研究报告批复文件及可行性研究报告	▲				▲
3	专家论证意见、项目评估文件	▲				▲
4	有关立项的会议纪要、领导批示	▲				▲
A2	建设用地、拆迁文件					
1	选址申请及选址规划意见通知书	▲				▲
2	建设用地批准书	▲				▲
3	拆迁安置意见、协议、方案等	▲				△
4	建设用地规划许可证及其附件	▲				▲
5	土地使用证明文件及其附件	▲				▲
6	建设用地钉桩通知单	▲				▲
A3	勘察、设计文件					
1	工程地质勘查报告	▲	▲			▲
2	水文地质勘查报告	▲	▲			▲
3	初步设计文件(说明书)	▲	▲			
4	设计方案审查意见	▲	▲			▲
5	人防、环保、消防等有关主管部门(对设计方案)审查意见	▲	▲			▲
6	设计计算书	▲	▲			△
7	施工图设计文件审查意见	▲	▲			▲
8	节能设计备案文件	▲				▲
A4	招投标文件					
1	勘察、设计招投标文件	▲	▲			
2	勘察、设计合同	▲	▲			▲
3	施工招投标文件	▲		▲	△	
4	施工合同	▲		▲	△	▲

续表

类别	归 档 文 件	保存单位				
		建设单位	设计单位	施工单位	监理单位	城建档案馆
5	工程监理招投标文件	▲			▲	
6	监理合同	▲			▲	▲
A5	开工审批文件					
1	建设工程规划许可证及其附件	▲		△	△	▲
2	建设工程施工许可证	▲		▲	▲	▲
A6	工程造价文件					
1	工程投资估算材料	▲				
2	工程设计概算材料	▲				
3	招标控制价格文件	▲				
4	合同价格文件	▲		▲		△
5	结算价格文件	▲		▲		△
A7	工程建设基本信息					
1	工程概况信息表	▲		△		▲
2	建设单位工程项目负责人及现场管理人员名册	▲				▲
3	监理单位工程项目总监及监理人员名册				▲	▲
4	施工单位工程项目经理及质量管理人员名册	▲		▲		▲
监 理 文 件(B类)						
B1	监理管理文件					
1	监理规划	▲			▲	▲
2	监理实施细则	▲		△	▲	▲
3	监理月报	△			▲	
4	监理会议纪要	▲		△	▲	
5	监理工作日志				▲	
6	监理工作总结				▲	▲
7	工作联系单	▲		△	△	
8	监理工程师通知	▲		△	△	△
9	监理工程师通知回复单	▲		△	△	△
10	工程暂停令	▲		△	△	▲
11	工程复工报审表	▲		▲	▲	▲
B2	进度控制文件					

续表

类别	归 档 文 件	保存单位				
		建设单位	设计单位	施工单位	监理单位	城建档案馆
1	工程开工报审表	▲		▲	▲	▲
2	施工进度计划报审表	▲		△	△	
B3	质量控制文件					
1	质量事故报告及处理资料	▲		▲	▲	▲
2	旁监理记录	△		△	▲	
3	见证取样和送检人员备案表	▲		▲	▲	
4	见证记录	▲		▲	▲	
5	工程技术文件报审表			△		
B4	造价控制文件					
1	工程款支付	▲		△	△	
2	工程款支付证书	▲		△	△	
3	工程变更费用报审表	▲		△	△	
4	费用索赔申请表	▲		△	△	
5	费用索赔审批表	▲		△	△	
B5	工期管理文件					
1	工期延期申请表	▲		▲	▲	▲
2	工期延期审批表	▲			▲	▲
B6	监理验收文件					
1	竣工移交证书	▲		▲	▲	▲
2	监理资料移交书	▲			▲	
施 工 文 件(C类)						
C1	施工管理文件					
1	工程概况表	▲		▲	▲	△
2	施工现场质量管理检查记录			△	△	
3	企业资质证书及相关专业人员岗位证书	△		△	△	△
4	分包单位资质报审表	▲		▲	▲	
5	建设单位质量事故勘察记录	▲		▲	▲	▲
6	建设工程质量事故报告书	▲		▲	▲	▲
7	施工监测计划	△		△	△	
8	见证实验检测汇总表	▲		▲	▲	▲

续表

类别	归档文件	保存单位				
		建设单位	设计单位	施工单位	监理单位	城建档案馆
9	施工日志			▲		
C2	施工技术文件					
1	工程技术文件报审表	△		△	△	
2	施工组织设计及施工方案	△		△	△	△
3	危险性较大分部分项工程施工方案	△		△	△	△
4	技术交底记录	△		△		
5	图纸会审记录	▲	▲	▲	▲	▲
6	设计变更通知单	▲	▲	▲	▲	▲
7	工程洽商记录(技术核定单)	▲	▲	▲	▲	▲
C3	进度造价文件					
1	工程开工报审表	▲	▲	▲	▲	▲
2	工程复工报审表	▲	▲	▲	▲	▲
3	施工进度计划报审表			△	△	
4	施工进度计划			△	△	
5	人、机、材动态表			△	△	
6	工程延期申请表	▲		▲	▲	▲
7	工程款支付申请表	▲		△	△	
8	工程变更费用报审表	▲		△	△	
9	费用索赔申请表	▲		△	△	
C4	施工物资出厂质量证明及进场检测文件					
	出厂质量证明文件及检测报告					
1	砂、石、砖、水泥、钢筋、隔热、保温、防腐材料、轻集料出厂证明文件	▲		▲	▲	△
2	其他物资出厂合格证、质量保证书、检测报告和报关单或商检证等	△		▲	△	
3	材料、设备的相关检验报告、型式检测报告、3C强制认证合格证书或3C标志	△		▲	△	
4	主要设备、器具的安装使用说明书	▲		▲	△	
5	进口的主要材料设备的商检证明文件	△		▲		
6	涉及消防、安全、卫生、环保、节能的材料、设备的检测报告或法定机构出具的有效证明文件	▲		▲	▲	△

续表

类别	归档文件	保存单位				
		建设单位	设计单位	施工单位	监理单位	城建档案馆
7	其他施工物资产品合格证、出厂检验报告					
	进场检验通用表格					
1	材料、构配件进场检验记录			△	△	
2	设备开箱检验记录			△	△	
3	设备及管道附件试验记录	▲		▲	△	
	进场复试报告					
1	钢材试验报告	▲		▲	▲	▲
2	水泥试验报告	▲		▲	▲	▲
3	砂试验报告	▲		▲	▲	▲
4	碎(卵)石试验报告	▲		▲	▲	▲
5	外加剂试验报告	△		▲	▲	▲
6	防水涂料试验报告	▲		▲	△	
7	防水卷材试验报告	▲		▲	△	
8	砖(砌块)试验报告	▲		▲	▲	▲
9	预应力筋复试报告	▲		▲	▲	▲
10	预应力锚具、夹具和连接复试报告	▲		▲	▲	▲
11	装饰装修用门窗复试报告	▲		▲	△	
12	装饰装修用人造木板复试报告	▲		▲	△	
13	装饰装修用花岗石复试报告	▲		▲	△	
14	装饰装修用安全玻璃复试报告	▲		▲	△	
15	装饰装修用外墙面砖复试报告	▲		▲	△	
16	钢结构用钢材复试报告	▲		▲	▲	▲
17	钢结构用防火涂料复试报告	▲		▲	▲	▲
18	钢结构用焊接材料复试报告	▲		▲	▲	▲
19	钢结构用高强度大六角头螺栓连接副复试报告	▲		▲	▲	▲
20	钢结构用扭剪型高强度螺栓连接副复试报告	▲		▲	▲	▲
21	幕墙用铝塑板、石材、玻璃、结构胶复试报告	▲		▲	▲	▲
22	散热器、供暖系统保温材料、通风与空调工程绝热材料、风机盘管机组、低压配电系统电缆的见证取样复试报告	▲		▲	▲	▲
23	节能工程材料复试报告	▲		▲	▲	▲

续表

类别	归 档 文 件	保存单位				
		建设单位	设计单位	施工单位	监理单位	城建档案馆
24	其他物资进场复试报告					
C5	施工记录文件					
1	隐蔽工程验收记录	▲		▲	▲	▲
2	施工检查记录			△		
3	交接检查记录			△		
4	工程定位测量记录	▲		▲	▲	▲
5	基槽验线记录	▲		▲	▲	▲
6	楼层平面放线记录			△	△	△
7	楼层标高抄测记录			△	△	△
8	建筑物垂直度、标高观测记录	▲		▲	△	▲
9	沉降观测记录	▲		▲	△	
10	基坑支护水平位移检测记录			△	△	
11	桩基、支护测量放线记录			△	△	
12	地基验槽记录	▲	▲	▲	▲	▲
13	地基钎探记录	▲		△	△	▲
14	混凝土浇灌申请书			△	△	
15	预拌混凝土运输单			△		
16	混凝土开盘鉴定			△	△	
17	混凝土拆模申请单			△	△	
18	混凝土预拌测温记录			△		
19	混凝土养护测温记录			△		
20	大体积混凝土养护测温记录			△		
21	大型构件吊装记录	▲		△	△	▲
22	焊接材料烘焙记录			△		
23	地下工程防水效果检查记录	▲		△	△	
24	防水工程试水检查记录	▲		△	△	
25	通风(烟)道、垃圾道检查记录	▲		△	△	
26	预应力筋张拉记录	▲		▲	△	▲
27	有黏结预应力结构灌浆记录	▲		▲	△	▲
28	钢结构施工记录	▲		▲	△	

续表

类别	归档文件	保存单位				
		建设单位	设计单位	施工单位	监理单位	城建档案馆
29	网架(索膜)施工记录	▲		▲	△	▲
30	木结构施工记录	▲		▲	△	
31	幕墙注胶检查记录	▲		▲	△	
32	自动扶梯、自动人行道的相邻区域检查记录	▲		▲	△	
33	电梯电气装置安装检查记录	▲		▲	△	
34	自动扶梯、自动人行道电气装置检查记录	▲		▲	△	
35	自动扶梯、自动人行道整机安装质量检查记录	▲		▲	△	
36	其他施工记录文件					
C6	施工试验记录及检测文件					
	通用表格					
1	设备单机试运转记录	▲		▲	△	△
2	系统试运转调试记录	▲		▲	△	△
3	接地电阻测试记录	▲		▲	△	△
4	绝缘电阻测试记录	▲		▲	△	△
	建筑与结构工程					
1	锚杆试验报告	▲		▲	△	△
2	地基承载力检验报告	▲		▲	△	▲
3	桩基检测报告	▲		▲	△	▲
4	土工击实试验报告	▲		▲	△	▲
5	回填土试验报告(应附图)	▲		▲	△	▲
6	钢筋机械连接试验报告	▲		▲	△	△
7	钢筋焊接连接试验报告	▲		▲	△	△
8	砂浆配合比申请书、通知单			△	△	△
9	砂浆抗压强度试验报告	▲		▲	△	▲
10	砌筑砂浆试块强度统计、评定记录	▲		▲		△
11	混凝土配合比申请书、通知单	▲		△	△	△
12	混凝土抗压强度试验报告	▲		▲	△	▲
13	混凝土试块强度统计、评定记录	▲		▲	△	△
14	混凝土抗渗试验报告	▲		▲	△	△
15	砂、石、水泥放射性指标报告	▲		▲	△	△

续表

类别	归档文件	保存单位				
		建设单位	设计单位	施工单位	监理单位	城建档案馆
16	混凝土碱总量计算书	▲		▲	△	△
17	外墙饰面砖样板黏结强度试验报告	▲		▲	△	△
18	后置埋件抗拔试验报告	▲		▲	△	△
19	超声波探伤报告、探伤记录	▲		▲	△	△
20	钢结构射线探伤报告	▲		▲	△	△
21	磁粉探伤报告	▲		▲	△	△
22	高强度螺栓抗滑移系数检测报告	▲		▲	△	△
23	钢结构焊接工艺评定			△	△	△
24	网架节点承载力试验报告	▲		▲	△	△
25	钢结构防腐、防火涂料厚度检测报告	▲		▲	△	△
26	木结构胶缝试验报告	▲		▲	△	
27	木结构构件力学性能试验报告	▲		▲	△	△
28	木结构防腐剂试验报告	▲		▲	△	△
29	幕墙双组分硅酮结构胶混匀性及拉断试验报告	▲		▲	△	△
30	幕墙的抗风压性能、空气渗透性能、雨水渗透性能及平面内变形性能检测报告	▲		▲	△	△
31	外门窗的抗风压性能、空气渗透性能和雨水渗透性能检测报告	▲		▲	△	△
32	墙体节能工程保温板材与基层黏结强度现场拉拔试验	▲		▲	△	△
33	外墙保温浆料通条件养护试件试验报告	▲		▲	△	△
34	结构实体混凝土强度验收记录	▲		▲	△	△
35	结构实体钢筋保护层厚度验收记录	▲		▲	△	△
36	围护结构现场实体检验	▲		▲	△	△
37	室内环境检测报告	▲		▲	△	△
38	节能性能检测报告	▲		▲	△	▲
39	其他建筑与结构施工试验记录与检测文件					
	给水排水及供暖工程					
1	灌（满）水试验记录	▲		△	△	
2	强度严密性试验记录	▲		▲	△	△
3	通水试验记录	▲		△	△	
4	冲（吹）洗试验记录	▲		▲	△	

续表

类别	归 档 文 件	保存单位				
		建设单位	设计单位	施工单位	监理单位	城建档案馆
5	通球试验记录	▲		△	△	
6	补偿器安装记录			△	△	
7	消火栓试射记录	▲		▲	△	
8	安全附件安装检查记录			▲	△	
9	锅炉烘炉试验记录			▲	△	
10	锅炉煮炉试验记录			▲	△	
11	锅炉试运行记录	▲		▲	△	
12	安全阀定压合格证书	▲		▲	△	
13	自动喷水灭火系统联动试验记录	▲		▲	△	△
14	其他给水排水及供暖施工试验记录与检测文件					
	建筑电气工程					
1	电气接地装置平面示意图表	▲		▲	△	△
2	电气器具通电安全检查记录点	▲		△	△	
3	电气设备空载试运行记录	▲		▲	△	△
4	建筑物照明通电试运行记录	▲		▲	△	△
5	大型照明灯具承载试验记录	▲		▲	△	
6	漏电开关模拟试验记录	▲		▲	△	
7	大容量电气线路结点测温记录	▲		▲	△	
8	低压配电电源质量测试记录	▲		▲	△	
9	建筑物照明系统照度测试记录	▲		△	△	
10	其他建筑电气施工试验记录与检测文件					
	智能建筑工程					
1	综合布线测试记录	▲		▲	△	△
2	光纤损耗测试记录	▲		▲	△	△
3	视频系统末端测试记录	▲		▲	△	△
4	子系统检测记录	▲		▲	△	△
5	系统试运行记录	▲		▲	△	△
6	其他智能建筑施工试验记录与检测文件					
	通风与空调工程					
1	风管漏光检测记录	▲		△	△	

续表

类别	归档文件	保存单位				
		建设单位	设计单位	施工单位	监理单位	城建档案馆
2	风管漏风检测记录	▲		▲		
3	现场组装除尘器、空调漏风检测记录			△	△	
4	各房间室内风量测量记录	▲		△	△	
5	管网风量平衡记录	▲		△	△	
6	空调系统试运转调试记录	▲		▲	△	△
7	空调水系统试运转调试记录	▲		▲	△	△
8	制冷系统气密性试验记录	▲		▲	△	△
9	净化空调系统检测记录	▲		▲	△	△
10	防排烟系统联合试运行记录	▲		▲	△	△
11	其他通风与空调施工试验记录与检测文件					
	电梯工程					
1	轿厢平层准确度测量记录	▲		△	△	
2	电梯层门安全装置检测记录	▲		▲	△	
3	电梯电气安全装置检测记录	▲		▲	△	
4	电梯整机功能检测记录	▲		▲	△	
5	电梯主要功能检测记录	▲		▲	△	
6	电梯负荷试运行试验记录	▲		▲	△	△
7	电梯负荷运行试验曲线图表	▲		▲	△	
8	电梯噪声测试记录	△		△	△	
9	自动扶梯、自动人行道安全装置检测记录	▲		▲	△	
10	自动扶梯、自动人行道整机性能、运行试验报告	▲		▲	△	△
11	其他电梯施工试验记录与检测文件					
C7	施工质量验收文件					
1	检验批质量验收记录	▲		△	△	
2	分项工程质量验收记录	▲		▲	▲	
3	分布(子分部)工程质量验收记录	▲		▲	▲	▲
4	建筑节能分部工程质量验收记录	▲		▲	▲	▲
5	自动喷水系统验收缺陷项目划分记录	▲		△	△	
6	程控电话交换系统分项工程质量验收记录	▲		▲	△	
7	会议电视系统分项工程质量验收记录	▲		▲	△	

续表

类别	归　档　文　件	保存单位				
		建设单位	设计单位	施工单位	监理单位	城建档案馆
8	卫星数字电视系统分项工程质量验收记录	▲		▲	△	
9	有线电视系统分项工程质量验收记录	▲		▲	△	
10	公共广播与紧急广播系统分项工程质量验收记录	▲		▲	△	
11	计算机网络系统分项工程质量验收记录	▲		▲	△	
12	应用软件系统分项工程质量验收记录	▲		▲	△	
13	网络安全系统分项工程质量验收记录	▲		▲	△	
14	空调与通风系统分项工程质量验收记录	▲		▲	△	
15	变配电系统分项工程质量验收记录	▲		▲	△	
16	公共照明系统分项工程质量验收记录	▲		▲	△	
17	给水排水系统分项工程质量验收记录	▲		▲	△	
18	热源和热交换系统分项工程质量验收记录	▲		▲	△	
19	冷冻和冷却系统分项工程质量验收记录	▲		▲	△	
20	电梯和自动扶梯系统分项工程质量验收记录	▲		▲	△	
21	数据通信接口分项工程质量验收记录	▲		▲	△	
22	中央管理工作站及操作分站分项工程质量验收记录	▲		▲	△	
23	系统实时性、可维护性、可靠性分项工程质量验收记录	▲		▲	△	
24	现场设备安装及检测分项工程质量验收记录	▲		▲	△	
25	火灾自动报警及消防联动系统分项工程质量验收记录	▲		▲	△	
26	综合防范功能分项工程质量验收记录	▲		▲	△	
27	视频安防监控系统分项工程质量验收记录	▲		▲	△	
28	入侵报警系统分项工程质量验收记录	▲		▲	△	
29	出入口控制(门禁)系统分项工程质量验收记录	▲		▲	△	
30	巡更管理系统分项工程质量验收记录	▲		▲	△	
31	停车场(库)管理系统分项工程质量验收记录	▲		▲	△	
32	安全防范综合管理系统分项工程质量验收记录	▲		▲	△	
33	综合布线系统安装分项工程质量验收记录	▲		▲	△	
34	综合布线系统性能检测分项工程质量验收记录	▲		▲	△	
35	系统集成网络连接分项工程质量验收记录	▲		▲	△	
36	系统数据集成分项工程质量验收记录	▲		▲	△	
37	系统集成整体协调分项工程质量验收记录					

续表

类别	归档文件	保存单位				
		建设单位	设计单位	施工单位	监理单位	城建档案馆
38	系统集成综合管理及冗余功能分项工程质量验收记录	▲		▲	△	
39	系统集成可维护性和安全性分项工程质量验收记录	▲		▲	△	
40	电源系统分项工程质量验收记录	▲		▲	△	
41	其他施工质量验收文件					
C8	施工验收文件					
1	单位(子单位)工程竣工预验收报验表	▲		▲		▲
2	单位(子单位)工程质量竣工验收记录	▲	△	▲		▲
3	单位(子单位)工程质量控制资料核查记录	▲		▲		▲
4	单位(子单位)工程安全和功能检验资料核查及主要功能抽查记录	▲		▲		▲
5	单位(子单位)工程观感质量检查记录	▲		▲		▲
6	施工资料移交书	▲		▲		
7	其他施工验收文件					
竣工图(D类)						
1	建筑竣工图	▲		▲		▲
2	结构竣工图	▲		▲		▲
3	钢结构竣工图	▲		▲		▲
4	幕墙竣工图	▲		▲		▲
5	室内装饰竣工图	▲		▲		
6	建筑给水排水及供暖竣工图	▲		▲		▲
7	建筑电气竣工图	▲		▲		▲
8	智能建筑竣工图	▲		▲		▲
9	通风与空调竣工图	▲		▲		▲
10	室外工程竣工图	▲		▲		▲
11	规划红线内的室外给水、排水、供热、供电、照明管线等竣工图	▲		▲		▲
12	规划红线内的道路、园林绿化、喷灌设施等竣工图	▲		▲		▲
工程竣工验收文件(E类)						
E1	工程竣工验收文件					
1	勘察单位工程质量检查报告	▲		△	△	▲

续表

类别	归档文件	保存单位				
		建设单位	设计单位	施工单位	监理单位	城建档案馆
2	设计单位工程质量检查报告	▲	▲	△	△	▲
3	施工单位工程竣工报告	▲		▲	△	▲
4	监理单位工程质量评估报告	▲		△	▲	▲
5	工程竣工验收报告	▲	▲	▲	▲	▲
6	工程竣工验收会议纪要	▲	▲	▲	▲	▲
7	专家组竣工验收意见	▲	▲	▲	▲	▲
8	工程竣工验收证书	▲	▲	▲	▲	▲
9	规划、消防、环保、民防、防雷等部门出具的认可文件或准许使用文件	▲	▲	▲	▲	▲
10	房屋建筑工程质量保修书	▲				▲
11	住宅质量保证书、住宅使用说明书	▲		▲		▲
12	建设工程竣工验收备案表	▲	▲	▲	▲	▲
13	建设工程档案预验收意见	▲		△		▲
14	城市建设档案移交书	▲				▲
E2						
1	施工决算文件	▲		▲		△
2	监理决算文件	▲			▲	△
E3	工程声像资料等					
1	开工前原貌、施工阶段、竣工新貌照片	▲		△	△	▲
2	工程建设过程的录音、录像资料(重大工程)	▲		△	△	▲
E4	其他工程文件					
注:表中符号“▲”表示必须归档保存;“△”表示选择性归档保存。						

二、工程项目档案的质量要求

根据中华人民共和国国家标准《建设工程文件归档整理规范》(GB/T 50328—2014)的规定,工程项目档案应满足下列要求。

(1)归档的工程文件应为原件。

(2)工程文件的内容及其深度必须符合国家现行有关工程勘察、设计、施工、监理等标准的规定。

(3)工程文件的内容必须真实、准确,应与工程实际相符合。

(4)工程文件应采用碳素墨水、蓝黑墨水等耐久性强的书写材料,不得使用红色墨水、纯蓝墨水、圆珠笔、复写纸、铅笔等易褪色的书写材料。计算机输出文字和图件应使用激光打印机，不应使用色带式打印机、水性墨打印机和热敏打印机。

(5)工程文件应字迹清楚，图样清晰，图表整洁，签字盖章手续应完备。

(6)工程文件中文字材料幅面尺寸规格宜为A4幅面(297 mm×210 mm)。图纸宜采用国家标准图幅。

(7)工程文件的纸张应采用能够长期保存的韧力大、耐久性强的纸张。图样一般采用蓝晒图，竣工图应是新蓝图。计算机出图必须清晰，不得使用计算机出图的复印件。

(8)不同幅面的工程图纸应按《技术制图复制图的折叠方法》(GB 10609.3—2009)统一折叠成A4幅面(297 mm×210 mm)，图示栏露在外面。

三、工程项目档案的立卷

1.立卷的原则

(1)立卷应遵循工程文件的自然形成规律和工程专业的特点，保持卷内文件的有机联系，便于档案的保管和利用。

(2)工程文件应按不同的形成、整理单位及建设程序，按工程准备阶段文件、监理文件、施工文件、竣工图、竣工验收文件分别进行立卷，并可根据数量多少组成一卷或多卷。

(3)一项建设工程由多个单位工程组成时，工程文件应按单位工程立卷。

(4)不同载体的文件应分别立卷。

2.立卷的方法

(1)工程准备阶段文件应按建设程序、形成单位等进行立卷。

(2)监理文件应按单位工程、分部工程或专业、阶段等进行。

(3)施工文件应按单位工程、分部(分项)工程进行立卷。

(4)竣工图应按单位工程分专业进行立卷。

(5)竣工验收文件应按单位工程分专业进行立卷。

(6)电子文件立卷时，每个工程(项目)因建立多级文件夹，英语纸质文件在案卷设置上一致，并应建立相应的标识关系。

(7)声像资料应按建设工程各阶段立卷，重大事件与重要活动的声像资料应按专题立卷，声像档案与纸质档案应建立相应的标识关系。

3.卷内文件的排列

(1)卷内文件应按《建设工程文件归档整理规范》(GB/T 50328—2014)附录A和附录B的类别和顺序排列。

(2)文字材料应按事项、专业顺序排列。同一事项的请示与批复、同一文件的印本与定稿、主体与附件不应分开，并应按批复在前、请示在后，印本在前、定稿在后，主体在前、附件在后的顺序排列。

(3)图纸应按专业排列，同专业图纸应按图号顺序排列。

(4)当案卷内既有文字材料又有图纸时，文字材料应排在前面，图纸应排在后面。

4.案卷的编目

工程项目档案立卷后要对其进行编目，通过编目固定卷内工程文件材料的排列顺序和位置，并且初步揭示出案卷的内容和成分，以便于监督和保护案卷的完整和安全。

编制卷内文件页号应符合下列规定：

(1)卷内文件均按有书写内容的页面编号。每卷单独编号，页号从"1"开始。

(2)页号编写位置：单面书写的文件在右下角；双面书写的文件，正面在右下角，背面在左下角。折叠后的图样一律在右下角。

(3)成套图样或印刷成册的科技文件材料，自成一卷的，原目录可代替卷内目录，不必重新编写页码。

(4)案卷封面、卷内目录、卷内备考表不编写页号。

四、工程文件的归档

记载工程项目建设的主要过程和现状，并且具有保存价值的各种载体的文件，均应收集齐全，整理立卷后，移交档案管理机构。工程文件的归档，是建设程序和工程文件形成过程的一个具体且必要的环节。在工程项目的建设活动中，工程文件材料的形成与积累是建设活动不可或缺的组成部分。建设活动的全过程，就是工程文件材料形成的全过程。因此，对工程文件材料加以系统整理，向档案管理部门归档是顺理成章的，应加以重视。

工程文件的归档工作，由文件的形成部门和形成者承担。工程文件是各单位业务部门和有关技术管理人员在相应的工作中形成的。技术管理人员既是项目的参与者，也是文件材料的形成者，由技术管理人员进行工程文件的整理和归档，更能确保归档的质量。勘查、设计、施工、监理等单位，应将本单位形成的工程文件立卷后向建设单位移交，只有工程项目的建设单位或使用单位可拥有该工程的全套档案资料。建设工程实行总承包的由总包单位负责，分包单位将本单位形成的工程文件整理立卷后，应及时移交总包单位；建设工程项目由几个单位承包的由各承包单位负责，并应及时向建设单位移交。

工程文件的归档工作，将形成和使用工程档案的各业务部门与工程档案的管理部门联系在一起，为了保证归档文件的完整和质量，在各业务部门做好档案材料的形成、积累工作的基础上，城建档案管理部门应做好归档工作的检查指导，制定科学且符合工程项目建设特点和工程文件形成规律的归档制度。

工程文件的归档应符合下列规定：

(1)归档文件必须完整、准确、系统，能够反映工程建设活动的全过程。

(2)归档的文件必须经过分类整理，并应组成符合要求的案卷。

(3)根据建设程序和工程特点，归档可以分阶段分期进行，也可以在单位或分部工程通过竣工验收后进行。

(4)勘察、设计单位应当在任务完成时，施工、监理单位应当在工程竣工验收前，将各自形成的有关工程档案向建设单位归档。

(5)勘察、设计、施工单位在收齐工程文件并整理立卷后，建设单位、监理单位应根据城建档案管理机构的要求对档案文件的完整、准确、系统情况和案卷质量进行审查。审查合格后向建设单位移交。

(6)工程档案一般不少于两套,一套由建设单位保管,另一套(原件)移交当地城建档案馆(室)。

(7)勘察、设计、施工、监理等单位向建设单位移交档案时,应编制移交清单,双方签字、盖章后方可移交。

五、工程项目档案的验收和移交

工程项目档案是在工程建设中,逐渐积累起来的大量的文字、文件、图样资料和来往批件,经过整理、编目而形成的反映有关工程建设的技术经济文件和资料。它既是记录工程建设的永久性技术文件,也是建设项目日后进行复查、维修、改建、扩建的重要依据。因此,我们应重视并搞好工程项目档案资料的收集、整理、归档、验收和移交工作。

工程竣工后,施工企业基层技术部门(工程处或施工队)的工程技术人员应按有关规定,整理施工阶段的技术文件资料,编目建档,力求真实、准确、完整、配套,经建设单位或建设单位授权的监理单位审核认可后,作为工程竣工验收的资料。列入城建档案馆(室)接收范围的工程,建设单位在组织工程竣工验收前,应提请城建档案管理机构对工程档案进行预验收。建设单位未取得城建档案管理机构出具的认可文件,不得组织工程竣工验收。

城建档案管理部门在进行工程档案预验收时,应重点验收以下内容:

(1)工程档案齐全、系统、完整,全面反映工程建设活动和工程实际状况。

(2)工程档案已整理立卷,立卷符合《建设工程文件归档整理规范》(GB/T 50328—2014)的规定。

(3)竣工图的绘制方法、图式以及规格等符合专业技术要求,图面整洁,盖有竣工图章。

(4)文件的形成、来源符合实际,要求单位或个人签章的文件,其签章手续完备。

(5)文件材质、幅面、书写、绘图、用墨、托裱等符合要求。

(6)电子档案格式、载体等符合要求。

(7)声像档案内容、质量、格式符合要求。

竣工验收合格后,由施工单位的工程技术人员,按要求将竣工验收阶段的工程项目档案资料和施工阶段的工程项目档案资料整理好,编目建档,并于工程竣工后一个月内交施工单位主管技术档案部门,按规定验收,监督站认证后,移交给建设单位。

建设单位将施工单位移交的档案资料和施工前期由建设单位办理的工程项目档案资料重新整理,编目建档,形成全套的工程项目档案,并根据工程的重要程度决定是否上交给有关主管部门或技术档案部门长期保管。如果是特别重要的建设项目,则应增加一套移交给中华人民共和国国家档案局保存。

列入城建档案馆(室)接收范围的工程,建设单位在工程竣工验收后三个月内,必须向城建档案馆(室)移交一套符合规定的工程档案。停建、缓建建设工程的档案,暂由建设单位保管。对改建、扩建和维修工程,建设单位应当组织设计、施工单位据实修改、补充和完善原工程档案,并在工程竣工验收后三个月内向城建档案馆(室)移交。

建设单位向城建档案馆(室)移交工程档案时,应办理移交手续,填写移交目录,双方签字、盖章后交接。

第二章 工程项目施工前期档案

第一节 立项审批

立项阶段是基本建设项目最初的决策阶段。根据国家的长远规划或当前国民经济的发展状况，国家有关主管部门或业主提出项目设想，从业主组织编制项目建议书开始，项目建设正式进入基本建设程序的最初阶段。

一、立项决策阶段的工作程序

在立项决策阶段，业主的主要工作是组织编制项目建议书和项目可行性研究报告，在可行性研究的前期，要进行选址和选址勘查，编制选址报告，进行项目总设计。在进行可行性研究的同时，要委托地质勘查单位环境保护主管部门对项目的建设场地地震安全评价和建设项目环境影响进行评价。它们与可行性研究报告一并上报，作为主管部门对该项目做出最后决策审批的依据。

二、建设项目的选址报告和总体规划

业主获得了立项批准书后，就要选择设计或咨询单位、地质勘查单位、环境保护主管部门进行可行性研究的委托。在可行性研究开展之前，首先要进行选址和建设项目的总体规划。选址报告和总体规划，一般作为可行性研究的依据，只有当主管部门需要时，才上报审批或备案。它作为可行性研究的一项内容，或作为附件出现在可行性研究报告中。

当选址报告和总体规划需要单独上报时，由业主或业主授权的监理机构委托有关的设计机构进行此项任务。委托书的内容包括：建设项目名称、建设规模、工艺流程、拟占地面积、总建筑面积、工程的主要经济技术指标、长期发展设想、拟建地域等有关建设项目的初步技术内容。

设计文件的审批：新建工业区或大型建设项目报国家发展和改革委员会审批；中小型项目按隶属关系由国务院主管部门或省（自治区、直辖市）发展和改革委员会审批。国务院各

部门直属的中小型项目的具体建设地点，要取得所在省(自治区、直辖市)政府的同意。

三、建设项目建议书

建设项目建议书的作用主要表现在三个方面：一是国家选择建设项目的依据，项目建议书批准后即为立项；二是批准立项的工程可进一步开展可行性研究；三是涉及利用外资的项目，只有在批准立项后方可对外开展工作。

1.建设项目建议书的编制方法

项目建议书的编制大多由业主委托咨询单位或设计单位负责。通过粗略考察和分析提出项目的设想以及对投资机会的评估，主要表现在以下几个方面。

(1)论证重点。论证重点放在项目是否符合国家宏观经济政策方面，尤其其是否符合产业政策和产品的结构要求，是否符合生产力的布局要求，以减少盲目建设或不必要的重复建设，避免项目与宏观经济政策不符而导致的产业结构不合理。

(2)宏观信息。建设项目建议书阶段是基本建设程序的最初阶段，此时尚无法获得有关项目本身的详细技术、工程、经济资料的数据。因此，工作依据主要是国家的国民经济和社会发展规划、行业或地区规划、国家产业政策、技术政策、生产力布局状况、自然资源状况等宏观信息。

(3)估算误差。建设项目建议书阶段的分析、测算，对数据精度要求较低，内容相对简单。在没有条件取得可靠资料时，也可以参考同类项目的有关数据或其他经验数据进行推算，如建筑工程量、投资估算、流动资金估算等一般是按单位生产能力或类似工程进行估价。因此，项目建议书阶段的投资估算误差一般在±20%左右。

(4)最终结论。建设项目建议书阶段的研究目的是对投资机会进行研究，确定项目设想是否合理。通过市场预测研究项目产出物的市场前景，利用静态分析指标进行经济分析，以便做出对项目的评价。项目建议书的最终结论，可以是项目设想有前途的肯定性推荐意见，也可以是项目投资机会不成立的否定性意见。

2.建设项目建议书的主要内容

各部门、各地区、各行业根据国民经济和社会发展的长远规划、行业规划、地区规划等要求，经过调查、预测、分析，提出项目建议书。项目建议书应包括以下主要内容。

(1)建设项目提出的必要性和依据。

(2)产品方案、拟建规模和建设地点的初步设想。

(3)资源情况、建设条件、协作关系，以及引进国别、厂商的初步分析。

(4)投资估算和资金筹措设想。

(5)项目进度安排。

(6)经济效果和社会效益的初步估计。

3.建设项目建议书的报批

建设项目建议书完成后，要向上级有关主管部门申请立项报批。按照国家颁布的有关文件规定，审批权限按报建项目的级别进行划分。

(1)大中型及限额以上固定资产投资项目建议书，需要经过行业主管部门、国家发展和改革委员会两级批准后才能立项。

(2)小型或限额以下的工程项目建议书，按隶属关系，由国务院主管部门或省(自治区、直辖市)的发展和改革委员会审批。

四、建设项目的可行性研究

项目建议书通过主管部门批准后，业主即可组织该项目的可行性研究工作。

建设项目可行性研究是指在项目决策前，通过对与项目的有关的工程、技术、经济等各方面条件和情况进行调查、研究、分析，对各种可能的建设方案进行比较论证，并对项目建成后的经济效益进行预测和评价的一种科学分析方法，进而评价项目技术上的先进性和适用性、经济上的营利性和合理性、建设的可能性和可行性。

项目的可行性研究，一般由项目业主根据工程需要委托有资格的设计院或咨询公司进行可行性研究，并与受委托单位签订合同，由其编制可行性研究报告。

1.建设项目可行性研究报告的主要内容

(1)总论。

(2)需要预测和拟建规模。

(3)资源、原材料、燃料以及公用设施情况。

(4)建厂条件和厂址方案。

(5)设计方案。

(6)环境影响评价。

(7)地震安全性评价。

(8)企业组织、劳动定员和人员培训数目估算。

(9)实施进度的建议。

(10)投资估算和资金筹措。

(11)社会效益、经济效益评价。

以上内容为工业基本建设项目可行性研究报告应包括的主要内容。其他行业基本建设项目的可行性研究内容，可参照工业项目的要求，并结合行业特点进行编制。

2.建设项目可行性研究报告的报批

按照国家的有关规定，可行性研究报告的审批权限划分为以下几个层次。

(1)所有大中型项目的可行性研究报告，按照项目隶属关系由行业主管部门或省、自治区、直辖市或计划单列市发展和改革委员会审查同意后，报国家发展和改革委员会审批。国家发展和改革委员会委托中国国际工程咨询公司等有资格的咨询公司对可行性研究报告进行评估，提出评估报告后，再由国家发展和改革委员会审批。凡投资在 2 亿元(人民币)以上的项目，由国家发展和改革委员会审核后报国务院审批。

(2)地方投资的地方院校、医院及其他文教卫生事业的大中型基本建设项目，可行性研究报由省(自治区、直辖市)或计划单列市发展和改革委员会审批，抄报国家发展和改革委员会或有关部门备案。

(3)企业横向联合投资的大中型基本建设项目，凡自行解决资金、能源、原材料、设备，以及投产后的产供销、动力、运力等能够自己落实，而且与有关部门、地方、企业签订了合同，不需要国家安排的项目，可行性研究报告由有关部门或省（自治区、直辖市）或计划单列市发展和改革委员会审批，抄报国家发展和改革委员会或有关部门备案。

（4）小型建设项目的可行性研究报告，按照项目隶属关系，分别由行业主管部门和省（自治区、直辖市）计划单列市发展和改革委员会审批。可行性研究报告经过正式批准后，应当严格执行，任何单位、部门或个人都不能擅自变更。确有正当理由需要变更时，需要将修改的建设规模、项目地址、技术方案、主要协作条件、突破原定投资控制数、经济效益的提高或降低等内容报请原审批单位同意，并正式办理变更手续。

五、建设项目的环境影响评价

业主在取得项目建议书的批准文件后，必须立即选择环保评价单位进行委托环境影响评价工作，以便及时满足可行性研究的需求。

建设项目如果不进行环境影响评价，那么将不能进行审批建设。

1.环境影响评价的主要内容

环境影响评价是指人类进行某项重大活动之前，采用评价手段预测该项活动可能给环境造成的影响。对建设项目而言，就是预测该项目在建设过程中和建成后对环境的影响，同时提出防治对策，为决策部门提供科学依据，同时为设计部门提供设计依据。

环境影响评价的主要内容包括以下几点。

（1）总论。

（2）建设项目概况。

（3）建设项目周围地区环境质量调查。

（4）建设项目环境影响评价。

（5）环境保护投资估算、环境影响经济损益分析。

（6）环境监测制度的建立。

（7）结论与建议。

（8）附图。

2.环境影响评价的工作程序

（1）环境影响评价任务的委托。业主或由业主授权的监理单位，持由业主请设计单位编写的环境影响评价任务书到环境保护主管部门进行咨询，环境保护主管部门要审定建设项目环境影响评价的等级、环境影响评价项目及环境影响评价标准，审查环境影响评价单位的资质进行备案后，业主即可委托环境评价任务。

（2）审核环境影响评价大纲。环境评价单位根据业主委托，进行现场勘查，收集环境质量状况和环境功能要求，分析环境特征、工程特征，结合法律法规，确定评价工作范围、内容、深度、评价费用，拟定评价工作初步纲要，征询环境保护主管部门和业主意见后，编写环境影响评价工作大纲（内含评价费用概算）。业主将环境评价工作大纲上报环境保护主管部门，等候环境保护主管部门组织审查。

（3）签订环境影响评价合同。业主取得经环境保护主管部门审查批准后的环境评价工作大纲后，即可与环境保护主管部门签订正式环境影响评价合同，环境评价单位根据合同进行环境评价工作。凡是大纲中核定的内容必须全面完成，如果需要改变大纲中规定的内容，必须事先征得原审批大纲部门的同意。最后编制出环境影响报告书(表)交给业主。

(4)审批环境影响报告书(表)。

①业主的上级主管部门组织环境影响评价的预审。上级主管部门邀请环境保护主管部门，计划、设计部门，对口专业有关专家，以及所在地环境保护主管部门和环境评价编制单位，对建设项目环境影响报告书(表)进行预审。业主将环境保护主管部门的预审意见转环境评价单位，环境评价单位据此修改原环境评价报告(表)。

②业主上报修改后的环境评价报告书(表)和预审意见交环境保护主管部门，取得环境影响报告书(表)审查批准文件后，将备份转送设计单位，进行环境保护设计。

(5)专题设置和工作内容专题。其可为工程分析、大气环境质量现状和影响评价。

(6)评价标准。按环境要素的功能要求分别确定评价标准和级别，凡有地方标准的首选地方标准，国内无标准时可参照国外有关标准。

3.环境影响报告书(表)的审批

(1)环境影响报告书(表)的预审。

①由国家级环境保护主管部门负责审批的环境影响报告书(表)，其预审工作由国务院有关主管部、委负责。如果投资属于地方省级主管部门管理又未纳入国务院有关主管部门管理的建设项目，其预审工作由地方省级主管部门负责。

②由省级环境保护主管部门审批的环境影响报告书(表)，其预审工作由省级主管部门负责。

③小型基本建设项目和限额以下技术改造项目的环境影响报告书(表)，其预审工作按各地区规定的审批权限办理。

(2)环境影响报告书(表)的审批。环境影响报告书(表)的审批首先由建设主管部门组织预审；然后由负责审批的环境保护主管部门组织审批。

①中华人民共和国生态环境部审批的环境影响报告书(表)有：跨越省、自治区、直辖市界区的建设项目；特殊的建设项目(如核设施、绝密工程)；特大型的建设项目，包括总投资为2亿元以上，由国家发展和改革委员会核报国务院审批的项目；大中型建设项目中由国家发展和改革委员会报国务院批准的重大建设项目。

②上述规定以外的大中型基本建设项目和限额以上技术改造项目的环境影响报告书(表)，由项目所在地的省级生态环境厅审批，同时报中华人民共和国生态环境部备案。

③小型项目和限额以下技术改造项目的环境影响报告书(表)，按各地区规定的审批权限办理。

六、建设场地地震安全性评价

我国是一个地震多发性国家。预测震害，研究其社会、经济后果，制订防灾、救灾措施，提供震害危险性的区划图，为工程设计和城市规划提供基本资料，是项目在可行性研究阶段必须研究的课题。

工程建设项目可行性研究报告中，如果没有相应的地震安全性评价内容和省(自治区、直辖市）地震部门审核批准的抗震设防标准，则上级有关主管部门不予批准，其他主管部门不予办理有关手续。

1.建设场地地震安全性评价的程序

（1）业主持立项批准书和所选厂址，征询地震主管部门的意见，审定是否重做场地地震安全性评价工作和评价区域范围，并征询评价单位的资质。

（2）选择评价单位并签订评价合同。

（3）在评价单位进行地震地质勘查、收集国内外资料等工作时，业主应给予方便。

（4）上报审批。业主按评价合同收到《建设项目场地地震安全性评价报告》后，必须立即上报当地地震安全评价委员会评审，评审意见转评价单位进行修正评价报告，再送评价委员会评审。

经过评审通过的地震安全性评价报告送省（自治区、直辖市）地震局审核批准，确定抗震设防标准。特大型、大型工程由当地地震局确定并送中国地震局审核批准。

业主最后将评价报告副本和审批副本转交设计单位，进行抗震设计。经过审核批准后的抗震设防标准，任何单位和个人不得擅自降低或提高。

2.场地地震安全性评价报告的主要内容

（1）建设项目概述和地域地震概述。

（2）区域及近场区地震地质研究。

（3）区域及近场区地震活动性研究。

（4）地震的工程参数、振动衰减规律、振动力学模型、人工合成基岩、人造地震加速度时程、地震反应分析、地震波传播的地表面加速度及地表面频谱曲线。

（5）震害分析。

（6）地震预报。

（7）地震小区划。

（8）结论。应明确指出场地类别、未来地震趋势、不宜建设的场地划分、地基处理、工程抗震要求，以及地震监测和防灾救灾综合措施。

（9）附图。

第二节　工程地质勘查

为了查明工程建设场地的工程地质条件所需地下各层土的种类，鉴定出地基土的各项物理性质和力学指标，从而给场址的最终选择、工程设计、施工与使用提供可靠依据，对拟建的工程场地必须进行工程地质勘查。

一、工程地质勘查的目的

工程地质勘查的目的是取得几个场址方案的主要工程地质资料，对拟选场地的稳定性和适宜性做出工程地质评价与方案比较。

二、工程地质勘查的内容

建筑工程的设计可分为场地选择、初步设计和施工图设计三个阶段。为了提供各设计阶段所需要的工程地质资料，勘察工作也可相应分为选址勘察、初步勘察和详细勘察三个阶段。对于地质条件复杂或有特殊施工要求的重大建筑物地基，还应进行施工勘察。对于地质条件简单、面积不大的场地，其勘察阶段可适当简化。工程地质勘查主要包括。工程地质测绘与调查，勘探工作，测试工作以及指标整理等工作。

三、工程地质勘查报告

工程地质勘查的最终成果是以报告书的形式提出的。勘察工作结束后，把取得的野外工作和室内试验的记录、数据，以及搜集到的各种直接和间接资料，分析整理、检查校对、归纳总结后，做出建筑场地的工程地质评价。这些内容最后以简要明确的文字和图表编制成报告书。

第三节 施工合同

一、施工合同的作用成组成

施工合同是指建筑安装工程承包合同，是由具有法人资格的发包方和承包方为完成商定的建筑安装工程，明确双方权利、义务关系的文件。

施工合同是建设项目的主要合同，是控制工程建设质量、进度、投资的主要依据。施工合同主要由以下几个方面组成。

(1)《建设工程施工合同协议条款》。

(2)《建设工程施工合同条件》。

(3)洽商、变更与明确双方权利和义务的纪要协议。

(4)招标发包工程的中标通知书、投标书和招标文件。

(5)工程量清单或确定工程造价的工程预算书和图样。

(6)标准、规范和其他有关资料、技术要求。

二、施工合同的内容

签订施工合同的过程，实际上是当事人双方根据具体的工程项目，以《建设工程施工合同条件》为依据，对“合同条件”进行具体且必要的补充、修改的过程。合同的正式订立是以双方共同签署《建设工程施工合同协议条款》为标志的，其主要内容包括以下几点。

(1)工程概况。

(2)合同文件组成与解释顺序。

(3)合同文件使用的语言文字，适用的法律、法规、标准和规范。
(4)甲乙双方的一般责任。
(5)施工组织设计。
(6)质量与验收。
(7)合同价款与支付。
(8)材料设备供应。
(9)设计变更。
(10)竣工验收、结算和保修。
(11)争议、违约和索赔。
(12)安全、保险及其他。
(13)缔约双方当事人基本情况。

第四节　施工组织设计

现代化建筑施工是一项多工种、多专业的复杂的系统工程。要使施工全过程顺利进行，以期达到预定的目标，就必须用科学的方法进行施工管理。施工组织设计是规划和指导拟建工程，从施工准备到竣工验收全过程中综合性的技术、经济、组织文件。它是用以规划部署施工生产活动，制订先进合理的施工方案和技术组织措施，是施工管理重要组成部分。它对统筹建筑施工全过程、推动企业技术进步以及优化施工管理起核心作用。

根据编制的范围不同，施工组织设计可划分为施工组织总设计、单位工程施工组织设计、分部分项工程施工组织设计三类。

一、施工组织总设计的内容

(1)工程概况。
(2)施工部署和施工方案。
(3)施工总进度计划。
(4)全场性施工准备工作计划。
(5)全场性资源需要量计划。
(6)施工总平面图。
(7)主要技术经济指标。

二、单位工程施工组织设计的内容

(1)工程概况与施工特点分析。
(2)施工方案。
(3)施工准备计划。

(4)施工进度计划。
(5)各项资源需要量计划。
(6)施工现场平面布置。
(7)主要技术组织措施。
(8)主要技术经济指标。

三、分部分项工程施工组织设计的内容

(1)工程概况与施工特点分析。
(2)施工方法与施工机械选择。
(3)施工准备计划。
(4)施工进度计划。
(5)劳动力、材料、机具等需要量计划。
(6)质量、安全、节约措施。
(7)作业区平面布置图。

第五节　工程监理

工程监理是由建设监理单位受业主的委托和授权，依照国家有关工程建设的法律、法规、政策、技术标准和设计文件、工程建设监理合同、建设工程合同等，对工程项目建设的活动所实施的监督、管理，以及对工程建设活动的组织协调、监督控制等一系列技术服务活动。

监理单位应公正、独立、自主地开展监理工作，维护建设单位和承包单位的合法权益。监理单位从事工程建设监理的具体内容是控制工程建设的投资、建设工期和工程质量；进行工程建设合同管理和信息管理；协调有关单位间的工作关系。监理单位的监理工程师在建设项目上进行的一切工作，都必须是在被委托的权限之内，而不能取代业主(委托方)的决策权，更不能取代政府管理部门的审批权和监督管理权。

一、监理规划

监理规划是针对项目的实际情况进行编制的，建立规划应明确项目监理机构的工作目标，明确具体的监理工作制度、程序、方法和措施，并应具有可操作性。监理规划应包括以下几方面内容。

(1)工程项目概况。
(2)监理工作范围。
(3)监理工作内容。
(4)监理工作目标。
(5)监理工作依据。

(6)项目监理机构的组织形式。

(7)项目监理机构的人员配备计划。

(8)项目监理机构的人员岗位职责。

(9)监理工作程序。

(10)监理工作方法及措施。

(11)监理工作制度。

(12)监理设施。

二、工程监理的主要业务内容

1.工程建设前期阶段的监理

(1)投资项目的机会研究。

(2)建设项目的可行性研究。

(3)参与设计任务书的编制。

2.工程设计阶段的监理

(1)提出设计要求,组织评选设计方案。

(2)参与选择勘察、设计单位,协助业主签订勘察设计合同。

(3)监督初步设计和施工图设计工作的执行,控制设计质量,并对设计成果进行审核。

(4)控制设计进度,满足建设进度要求,并监督设计单位实施。

(5)审核设计概(预)算,实施或协助实施投资控制。

(6)参与工程主要设备选型。

(7)协调设计单位与有关各方的关系。

3.工程施工招标阶段的监理

(1)准备与发送招标文件,协助评审投标书,提出决标意见。

(2)协助业主考查投标单位的承包能力和水平,提出考查意见。

(3)协助业主与承建单位签订建设工程施工合同。

4.工程施工阶段的监理

(1)协助业主与承建单位编写开工报告。

(2)审查承建单位各项施工准备工作,下达开工通知书。

(3)督促承建单位建立、健全施工管理制度和质量保证体系,并监督其实施。

(4)审查承建单位提交的施工组织设计、施工技术方案和施工进度计划,并督促其实施。

(5)组织设计交底与图样会审,审查设计变更。

(6)审核和确认承建单位提出的分包工程项目及选择的分包单位。

(7)复核已完工程量,签署工程付款证书,审核施工图预算和竣工结算。

(8)检查工程使用的原材料、半成品、成品、构配件和设备的质量,并进行必要的测试和监控。

(9)监督承建单位严格按技术标准和设计文件施工,控制工程质量,重要工程要督促承建单位实施预控措施。

(10)抽查工程施工质量，对隐蔽工程进行复验签证，参与工程质量事故的分析和处理。

(11)分阶段进行进度控制，及时提出调整意见。

(12)处理合同纠纷和索赔事宜。

(13)督促检查安全生产、文明施工。

(14)组织工程阶段验收及竣工初验，并对工程施工质量提出评估意见。

5.工程保修阶段的监理

(1)协助组织和参与检查项目动用前的各项准备工作。

(2)对保修期间发现的工程质量问题，参与调查研究，弄清情况，鉴定工程质量问题的责任，并监督保修工作。

第六节　开工报告

一、开工报告的审批

凡新开工程，一律实行开工报告审批制度，必须在开工前呈报“开工报告”，经上级主管机关审批后，方可开工。

二、申请开工报告条件

(1)建设单位已办妥建设规划许可证、建设工程许可证、固定资产投资许可证。

(2)有通过批准并经过会审的施工图样、施工方案。

(3)有测量定位基准线、高程点。

(4)部分材料、机具及劳动力逐步组织进场，并对进场人员进行技术、安全、防火等教育。

(5)施工现场达到“三通一平”。

(6)临时设施已搭设，满足施工要求。

(7)有主管部门颁发的“施工许可证”。

三、开工报告填写内容及说明

(1)建筑面积。按本地区的建筑安装工程预算定额中有关说明与国家有关规定进行计算。

(2)工程结构。可按房屋主要承重结构所用的主要建筑材料和基础以上结构形式进行划分，一般可分为混凝土结构、钢结构、砖混结构、砖木结构和框架、排架、刚架、大板结构。以反映新结构、新工艺、新技术以及新材料为主要内容的建筑可分为装配式大板建筑、框架剪力墙建筑、整体预应力板柱建筑、砌块建筑、大模板现浇结构、滑模建筑。

(3)总投资。若土建工程和设备安装均是由一个施工单位承担施工的，则填写总投资；如果只承担土建工程，则只填写土建工程的投资额。

(4)承包形式。填承包合同规定的形式，如包工包料、包工不包料。

(5)计划工期。按承包合同规定的形式填写。

(6)审查机关意见。凡新开工程应报质量监督部门审查,办理监督手续,并盖公章。

(7)批准机关意见。凡新开的重点工程和一万平方米以上的工程,开工报告应报建筑工程施工主管部门批准,并加盖公章;一般工程报工程所在地工程管理部门批准,并加盖公章。

工程开工报告见表 2-1。

表 2-1　工程开工报告

<table>
<tr><td colspan="2">建设单位</td><td colspan="3"></td><td colspan="3">计划、设计、规划批准文号</td></tr>
<tr><td colspan="2">监理单位</td><td colspan="3"></td><td colspan="3" rowspan="4"></td></tr>
<tr><td colspan="2">设计单位</td><td colspan="3"></td></tr>
<tr><td colspan="2">施工单位</td><td colspan="3"></td></tr>
<tr><td colspan="2">工程名称</td><td colspan="3"></td></tr>
<tr><td colspan="2">建筑面积</td><td></td><td colspan="2">工程结构</td><td></td><td>层数</td><td></td></tr>
<tr><td colspan="2">总投资</td><td colspan="2"></td><td colspan="2">每年投资</td><td colspan="2"></td></tr>
<tr><td colspan="2">承包形式</td><td colspan="2"></td><td colspan="2">每平方米造价</td><td colspan="2"></td></tr>
<tr><td rowspan="2">计划工期</td><td>开工</td><td colspan="3"></td><td rowspan="2">工程地址</td><td colspan="2"></td></tr>
<tr><td>竣工</td><td colspan="3"></td><td colspan="2"></td></tr>
<tr><td colspan="5">建设单位
(章)
(甲方)　年　月　日</td><td colspan="3">建设单位
(章)
(乙方)　年　月　日</td></tr>
<tr><td colspan="2">审查机关意见</td><td colspan="6">年　月　日</td></tr>
<tr><td colspan="2">批准机关意见</td><td colspan="6">年　月　日</td></tr>
<tr><td colspan="2">备　注</td><td colspan="6"></td></tr>
</table>

第三章 工程项目施工过程中档案

第一节　图样会审与技术质量交底

一、图样会审

施工单位收到图样后，应组织施工技术人员、班组长等进行学习、研究，使施工人员熟悉设计图样的内容和要求，结合设计交底，明确设计意图。如果发现设计图样有错误之处，则应在施工前予以解决，保证工程的顺利进行。

1.图样会审的步骤

图样会审包括学习、初审、会审、综合会审四个阶段。

(1)学习阶段。施工单位的技术人员，在收到图样后应认真学习、熟悉有关图样，了解达到本工程设计要求的技术标准，明确工艺流程、质量要求等。

(2)初审阶段。施工单位收到拟建工程的设计图样和有关技术文件后，应尽快组织有关工程技术人员对图样进行初审，写出初审图样的记录。初审图样的记录应包括对设计图纸的疑问和对设计图样的有关建议。

(3)会审阶段。图样会审一般由建设单位主持，由监理单位、设计单位和施工单位参加，四方进行设计图样的会审。图样会审时，首先由设计单位的工程主设计人向与会者说明拟建工程的设计依据、意图和功能要求，并对特殊结构、新材料、新工艺和新技术提出设计要求；其次施工单位根据初审记录以及对设计意图的了解，提出对设计图样的疑问和建议；最后在统一认识的基础上，对所探讨的问题逐一做好记录，形成“图样会审纪要”，由建设单位正式行文，参加单位共同会签、盖章，作为与设计文件同时使用的技术文件和指导施工、竣工验收的依据，以及建设单位与施工单位进行工程结算的依据。

(4)综合会审阶段。综合会审是指施工单位与外分包的施工单位(如打桩、挖土、机械吊装等)之间的施工图审查，在会审基础上核对各专业之间配合事宜。综合会审一般由建设单位主持。

2.图样会审的重点内容

(1)设计图样必须是设计单位正式签署的图样,并经设计质量监督部门审查批准。

(2)设计计算的假定条件和采用的处理方法是否符合实际情况,施工时有无足够的稳定性,对安全施工有无影响。

(3)核对基础图、建筑图、结构图以及暖卫、电气设备图等是否齐全。

(4)结构、建筑、设备图样本身和相互之间有无错误与矛盾,如各部位尺寸、轴线位置、标高、预留孔洞、预埋件、大样图和做法,说明有无错误与矛盾。

(5)熟悉地质勘探资料,注意地基处理和基础设计,建筑物与地下构筑物、管线之间的关系有无问题。

(6)设计要求的新技术、新工艺、新材料和特殊工程、复杂结构的技术要求能否做到。

(7)特殊材料和非标构件的使用是否影响施工的速度与质量等。

3.图样会审记录

图样会审记录主要包括提出的问题和处理意见,提出的问题由施工单位填写,处理意见由设计部门填写,最后由建设单位正式行文,参加单位共同会签、盖章。

图样会审记录见表 3-1。

表 3-1　图纸会审记录

<table>
<tr><td rowspan="2">工程名称</td><td colspan="2" rowspan="2"></td><td>编　　号</td><td></td></tr>
<tr><td>日　　期</td><td></td></tr>
<tr><td>设计单位</td><td colspan="2"></td><td>专业名称</td><td></td></tr>
<tr><td>地　　点</td><td colspan="2"></td><td>页　　数</td><td>共　页,第　页</td></tr>
<tr><td>序　　号</td><td>图　　号</td><td>图纸问题</td><td colspan="2">答复意见</td></tr>
<tr><td></td><td></td><td></td><td colspan="2"></td></tr>
<tr><td rowspan="2">签字栏</td><td>建设单位</td><td>监理单位</td><td>设计单位</td><td>施工单位</td></tr>
<tr><td></td><td></td><td></td><td></td></tr>
</table>

4.设计变更

设计变更是补充图样不足、处理施工过程中遇到的做法变更、材料代换、质量问题等方面在不可能修改图样情况下的文件记录。

建设单位提出新设计要求或设计者修改施工图时,由设计单位签发《设计变更通知单》,主送建设(监理)单位,抄送施工单位。

施工中施工条件和材料的规格、品种、质量不完全符合设计要求或设计不合理等,要求重新修改,由施工单位发出经设计单位同意签字的《技术联系(通知)单》,主送建设(监理)单位,抄送设计单位。

设计变更通知单见表 3-2。

表 3-2　设计变更通知单

<table>
<tr><td rowspan="2">工程名称</td><td colspan="2" rowspan="2"></td><td>编　　号</td><td></td></tr>
<tr><td>日　　期</td><td></td></tr>
<tr><td>设计单位</td><td colspan="2"></td><td>专业名称</td><td></td></tr>
<tr><td>变更摘要</td><td colspan="2"></td><td>页　　数</td><td>共　页,第　页</td></tr>
<tr><td>序　　号</td><td>图　　号</td><td colspan="3">变 更 内 容</td></tr>
<tr><td></td><td></td><td colspan="3"></td></tr>
<tr><td rowspan="2">签 字 栏</td><td>建设单位</td><td>设计单位</td><td>监理单位</td><td>施工单位</td></tr>
<tr><td></td><td></td><td></td><td></td></tr>
</table>

二、技术质量交底

1.技术交底的内容

(1)图样交底:目的是使施工人员了解施工工程的设计特点、做法要求、抗震处理、使用功能等,以掌握设计关键,认真按图施工。

(2)施工组织设计交底:将施工组织设计的全部内容向施工人员交代,以便掌握工程特点、施工部署、任务划分、施工方法、施工进度、平面布置、各项管理措施等。

(3)设计变更交底:将设计变更的结果向施工人员和管理人员做统一说明,便于统一口径,避免差错。

(4)分项工程技术交底:是各级技术交底的关键,主要包括施工工艺、质量标准、技术措施、安全要求,以及新结构、新材料、新工艺的特殊要求等具体内容。

①图样要求,设计图样(包括设计变更)中的尺寸、轴线、标高,以及预留孔洞、预埋件的位置、规格、大小、数量等。

②材料与配合比要求,所用材料的品种规格、质量要求、配合比要求等。

③施工顺序、施工方法、工序搭接等施工组织设计的有关要求。

④质量标准、安全措施、成品保护和节约等措施。

⑤施工过程中应贯彻的各项制度,如自检、互检、交接检、样板制、分部分项工程质量评定以及施工现场管理制度等具体要求。

⑥提出克服质量通病的要求等,对分项工程可能出现的质量通病提出预防措施。

2.技术交底的方法

技术交底可分为口头交底、书面交底和样板交底等几种主要方法。一般各级技术交底工作应以书面交底为主,而口头交底为辅。书面交底应由交、接双方签字归档。对于重要的、复杂的工程中的主要项目,应以样板交底辅助书面、口头交底表达不清楚的问题。样板交底包括做法、质量要求、工序搭接、成品保护等内容。

在实际工作中,由于每一项施工任务,情况不一,操作也有难有易。一般工程或工人已较熟练的施工项目,只准备一些简要的操作交底和措施要求即可;特殊工程或新技术、新工艺,就必须认真、细致地交底,在交底前要充分做好准备工作。

3.技术交底的分工

技术交底应分级进行。

重要工程、大型工程和技术复杂的工程,由企业总工程师组织有关科室向项目经理和有关施工单位交底,主要依据是公司编制的施工组织总设计。

凡由项目经理部编制的中小型工程施工组织设计,由编制单位的主任工程师向有关职能人员及施工队、施工班组交底。

技术(质量)交底记录见表 3-3。

表 3-3　技术(质量)交底记录

<table>
<tr><td rowspan="2">工程名称</td><td rowspan="2" colspan="2"></td><td>编　　号</td><td></td></tr>
<tr><td>交底日期</td><td></td></tr>
<tr><td>施工单位</td><td colspan="2"></td><td>分项工程名称</td><td></td></tr>
<tr><td>交底摘要</td><td colspan="2"></td><td>页　　数</td><td>共　页,第　页</td></tr>
<tr><td colspan="5">交底内容:</td></tr>
<tr><td rowspan="2">签 字 栏</td><td>交　底　人</td><td></td><td>审　核　人</td><td></td></tr>
<tr><td>接收交底人</td><td></td><td></td><td></td></tr>
</table>

第二节　工程测量

一、工程测量定位记录

1.定位依据

定位依据包括:已有平面控制点、高程控制点的点位略图、点名以及数据;工程建设总平面布置图、基础平面图和定位通知单。

2.定位方法

定位方法包括直角坐标法、极坐标法、角度交会法、距离交会法或者其中几种方法配合。

3.定位过程

在定位过程中，要详细说明定位施测的程序及全过程、仪器名称、仪器编号、仪器设置的点位、前后视的点名、各段距离的数值、点号以及轴线号等。

4.闭合差调整

闭合差的调整方法参见《工程测量规范》(GB 50026—2007)的具体要求。

5.高程与标高

水准点的高程和设计图上的标高必须是同一高程系统，如黄海高程系、渤海高程系。

6.示意图

在示意图中需要注意的事项包括：要标明基准点和新建筑物角点、拐点的纵横坐标；相关的原有建筑物坐标要注在图中；绘制施测的全过程，标明各部尺寸关系、角度关系；绘出指北针；注明施测方法。

二、标高、轴线测量检测记录

1.检测项目

(1)民田建筑。标高抄测有基坑(槽)底的抄测记录、基础顶面施工抄测记录、楼层标高抄测记录；轴线抄测有基础轴线、楼层墙体轴线检测记录。

(2)工业建筑。水平抄测有基坑抄测记录、基础杯口底标高抄测记录、牛腿标高抄测记录、柱顶标高抄测记录、起重机梁顶面抄测记录，以及设备基础底、顶标高抄测记录等；轴线抄测有基础(包括设备基础)轴线、起重机梁中心线检测记录。

2.填写内容与要求

(1)工程名称，施工图号，基准点名称编号、坐标和标高，检测项目(如基底标高抄测、柱轴线检测等)，检测评定(如抄测误差与设计要求检测结果是否在允许范围内)。

(2)示意图。按建筑物轴线绘制单线条平面图，注明轴线、抄测点位置以及编号。

(3)编制检测记录表。按实测需要绘制表格，内容为：楼层、点或轴线编号，允许偏差值，实测值，检测日期。

(4)所有检测、复测需要有技术负责人以及建设单位代表签字盖章。

三、沉降观测记录

1.观测要求

(1)在不均匀或软弱地基(主要由淤泥、淤泥质土、冲填土、杂质土或其他高压缩性土层构成的地基)上的较重要建筑物。

(2)因地基变形或局部失稳而使结构产生裂缝或破损，需要研究处理的建筑物；结构上为一体但分期施工的建筑物；斜坡上的大型建筑物；地质条件复杂、沉降差异敏感、偏重较明显的建筑。

(3)没有建筑经验的重点建筑地区的Ⅰ类建筑物。

(4)设计或规范要求做沉降观测的工程。

(5)沉降观测从工程开始施工，即应确定水准基点和观测点，由基础顶至主体工程完成逐层或隔层分荷载阶段进行观测。

2.填写内容及要求

(1)根据水准点测量出每个观测点高程，记入“沉降量观测记录”。

(2)根据建筑物和构筑物的平面图绘制的观测点位置、标高说明；测量沉降的全部原始资料。

(3)根据沉降观测结果绘制出沉降量、地基荷载与延续时间三者关系曲线图。

(4)计算出建筑物或构筑物的平均沉降量、相对弯曲和相对倾斜值。

(5)根据上述内容编写沉降观测分析报告(其中应有工程地质和工程设计简要说明)。

第三节　分部分项隐蔽工程质量检查记录

在施工过程中，上道工序操作完毕后，将被下道工序所掩盖，无法复查其是否符合质量要求，通常将这类工程称为隐蔽工程。把好隐蔽工程质量检查验收关，逐环节保证工程质量，使每道工序在施工中均符合有关质量标准的规定，是确保整个工程的施工质量、防止留有质量隐患的重要措施。国家施工验收规范要求，凡未经隐蔽工程验收或验收不合格的工程，不得进行下道工序的施工。隐蔽工程检查记录内容应做到简明、齐全、数据准确、可靠，经过参加检查的有关人员复查盖章认证。

一、地基与基础隐蔽工程质量检查记录

1.地基验槽隐蔽工程检查验收记录

(1)验收项目。填写被验收基槽的部位。一次全部验收完毕填写基槽验收即可；分段验收应填写被验收的基槽的轴线区段。

(2)图样编号。填写基槽开挖依据的图样。

(3)验收时间。各方共同检查验收的日期。

(4)说明或附图。

①基坑内地下水、地表水情况及其处理情况。

②基槽(坑)开挖尺寸(长、上下口宽、深)有无加宽、加深、换土等情况。

③基础遇有坟、井、坑塘、人工土、障碍物等，其位置、数量以及处理情况。

④地下遇有电缆、旧的给排水管道、旧房基等位置、数量以及处理情况。

⑤遇有流沙等不良地基的处理。

(5)检查验收意见。填写地基是否满足设计要求及施工规范规定，是否与地质勘查报告中土质情况相符合。

地基验槽隐蔽工程检查验收记录见表 3-4。

表 3-4　地基验槽隐蔽工程检查验收记录

<table>
<tr><td>工程名称</td><td colspan="2"></td><td>编　　号</td><td colspan="2"></td></tr>
<tr><td>验槽部位</td><td colspan="2"></td><td>验槽日期</td><td colspan="2"></td></tr>
<tr><td colspan="6">依据：施工图号______________________、

设计变更/洽商/技术核定编号__________及有关规范、规程。</td></tr>
<tr><td colspan="6">验槽内容：
1. 基槽开挖至勘察报告第________层，持力层为__________层。
2. 土质情况______________________________。
3. 基坑位置，平面尺寸__________________________。
4. 基坑绝对高程和相对标高______________________。

申报人：</td></tr>
<tr><td colspan="6">检查结论：

□无异常，可进行下道工程　　□需要地基处理</td></tr>
<tr><td rowspan="2">签字公章栏</td><td>施工单位</td><td>勘察单位</td><td>设计单位</td><td>监理单位</td><td>建设单位</td></tr>
<tr><td></td><td></td><td></td><td></td><td></td></tr>
</table>

2.人工地基隐蔽工程检查验收记录

人工地基包括灰土地基、砂和砂石地基、碎砖三合土地基等。

(1)验收项目。填写人工地基的种类。

(2)说明或附图。

①材料种类、质量以及配合比。

②基坑(槽)是否经过检查验收以及处理。

③分层敷设厚度、压实方法与遍数,各层接槎的平面位置与搭接长度。

④地下水位与水浸情况。

⑤灰土的含水量,砂和砂石的饱和度。

⑥堆积密度试验取样或贯入度检查平面位置与分层厚度。

(3)试验报告编号。填写干密度、贯入度、密实度试验报告单编号。

(4)检查验收意见。填写是否符合设计要求与施工规范规定。

3.重锤夯实地基施工记录

重锤夯实地基施工记录包括地基重锤夯实试验记录、设计部门根据试夯记录发出的重锤夯实地基工程技术联系单和重锤夯实地基施工记录。

(1)地基重锤夯实试验记录。

①工程名称、施工单位、工程负责人、主要操作人员。

②选择的试夯场地的地下水位、天然含水量、最佳含水量、土的密度。

③选用的起重机设备、脱钩装置、夯锤重量和底面积以及锤的落距。

④试夯方法、夯击遍数,如果填土试夯时,应说明每层填土的厚度。

⑤试夯后效果——土的干密度。

(2)重锤夯实地基工程技术联系单。设计部门根据地基重锤夯实试验记录,经过对试验结果进行分析,确定重锤夯实施工技术参数及施工方法,向建设单位和施工单位发出技术联系通知单。

(3)重锤夯实地基施工记录。施工单位按照设计部门发出的《技术联系通知单》的要求进行重锤夯实地基施工,并做好施工记录。

4.强夯地基施工记录

强夯地基施工记录包括地基强夯试夯记录、地基强夯试夯综合分析报告、强夯地基技术联系单、地基强夯施工记录。

(1)地基强夯试夯记录。地基强夯试夯一般由专业部门进行,按照地基强夯试夯记录,同时提出地基强夯试夯综合分析报告。强夯地基试夯记录包括以下内容。

①工程名称、试夯单位、试夯负责人、主要操作者。

②选择的强夯试夯场地、地下水位、天然含水量、最佳含水量、干密度。

③选用的起重机械设备、脱钩装置、夯锤重量、锤底面积、锤的落距。

④夯击点的布置、每点夯击数、夯击遍数。

⑤夯击前的土的原位测试有关数据。

⑥夯击后的土的原位测试有关数据。

⑦每夯一遍的平均下沉量,最后两击沉降量或最后两击沉降量之差、总沉降量。

(2)地基强夯试夯综合分析报告。试夯单位根据地基强夯试夯记录中强夯前后结果进行对比分析,提出建议性施工的技术参数。

(3)强夯地基技术联系单。设计部门根据地基强夯试夯综合分析报告进行数据计算,确定强夯施工技术参数与施工方法,向建设单位和施工单位发出《技术联系通知单》。

(4)地基强夯施工记录。施工单位按照设计部门发出的《技术联系通知单》的要求进行强夯施工,并做好施工记录。

5.砌石基础隐蔽工程检查验收记录

(1)验收项目:填写被检查验收的部位。

(2)说明或附图:基础断面尺寸、预留孔洞数量、位置、标高和尺寸,组砌方法、拉结筋的数量、出台石块压机接尺寸,砂浆种类及配合比,灰缝厚度及饱满程度,发生质量问题及处理情况。

(3)试验报告编号:填写所用材料试验、化验报告单编号以及砂浆强度试验报告单编号。

(4)检查验收意见:填写是否符合设计要求与施工规范规定。

6.混凝土基础隐蔽工程检查验收记录

(1)验收项目:填写被检查验收部位。

(2)附图或说明:基础断面尺寸、预留孔数量、位置、标高以及尺寸,混凝土种类、配合比,施工缝留置的位置与处理情况,发生质量问题与处理情况。

(3)试验报告编号:填写所用材料与外加剂出厂合格证、试验报告单编号。

(4)检查验收意见:填写是否符合设计要求与施工验收规范的规定。

7.钢筋混凝土预制打入桩基础施工验收内容及要求

(1)确定预制打入桩贯入度试验资料,由设计部门发出《技术联系通知单》。

(2)打桩记录要逐个详细填写。

(3)单柱承载力检测报告。试桩数量:当采用现场静荷试验确定单桩竖向极限承载力标准时,在同一条件下试桩数量不宜小于总桩数的1%,且不应少于3根,工程总桩数在50根以内时不应少于2根。另外,需要由专业部门检测。

(4)预制桩打入基础隐蔽工程检查验收记录。在说明或附图栏绘制打桩竣工平面图(如绘制的图过大可用其他纸绘制附在后面)和发生质量问题的处理情况;试验报告编号栏填写预制桩出厂合格证编号和单桩承载力检测报告编号;检查验收意见栏填写是否符合设计要求及施工规范要求。

8.混凝土灌注桩施工验收内容及要求

(1)混凝土灌注桩施工记录。

(2)单桩承载力检测报告(桩身混凝土立方体抗压强度试验报告。试桩数量:采用现场静荷试验确定单桩竖向极限承载力标准时,在同一条件下试桩数量不宜小于总桩数的1%,且不应少于3根,工程总桩数在50根以内时不应少于2根)。

(3)基坑挖至设计标高的桩基竣工平面图与桩顶标高图。

(4)使用材料出厂合格证和试化验单。

施工检查记录见表 3-5。

表 3-5　混凝土灌注桩及振动沉管灌注桩施工检查记录(通用)

<table>
<tr><td colspan="2" rowspan="2">工程名称</td><td colspan="2" rowspan="2"></td><td>编　　号</td><td></td></tr>
<tr><td>检查日期</td><td></td></tr>
<tr><td colspan="2">检查部位</td><td colspan="2"></td><td>检查项目</td><td></td></tr>
<tr><td colspan="6">检查依据：</td></tr>
<tr><td colspan="6">检查内容：</td></tr>
<tr><td colspan="6">检查结论：</td></tr>
<tr><td colspan="6">复查结论：

复查人：　　　　　　　　　　　　复查日期：</td></tr>
<tr><td rowspan="3">签字栏</td><td colspan="2">施工单位</td><td colspan="3"></td></tr>
<tr><td colspan="2">专业技术负责人</td><td colspan="2">专业质检员</td><td>专业工长</td></tr>
<tr><td colspan="2"></td><td colspan="2"></td><td></td></tr>
</table>

9.锚杆支护工程隐蔽检查验收记录

(1)按设计要求填写锚杆长度、孔径、锚杆钻孔倾角、拉力值、锚杆材料、水胶比等。

(2)按实际施工填写上述内容。

(3)附图绘制锚杆示意图。

(4)试验报告编号填写所用材料出厂合格证与试化验报告单编号。

(5)验收意见填写是否符合设计与施工规范的要求。

(6)参加检查验收人员签字。

10.基础防潮层隐蔽工程检查验收记录

(1)验收项目:填写检查验收部位。

(2)说明或附图:填写施工方法和施工结构或做法的附图。

(3)试验报告编号:所用材料试验、化验报告单编号。

(4)检查验收意见:填写是否符合设计要求与施工规范规定。

(5)参加检查人员在记录上签字。

二、主体隐蔽工程质量检查记录

1.砖石及砌块砌体工程

(1)砌体结构隐蔽工程记录。

①验收项目:某层、某轴线等。

②说明或附图:写明抗震设计烈度,是一般拉筋还是抗震筋;砖、石、砌块、砂浆强度等级;配筋的类型、配筋数量、规格,每层钢筋间距;设计变更情况;各种预埋件的设置情况。

③试验报告与编号:所用材料出厂合格证和复试报告单编号,砂浆试块报告单编号。

④检查验收意见:砌体和配筋是否符合设计、施工规范要求。

(2)沉降缝、伸缩缝、抗震缝隐蔽记录。

①验收项目:填写轴线号与缝名称。

②说明或附图:设计图号(采用标准图时写明图集号)、缝隙尺寸、室内外以及屋顶地下构造、填塞缝隙材料及其处理情况、表面封闭情况;缝隙留置和砌筑方法,缝中砂浆、碎砖和杂物等清理情况;沉降缝、伸缩缝、抗震缝中有无电气配管、给水、采暖管道,采用的处理方法。

③试验报告与编号:所用材料出厂合格证和复试报告单编号。

④验收意见:是否符合设计要求和施工规范规定。

2.混凝土结构工程

混凝土与钢筋混凝土工程施工质量检查记录包括钢筋工程隐蔽工程检查验收记录、混凝土结构工程隐蔽工程检查验收记录。

(1)钢筋工程隐蔽工程检查验收记录。

①验收项目:填写某层、某轴线梁、板、柱等结构构件名称。

②说明或附图:按照施工图和设计变更用文字叙述不清之处画简图、表说明,受力钢筋

级别、直径、数量、间距、接头方法、搭接长度，预埋件型号、数量，以及焊条型号。

③试验报告：钢筋出厂合格证与复试报告单、焊接接头试验报告单编号，以及焊条合格证编号。

④验收意见：填写是否符合设计要求和施工验收规范规定。

(2)混凝土结构工程隐蔽工程检查验收记录。

①验收项目：填写某层或某轴线梁、板、柱等结构构件名称。

②说明或附图：断面尺寸，强度等级，配合比，外加剂种类、掺量，砂石和水泥品种规格，混凝土浇筑方法及施工缝的留置，蜂窝、麻面、孔洞、露筋等质量问题以及处理情况。

③试验报告：所用材料出厂合格证与复试报告单编号，混凝土试块试验报告编号。

④验收意见：是否符合设计要求和施工规范规定。

3.吊装工程

吊装工程施工质量检查记录包括一般结构构件、装配式结构构件隐蔽记录。

(1)一般结构构件(楼板、楼梯、阳台板、雨篷、檐板、梁等)吊装隐蔽工程检查验收记录。

①验收项目：填写某层、某轴线、某部位的构件名称。

②说明或附图：构件型号、规格、数量，支座搭置长度、固定方法，空心板堵孔，对头缝处锚固筋、构造筋的直径以及处理情况，灌注板缝混凝土配合比，楼梯、阳台、雨篷、檐板等安装锚固焊接情况，构件标高、轴线、垂直度检测记录编号。

③试验报告：构件、焊条出厂合格证编号，灌缝混凝土试块强度等级报告编号。

④验收意见：填写构件与构件安装质量，是否符合设计要求和施工规范规定。

(2)装配式结构构件(柱、梁、屋架、屋面板、天窗架以及支撑系统等)吊装隐蔽工程检查验收记录。

①验收项目：填写某部位构件名称。

②说明或附图：构件型号、规格、数量，构件的连接件型号、数量、连接方法，构件有关部位(牛腿、柱子、起重机梁顶标高以及轴线、垂直度等检测记录编号)，构件(梁、板、柱)间灌缝混凝土等级，连接筋要求，节点焊接情况与焊工证号，设计变更说明或编号。

③检验报告：构件与焊条出厂合格证编号、灌缝混凝土试块强度等级报告编号、支撑型钢试验单编号。

④验收意见：填写构件与安装质量是否符合设计要求和施工规范规定。

4.网架结构工程

网架结构工程分为螺栓球节点网架工程和焊接球节点网架工程以及焊接钢板节点网架工程。

(1)螺栓球节点网架工程质量检查记录内容。

①各种规格螺栓球的出厂合格证与成品球的出厂合格证。

②各种焊接接头试验报告。

③油漆、防腐漆、防火涂料等材质证明。

④网架安装质量检验评定资料，包括挠度实测表、螺栓球节点网架总拼装尺寸检验表。

(2)焊接球节点网架工程质量检查记录内容。

①各种焊接球的材质证明。

②焊缝的外观检查资料和无损检测资料。

③受力最不利的钢管与球焊接的受拉和受压的承载力试验资料。

④各种规格杆件材质证明。

⑤各种规格杆件焊接接头试验报告和杆件加工精度表。

⑥油漆、防火涂料等材料证明。

(3)焊接钢板节点网架工程质量检查记录内容。焊接钢板节点网架工程质量检查记录的内容与焊接球节点网架工程质量检查记录内容基本相同，可参照使用。

三、装饰隐蔽工程质量检查记录

地面与楼面工程施工质量检查记录包括地面做法隐蔽工程检查验收记录，以及厨房、厕所、卫生间地面渗漏试验记录。

1.地面做法隐蔽工程检查验收记录

(1)验收项目：填写某层地面做法。

(2)说明或附图：填写验收范围(如一次验收或分段验收，分段验收填写分段的范围)，所用砂浆、混凝土等配合比，回填土等情况，画简图说明地面构造及各层厚度。

(3)试验报告编号：填写所用各种原材料出厂合格证编号、复试报告单编号、回填土密度试验报告编号。

(4)检查验收意见：填写是否符合设计要求与施工规范规定。

2.厨房、厕所、卫生间地面渗漏试验记录

厨房、厕所、卫生间(必要时厨房)蓄水试验记录，抽查10%房间，如果无渗漏则工程则认为渗漏试验合格；如果有一个房间渗漏，修补后加倍数量检验，如果仍有不合格，则全部房间试验。

四、屋面隐蔽工程质量检查记录

(1)验收项目：填写屋面工程。

(2)说明或简图：填写屋面各层设计要求，完成时间，变形缝、女儿墙、檐头以及泛水处理。

(3)试验报告编号：填写所用原材料出厂合格证与二次复试化验单编号。

(4)验收意见：填写是否符合设计要求与施工规范规定。

第四节　分部分项工程质量验收记录

分项工程是工程的基本单元，也是工程的质量基础。分部工程是通过分项工程评定标准的积累，也是单位工程竣工验收评定的依据。因此，分部分项工程质量验收至关重要。分部分项工程质量验收记录的内容主要包括检验项目、质量情况、检查结果、评定等级和核定意见等内容。在施工过程中，分项工程质量验收是在班组自检基础上，由项目经理组织有关人员（工长、班组长、班组质量员）进行评定、专职质量检查员核定后报监理工程师签认工程质量认可书。分部工程质量验收由相当于施工队一级的质量负责人组织验收，专职质量检查员核定。对于地基与基础和主体分部工程，还应由企业的技术部门与质量部门派人到现场实地检查工程质量状况，并核定这两个分部工程的质量等级后报监理工程师及总监认可。

一、地基与基础工程质量验收记录

1.强夯地基施工记录

施工单位按照设计要求施工完毕后，由专业部门对强夯地基进行工程质量检验，提出检验结果——强夯施工质量检验报告。

2.钢筋混凝土预制打入桩基础工程质量验收记录

(1)预制桩质量检查报告包括预制桩出厂合格证和施工现场使用前对预制桩检查记录（主要包括浇筑日期、混凝土强度、外观检查、质量鉴定等内容）。

(2)打(压)桩分项工程质量验收记录表。

3.混凝土灌注桩质量验收记录

混凝土灌注桩质量验收采用混凝土和钢筋混凝土灌注桩分项工程质量验收记录表。

二、主体工程质量验收记录

1.砖石及砌块砌体工程质量验收记录

(1)砌砖分项工程质量验收记录表，适用于普通砖、空心砖、灰砂砖和粉煤灰砖的砌体工程。

(2)砌石分项工程质量验收记录表。

2.混凝土结构工程质量验收记录

(1)模板分项工程质量验收记录表。

(2)钢筋绑扎分项工程质量验收记录表。

(3)钢筋焊接接头分项工程质量验收记录表。

(4)混凝土分项工程质量验收记录表。

(5)混凝土设备基础分项工程质量验收记录表。

________检验批验收质量记录表(通用)见表 3-6；________分项工程质量验收记录表(通用)见表 3-7。

表 3-6 ________检验批质量验收记录(通用)

<table>
<tr><td colspan="3">工程名称</td><td colspan="5"></td></tr>
<tr><td colspan="3">分项工程名称</td><td colspan="2"></td><td>验收部位</td><td colspan="2"></td></tr>
<tr><td colspan="3">施工总承包单位</td><td></td><td>项目经理</td><td></td><td>专业工长</td><td></td></tr>
<tr><td colspan="3">专业承包单位</td><td></td><td>项目经理</td><td></td><td>施工组班长</td><td></td></tr>
<tr><td colspan="3">施工执行标准名称及编号</td><td colspan="5"></td></tr>
<tr><td colspan="4">施工质量验收规范的规定</td><td colspan="2">施工单位检查评定记录</td><td colspan="2">监理/建设单位验收记录</td></tr>
<tr><td rowspan="6">主控项目</td><td></td><td></td><td></td><td colspan="2"></td><td colspan="2" rowspan="6"></td></tr>
<tr><td></td><td></td><td></td><td colspan="2"></td></tr>
<tr><td></td><td></td><td></td><td colspan="2"></td></tr>
<tr><td></td><td></td><td></td><td colspan="2"></td></tr>
<tr><td></td><td></td><td></td><td colspan="2"></td></tr>
<tr><td></td><td></td><td></td><td colspan="2"></td></tr>
<tr><td rowspan="6">一般项目</td><td></td><td></td><td></td><td colspan="2"></td><td colspan="2" rowspan="6"></td></tr>
<tr><td></td><td></td><td></td><td colspan="2"></td></tr>
<tr><td></td><td></td><td></td><td colspan="2"></td></tr>
<tr><td></td><td></td><td></td><td colspan="2"></td></tr>
<tr><td></td><td></td><td></td><td colspan="2"></td></tr>
<tr><td></td><td></td><td></td><td colspan="2"></td></tr>
<tr><td colspan="8">施工单位检查评定结果：

质量检查员 年 月 日</td></tr>
<tr><td colspan="8">监理或建设单位验收结论：

监理工程师或建设单位项目专业技术负责人 年 月 日</td></tr>
</table>

表 3-7　________分项工程质量验收记录表(通用)

工程名称		结构类型		检验批数	
施工总承包单位		项目经理		项目技术负责人	
专业承包单位		单位负责人		项目经理	

序号	检验批名称及 部位、区段	施工单位检查 评定结果	建立或建设 单位验收意见

说明：

检查结论	项目专业技术负责人 年　月　日	验收结论	监理工程师或 建设单位项目专业技术负责人 年　月　日

3.吊装工程质量验收记录

(1)混凝土构件安装分项工程质量验收记录表。

(2)钢结构主体与围护系统安装分项工程质量验收记录表。

(3)固定式钢梯、栏杆、平台安装分项工程质量验收记录表。

三、装饰工程质量验收记录

1.抹灰、油漆、饰面工程

抹灰、油漆、饰面工程施工质量检查记录内容包括抹灰、勾缝、油漆、刷浆、玻璃安装、裱糊、饰面砖、罩面板及钢、木骨架安装、细木制品和花饰安装等工程质量评定。

(1)一般抹灰分项工程质量验收记录表(室内),适用于室内石灰砂浆、水泥混合砂浆、水泥砂浆、聚合物水泥砂浆、膨胀珍珠岩水泥砂浆和麻刀石灰、纸筋石灰、石膏灰等一般抹灰工程。

(2)一般抹灰分项工程质量验收记录表(室外),适用于室外石灰砂浆、水泥混合砂浆、水泥砂浆、聚合物水泥砂浆、膨胀珍珠岩水泥砂浆和麻刀石灰、纸筋石灰、石膏灰等一般抹灰工程。

(3)水刷石、水磨石、斩假石和干黏石分项工程质量验收记录表,适用于水刷石、水磨石、斩假石和干黏石等装饰抹灰。

(4)假面砖、拉条灰、拉毛灰、洒毛灰、仿石和彩色抹灰分项工程质量验收记录表,适用于假面砖、拉条灰、拉毛灰、洒毛灰、仿石和彩色抹灰。

(5)喷砂、喷涂和弹涂分项工程质量验收记录表,适用于喷砂、喷涂、滚涂和弹涂等装饰抹灰。

(6)清水砖墙勾缝分项工程质量验收记录表,适用于清水砖墙加浆勾缝工程。

(7)混色油漆(级)分项工程质量验收记录表,适用于混色普通、中级和高级油漆。

(8)清漆(级)、美术油漆、木地板、大理石、水磨石、打蜡分项工程质量验收记录表,适用于清色中级、高级油漆、美术油漆和木地板、大理石、水磨石的打蜡。

(9)刷(喷)浆(级)分项工程质量验收记录表,适用于石灰浆、大白浆、可赛银浆、聚合物水泥浆和水溶性涂料、无机涂料等刷浆(喷浆)和室内美术刷浆(喷浆)工程。

(10)玻璃安装分项工程质量验收记录表,适用于平板玻璃、夹丝玻璃、磨砂玻璃、钢化玻璃、彩色玻璃、压花玻璃和玻璃砖等安装工程。

(11)裱糊壁纸、墙布等分项工程质量验收记录表,适用于普通壁纸、塑料壁纸和玻璃纤维墙布等室内裱糊工程。

(12)天然石、人造石饰面板分项工程质量验收记录表,适用于天然石、人造石饰面板镶贴的室内外饰面工程。

(13)饰面砖分项工程质量验收记录表,适用于外墙面砖、釉面砖、陶瓷锦砖等室内外饰面。

(14)罩面板和钢木骨架安装分项工程质量验收记录表,适用于顶棚和墙体钢木骨架及罩面的胶合板、塑料板、钙塑板、刨花板、木丝板、木板等罩面板安装。

(15)细木制品分项工程质量验收记录表，适用于楼梯扶手、贴脸板、护墙板、窗帘盒、窗台板、挂镜线等细木制品的制作与安装。

(16)花饰安装分项工程质量验收记录表，适用于混凝土、水泥砂浆、水刷石、石膏等花饰安装。

2.地面与楼面工程

(1)地面基层分项工程质量验收记录表，适用于各种地面与楼面面层和路面下的基层。

(2)整体楼、地面分项工程质量验收记录表，适用于细石混凝土、混凝土、水泥砂浆、沥青混凝土、沥青砂浆、水磨石、碎拼大理石、菱苦土和钢屑水泥等整体楼、地面工程。

(3)板块楼地面分项工程质量验收记录表，适用于陶瓷锦砖、缸砖、水泥花砖、大理石板、混凝土板、水磨石板、塑料板和地漆布等板块楼地面工程。

整体楼、地面分项工程质量验收记录表见表3-7。

3.门窗工程

门窗工程质量验收记录包括以下几方面内容。

(1)木门窗制作分项工程质量验收记录表。

(2)木门窗安装分项工程质量验收记录表。

(3)钢门窗安装分项工程质量验收记录表，适用于实腹、空腹钢门窗的安装工程。

(4)铝合金门窗安装分项工程质量验收记录表，适用于各种系列铝合金门窗的安装工程(不包括玻璃幕墙)。

(5)塑料门窗安装分项工程质量验收记录表。

四、屋面工程质量验收记录

屋面工程质量验收记录表包括屋面找平层、保温(隔热)层、卷材屋面、油膏嵌缝涂料屋面、细石混凝土屋面、水落管分项工程质量验收记录表。

(1)屋面找平层分项工程质量验收记录表，适用于卷材屋面的整体和预制找平层工程。

(2)屋面保温(隔热)层分项工程质量验收记录表，适用于松散、板状保温材料和整体的屋面保温层，以及屋面的架空板隔热层工程。

(3)卷材屋面分项工程质量验收记录表，适用于以沥青胶结材料铺贴的卷材防水屋面工程。

(4)油膏嵌缝涂料屋面分项工程质量验收记录表，适用于板缝采用油膏嵌缝，板面采用涂料防水或板面自防水的屋面工程。

(5)细石混凝土屋面分项工程质量验收记录表，适用于在无保温层的结构基层上，现浇细石混凝土防水层的屋面工程。

(6)水落管分项工程质量验收记录表，适用于水落斗和水落管等的制作与安装。

检查数量：按安装水落管数量抽查10%，但不少于3根。

屋面保温(隔热)层分项工程质量验收记录表见表3-7。屋面找平层分项工程质量验收记录表见表3-7。

第五节 原材料出厂证明与试(化)验

一、钢筋(型钢)试(化)验

(1)钢筋必须有原始出厂合格证或试验报告单,并按有关标准的规定抽取试样做物理性能试验。

(2)对进口钢筋必须有出厂合格证,同时要进行物理性能复试和化学成分检验、焊接性能试验合格后方可用于工程。

(3)若无出厂合格证原件时,其抄件应由供货单位负责提供,并要注明原件编号及单位、抄件人,由抄件单位签字盖章。若为复印件,则必须由供货单位在复印件上注明供货单位负责人,并加盖(红印)公章有效。

(4)若无出厂合格证,钢筋在进行物理性能、化学分析试验(若需焊接则应做焊接性能试验)合格后方可使用;钢筋无出厂合格证不能使用于结构工程。

(5)钢筋在使用过程中发现脆断或物理性能显著不正常和焊接性能不良时,应进行化学成分试验。

(6)若钢筋二次复试不合格及钢筋焊接试验不合格者,按有关规程规定,由技术负责人进行处理。

(7)集中加工的钢筋,应有由加工单位出具的出厂合格证和钢筋试验报告。

(8)钢筋(型钢)合格证与试验报告,在施工前应由工程技术负责人和监理工程师签署意见后方可使用。

二、水泥试(化)验

(1)所有进场的水泥,必须有出厂合格证(包括厂家名称、品种、标号、出厂日期和试验数据或试验编号)。

(2)水泥进场后必须进行复试。

(3)对于水泥出厂超过3个月(快硬硅酸盐水泥为一个月),对水泥质量有怀疑,或进口水泥均必须进行复试,并按其复试结果使用。

(4)水泥复试结果(3天或7天)出来后,由工程技术负责人和监理工程师签署意见。

三、砂、石试(化)验

(1)砂、石、轻集料使用前应按产地、品种、规格、批量取样进行试验。用于配制有特殊要求的混凝土时,还需做相应的项目试验。

(2)砂、石试验报告应由工程技术负责人和监理工程师签署意见。

四、砖、砌块试(化)验

(1)应有出厂质量证明书(包括检测内容、厂名、商标、批号、产品标记、生产日期)。
(2)进场后应进行复试。
(3)试验报告应由工程技术负责人和监理工程师签署意见。

五、防水、保温隔热材料试(化)验

(1)防水、保温隔热材料应有材料出厂质量证明书,并进行复试。
(2)试验报告施工前应由工程技术负责人和监理工程师签署意见。

六、土工试验报告

(1)试验范围:素土、软土、砂、碎石、基础回填、土方回填土、地坪回填土。
(2)试验报告应由工程技术负责人和监理工程师签署意见。

第六节　构件、试块试验

一、预制构件合格证

(1)混凝土构件合格证。
(2)钢结构构件出厂合格证。

二、混凝土强度试验

(1)结构用混凝土应有试验室签发的配合比设计报告。施工中如果材料发生变化时,应重新申请试配。

(2)按规定做抗压试验。评定结构构件的混凝土强度,应采用标准试件的混凝土强度,按验评标准进行强度统计评定。凡达不到要求的,应有结构处理措施;需要检测的,应经法定检测单位检测并征得设计人的认可。

(3)商品混凝土应有出厂合格证,并以现场取样试验的结果作为评定混凝土强度的依据。

(4)现场预应力混凝土试验。应有预应力锚夹具出厂合格证与硬度、锚固能力抽检试验报告,以及预应力钢筋(含端杆螺钉)的各项试验资料与预应力钢丝镦头强度抽检记录。

(5)防水及有特殊要求的混凝土应有配合比设计报告,以及抗渗试验报告和其他专项试验报告。

三、砂浆强度试验

(1)砌筑砂浆配比应采用重量比,并由试验室签发配合比设计报告。

(2)按规定做抗压试验。按验评标准进行强度统计评定,凡强度未达到设计要求的要求有处理措施;涉及承重结构砌体强度需要检测的,应经法定检测单位检测鉴定,并应经设计人认可。

第七节　质量事故的分析与处理

一、质量事故分析

建筑结构质量事故发生后必须认真分析,找出产生事故的真正原因,吸取经验教训,提出今后防治措施,杜绝类似事故再次发生。

(一)质量事故分析全过程大体要经历的基本阶段

1.观察记录事故现场的全部实况

(1)保持现场原状,留下实况照片,尽力找出事故原发原因。

(2)针对可能是发生事故的地段,对倒塌后的构件残骸进行描述、测绘、取样;其他地段也应进行相应描述、取样,以示对比。

(3)对现场地基土层、岩记层进行补充钻探或用其他办法进行补充勘察,了解实际基础持力层和下卧层以及地下水情况。

(4)开挖了解实际的基础做法。

(5)量测原建筑物的有关实际资料(如房屋主要尺寸,各种结构构件的位置、尺寸、构造做法、存在的缺陷等)。

(6)现场结构所用材料取样(混凝土、钢筋、钢材、焊缝和焊接点试件、砌体的块材和砂浆等)。

(7)向施工现场的管理人员、质监人员、工人、设计代表、抢救指挥人员和幸存者进行详尽的询问与访谈。

(8)对施工时提供建筑材料、建筑构配件的厂家进行实地调查,取样检测。

(9)其他。

2.收集调查与事故有关的全部设计和施工文件

(1)各种报建文件、招标发包文件和委托监理文件。

(2)建设单位的委托设计任务书,要求更改设计的文件。

(3)设计、勘察单位的勘察报告,全部设计图纸,设计说明书,结构计算书,以及作为设计、勘察依据的本地区专门规定。

(4)施工记录、质量文件(质量计划、手册、记录等)、隐蔽工程验收文件、设计变更文件等。

(5)材料合格证明、混凝土试块记录和试验报告、桩基试桩或检测报告等。

(6)经监理工程师签字的质量合格证明。

(7)竣工验收报告等。

3.分析引起事故的因素

找出可能产生事故的所有因素:一是设计方案、结构计算、构造做法;二是材料、半成品构配件的质量;三是施工技术方案、施工中各工种的实施质量;四是地质条件、气候条件;五是建设单位在设计或施工过程中的不合理干预、不正常的使用,或者使用环境的改变等。

4.分析导致事故的原因

从上述全部因素中分析导致原发破坏的主导因素,以及引起连锁破坏的其他原因。

5.对事故原因加以论证

通过现场取样的实际检测、理论分析或结构构件的模拟试验对破坏现象、倒塌原因加以论证。

6.解释事故

解释发生质量事故的全过程(要听取设计、施工、建设单位的分析报告,作为参考)。

7.结论

提出质量事故的分析结论和应该吸取的教训,对事故责任进行仲裁。

(二)质量事故分析必须遵循的六点基本原则

1.信息的客观性

信息的客观性是指正确地分析来自施工单位大量的客观信息。设计图样、施工记录、现场实况、责任单位分析报告是信息来源的重要组成部分。收集信息时,必须持客观态度,切忌有主观猜测和推断的成分。

2.原因的综合性

原因的综合性是指准确地分析来自多种因素的综合判断,综合分析时必须用辩证思维,对具体事物进行具体分析,把握全部因素,找出占主导地位的现象,看到事物主要矛盾可能的转化。

3.方法的科学性

方法的科学性是指可信的分析来自严密的科学方法,现场实测、材料检测、构件或结构模拟试验和理论分析是科学方法的四个重要组成部分,都要用各自相应的手段认真地进行分析,才能得出可信的结果。

4.过程的回顾性

完整的分析来自全面的回顾。全面回顾是分析倒塌事故的最大特色,难度很大,主观判断的成分多,它必须在掌握大量客观信息、用科学方法进行综合分析的基础上才能做到。

5.判断的准确性

有价值的分析来自准确的判断。质量事故分析的重要目的是,有一个既准确又有价值的结论,以便于“分清是非”“明确责任”“引起警觉”“教育后人”。这四点正是质量事故分析的价值所在。

6.结论的教育性

分析的结果要起到教育后人的作用。一次事故的损失必然是惨重的，从一次事故中可总结出的经验教训也必须是丰富的。

二、质量事故处理

建筑结构缺陷的处理，是指对有缺陷、损伤或临近破坏的结构（或构件）的处置与治理。处理的跨度很大，包括维修（护）、加固、改（扩）建三个组成部分。

在这个处理中，广义的“加固”是指对结构或构件的承载力、刚度、延性（与抗震能力有关）、抗裂性、整体性、稳定性予以恢复或增加，其概念可以跨越维修和改建。狭义的“加固”，是指对存在重大缺陷、损伤、临近破坏以及需要大幅度增加功能（如抗地震能力）的结构或构件的加固，加固后结构构件的外观和受力状态会有所改变。“维修”一般能维持结构构件的原来外观和受力状态；而“改建”则多是指在原结构构件完整状态下因改变使用途径引起结构构件变化而要做的工作。

第八节　施工日志

施工日志是在日常施工中对任务安排、组织落实、工程进度、人力调动、材料及配件供应、技术与质量情况、安全消防情况、文明施工情况等事务性工作的记录。其记录的内容主要包括以下几点。

（1）工程的开竣工日期与主要分部分项工程的施工起止日期。

（2）技术资料供应情况。

（3）主要工程的特殊质量要求和施工方法。

（4）质量、安全、机械事故的发生原因与处理方法。

（5）有关领导或部门对工程的生产、技术等方面的决定或建议。

（6）气象情况。

（7）停工原因（如停电、停水、停工待料）。

（8）有关新材料、新工艺的使用推广情况。

（9）施工过程中组织的有关会议、参观学习。

第四章 工程项目竣工验收阶段档案

第一节　工程项目竣工验收阶段档案概述

一、申请竣工验收的条件

工程项目符合下列要求时方可进行竣工验收。

(1)完成工程设计和合同约定的各项内容,并满足使用要求。

(2)有勘察、设计、施工、监理等单位分别签署的质量合格文件。

(3)有完整的技术档案和施工管理资料。

(4)有工程使用的主要建筑材料、建筑构配件和设备的进场试验报告。

(5)建设单位已按合同约定支付工程款。

(6)有施工单位签署的工程质量保修书。

(7)在建设行政主管部门及工程质量监督站等有关部门的历次抽查中,责令整改的问题全部整改完毕。

(8)工程项目前期审批手续齐全。

二、竣工验收程序

施工单位在工程完工后,必须对工程质量进行自检和评定,确认工程质量符合有关法律法规和工程建设强制性标准以及设计文件与合同要求后,方可向建设单位和监理单位提出工程竣工验收报告,工程竣工验收报告应经项目经理和施工单位有关负责人审核签字。

单位工程依法分包的,应由分包单位对分包的工程进行自检,合格后报施工总包单位复查,施工总包单位对施工质量负总责。

委托监理的工程项目,监理单位应对工程进行质量核定,具有完整的监理资料,并提出工程质量核定报告,工程质量核定报告应经总监理工程师和监理单位有关负责人审核签字,并对施工单位提交的竣工报告签署审查意见。

勘察、设计单位应核查勘察、设计文件以及设计变更通知，并提出审查意见，审查意见应经该项目的负责人和单位有关负责人审核签字。

1.工程竣工验收总程序

工程竣工验收应当按以下程序进行。

(1)工程完工后，施工单位向建设单位提交竣工报告，申请竣工验收。

(2)建设单位收到竣工验收报告后，对符合竣工验收条件的工程，组织勘察、设计、施工、监理等单位和其他有关方面的专家组成验收组，制订验收方案。

(3)建设单位应当在竣工验收7个工作日前，将验收的时间、地点以及验收组成员名单书面通知负责监督该工程的质量监督站。

(4)建设单位组织实施工程竣工验收。

2.建设单位组织工程竣工验收的具体程序

(1)勘察、设计、施工、监理单位，分别汇报合同履约情况和在工程建设各个环节，以及执行法律法规和工程建设强制性标准的情况。

(2)审阅勘察、设计、施工、监理单位的工程档案材料。

(3)全面实地查验工程质量，重点查验使用功能。

(4)对工程勘察、设计、施工、设备安装质量和各管理环节等方面做出全面评价，形成经验收组成员签署的工程竣工验收意见。

参与工程竣工验收的建设、勘察、设计、施工、监理等各方对工程竣工验收应达成一致意见，不能形成一致意见时，应当报质量监督站进行协调，待意见一致后，重新组织工程竣工验收。

建设单位在竣工验收过程中，如果发现工程不符合竣工条件，则应责令施工单位进行返修，并重新组织竣工验收，直到通过验收。

第二节　工程竣工验收资料

一、竣工验收报告

工程施工全部完成以后，经建设、施工、设计单位共同检查合格，施工单位应及时向建筑工程质量监督站呈报“竣工验收报告”，申请竣工核验，评定工程质量等级。

1.工程竣工验收报告的主要内容

工程竣工验收报告主要包括以下几方面内容。

(1)工程概况。

(2)建设单位执行基本建设程序情况。

(3)对工程勘察、设计、施工、监理等方面的评价。

(4)工程竣工验收时间、程序、内容和组织形式。

(5)工程竣工验收结论。

2.竣工验收报告填写内容说明

(1)工程名称栏:填写与施工许可证上的工程名称。

(2)结构类型栏:填写混合、框架、框架剪力墙、底部框架剪力墙、底层框架剪力墙等。

(3)验收记录:由建筑工程质量监督站填写。

(4)综合验收结论:由验收组填写,验收结论应明确,手续齐全。

单位工程竣工验收报告见表 4-1。

表 4-1 单位工程竣工验收报告

<table>
<tr><td>工程名称</td><td></td><td>结构类型</td><td></td><td>层数/
建筑面积</td><td></td></tr>
<tr><td>施工单位</td><td></td><td>技术负责人</td><td></td><td>开工日期</td><td></td></tr>
<tr><td>项目经理</td><td></td><td>项目技术
负责人</td><td></td><td>竣工日期</td><td></td></tr>
<tr><td>序号</td><td colspan="2">项　目</td><td colspan="2">验 收 记 录</td><td>验收结论</td></tr>
<tr><td>1</td><td colspan="2">分部工程</td><td colspan="2">共　　分部,经查　　分部
符合标准及设计要求　　分部</td><td></td></tr>
<tr><td>2</td><td colspan="2">质量控制资料核查</td><td colspan="2">共　项,经核定符合规范要求　项
经核定不符合规范要求　项</td><td></td></tr>
<tr><td>3</td><td colspan="2">安全和主要使用功能核查及抽查结果</td><td colspan="2">共核查　项,符合要求　项
共抽查　项,符合要求　项
经返工处理符合要求　项</td><td></td></tr>
<tr><td>4</td><td colspan="2">观感质量验收</td><td colspan="2">共抽查　项,符合要求　项
不符合要求　项</td><td></td></tr>
<tr><td>5</td><td colspan="2">综合验收结论</td><td colspan="2"></td><td></td></tr>
<tr><td rowspan="2">参
加
验
收
单
位</td><td>建设单位</td><td>监理单位</td><td colspan="2">施工单位</td><td>设计单位</td></tr>
<tr><td>(公章)
单位(项目)负责人
年　月　日</td><td>(公章)
总监理工程师
年　月　日</td><td colspan="2">(公章)
单位负责人
年　月　日</td><td>(公章)
单位(项目)负责人
年　月　日</td></tr>
</table>

3.呈报竣工验收报告时应提供的资料

呈报竣工验收报告的同时，还应附有下列文件。

(1)施工许可证。

(2)施工图设计文件审查批准书。

(3)验收组人员签署的工程竣工验收意见。

(4)施工单位签署的工程质量保修书。

(5)单位工程质量综合评定表。

(6)单位工程质量保证资料核查表。

(7)单位工程质量观感评定表。

(8)分部工程质量验收记录表。

(9)分项工程质量验收记录表。

(10)法律、规章规定的其他有关文件。

二、竣工图

竣工图是真实记录各种地上、地下建筑物、构筑物、设备安装等实际情况的技术文件，是对工程进行交工验收、维护、改建、扩建的主要依据，是国家重要的技术档案。因此，工程竣工后，各主管部门(建设、施工、设计、监理等单位)都应重视竣工图的编制工作。

新建、改建、扩建的基本建设工程，特别是基础、地下建筑、管线、结构以及设备安装等隐蔽部位，都应编制竣工图。

1.竣工图的编制形式

(1)凡按施工图施工，没有变动的工程，由施工单位在原施工图上加盖“竣工图”标志后，作为竣工图。

(2)凡在施工中，只有一般性的设计变更。能够将原施工图加以补充和修改作为竣工图的，可不重新绘制，由施工单位负责在原有的新的施工图上，按有关的设计变更通知单注明修改部分实际变更情况，并附有设计变更通知单和施工说明，加盖“竣工图”标志后，即可作为竣工图。

(3)凡结构形式、工艺、空间布置改变，项目改变或其他重大改变，不宜在原施工图上修改、补充时，应重新绘制竣工图。由设计原因造成的，设计单位负责重新绘制；由施工原因造成的，施工单位负责重新绘制。施工单位负责在新图上加盖“竣工图”标志，并附以有关记录和说明，作为竣工图。此项工作由建设单位负责组织。

2.编制竣工图的责任分工

(1)建设项目实行总包制的，各分包单位应负责编制分包范围内的竣工图，总包单位除应编制自行施工部分的竣工图外，还应负责汇总各分包单位编制的竣工图。总包单位在交工时，应向建设单位提交总包范围内的各项完整、准确、图物相符的竣工图。

(2)建设项目由建设单位分包给几个施工单位承担的，各施工单位应负责编制所承包工程的竣工图，建设单位负责汇总整理。

(3)建设工程项目在签订承包合同时，应明确规定竣工图的编制、检验和交接等问题。

(4)施工单位编制竣工图时,应贯彻谁施工谁负责的原则。

一般建设工程由专业主管技术负责人负责编制,编完后交单位工程土建技术负责人汇总,由公司技术负责人审核批准。

一般安装工程由专业主管技术负责人负责编制,编完后交工程技术负责人汇总,由公司技术负责人审批。

凡城建档案管理机构指定需要报送的竣工图,由项目技术负责人主持编制后,经公司技术部门审核,由总工程师审批。

一般建筑和安装工程的竣工图由项目经理安排项目经理部专人进行审核。报送的竣工图,最后由公司技术部门审核。

3.竣工图的编制要求

(1)竣工图要与工程实际情况相符,保证图纸质量,做到规格统一、图面整洁、字迹清楚。

(2)编制单位应根据各地区、各工程的具体情况,采用相应的绘制方法:如利用电子版施工图改绘的竣工图、利用施工蓝图改绘的竣工图、利用翻晒硫酸纸底图改绘的竣工图、重新绘制的竣工图。

(3)绘制竣工图应使用绘图笔或签字笔以及绘图工具,不得使用圆珠笔或其他易于褪色的墨水绘制。

(4)由施工图电子文件制成的竣工图应有原设计人员的签字,没有原设计人员签字的,须附有原施工图原图和竣工图均应加盖竣工图章。

(5)在工程施工中,有加固补强与进行质量事故处理的,要绘制竣工图,还要附有相应的验证书。

(6)绘制有设计变更的竣工图时,必须注明设计变更文件的编号,用明显的箭头标注变更处。

(7)改变设计所用的标准图,在绘制竣工图时,必须注明其图号。

(8)竣工图均应在其标题栏左方加盖竣工图签,注明编制单位,并由编制人、审核人签字。

(9)竣工图必须配套成册,装订整齐,应有封皮、目录、蓝图,以及必要的附属说明和文件。

4.竣工图的份数

(1)竣工图作为工程交工验收的条件之一,其管理、验收、归档方法,应按城建档案管理部门有关规定执行。竣工图不准确、不完整、不符合归档要求的,不能交工验收。

(2)竣工图连同工程技术档案,在工程竣工验收合格后一个月内,交公司技术档案部门验收,质量监督站认证后,移交有关单位。

(3)国家大中型建筑项目、城市住宅小区建设,以及城市的水、电、气、交通、通信等工程的竣工图,不少于两套。一套交生产使用单位保管,另一套交有关上级主管部门或技术档案部门长期保管,特别重要的建设项目,应增加一套交国家档案局保存。

(4)小型建设项目的竣工图不得少于一套,交生产使用单位保管。

第二篇

工程项目施工管理

第五章 建设工程项目管理概论

第一节　项目与项目管理

一、项目

1.项目的概念

“项目”广泛地存在于人们的工作和生活中，并产生重要影响。“项目”一词还广泛地应用在社会经济文化生活的各个方面，如建筑工程项目、开发项目、科研项目、社会项目等。人们经常用“项目”表示某一事物，因此，“项目”已成为一个专业术语，有特定的含义。但如何用通俗简洁的语言概括和描述这一词汇，目前还没有达成共识。纵观国内外，组织学者和管理专家为项目下了许多定义。英国标准化协会发布的《项目管理指南》将项目定义为：“具有明确的开始和结束点、由某个人或某个组织所从事的具有一次性特征的一系列协调活动，以实现所要求的进度、费用以及各功能因素等特定目标。”美国项目管理协会(Project Management Institute,PMI)认为：“项目是一种被承办的，旨在创造某种独特产品或服务的临时性努力。”而德国国家标准 DIN69901 将项目定义为：“项目是指在总体上符合如下条件的唯一性任务(计划)，具有特定的目标，具有时间、财务、人力和其他限制条件，具有专门的组织。”ISO10006 将项目定义为：“具有独特的过程，有开始和结束日期，由一系列相互协调和受控的活动组成，过程的实施是为了达到规定的目标，包括满足时间、费用和资源等约束条件。”

总之，项目的定义可概括为：项目是指在特定环境和约束条件下、具有特定目标的有组织的一次性工作或任务。

2.项目的特征

(1)项目目标的明确性。任何项目都具有特定的目标，项目的目标一般分为成果性目标和约束性目标。成果性目标是指项目的最终目标。在项目的实施过程中成果性目标被分解为项目的功能性要求，如一座住宅楼的可靠性(安全性、使用性以及耐久性)、经济性、美观性以及与环境的协调性等。约束性目标是指实现成果性目标的限制条件，在项目的实施过程中必须遵循的条件，如进度、成本、质量等。

(2)项目的一次性。项目的一次性是指任何项目作为总体来说是一次性的、不重复的、有限的，这也是识别项目的关键特征。从项目的含义看，项目有一个明确的起点和终点。如果一个项目的目标已经实现，则表示项目成功；如果项目目标不再需要或没有达到，则表示项目失败。无论是成功或失败，项目都达到了终点，表示任务完成，宣告结束，不允许重新开始运作。因此，项目管理者在项目的实施过程中必须精心规划，审慎执行和严格控制，确保项目能一次成功。

(3)项目的系统性。任何一个项目都要经过前期策划、设计和计划、项目实施和项目运行阶段。各阶段构成了项目系统。同时，一个项目系统在一定程度上又是由人、技术、资源、时间、空间和信息等多种要素组合在一起的，为实现某个特定的目标而形成的一个有机的整体。在项目运作过程中，各种构成要素互相制约、互相影响。因此，项目管理者在管理过程中要把项目作为整体来看待，以一定的方式，组织和管理全局体统，而不是只强调局部。

(4)项目的独特性。独特性又称唯一性。每个项目的内涵是唯一的。任何一个项目之所以能称之为项目，是由其独特的成分的，没有两个项目是完全相同的，即使它们的任务目标相同，但它们的地点、时间、内部和外部环境、自然和社会条件、存在的风险等都有所差别。项目的这一特性意味着项目具有创新性，项目管理者必须具有一定的创新和创业能力，把一个项目的管理看作一种实现创新的事业，视为一种极富创造性和挑战性的工作任务。

二、项目管理

1.项目管理的概念

“项目管理”，简而言之，就是对工程项目进行管理。但其内涵却十分丰富，从“项目管理”一词来看，具有两种含义：一是动词，项目管理是指一种管理活动，即人们有意识地按照项目的特点和规律，对项目所进行的组织、管理活动；二是名词，项目管理又是一种管理科学，即以探求项目活动科学管理的理论与方法为研究对象的一种知识体系。因此，对“项目管理”一词就有了两种不同思路的定义。《工程项目管理实用手册》将项目管理定义为：“项目管理是在一定的约束条件下，以最优的实现项目目标为目的，按照其内在的逻辑规律对工程项目进行有效的计划、组织、协调、控制的系统管理活动。”美国项目管理专家Haroldkerzher博士从另一个角度将项目管理定义为：“为了限期实现一次性特定目标对有限资源进行计划、组织、指导、控制的系统管理方法。”前者定义为一种活动，后者定义为一种方法，但两者本质是一致的。总而言之，项目管理是项目组织者，在特定的环境和约束条件下，运用系统的理论和方法，对项目与资源进行计划、组织、执行、协调与控制，以实现项目立项时确定的目标。

2.项目管理的特点

(1)项目管理有明确的目标。项目管理的目标是通过管理实现项目的既定目标，没有目标就无所谓管理，管理本身不是目的，而是实现一定目标的手段。项目管理的目标是由项目目标决定的，即在规定的时间内，达到规定的质量标准，满足规定的预算控制。

(2)项目管理是一项复杂的工作。项目管理的复杂性取决于项目和项目管理组织。一个项目一般由很多部分组成,工作跨越多个组织,需要运用多种学科的知识来解决。项目是一次性的,具有一定的创新性,在项目管理中通常没有或很少有以往的经验可以借鉴,而且项目执行过程中存在许多不确定的风险因素。风险因素的发生概率和影响程度都是未知的,同样,项目管理组织是为了实现项目目标而将不同经历、不同组织的人员有机组织在一起。因此,具有临时性的特性,项目终结,组织使命完成,人员转移。另外,项目管理组织又具有一定的开放性。所谓开放性就是项目管理组织要随项目的进展而改变。为了保障组织高效、经济运行,组织人数、成员的职能会不断发生变化。一个临时的、开放的组织,在特定条件(成本、进度、质量)和约束下实现一个复杂项目既定的目标,这就决定了项目管理是一项复杂的工作。

(3)项目管理实行项目管理者负责制。项目具有一定的复杂性,而且项目的复杂性随其范围不断变化,项目越大越复杂,涉及的学科、技术种类越多。需要各职能部门相互协调,通力配合。如何才能达到项目管理的目标,这就需要将项目授权给一个人,即项目管理者或项目经理,他有权利独立进行计划,以及资源分配、协调和控制。项目管理者是应特殊需要而产生的,所以要求项目管理者必须具备一定的专业知识,具有领导者才能,能综合运用各种专业知识和管理方法解决问题。

三、建设工程项目

1.建设工程项目的概念

建设工程项目是项目中的一种,具有项目的含义。建设工程项目是利用一定的投资,经过一系列活动,在一定的约束条件下,以形成固定资产为目标的一次性活动。《建设工程项目管理规范》(GB/T 50326—2017)将建设工程项目的定义为:为完成依法立项的新建、扩建、改建工程而进行的、有起止日期的、达到规定要求的一组相互关联的受控活动,包括策划、勘察、设计、采购、施工、试运行、竣工验收和考核评价等阶段。

2.建设工程项目的特点

建设工程项目具有一次性、目标性、系统性、约束性等基本特征,同时还具有自身的一些特征,具体如下:

(1)建设工程项目投资大。建设工程要达到的目标是为人们生产生活提供一个功能良好、舒适、美观的空间,满足人们衣食住行的需要,建设工程项目一般是房屋、道路、桥梁、工厂等大型活动,因此投资巨大,少则几百万元,多则上千万元、数亿元。例如,举世闻名的三峡工程项目,其建设期间静态投资达 900 亿元(人民币),著名的英吉利海峡隧道项目总投资高达 120 亿美元。

(2)建设工程项目地域的固定性。建设工程项目是应人们需要而产生的,哪里需要就在哪里施工,在哪里建成就在哪里投入生产,一般是不能移动的,因此,建设工程项目必须在指定的场所和条件下进行组织实施。

(3)建设工程项目生产周期长、过程开放。建设工程项目由于建设规模庞大,技术复杂,从策划到投入使用,经历时间长,少则几个月,多则几年或者十几年,由于建设周期长,露天施工,受到外部环境影响大,因此,在建设工程过程中,存在许多不确定因素,风险较大。

(4)建设工程项目参与人员多,生产具有规律性。建设工程项目是一项复杂的工程,参与人员众多,涉及各专业。主要人员有建筑师、结构师、设备工程师、项目管理者、建设工程人员、监理人员等。但项目建设过程中有一定的规律性,施工工艺必须满足规范要求,有专用的仪器设备,是一种专业性较强的以专门知识和技术为支持的工作任务。

(5)建设工程项目产品质量的强制性。建设工程产品的好坏直接影响国家的财产、人民的生命安全。因此,从项目的立项、报建、可行性研究、设计、建设工程到竣工验收和交付使用都必须在政府及相关机关的控制与监督下。

(6)外部协作性。

3.建设工程项目的建设程序

一个建设工程项目的建成往往需要经过多个阶段,涉及面广,内外协作配合环节多,关系错综复杂,必须按照一定程序才能有条不紊地进行。在工程建设领域,通常把施工项目的各阶段和各项工作的先后顺序称为建设程序。建设工程项目自投标开始到保修期满为止,具体还分为五个阶段:投标、中标、签约阶段;施工准备阶段;施工阶段;竣工验收、交付使用、工程结算阶段;用后服务阶段。

(1)投标、中标、签约阶段。建设工程企业运行一个建筑施工项目一般是从参加投标活动开始的。项目建设单位对建设工程项目进行设计和前期准备工作后,提出建设规模、使用要求、建设期限,以及对材料、人工造价进行估算,制定标底,编制招标文件,发布招标信息,施工单位在看到招标广告或邀请函后,决定是否参加投标。若参加投标,需经资格审查合格取得投标文件后,按规定填写标书,提出标价,将密封标书在规定期限内发送投标单位。通过开标、评标和定标,招标单位发出中标通知书。建设工程企业在接到中标通知书后,与发包单位就技术、经济学问题进行谈判,最终达成协议,签订正式承包合同,该阶段是建设工程项目程序的第一阶段。

(2)施工准备阶段。建设工程企业与建设单位签订建筑施工项目施工合同后,在施工前,还必须为合同履行和施工活动顺利进行做必要的准备工作,项目施工准备工作包括组织准备和开工准备。

组织准备的主要工作是组建项目经理部、授权项目经理。开工准备是为了使工程具备开工和连续施工的基本条件而进行的准备,主要包括以下几方面内容。

①技术准备,主要包括:图纸会审;掌握工程地基的地质、水文和地区的自然环境;编制施工预算;编制施工组织设计。

②物资准备,主要包括:建筑材料用量的估算,确定供应单位、进料计划和堆放位置;施工机械设备的准备;模板、脚手架的准备。

③人员、劳动组织准备,主要包括:集结施工队伍,建立精干的施工作业班组;外包系统的确立。

④施工现场准备,主要包括:清除障碍物;“三通一平”,即工程场地范围通水、通电、道路畅通,场地平整;工程测量、放线;搭建临时设施,办公用房、库房、食堂、宿舍、围墙等。

⑤场外准备,主要包括:签订材料供应合同、工艺设备加工合同;订立分包合同;提交开工申请报告。

(3)施工阶段。开工报告一经批准,项目便进入建设实施阶段,施工活动应按设计要求、合同条款、预算投资、施工程序和顺序,施工组织设计,在保证质量、工期、成本计划等目标的前提下进行,达到竣工标准要求,经过验收后,移交给建设单位。

(4)竣工验收、交付使用、工程结算阶段。当建筑施工项目完成工程项目设计图样和工程合同规定的全部内容,并达到业主单位的使用要求,标志着工程竣工。施工企业可以将建设工程项目以及有关资料移交建设单位或监理单位,并接受一系列审查验收,如果达到建设工程项目质量标准,就可以交付使用。同时,对外结清债权、债务,解除施工合同交易关系。但这并不代表施工企业合同责任和义务的结束。

(5)交付使用后服务阶段。建设工程项目的终点是保修期满为止。因此,建设工程项目交付使用后,必须按合同规定的保修期对项目成果的使用进行回访与保修,以保证使用单位正常使用,发挥效益。

四、建设工程项目管理

1.建设工程项目管理的概念

《建设工程项目管理规范》(GB/T 50326—2017)将建设工程项目管理定义为:"运用系统的理论和方法,对建设工程项目进行的计划、组织、协调和控制等专业化活动。"

2.建设工程项目管理的内容和程序

建设工程项目管理是施工企业履行施工合同的过程,也是实现项目预期目标的全过程,项目管理者在项目实施的过程中,应运用科学管理的基本原理,发挥企业技术管理的整体优势,组织各个层面的管理活动搞好全过程的建设工程项目管理。项目管理每一个过程都应体现"计划、实施、检查、处理"(PDCA)的持续改进过程。

(1)建设工程项目管理的内容。建设工程项目管理的内容取决于项目管理的目的、对象和手段,项目管理的目的就是实现质量、成本、工期和安全的预期目标,对象就是生产要素;手段就是通过管理规划、组织协调、合同管理和信息管理等进行生产要素管理与目标控制。

每个建设工程项目的具体管理内容由施工企业法定代表人向项目经理下达的"项目管理目标责任书"确定,由项目经理负责组织实施。其具体内容包括:

①编制"建设工程项目管理规划大纲"和"建设工程项目管理实施规划"。建设工程项目管理规划大纲和实施规划对建设工程项目管理组织、内容、方法、步骤、重点进行预测与决策,做出具体安排的纲领性文件。

②建设工程项目进度控制。确定建设工程项目开工日期和竣工日期;编制建设工程项目建设工程进度计划;向监理工程师提出开工申请报告;实施建设工程项目建设工程进度计划。

③建设工程项目质量控制。确定建设工程项目质量目标;编制建设工程项目质量计划;实施建设工程项目质量计划。

④建设工程项目安全控制。确定建设工程项目施工安全目标;编制建设工程项目安全保证计划;建设工程项目安全计划实施;建设工程项目安全保证计划验证;建设工程项目安全计划持续改进;兑现合同承诺。

⑤建设工程项目成本控制。施工企业进行建设工程项目成本预测;项目经理部编制建

设工程项目成本计划；项目经理部实施建设工程项目成本计划；项目经理部进行成本核算；项目经理部进行成本分析并编制月度以及项目的成本报告；编制成本资料并按规定存档。

⑥建设工程项目生产要素管理。项目人力资源管理；项目材料管理；项目机械设备管理；项目技术管理；项目资金管理。

⑦建设工程项目合同管理。招标投标中的管理；包括策划、投标、中标、签订项目的施工合同；合同实施控制；合同变更管理；索赔管理。

⑧建设工程项目信息管理。确定组织成员之间的信息流；确定信息的形式、内容、传递方式、时间和存档；进行信息处理过程的控制；与外界交流信息。

⑨建设工程项目现场管理。制订现场管理规划；规范场容；环境保护；防火安全；卫生防疫和其他事项。

⑩建设工程项目组织协调。内部关系的组织协调；近外层关系和远外层关系的组织协调。

⑪建设工程项目竣工验收。竣工验收准备；编制竣工验收计划；组织现场验收；进行竣工结算；移交竣工资料；办理交工手续。

⑫建设工程项目考核评价。制订考核评价方案，经企业法定代表人审批后实行；听取项目经理部汇报，查看项目经理部的有关资料，对项目管理层和劳务作业层进行调查；考察已完工程；对项目管理的实际运作水平进行考核评价；提出考核评价报告；向被考核评价的项目经理部公布评价意见。

⑬建设工程项目回访保修。编制回访工作计划；执行回访并填写回访记录；根据工程质量保修书具体约定内容保修。

(2)建设工程项目管理的程序。建设工程项目实行过程遵循一个的程序，对项目的管理也必须随项目的进展情况有序进行，建筑施工项目的管理应遵循以下程序。

①编制项目管理规划大纲。

②编制投标书并进行投标。

③签订施工合同。

④选定项目经理。

⑤项目经理接受企业法定代表人的委托组建项目经理部。

⑥企业法定代表人与项目经理签订“项目管理目标责任书”。

⑦项目经理部编制“项目管理实施计划”。

⑧进行项目开工前的准备。

⑨施工期间按“项目管理实施规划”进行管理。

⑩在项目竣工验收阶段进行竣工结算，清理各种债权、债务，移交资料和工程。

⑪进行经济分析。

⑫做出项目管理总结报告，并送企业管理层有关职能部门。

⑬企业管理层组织考核委员会对项目管理工作进行考核评价，并兑现“项目管理目标责任书”中的奖惩承诺。

⑭项目经理部解体。

⑮在保修期满前企业管理层根据“工程质量保证书”的约定进行项目回访与保修。

第二节　工程项目组织

一、组织的含义

现代社会每个人都生活和工作在组织中，组织无时不在、无处不在。那么，如何定义组织呢？

“组织”一词的含义比较广泛，国内外有许多论述。例如，霍奇和安东尼将组织定义为：“两个以上或更多的人为实现一个或一组共同的目标协同工作而组成的集合。”纳巴得则将组织定义为：“一个多人紧密协作的所有活动的系统，这些活动是紧密的，并且是在预先确定的和有目的的协作下进行的。”无论各位专家如何定义组织，从本质上来讲“组织”有两层含义。其一，组织的名词性，表示一个实体、一群人为了实现某种目标，按照某种形式或制度结合在一起的具有正式关系的一个集合。这群人有一定的专业技术、管理技能，有明确的管理层次，具有相对稳定的职务结构和职位结构，如项目组织、文艺组织等。其二，组织的动词性，表示一个过程，人们为达到一定的目的，通过一定的权力体系和影响力，对所需要的资源进行合理配置，对活动行为进行筹划、安排、控制、检查等工作，如组织一次大型文艺活动或一场比赛等。

通过以上论述可以发现，组织一词的具体含义针对不同使用环境和使用场合而不同。将组织和项目一词结合起来就可以把“项目组织”定义为：“人们为了实现项目目标，通过明确分工协作关系，建立不同层次的责任、权利、利益制度而构成的从事项目具体工作的运行系统。”

二、施工项目组织

1.施工项目组织的概念

施工组织是指建筑施工项目的参加者、合作者为了实现施工项目的目标，按一定规则或规律建立起来的群体。

2.合作者

施工项目组织合作者一般包括项目所有者、项目管理者、项目专业承包商、政府机构、项目驻地的环境。另外，在建筑施工项目组织中，施工项目组织合作者还可能包括项目的主管部门等。

（1）项目所有者。项目所有者，通常被称为业主，是项目的发起者，居于组织的最高层，对整个项目负责，最关心的是项目整体经济效益。项目所有者对项目的管理体现在以下几方面。

①决策职能。做项目战略决策，如确定项目整体概况、生产规模等。

②计划职能。围绕项目建设全过程、总目标做整体计划，用动态计划协调与控制整个施工项目。

③组织职能。选择项目经理和承包单位，建立项目管理组织机构。

④协调能力。协调项目实施中各相关层次、相关部门之间的关系，确保系统能够正常运行。

⑤控制职能。在实现建筑施工目标过程中，不断通过决策、计划、协调和信息反馈等手段对成本、进度、质量进行宏观控制，确保目标实现。

(2)项目管理者。项目管理者由业主选定，负责项目实施中的具体事务管理工作。实现业主投资意图，保护业主利益，保证项目整体目标实现。一般情况下，业主可以委托独立的施工项目的监理部门作为项目管理者，监理对项目的管理主要体现在以下几方面。

①费用控制。协助业主正确做出投资决策。

②工期控制。

③质量控制。

④合同管理。

(3)项目专业承包者。项目专业承包者是项目实施者，负责项目的具体实施，主要目的是在满足合同规定的时间、费用和质量的要求下，实现预期的施工项目的承包利润，其主要任务和职能包括以下几方面。

①建立施工组织管理组织，选聘项目经理，选择适当的组织形成，组建项目管理机构，编制项目管理制度。

②编制施工项目管理计划。

③进行施工项目目标控制。按合同规定完成自己所承担的项目任务，并进行进度、质量、成本、安全、现场等管理。

④进行施工项目承包合同管理和信息管理。

⑤遵守项目管理规则。

(4)政府机构。政府为了履行社会管理职能，由有关的政府机关以相关法律为依据对施工项目进行强制性的监督和管理。政府的管理职能贯穿于施工项目的全过程，主要内容包括以下几点。

①建设用地、规划、环境保护管理。

②建设规划管理。

③环境保护管理。

④建筑防火防灾(防震、防洪等)管理。

⑤有关技术标准、技术规范等遵照情况的审核。

⑥建设程序管理。

⑦施工中的安全、卫生管理以及建成后的使用许可管理。

(5)项目驻地环境。项目驻地环境是指施工项目建设地点的自然条件和驻地居民。驻地自然条件的好坏以及驻地居民的合作态度对项目的实施有很大的影响。

三、施工项目管理组织机构

1.施工项目管理组织机构的含义

施工项目管理组织机构是指表现构成管理组织的各要素(人员、职位、部门、级别等)的排列顺序、空间位置、聚集状态、联系方式以及相互关系的一种形式，一般以框图的形式进行表达。

2.施工项目管理组织机构的设计原则

一个合理的组织机构应该能够随外部环境的变化而适时调整，为项目管理者创造良好的管理环境，有利于更有效地实现管理目标。因此，组织机构的设计非常重要，必须遵守一定的原则。

(1)目标性原则。任何一个组织的设立都有其特定的任务和目标，没有任务和目标的组织是不存在的。因此，在进行组织机构设计时必须遵守这一原则。项目管理者应对管理组织认真分析，围绕任务和目标确立需要设置的人员、职位、部门、职能等要素。另外，组织在随外部环境变化而对其内部要素进行调整、合并和取消时也必须遵守目标性的原则，以是否有利于实现其任务目标作为衡量组织机构的标准。

(2)系统化管理的原则。项目自身具有系统化的原则，因此，在组织设立时应体现系统化，即组织要素之间既要分工协作又必须统一命令。分工协作是指为了提高专业化管理程度和工作效率，将管理任务目标分解到人、到位，同时各人各岗位之间必须相互协作，共同完成管理目标。分工越细，专业化水平越高，责任越明确，工作效率也越高。但由于部门机构繁多，工作交接多，相互之间的沟通较难，因此，对协作提出了更高的要求。在管理过程中，要想做好分工协作，提高效率就必须统一命令，建立严格的管理责任制和逐层负责制，保证政令畅通。

(3)管理跨度和管理层次适中的原则。管理跨度是指一个领导者直接指挥、监督下一层组织单元的数量；管理层次是指从最高领导者到最下一层组织单元之间的等级次数，两者呈反比关系。管理跨度越大，领导者的负担越重，决策越易失控；管理层次越多，管理费用越高，命令传达越容易出错，信息沟通越复杂。因此，在组织机构设计时，一定要综合考虑，建立一个规模适度、结构简单、层次较少的高效组织机构。

(4)责、权、利相平衡的原则。组织内部有了明确的分工就意味着每一个人或职位要承担一定的责任，而组织成员要完成责任就必须拥有相应的权利，同时必须享受相应的利益。在组织设计时，应该考虑到以下两点：第一，一个人所担负的责任应与它所拥有的权利和所享受的待遇相一致；第二，同一层次人员之间的责权利相平衡。苦乐不均、忙闲不均不利于调动人员积极性，更不利于管理，难以保证管理目标的实现。

(5)精简高效的原则。精简高效是任何一个组织建立时都力求达到的目的。组织成员越多，管理费用就越高，而且越不利于组织运转。当然精简不是专指人少，而是应做到人员少而精。因此，精简的原则是在保证完成组织任务的前提下，尽量简化机构，选用精干的队伍，选用"一专多能"的人员。这样才有利于提高组织工作效率，更好地实现组织管理目标。

(6)稳定性和灵活性相结合的原则。组织建立的任务和目标是进行一些有效的活动，这就要求组织必须处于一种相对稳定的状态。随着项目实施的进展，管理目标有所改变，组织的任务目标也应发生相应的变化，组织机构就必须适时调整，有针对性地对组织因素进行适当调整，以适应新的管理要求。一成不变的组织不可能创造出业绩，也不可能完成管理目标。因此，组织机构形式的设立必须在稳定的基础上灵活改变，提高组织适应性。

四、施工项目组织结构的基本形式

根据项目规模和外部环境不同，组织结构的形式也多种多样。随着社会生产力水平的提高和科学技术的发展，还将产生新的结构形式。每一种结构形式都有利有弊。建筑施工企业应根据施工项目的特点，结合企业自身特点及合同要求，选择合适的组织结构形式。常见的组织结构形式有直线型组织结构、职能型组织结构、直线参谋型组织结构、直线职能参谋型组织结构、矩阵型组织机构等。现简单介绍两种应用较普遍的组织结构形式。

1.直线型组织结构

直线型组织结构是最简单的一种组织结构形式，组织内各级呈直线关系。各组织单元只接受一个直接上级的指令，只对一个上级负责。组织内责权分明，秩序井然，命令统一，工作效率高，但相互之间缺少协调工作。直线型组织结构如图 5-1 所示。

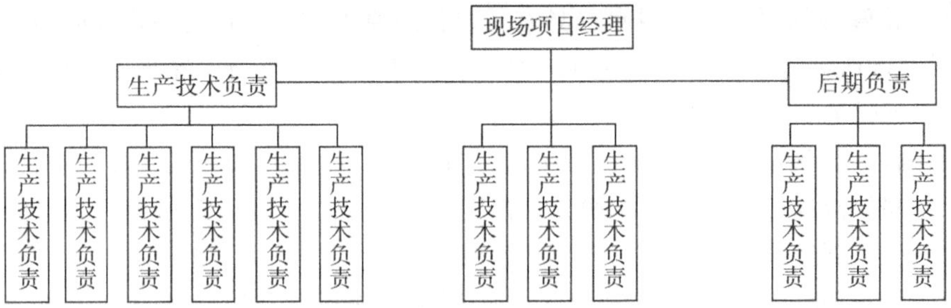

图 5-1　直线型组织结构

2.矩阵型组织结构

一个企业同时承担许多项目的实施和管理，各项目的规模不同，复杂程度也不同。这时简单的组织结构形式已经不再适应，一般采用矩阵型组织结构形式。这种组织结构形式既有按职能划分的纵向组织部门，也有按项目划分的横向部门。组织中专业人员既接受本部门领导，也接受项目经理部领导。这种组织结构加强了各职能部门的横向业务联系，专业人员、设备得到充分利用，有利于资源优化，具有较大适应性和灵活性。但是人员受双重领导，难以统一命令，出现问题也难以查清责任。因此，必须授予项目负责人充分的权利。矩阵型组织结构，如图 5-2 所示。

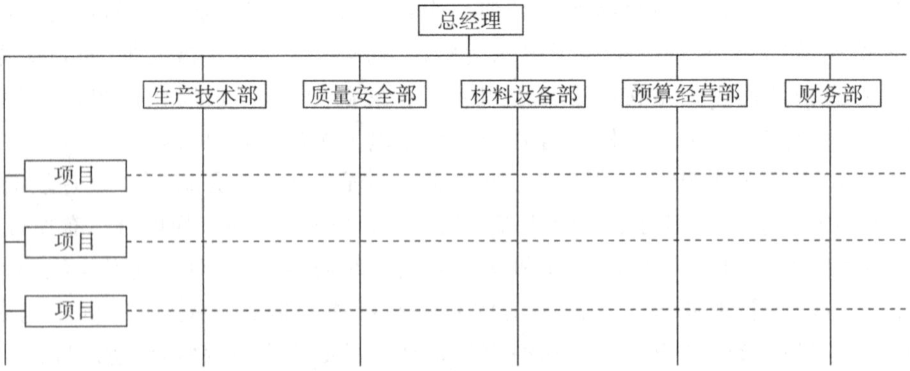

图 5-2　矩阵型组织结构

第三节 项目经理和项目经理部

一、项目经理

1.项目经理的含义

工程项目是一种特殊又复杂的一次性活动，涉及人员、材料、机械设备、环境、技术、资金等多方面因素。为了更好地对施工项目进行计划、组织、监督、控制和协调，提高工作效率，达到管理目标，必须设立项目经理。《建设工程项目管理规范》(GB/T 50326—2017)规定：工程总承包企业应建立与工程总承包项目相适应的项目管理组织，并行使项目管理职能，实行项目经理负责制。同时，指出"项目经理是组织法定代表人在建设工程项目上的授权委托代理人"。1995年建设部颁发的《建筑施工企业项目经理资质管理办法》中指出："施工企业项目经理，是指受企业法定人代表人委托对工程项目施工过程全面负责的项目管理者，是建筑施工企业法定代表人在工程项目上的代表人。"这就决定了项目经理是项目实施的最高领导者、组织者和责任者，在项目管理中起着决定性作用，是决定项目成败的关键人物。在项目实施管理过程中，项目经理既要对业主负责，实现项目成果性目标，也要对施工企业负责，实现项目效率性目标。

2.项目经理的责、权、利

项目经理具有根据企业法定代表人授权的范围、时间和内容，对施工项目自开工准备至竣工验收实施全过程全面管理的权利，对项目负责，同时享受相应的利益。

(1)项目经理的责任。我国实行项目经理负责制，项目经理是项目的第一负责人。《建筑施工企业项目经理资质管理办法》第七条规定了项目经理的四项职责：第一，贯彻执行国家和工程所在地政府的有关法律、法规和政策，执行企业的各项管理制度，如《中华人民共和国建筑法》《中华人民共和国合同法》《中华人民共和国招标投标法》《建设工程质量管理条例》等；第二，严格财经制度，加强财经管理，正确处理国家、企业与个人的利益关系；第三，执行项目承包合同中由项目经理负责履行的各项条款；第四，对工程项目施工进行有效控制，执行有关技术规范和标准，积极推广应用新技术，确保工程质量和工期，实现安全、文明生产，努力提高经济效益。

具体来讲，项目经理的职责主要包括以下几点。

①代表企业实施施工项目管理。贯彻执行国家法律、法规、方针、政策和强制性标准，执行企业的管理制度，维护企业的合法权益。

②完成"项目管理目标责任书"规定的任务。"项目管理目标责任书"包括下列内容：企业各业务部门与项目经理部之间的关系；项目经理部使用作业队伍的方式、项目所需材料供应方式和机械设备供应方式，应达到的项目进度目标、项目质量目标、项目安全目标和项目

成本目标;在企业制度规定以外的由法人向项目经理委托的事项;企业对项目部人员进行奖惩的依据、标准、办法以及应承担的风险;项目经理解职和项目经理部解体的条件以及方法。

③组织编制项目管理实施规划。

④对进入现场的生产要素进行优化配置和动态管理。

⑤建立质量管理体系和安全管理体系并组织实施。

⑥在授权范围内负责与企业管理层、劳务作业层、各协作单位、发报人、分包人和监理工程师等的协调,解决项目中出现的问题。

⑦按“项目管理目标责任书”处理项目经理部与国家、企业、分包单位以及职工之间的利益分配。

⑧进行现场文明施工管理,发现和处理突发事件。

⑨参与工程竣工验收,准备结算资料和分析总结,接受审计。

⑩处理项目经理部的善后工作。

⑪协助企业进行项目检查、鉴定和评奖申报。

(2)项目经理的权利。项目经理对项目负责,必须授予其完成任务的权利条件。项目与项目经理的权力由企业法定代表人授予。

项目经理应具有以下几方面权利。

①参与企业进行的施工项目投标和签订施工合同。

②经授权组建项目经理部,确定项目经理部的组织结构,选择、聘任管理人员,确定管理人员的职责,并定期进行考核、评价和奖惩。

③在企业财务制度规定的范围内,根据企业法定代表人授权和施工项目管理的需要,决策资金的投入和使用,决定项目经理部的计酬办法。

④在授权范围内,按物资采购程序性文件的规定行使采购权。

⑤根据企业法定代表人授权或按照企业的规定选择、使用作业队伍。

⑥主持项目经理部工作,组织制定施工项目的各项管理制度。

⑦根据企业法定代表人授权,协调和处理与施工项目管理有关的内部及外部事项。

(3)项目经理的利益。

①获得基本工资、岗位工资和绩效工资。

②除按“项目管理目标责任书”可获得物质奖励外,还可表彰、记功,或授予优秀项目经理等荣誉称号。

③经考核和审计,为完成“项目管理目标责任书”确定的项目管理责任目标或造成亏损的,应按其中有关条款承担责任并接受经济或行政处罚。

④对项目经理进行培养,进行工程技术、经济、管理、法律和职业道德等方面的继续教育与能力培养,有条件的企业还应选择优秀的项目经理参加全国的管理研究班或者到国外考察或者参加短期培训,不断提高项目经理的能力。

3.项目经理的素质要求

(1)项目经理应具有符合施工项目管理要求的能力。施工项目本身就是一个复杂的事物,涉及业主、监理、企业内部、分包商、供应商、政府机构(主要是质量监督部门)等各方面,因此,作为项目经理必须具有协调能力。尤其是与业主的协调更应注意做到重信誉、讲质量、友好相处，创造共同的利益。另外，施工项目受到人员、材料、机械设备、环境、施工方法、资金等多种因素的影响，同时还存在许多未知的风险（如政治风险、经济风险、自然风险、合同风险等）。因此，项目经理应具有宏观调控能力，具备资源合理分配（即优化）的能力，以人为本，运用科学的计划管理手段建立有效的均衡生产秩序。带领班子成员同舟共济，处理好内外部关系，成功地完成项目。

(2)项目经理应具备相应的施工项目管理经验和业绩。项目经理除要求具有一定的知识水平、较高的管理才能外，还必须有丰富的实践经验和业绩。《建筑施工企业项目经理资质管理办法》规定：一级项目经理担任过一个一级建筑施工企业资质标准要求的工程项目，或两个二级建筑施工企业资质标准要求的工程项目施工管理工作的主要负责人，并已取得国家认可的高级或者中级专业技术职称者；二级项目经理担任过两个工程项目，其中至少一个为二级建筑施工企业资质标准要求的工程项目施工管理工作的主要负责人，并已取得国家认可的中级或者初级专业技术职称者。对三级、四级项目经理的规定在此不再赘述。

实践经验不是先天就有的，也不是从书本或课堂上可以完全获得的，而是必须在实际工程中向有经验者求教，学习他们的技能、经验，并结合自身特点不断从实践中吸取经验，不断积累，最终成为高级项目经理。

(3)项目经理应具有必备的知识结构。项目经理应具有承担施工项目管理任务的专业技术知识，应该是土木工程专业的内行，能够鉴别项目的工艺设计、设备选型、安装调试并且熟悉土建施工技术；同时，还必须有较广的知识面，具备一定的专业管理、经济和法律、法规知识。学习和掌握工程项目管理、决策论、运筹学理论、网络技术、价值工程和质量管理、领导科学、合同法等相关知识。

(4)项目经理应具有良好的道德品质。建筑施工项目具有一次性等特点，成功与否取决于项目经理的能力和工作态度。因此，项目经理必须具有良好的职业道德，工作积极认真、任劳任怨、勇于挑战、敢于承担责任，公平正直，具有合作精神。

(5)项目经理应具有强健的身体。建筑施工项目是露天作业，受季节限制，工期紧、任务重，项目经理工作非常繁忙，生活条件和工作条件都非常艰苦。因此，项目经理必须具有健康的体魄、充沛的精力、顽强的毅力、豁达的心胸和献身精神。

4.项目经理的挑选

施工项目经理是决定施工项目成败的关键人物，因此，选择合适的项目经理是非常重要的。项目经理的选择必须遵守一定的原则，并且按一定的程序进行。选择项目经理应坚持：选择方式必须有利于人才选拔，项目经理产生的程序必须具有一定的资质审查和监督机制，最后决定权属于企业法定代表人，逐步采用从人才市场上竞争上岗的选拔和聘任方式。

二、项目经理部

施工企业按一定原则选好项目经理后，项目经理应根据项目的规模、特点及复杂程度组建项目经理部。对项目经理部建立的规定如下：大中型施工项目的承包人必须在施工现场设立项目经理部，并根据目标控制和管理的需要设立专业职能部门；小型项目一般也应设立项目经理部，但应简化。如果企业法定代表人决定由其他项目经理部兼管也可以不单独设计项目经理部，但委托兼管应征得项目发包人的同意，并不得削弱兼管者的项目管理责任。

1.项目经理部的设立

施工企业决定在施工现场设立项目经理部后，应按下列步骤进行。

(1)确定项目经理部的管理任务和组织形式。根据企业批准的“项目管理规划大纲”确定项目经理部的管理任务和组织形式，组织形式根据施工项目的规模、结构复杂程度、专业特点、人员素质和地域范围确定，并应符合下列规定：

①大中型项目宜按矩阵型项目管理组织设置项目经理部。

②小型项目宜按直线职能参谋型项目管理组织设置项目经理部。

项目经理不经过企业法定代表人批准正式成立后，应以书面文件通知发包人和总监理工程师。

(2)确定项目经理部的层次，设立职能部门与工作岗位。施工项目经理部的层次、职能部门与工作岗位设置，要贯彻因事设岗、有岗就有责任和目标要求的原则，明确各岗位的责、权、利和考核标准。中小型的工程项目管理部通常设有项目经理、专业工程师、合同管理人员，成本管理人员、信息管理人员、秘书等，有时还设有采购人员、库存管理人员等；大型项目设项目经理部，下设计划部、技术部、合同部、财务部、供应部、办公室等。

(3)确定人员、职责、权限。项目经理部的人员配置应满足施工项目管理的需要。

(4)目标分解。由项目经理根据“项目管理目标责任书”进行目标分解。

(5)制定各项规章制度。组织有关人员制定规章制度和目标责任考核、奖惩制度。

2.项目经理的规章制度

(1)项目管理人员岗位责任制度。

(2)项目技术管理制度。

(3)项目质量管理制度。

(4)项目安全管理制度。

(5)项目计划、统计与进度计划管理制度。

(6)项目成本核算制度。

(7)项目材料、机械设备管理制度。

(8)项目现场管理制度。

(9)项目分配与奖励制度。

(10)项目例会与施工日志制度。

(11)项目分包及劳务管理制度。

(12)项目组织协调制度。

(13)项目信息管理制度。

项目经理部自行制定的规章制度与企业现行的有关规章制度不一致时，应报送企业或其授权的职能部门批准。

3.项目经理部的运行

(1)项目经理部应组织项目经理部成员学习项目的规章制度，检查执行情况和效果，并应根据反馈信息改进管理。

(2)项目经理和成员一起参加项目管理，发现问题，共同制订对策，解决问题。

(3)项目经理应根据项目经理人员岗位责任制度对管理人员的责任目标进行检查、考核和奖惩。

(4)项目经理部应对作业队伍和分包人实行合同管理,项目经理部对分包人的作业技术活动有权进行指导、帮助和检查;分包人应按项目经理部的要求,通过自主作业管理,正确履行分包合同。

(5)当工程竣工,与企业管理层办理了有关手续后,项目经理部解体。解体时,应与企业管理层办理手续,主要是向相关职能部门交接清楚项目管理文件资料、核算账册、现场办公设备、公章保管、领借的工器具以及劳防用品、项目管理人员的业绩考核评价材料等。

第四节　工程项目规划

一、工程项目规划的含义

为了使项目管理活动富有成效地开展,必须事先做好项目规划。项目规划是一个过程,它确定项目预达到的目标,估计围绕目标实现会遇到的问题,并提出解决问题的有效方案、方针、措施和手段。

(1)项目规划要结合实际。项目规划要具有可行性,在确定、安排实现项目目标所必需的各种活动和工作成果时,必须考虑到实际工作中的影响因素,如环境因素影响包括人力资源、自然资源、现场情况、气候条件等;施工项目本身的特点包括工程规模、复杂程度、质量水平等。

(2)项目规划要满足经济性的要求。项目规划的目的不仅是要求项目的实施具有较高的经济效益,而且要求具有较高的社会效益,即成本低、质量好、收益高。在做项目计划时必须提出多个方案进行经济分析,通过多角度比较,选择最优方案。

(3)项目规划要具有弹性。项目规划是建立在预定的项目目标和实施方案、以往的工程经验、环境状况以及对未来合理预测的基础上的,因此,规划中人为因素较多,在实际的项目实施过程中,存在许多不确定因素和风险,如市场变化、环境变化、气候影响、设计变更、经济风险、政治风险等。这就要求在制订项目规划时,必须留有一定的余地,在实际情况发生变化时,能够提出高效的施工方案,使项目实施适应新的情况。

二、工程项目规划的内容

1.进度计划

施工进度计划是表示施工项目各分部工程、分项工程的施工顺序,开始、结束时间、持续时间以及相互衔接关系的计划,确保及时完成施工任务。

进度计划主要包括以下几个方面内容。

(1)安排并确定各项施工活动之间的逻辑关系与工作排序。

(2)根据每一项施工活动所需的资源、具体的施工条件,估计各项施工活动的持续时间。

(3)按总进度目标及活动持续时间编制施工进度计划,将施工活动的各时间参数和相互关系联系起来,形成网络图。

(4)制订进度计划管理的有关规定,以方便进度计划实施过程中的检查与调整。

2.成本计划

施工项目成本是建筑施工企业为了完成施工项目的安装工程任务所耗费的各项费用的总和,包括直接成本和间接成本。成本计划将整个项目的工程成本分解到项目活动中,用以检查项目实际执行情况,是成本控制的主要依据。

一个完整的施工项目成本计划主要包括以下几方面内容。

(1)各个成本对象的计划成本值。

(2)成本—时间表和曲线,即成本的强度计划曲线,表示各时间段上工程成本的计划完成情况。

(3)累计成本—时间表和曲线,即S曲线或香蕉线,也被称为项目的成本模型。

(4)相关的其他计划,如资金的支付计划、工程款收入计划、现金流量计划和融资计划等。

3.质量计划

项目质量计划是确定项目应当采用哪些质量标准以及如何达到质量标准的规定。制订成本计划要综合考虑质量、进度、成本三者之间的关系。

施工项目质量计划主要包括以下几方面内容。

(1)质量方针、质量验收标准和规范。

(2)为了达到质量标准制订的质量管理计划,包括质量管理的组织机构、责任分配、控制程序、检验方法、实施过程和资源保证等。

(3)质量管理计划实施说明。

(4)检查表格是用于对施工项目质量管理计划执行情况进行检查和核对的工具。

4.资源计划

资源计划是决定每一个工作的实施需要什么样的资源以及需要多少资源,将资源按正确的时间、正确的数量供应到正确的地点,并尽量降低成本的消耗。

资源计划主要包括以下几方面内容。

(1)资源的使用计划,包括劳动力的使用、招聘、培训计划,以及机械设备的使用、采购、维护、租赁计划等。

(2)资源的供应计划,包括劳动力供应计划、材料供应计划、设备供应计划、物资供应计划、采购订货计划、运输计划等。

(3)资源的管理和优化。

5.其他计划

其他计划包括现场总平面布置计划、后勤管理计划等。

第六章 工程项目质量管理

第一节 工程项目质量管理概述

工程项目是指企业自工程施工投标开始到保修期满为止的全过程完成的项目。项目建设的目的是为人们提供满足生产和生活需要的场所，是否能满足人们的需要一般用质量进行衡量。确保项目质量的最有效方法就是对建筑工程进行质量控制。工程质量控制是建筑工程项目管理的核心，是决定建设成败的关键。

一、工程项目质量的概念

“百年大计、质量第一”一直是我国强调贯彻执行的方针。工程建设项目投资大，需要耗费大量的人力、物力和财力，并且建筑物是一种较特殊的产品，建筑产品的质量不仅影响建筑物的使用寿命和维修费用工程建设项目质量的好坏也直接影响人们的生产和生活适用性，关系到人民生命财产的安全。另外，工程质量的优劣直接关系到企业的利益、行业的兴衰、国家的命运、民族的未来，影响国民经济的顺利进行。产品质量的好坏是由生产过程决定的，建筑产品的生产过程就是项目施工阶段，项目施工阶段要控制项目的成本、进度、质量。成本和进度的控制必须是在满足质量要求的前提下进行的。因此，在整个施工阶段必须严格控制质量。

(一)广义的质量含义

根据《建设工程项目管理规范》(GB/T 50326—2017)的规定，项目质量控制应按《质量管理体系基础和术语》(GB/T 19000—2016)和企业质量管理体系的要求进行。《质量管理体系基础和术语》(GB/T 19000—2016)规定，质量的定义为：“组织的产品和服务质量取决于满足顾客的能力，以及对有关相关方的有意和无意影响。产品和服务的质量不仅包括其预期的功能和性能，而且还涉及顾客对其价值和受益的感知。”该定义中，“产品、过程和服务”是质量的主体。

在合同环境或法律环境中，由顾客用户明确提出并通过合同、标准、规范、图纸、技术文件做出明文规定，由生产企业保证实现的各种要求或需要。

在非合同环境或市场环境中，用户未提出或未明确提出要求，而由生产企业通过市场调研进行识别与探明的种种隐蔽性要求或需要。这种隐含性的要求包含两层含义：一是指用户或社会对产品、服务的“期望”；二是指人们所公认的，不言而喻的、不必做出规定的需要。例如，住宅实体能满足人们最起码的居住功能就属于“隐含需要”。

(二)产品质量

产品是“活动或过程”的结果。产品分为有形产品和无形产品。产品质量是指产品满足人们在生产生活中所需要的使用价值及其属性。产品质量具有相对性，衡量质量的标准因时而异，对质量的满足程度因人而异。

(三)工程项目质量

1.工程项目质量的定义

工程项目质量是指通过项目施工全过程所形成的，能够满足用户或社会需求，并根据工程合同、有关技术标准、设计文件、施工规范等具体详细设定其安全、适用、耐久、经济、美观等特性要求的工程质量以及工程建设各阶段、各环节的工作质量总和。

2.工程项目质量定义的内涵

工程项目是多变的，业主对工程质量的需求也是不同的，质量标准和规范也随着社会的进步和科学技术的发展而不断发生变化，但对工程建设质量的基本要求是一致的。因此，工程项目质量的主要内涵通常可以表述如下。

(1)在项目前期阶段设定所建设项目的规格、质量标准。

(2)在建筑设计和施工阶段确保工程结构与施工的安全性及可靠性。

安全性是指工程在使用过程中的安全程度。各类建筑物在规定的荷载下，在一定的使用期限内，应满足强度和稳定性的要求，并具有足够的安全系数。

可靠性是指工程在规定的时间内和规定的条件下，完成规定的功能能力的大小和程度。满足质量要求的工程，不仅在竣工验收时达标，在一定使用期限内也应具备正常功能。

(3)提出满足建设项目耐久性要求的保障，以及对与耐久性有重大关系的建筑材料、设备、工艺、结构质量提出要求。

耐久性是指工程的使用寿命。工程寿命是指建筑工程在规定的条件下，能正常发挥其设计功能的总时间，即服务年限。

(4)对建设项目的其他方面提出相应的要求，如美观性(外观造型、装修装饰)、经济性、与环境的协调性、可维护性、可检查性、可持续性等。

经济性是指工程在寿命周期内费用的多少，一般要求造价低、维修费用少。

(5)要求建设工程建成投入使用时能达到预定的质量标准，满足合同要求与隐含要求。

二、工程项目质量的特点

建筑物是一种特殊的产品。它的生产过程(即项目施工过程)错综复杂,工程项目质量的特点取决于建筑产品本身的特殊性和施工过程的复杂程度。

1.建筑产品本身的特殊性

建筑产品本身的特殊性主要包括以下几个方面。

(1)产品多样性。建筑工程形式多样,所采用的结构类型不一,内部格局千变万化。

(2)空间固定性。建筑工程建成后一般不再移动,位置相对固定。

(3)体积庞大性。建筑工程占据广阔空间。

2.施工过程的特点

(1)单件性。目前,建筑工程还处于工业化初级阶段,大部分工作是在施工现场完成的,属于单件生产过程,只有少部分构件是在工厂预制、现场安装。

(2)露天性。建筑工程施工过程中受到自然条件的影响,如风、雨、雪、温度的影响。

(3)生产周期长。建筑工程施工一般在几个月以上。

(4)流水施工。

(5)程序繁多,涉及面广,工序交接复杂。

3.工程项目质量的特点

(1)工程项目质量形成过程复杂。项目建设过程就是项目质量形成的过程。项目建设过程包括立项报建、可行性研究、建设地点选择、编制勘察设计任务书、编制设计文件、工程招标与投标、建筑施工、竣工验收及交付使用。每个阶段对施工项目质量的形成都起决定性作用,因此,质量的形成过程比较复杂。

(2)影响工程项目施工质量因素多、质量水平波动性大。工程项目的施工不像工业产品生产有固定的自动性和流水性、有规范化的生产工艺和完善的检测技术、有成套的生产设备和固定的生产环境、有相同系列规格和相同功能的产品。建筑工程项目施工过程复杂、周期长,容易受到各种不确定因素的影响,如设计、材料、机械设备、地质条件、气象、施工方法、管理制度、自然条件、工人技术水平、施工安全等因素影响。因此,项目质量水平波动性大。

(3)容易产生质量变异。质量变异是指由于各种质量影响因素发挥作用引起产品质量存在差异。质量变异分为正常变异和非正常变异。正常变异是指由偶然性因素引起的质量波动,如材料的材质不均匀、机械设备的正常磨损、操作微小变化、环境的微小波动等,其特点是无法或难以控制且符合标准规定;非正常变异是指系统性因素引起的质量波动,如使用材料的规格品种有误、施工方法不当、操作未按规程、机械故障、仪表失灵等,其特点是可控制、易消除。建筑施工项目涉及面广,任何环节、任何因素出现质量问题都将引起质量变异,造成工程质量事故。因此,在施工中要严防出现系统性因素的质量变异,将质量变异控制在偶然性因素范围内。

(4)容易产生第一、第二类判断错误。工程项目在施工过程中,由于工序交接多,中间产品多，隐蔽工程多，若不及时对其实质进行检查，仅在施工结束后检查表面，则容易把不合格产品认定为合格产品，产生第二类判断错误；或者在检查时不认真，测量仪器不准，读数有误，容易将合格产品认定为不合格产品，产生第一类判断错误。因此，在进行质量检查时，应特别注意。

(5)项目施工质量评定局限性大。建筑工程项目建成后，不像某些工业产品可以拆卸或解体检查内在、隐蔽的质量，发现质量问题可以采取换件等方式解决处理，只能通过事中检查和事后验收评定质量，具有一定的局限性。

(6)项目质量受投资、进度影响。工程项目的质量通常受到投资、进度目标的制约。一般情况下投资大、进度慢，工程质量较好；投资少、进度快，工程质量较差。项目在施工过程中不能为了追求利润和进度而忽视质量，应做到“好、快、省”，即以最经济的投资、最快的速度建成最好质量的工程，这也是工程建设的最终目标。

三、工程施工质量控制目标分解

项目施工质量控制就是对其施工质量形成的全过程进行跟踪、监督、检查、检验和验收的总称。通常，项目施工质量是由工作质量、工序质量和产品质量构成的。因此，通常将控制目标分解为工作质量控制目标、工序质量控制目标、产品质量控制目标。

1.工作质量控制目标

工作质量是指参与项目施工全过程的人员，为保证项目施工质量所表现的工作水平和完善程度。建筑工程在建设过程中，工作质量按内容可分为社会工作质量和生产过程工作质量。社会工作质量是指围绕质量而进行的社会调查、市场预测、质量回访等各项有关工作的质量；生产过程工作质量是指参与施工人员的管理工作质量、后勤保障工作质量、施工人员职业素质、职业道德工作质量、技术工作质量等。按照建筑工程建设实施阶段不同又可分为决策、计划、勘察、设计、施工、回访保修等各个不同阶段的工作质量。

项目施工工作质量一般是指生产过程工作质量，其控制目标可分解为管理工作质量、政治工作质量、技术工作质量、后勤工作质量。

2.工序质量控制目标

工程施工过程都是通过一道道施工工序完成的。每道工序的质量决定了产品的质量，也影响其下一道工序的质量。因此，每道工序的质量必须满足下道工序要求的相应质量标准。工序施工是指在一定的环境下施工人员利用材料、机械设备，采取相应的施工方法进行建筑产品的生产。因此，工序质量控制目标可分解为人员、材料、机械、施工环境、施工方法。

3.产品质量控制目标

工程项目质量是指通过项目施工全过程所形成的，能够满足用户或社会需要的并根据工程合同、有关技术标准、设计文件、施工规范等具体详细设定其安全、适用、耐久、经济、美观等特性要求的工程质量以及工程建设各阶段、各环节的工作质量总和。因此，产品质量控制目标可分解为安全可靠性、适用性、耐久性、经济性、美观性及环境协调性。工程项目施工质量控制目标分解如图 6-1 所示。

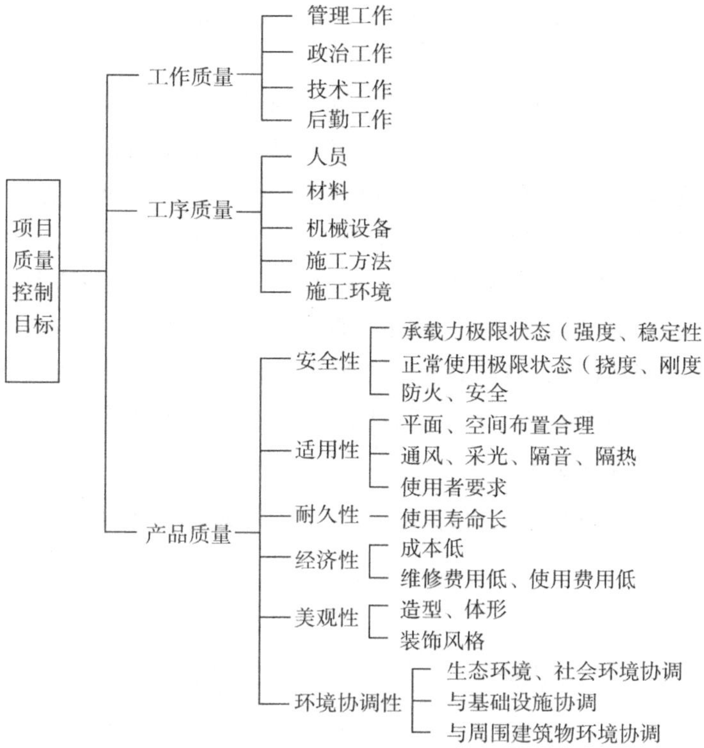

图 6-1　工程项目施工质量控制目标分解

工作质量、工序质量、产品质量三者相互关联，密不可分。一般情况下，工作质量决定工序质量，工序质量决定产品质量。因此，必须通过提高工作质量来保证和提高工序质量，从而确保产品质量。

四、工程项目施工质量控制的原则

1.工程项目施工质量控制原则

(1)坚持质量第一、用户至上的原则。建筑工程产品是一种特殊产品，使用年限较长，而且关系到人民生命财产安全和社会安定，一旦出现质量问题就会造成严重的后果。因此，应始终牢记将“质量第一、用户至上”作为建筑工程质量管理的一条重要的基本原则。

(2)以人为控制核心的原则。人是质量的创造者，建筑工程质量管理必须“以人为核心”，就是将人作为控制的动力，调动人的积极性、主动性和创造性，增强人的责任感，从而真正使“质量第一”的观念深入人心，通过提高人的素质，避免失误，最终做到以人的工作质量确保工序质量以及以工序质量确保产品质量。

(3)预防为主的原则。建筑工程产品具有不可拆卸性，质量评定难度大，质量问题带来的影响大，必须将质量事故消灭在萌芽状态中，采取预防为主。预防为主就是将产品质量的事后检查变为事前控制、事中控制；将对最终产品的检验变为对工作质量、工序质量及中间产品的质量检查，这样才能确保建筑工程质量。

(4)坚持质量标准，以及严格检查、一切用数据说话的原则。质量标准是衡量产品质量的依据，质量数据是质量管理的基础。工程产品质量是否达标必须经过严格检查，一切用数据说话。

(5)恪守科学、公正、守法的职业道德，严格质量责任的原则。许多工程事故表明，在工程质量问题上任何疏忽极不负责任的行为均会导致严重的后果，因此，工程质量问题不仅仅是一种使用需要、信誉和效益，更应当上升到职业道德范畴，任何粗制滥造导致的质量事故并引起人身伤亡、财产损失从本质上讲就是犯罪。2001 年 1 月 30 日起开始执行的《建设工程质量管理条例》对工程质量问题的处理办法已经做出详细规定，并特别强调：有关单位如有故意违反规定、降低工程质量标准、造成重大质量与安全事故的，须依据《中华人民共和国刑法》对有关直接责任负责人员追究其相应的刑事责任。因此，在处理质量问题过程中，应尊重客观事实、尊重科学，正直、公正、遵纪、守法，既要坚持原则也要实事求是。

2.工程施工质量控制的方法

工程施工质量控制坚持“计划、执行、检查、处理”(PDCA)循环方法，如图 6-2 所示。

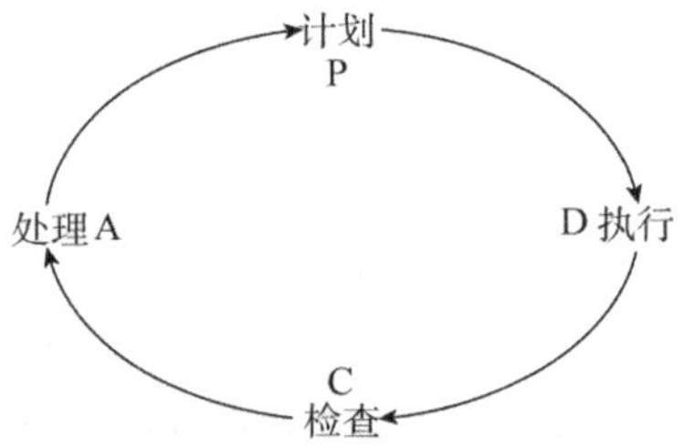

图 6-2　施工质量控制循环方法

P——Play(计划)；D——Do(执行)；C——Check(检查)；A——Action(处理)

第二节　工程项目质量影响因素的控制

工程项目建设过程就是工程项目质量形成的过程，而工程建设过程要依次经过建设程序所规定的各个不同阶段，每个阶段对工程建设项目质量的形成都有一定的影响。因此，必须分析工程建设各阶段对工程项目质量的影响以及每个阶段的不同影响因素，以便采取有效的措施控制建筑工程质量。

一、工程建设各阶段对质量的影响

1.可行性研究阶段对工程质量的影响

项目可行性研究是在项目决策之前，运用工程经济学原理对立项建议书所列内容进行分析和论证，具体包括对项目投资有关的技术、经济、社会、环境等各方面进行调查研究，在技术经济上分析、论证各种可能的拟建投资方案，研究在工艺技术上的先进性、适用性和可靠性以及在经济上的合理性、有效性和可能性，科学预测和评价建成投产后的经济效益、社会效益、环境效益，确定项目建设的可行性，并提出最佳投资方案作为决策和设计依据。项目可行性研究阶段对项目质量产生直接影响。因此，必须严格控制该阶段的质量。

2.决策阶段对工程项目质量的影响

项目决策主要是指制订工程项目的质量目标与水平，是从两个及其以上的可行性方案中选择一个合理方案的分析过程。通常，工程建设项目建设要求从总体上同时控制项目投资、质量和进度，三者相互制约。一般情况下，质量目标定得越高，投资越大，施工进度越慢。因此，在制订工程项目质量目标和水平时，应对投资目标、质量目标、进度目标三者进行综合平衡、优化，通过科学的决策制订出用户最满意的质量目标和水平，以确保质量目标的实现。因此，此阶段是影响工程建设质量的关键阶段。

3.设计阶段对工程项目质量的影响

建筑工程设计是指通过建筑设计、结构设计、设备设计质量目标可以具体化，并指出达到工程质量目标的途径和具体方法。设计方案技术上是否可行、经济上是否合理、设备是否完善配套以及结构是否安全可靠，都将决定建成后项目的使用功能。因此，设计阶段是影响建设工程质量的决定性环节。没有高质量的设计就没有高质量的工程。

4.施工阶段对工程项目质量的影响

工程建设项目施工阶段是根据设计文件和图样要求，通过相应的质量控制将质量目标和质量计划付诸实施的过程。这一阶段直接影响工程建设项目的最终质量，是影响工程建设项目质量的关键环节。

5.竣工验收阶段对工程项目质量的影响

竣工验收是对工程项目质量目标的完成程度进行检验、评定和考核的过程。这一阶段是工程建设项目建设过程向生产使用过程发生转移的必要环节，它体现的是工程质量水平的最终结果。不经过竣工验收，就无法保证整个项目的配套投产和工程质量；竣工验收不认真，就无法实现规定的质量目标。因此，工程竣工验收是影响工程建设项目的一个重要环节。

6.使用保修阶段对工程质量的影响

施工项目是指企业自施工投标开始到保修期满为止的全过程中完成的项目。因此，一个项目不只是经过竣工验收就可完成的，还要经过使用保修阶段。此阶段要对使用过程中存在的施工遗留问题及发现的新质量问题进行巩固和改进，最终保证工程项目的质量。

二、工程项目质量影响因素的控制

影响建筑施工项目质量的因素主要有人员（Man）、材料（Material）、机械设备（Machine）、施工方法（Method）、施工环境（Environment）五个方面，即建筑工程中的4M1E。在施工过程中，应事前对这五个方面严加控制，在《建设工程项目管理规范》（GB/T 50326—2017）中明确规定“项目质量控制因素应包括人、材料、机械、方法、环境”。

（一）人员因素控制

人是指施工活动的组织者、领导者及直接参与施工作业活动的具体操作人员。人员因素的控制就是对上述人员的各种行为进行控制。

人员因素的控制方法主要包括以下几方面因素。

(1)充分调动人员积极性,发挥人的主导作用。人作为控制对象,要避免人在工作中的失误;作为控制的动力,要充分调动人的积极性,发挥人的主导地位。

(2)提高人的工作质量。人的工作质量是工程项目质量的一个重要组成部分,只有首先提高工作质量,才能确保工程质量。提高工作质量的关键在于控制人的素质,人的素质包括思想觉悟、技术水平、文化修养、心理行为、质量意识、身体条件等方面。要提高人的素质就要加强思想政治教育、劳动纪律教育、职业道德教育和专业技术培训。

(3)建立相应的机制。在施工过程中,尽量改善劳动作业条件,建立健全岗位责任制、技术交底、隐蔽工程检查验收、工序交接检查等规章制度,运用公平合理、按劳取酬的人力管理机制激励人的劳动热忱。

(4)根据工程实际特点合理用人,严格执行持证上岗制度。结合工程具体特点,从确保工程质量需要出发,从人的技术水平、人的生理缺陷、人的心理行为、人的错误行为等方面控制人的合理使用。例如,对技术复杂、难度大、精度高的工序或操作,应要求由技术熟练、经验丰富的施工人员完成;而反应迟钝、应变能力较差的人,则不宜安排其操作快速运动、动作复杂的机械设备;对某些要求必须做到万无一失的工序或操作,则一定要分析人的心理行为,控制人的思想活动,稳定人的情绪;对于具有危险的现场作业,应控制人的错误行为。

另外,在工程质量管理过程中,对施工操作者的控制应严格执行持证上岗制度。对无技术资格证书的人不允许进入施工现场从事施工活动;对不懂装懂、图省事、碰运气、有意违章的行为必须及时进行制止。

(二)材料因素控制

材料是指在工程项目建设中所使用的原材料、成品、半成品、构配件等,是工程施工的物质保证条件。

1.材料质量控制规定

(1)项目经理部应在质量计划确定的合格材料供应人名录中按计划招标采购原材料、成品、半成品和构配件。

(2)材料的搬运和储存应按搬运储存规定进行,并应建立台账。

(3)项目经理部应对材料、半成品和构配件进行标识。

(4)未经检验和已经检验为不合格的材料、半成品与构配件等,不得投入使用。

(5)对发包人提供的材料、半成品、构配件等,必须按规定进行检验和验收。

(6)监理工程师应对承包人自行采购的材料进行验证。

2.材料质量控制方法

材料质量是形成工程实体质量的基础,如果使用材料不合格工程质量也一定不达标。加强材料的质量控制既是保证和提高工程质量的重要保障,也是控制工程质量影响因素的有效措施。材料质量控制包括材料采购、运输,材料检验,以及材料储存和使用。

(1)认真组织材料采购。材料采购应根据工程特点、施工合同、材料的适用范围、材料的性能要求和价格因素等进行综合考虑。材料采购应根据施工进度计划要求适当提前安排，施工承包企业应根据市场材料信息及材料样品对厂家进行实地考察，同时施工承包企业在进行材料采购时应特别注意将质量条款明确写入材料采购合同。

(2)严格材料质量检验。材料质量检验的目的是通过一系列的检测手段，将所取得的材料数据与材料质量标准进行对比，以便事先判断材料质量的可靠性，再据此决定能否将其用于工程实体。材料质量检验的内容包括以下几点。

①材料质量标准。材料的质量标准是用以衡量材料质量的尺度，也是作为验收、检验材料质量的依据。不同材料都有自己的质量标准和检验方法。

②材料检验的项目。材料检验的项目分为：一般试验项目(通常进行的试验项目)，如钢筋要进行拉伸试验、弯曲试验，混凝土要进行表观密度、坍落度、抗压强度试验；其他试验项目(根据需要进行的试验项目)，如钢丝的冲击、硬度、焊接件(焊缝金属、焊接接头)的机械性能，混凝土的抗折、抗弯强度、抗冻、抗渗、干缩等试验。材料具体检验项目要根据材料使用条件决定，一般在标准中有明确规定。

③材料的取样方法。材料质量检验的取样必须具有代表性，即所采取样品的质量应能代表该批材料的质量。因此，材料取样必须严格按规范规定的部位、数量和操作要求进行。

④材料的试验方法。材料质量检查方法分为书面检查、外观检查、理化检查、无损检查。

⑤材料的检验程度。根据材料信息和保证资料的具体情况，质量检验程度分为免检、抽检、全检三种。

免检：对有足够质量保证的一般材料，以及实践证明质量长期稳定且质量保证资料齐全的材料，可免去质量检验过程。

抽检：对材料的性能不清楚或对质量保证资料有怀疑，或对成批产品的构配件，均应按一定比例随机抽样进行检查。

全检：凡对进口材料、设备和重要工程部位的材料以及贵重的材料应进行全面检查。

对材料质量控制的要求如下：所有材料、制品和构配件必须有出厂合格证与材质化验单；钢筋水泥等重要材料要进行复试；现场配置的材料必须进行试配试验。

(3)合理安排材料的仓储保管与使用。在材料检验合格后和使用前，必须做好仓储保管和使用保管，以免因材料变质或误用严重影响工程质量或造成质量事故。如因保管不当造成水泥受潮、钢筋锈蚀；使用不当造成不同直径钢筋混用；等等。因此，做好材料保管和使用管理应从以下两个方面进行：一方面，施工承包企业应合理调度，做到现场材料不大量积压；另一方面，应切实搞好材料使用管理工作，做到不同规格品种材料分类堆放、实行挂牌标志。必要时设专人监督检查，以避免材料混用或将不合格材料用于工程实体中。

(三)机械设备因素控制

1.机械设备控制规定

(1)应按设备进场计划进行施工设备的准备。

(2)现场的施工机械应满足施工需要。

(3)应对机械设备操作人员的资格进行确认，无证或资格不符合者严禁上岗。

机械设备包括施工机械设备和生产工艺设备两类。

2.施工机械设备的质量控制

施工机械设备是实现施工机械化的重要物质基础，是现代化施工中必不可少的设备，对施工项目的质量、进度和投资均有直接影响。机械设备质量控制的根本目标是实现设备类型、性能参数和使用效果与现场条件、施工工艺、组织管理等因素相匹配，并始终使机械保持良好的使用状态。因此，施工机械设备的选用必须结合施工现场条件、施工方法工艺、施工组织和管理等各种因素综合考虑。施工机械控制包括以下几点。

(1)施工机械设备的选型。施工机械设备型号的选择应本着因地制宜、因工程制宜、满足需要的原则，既考虑到施工的适用性、技术的先进性、操作的方便性、使用的安全性，也要考虑到保证施工质量的可靠性和经济性。例如，在选择挖土机时，应根据土的种类与挖土机的适用范围进行选择。

(2)施工机械设备的主要性能参数。施工机械设备的主要机械性能参数是选择机械设备的基本依据。在选择施工机械时，应根据性能参数，并结合工程项目的特点、施工条件和已确定的型号具体进行。例如，起重机械的选择，其性能参数(起重量、起重高度和其中半径等)必须满足工程的要求，才能保证施工的正常进行。

(3)施工机械设备使用操作要求。合理使用机械设备，正确操作是确保工程质量的重要环节。在使用机械设备时应贯彻“三定”和“五好”原则，即“定机、定人、定岗位责任”和“完成任务好、技术状况好、使用好、保养好、安全好”。

3.生产机械设备的质量控制

生产机械设备主要控制设备的检查验收、设备的安装质量和设备的试车运转，即要求按设计选择设备；设备进厂后，要按设备名称、型号、规格、数量和清单对照，逐一检查验收；设备安装要符合技术要求和质量标准；试车运转正常，能投入使用。因此，对生产机械设备的检查主要包括以下几个方面。

(1)对整体装运的新购机械设备应进行运输质量与供货情况的检查。对有包装的设备，应检查包装是否受损；对无包装的设备，应进行外观的检查及附件、备品的清点；对进口设备，必须进行全面检查。若发现问题应详细记录或照相，及时处理。

(2)对解体装运的自组装设备，在对总部件及随机附件、备品进行外观检查后，应尽快进行现场组装、检测试验。

(3)在工地交货的生产机械设备，一般都有设备厂家在工地进行组装、调试和生产性试验，自检合格后才提请订货单位复检，待复检合格后，才能签署验收证明。

(4)对调拨旧设备的测试验收，应基本达到完好设备的标准。

(5)对于永久性和长期性的设备改造项目，应按原批准方案的性能要求，经一定的生产实践考验，并经鉴定合格后方可验收。

(6)对于自制设备，在经过 6 个月生产考验后，按试验大纲的性能指标测试验收，决不允许擅自降低标准。

(四)施工方法因素控制

广义的施工方法控制是指对施工承包企业为完成项目施工过程而采取的施工方案、施工工艺、施工组织设计、施工技术措施、质量检测手段和施工程序安排等所进行的控制。狭义的施工方法控制是指对施工方案的控制。施工方案正确与否直接影响施工项目的质量、进度和投资。因此,施工方案的选择必须结合工程实际,从技术、组织、经济、管理等方面出发做到能解决工程难题,技术可行,经济合理,加快进度,降低成本,提高工程质量。它具体包括确定施工起点流向、确定施工程序、确定施工顺序、确定施工工艺和施工环境。

(五)施工环境因素控制

影响施工质量的环境因素较多,主要包括以下几点。

(1)自然环境,包括气温、雨、雪、雷、电、风等。

(2)工程技术环境,包括工程地质、水文、地形、地震、地下水位、地面水等。

(3)工程管理环境,包括质量保证体系和质量管理工作制度。

(4)劳动作业环境,包括劳动组合、作业场所、作业面等,以及前道工序为后道工序提供的操作环境。

(5)经济环境,包括地质资源条件、交通运输条件、供水供电条件等。

环境因素对施工质量的影响有复杂性、多变性等特点,必须具体问题具体分析。例如,气象条件变化无穷,温度、湿度、酷暑、严寒等都直接影响工程质量;前一道工序是后一道工序的环境,前一分项工程、分部工程就是后一分项工程、分部工程的环境。因此,对工程施工环境应结合工程特点和具体条件严加控制。尤其是施工现场,应建立文明施工和文明生产的环境,保持材料堆放整齐、道路畅通,工作环境清洁,施工顺序井井有条,为确保质量、安全创造一个良好的施工环境。

第三节　工程项目施工质量计划

一、工程项目施工质量计划的编制

项目质量计划是指确定项目应达到的质量标准以及如何达到这些质量标准的工作计划与安排。施工项目质量是通过质量计划的实施所开展的质量保证活动达到的,而不是通过事后的质量检查得到的。项目质量管理是从对项目质量计划安排开始的,是通过对项目质量计划的实施实现的。因此,应满足下列要求。

(1)应由项目经理主持编制项目质量计划。

(2)质量计划应体现从工序、分项工程、分部工程到单位工程的过程控制,且应体现从资源投入到完成工程质量最终检验和试验的全过程控制。

(3)质量计划应成为对外质量保证和对内质量控制的依据。

二、工程项目施工质量计划的内容

质量计划应包括以下内容：

(1)编制依据。

(2)项目概况。

(3)质量目标。

(4)组织机构。

(5)质量控制与管理组织协调的系统描述。

(6)必要的质量控制手段、施工过程、服务、检验和试验程序等。

(7)确定关键工序和特殊过程以及作业的指导书。

(8)与施工阶段相适应的检验、测量、验证要求。

(9)更改和完善质量计划的程序。

三、工程项目施工质量计划的实施

项目质量控制是通过对项目质量计划的实施实现的。因此，在实施质量计划时应注意以下两点：

(1)质量管理人员应按照分工控制质量计划的实施，并按规定保存控制记录。因为质量计划所涉及的范围是建筑施工项目的全过程，所以对工序、分项工程、分部工程到单位工程全过程的质量控制，必须做到以质量计划为依据。施工项目的各级质量管理人员必须按照分工对影响工程质量的各环节进行严格控制，并按规定保存好质量记录、质量审核以及用于分析施工项目质量的图表等。

(2)当发生质量缺陷或事故时，必须分析原因、分清责任、进行改正。质量缺陷和质量事故具有复杂性、严重性、可变性和多发性等特点。项目施工质量问题轻者影响施工顺利进行，拖延工期，增加施工费用；重者给工程留下隐患，成为危房，影响安全使用；更严重的可能会引起建筑物倒塌，造成人员伤亡、财产损失。因此，一旦发生质量缺陷或质量事故，应按质量事故处理程序立刻停止有质量缺陷部位和与其有关联的部位以及下一道工序的施工，尽快进行质量事故调查分析，正确判断质量事故产生原因，研究制订事故处理方案，实施处理方案，分清质量责任。

四、工程项目施工质量计划的验证

在执行质量计划的过程中，要不断对质量计划的执行情况进行验证。

(1)项目技术负责人应定期组织具有资格的质量检查人员和内部质量审核员验证质量计划的实施效果，将实施效果与质量计划中的要求和控制标准进行对照，从而发现质量问题及隐患。当项目质量控制中存在问题或隐患时，采取项目质量纠偏措施，使项目质量保持在受控状态。

项目质量验证方法可分为自检、互检、交接检、预检、隐检等。每次验证应做出记录，并妥善保存。

(2)对重复出现的不合格和质量问题，不仅要分析原因、采取措施给予纠正，还要追究责任，责任人应按规定承担责任，并应依据验证评价的结果进行处罚。

第四节 工程项目质量管理的工具和方法

一、建筑工程项目质量管理的工具

在进行质量控制时，坚持“一切以数据说话”。数据是进行质量管理的基础，用数理统计的方法通过收集数据、整理质量数据，可以帮助人们分析、发现质量问题，以便及时采取措施进行处理。数理统计方法有直方图法、控制图法、相关图法、分层法、排列图法、因果分析图法、调查分析表法七种方法。现简单介绍在建筑工程施工中常用的几种方法。

(一)分层法

分层法也称分组法或分类法，是将收集到的数据按统计分析的目的和要求进行分类，通过对数据的整理将质量问题系统化、条理化，以便从中找出规律，发现影响质量因素的一种方法。

1.分层的原则

分层的方法多种多样，一般有以下几种。

(1)按不同施工工艺和操作方法分类。

(2)按操作人员或班组分类。

(3)按分部分项工程分类。

(4)按不同时间分类。

(5)按设备型号、生产组织分类。

(6)按材料成分、规格、供料单位及时间等分类。

(7)按其他因素分类，如工程性质、检查项目等。

2.案例

(1)某钢材焊接质量调查数据如下：调查点 50 个，其中不合格的有 19 个，不合格率为 38%。试分析如何提高钢筋焊接质量。

为了查清不合格原因，需要进行分层收集数据。现查明，该批钢筋焊接操作者为三个人，焊条由两个厂家提供，因此，分别按操作者(表 6-1)、焊条供应厂家(表 6-2)以及两者综合分层(表 6-3)进行分类。

表 6-1　按操作者分类

操作者	不合格/个	合格/个	不合格率(%)
A	6	13	32
B	3	9	25
C	10	9	53
合计	19	31	38

表 6-2　按供应焊条工厂分类

工厂	不合格/条	合格/条	不合格率(%)
甲	9	14	39
乙	10	17	37
合计	19	31	38

表 6-3　综合分层分析焊条质量

操作者		甲厂	乙厂	合计
A	不合格	6	0	6
	合格	2	11	13
B	不合格	0	3	3
	合格	5	4	9
C	不合格	3	7	10
	合格	7	2	9
合计	不合格	9	10	19
	合格	14	17	31

从表 6-3 中可以看出，用甲厂的焊条，采取工人 B 的操作方法较好，可使钢筋焊接质量提高。

(2)对混凝土工程质量问题进行分析。

根据影响因素及各项影响因素所造成的经济损失进行分层，见表 6-4。

表 6-4　混凝土质量损失分层表

序号	质量问题类型	损失金额/元	所占比率(%)
1	混凝土强度不够	1 300	54.2
2	蜂窝、麻面	700	29.2
3	露筋、保护层厚度不够	250	10.4
4	预埋件偏移	150	6.2
合计		2 400	100.0

(二)排列图法

排列图法是将影响产品质量的因素由大到小用矩形表示出来(图 6-3),又称巴氏图法或巴特列图法,也可称为主次因素分析法。

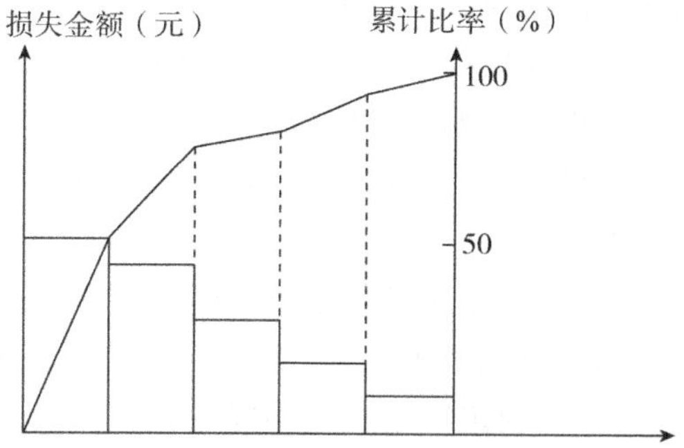

图 6-3 排列图

1.排列图的组成

(1)两个纵坐标:左纵坐标表示产品频数(不合格产品件数或造成金额损失数);右纵坐标表示频率(不合格品件数或损失金额的累计百分率)。

(2)横坐标:影响产品质量的各因素或项目。按影响质量程度大小,由大到小从左到右排列,底宽相同。每个直方形的高度表示该因素的影响大小。

(3)巴特列曲线:表示各影响因素的累计百分数。根据巴特列曲线可将影响因素分为三级。

①类因素累积频率为 0～80%,是影响产品质量的主要因素;

②类因素累积频率为 80%～90%,是影响产品质量的次要因素;

③类因素累积频率为 90%～100%,是影响产品质量的一般因素。

2.作图步骤

(1)收集数据。

(2)整理数据。混凝土质量损失分层见表 6-5。

表 6-5 混凝土质量损失分层

序号	质量问题类型	损失金额/元	所占比率(%)	累计比率(%)
1	混凝土强度不够	1 300	54.2	54.2
2	蜂窝、麻面	700	29.2	83.4
3	露筋、保护层厚度不够	250	10.4	93.8
4	预埋件偏移	150	6.2	100.0
合计		2 400	100.0	

(3)画坐标图和巴特列曲线(图 6-4)。

(4)图形分析。主要因素 A:混凝土强度不够、蜂窝麻面为 0～80%;次要因素 B:露筋、保护层厚度不够为 80%～90%;一般因素 C:预埋件偏移为 90%～100%。

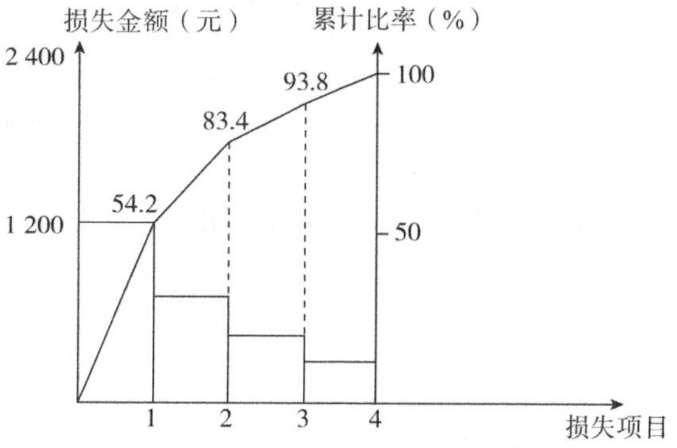

图 6-4 巴特列曲线

(三)因果分析图法

因果分析图又称为特性要因图、鱼刺图、树枝图,是一种逐步深入研究和讨论影响质量问题原因的图示方法。在工程实践中,质量问题产生是多种原因造成的,这些原因有大有小、有主有次。通过因果分析图,从产品质量主要影响因素出发,分析原因逐步深入,直到找出具体根源。

因果分析图法最终的目的是查出并确定主要原因，以便制订对策，解决工程质量问题，从而达到控制质量的目的。

下面以混凝土质量不合格的主要影响因素“强度不够、蜂窝麻面”的分析为例，说明因果分析图法的作图方法(图 6-5)。

(1)明确要分析的对象，即要解决的质量特征“混凝土强度不够、蜂窝麻面”，放在主干箭头的前面。

(2)对原因进行分类，确定影响质量因素的大原因。影响工程质量的因素主要有人员、材料、机械、施工方法、施工环境等五大方面。

(3)确定产生质量问题的大原因背后的中原因，中原因背后的小原因，小原因背后的更小原因。

(4)发扬技术民主、反复讨论，补充遗漏的因素。

(5)找出主要原因，做显著记号。

(6)针对主要原因，有的放矢地制订对策，并落实到人，限期改正做出对策计划表。

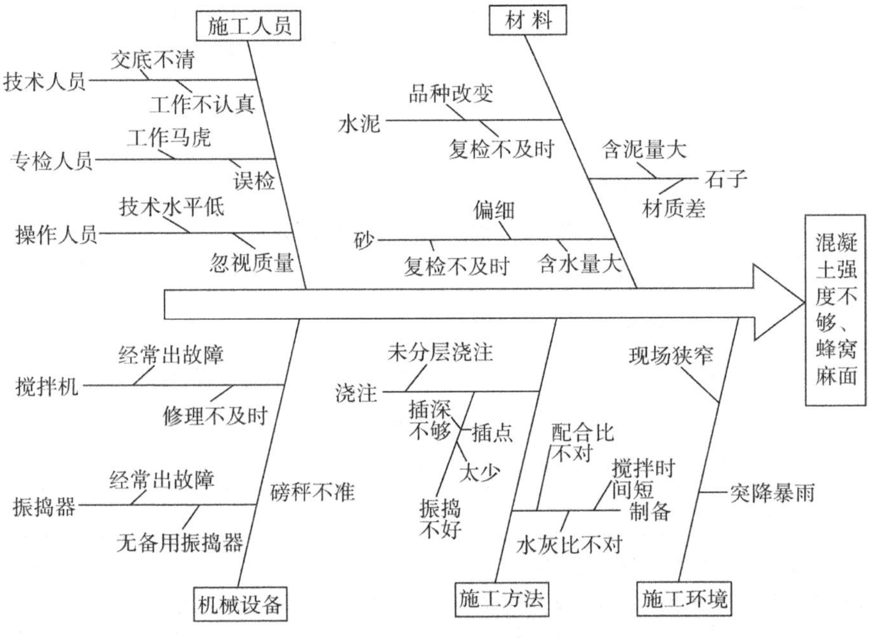

图 6-5　凝土强度不够、蜂窝麻面因果分析图

二、工程项目施工质量的检验方法

(一)强制性检验和自主性检验

1.强制性检验

由于任何产品质量标准都是由国家法律化的定量技术质量参数，要使项目施工质量达到国家标准，就必须使其带有法律强制性。这就决定了质量检验从其诞生起就带有强制性。其检验对象是工序产品或工程产品的最后结果，而不是施工过程；其检查者必须是质量检验专职人员，并要得到项目建立工程师和质量监督站的认可。

2.自主性检验

自主性检验是指在施工过程中自觉地对施工质量进行检验。其检验对象侧重于施工过程质量控制、工序产品质量控制，对施工全过程进行检验；其检验者为参与施工的全体人员。首先是操作者按规定及标准自检，其次由班组成员互检，最后是工序之间、班组之间、相关施工队之间、承包人之间进行交接检查验收。

(二)现场质量检验的方法

现场进行质量检验的方法主要有目测法、实测法和试验法三种。

1.目测法

目测法又称感觉性检验方法，是依靠人的感官对某些分项工程的光洁度、平整度、对称性等进行质量状况判断。其要领为看、摸、敲、照四个字，即通过观感、手感、音感、光照进行现场质量的检查评价。

(1)看，就是根据质量标准进行外观目测。例如，墙纸裱糊质量：纸面无斑痕、空鼓、气泡、褶皱；每一墙面纸的颜色、花纹一致；斜视无胶痕，纹理无压平、起光现象；对缝无离缝、搭缝、张嘴；对缝处图案、花纹完整；裁纸的一边不能对缝，只能搭接；墙纸只能阴角处搭接，阳角应采用包角；等等。

(2)摸，就是手感检查，主要用于装饰工程的某些检查项目。例如，水刷石、干黏石黏结牢固程度，油漆的光滑度，浆活是否掉粉，以及地面有无起砂等，均可通过手摸加以鉴别。

(3)敲，运用工具进行音感检查。例如，对地面工程、装饰工程中的水磨石、面砖、锦砖和大理石贴面等，均应进行敲击检查，通过声音的虚实确定有无空鼓，还可根据声音的清脆和沉闷，判定属于面层空鼓或底层空鼓。另外，用手敲玻璃，如发出颤动音响，一般是底灰不满或压条不实。

(4)照，对于难以看到或光线较暗的部位(如风道等)可用镜子反射或灯光照射的方法对其进行质量检查。

2.实测法

实测法是指质量检验人员用经纬仪、水准仪或直尺等对建筑物轴线、标高、垂直度等质量标准进行定量测定，将实测数据与施工规范与质量标准所规定的允许偏差进行对照，以判断检查对象的质量是否合格。

实测法的要领是靠、吊、量、套。

靠——用直尺、台尺检查墙面、地面、屋面的平整度。

吊——用托线板及线锤吊线检查垂直度。

量——用测量工具、计量仪表检查截面尺寸、轴线、标高、湿度和温度偏差。

套——用方尺套方辅以直尺检查以判断阴阳脚方正、踢脚线垂直度以及预制构件的方正。

3.试验法

通过试验方法对质量做出判断。例如，对桩或地基的静载试验，确定其承载力；对钢结构进行稳定试验，确定其稳定性；对钢筋焊头进行拉力试验，确定钢筋焊接质量；等等。

第五节　工程项目施工准备阶段的质量控制

工程项目施工准备阶段的质量控制是指对项目开工前所进行的准备工作及开工后经常进行的施工准备工作所实施的各种控制活动。施工准备阶段的质量控制对项目施工质量有很重要的影响。

(1)施工合同签订后,项目经理部应索取设计图纸和技术资料,指定专人管理并公布有效文件清单。

(2)项目经理部应依据设计文件和设计技术交底的工程控制点进行复测。当发现问题时,应与设计人协商处理,并应形成记录。

(3)项目技术负责人应主持对图纸审核,并应形成会议记录。

(4)项目经理应按质量计划中工程分包和物资采购的规定,选择并评价分包人和供应人,并应保存评价记录。

(5)企业应对全体施工人员进行质量知识培训,并应保存培训记录。

一、施工准备的范围

施工准备工作的控制包括:对全场性施工准备或单位工程、分部分项工程的施工准备,以及项目开工前、开工后的施工准备所进行的控制,具体包括以下几个方面。

(1)全场性施工准备是针对整个施工现场进行的各项施工准备。

(2)单位工程施工准备是针对一个建筑物或者一个构筑物而进行的施工准备。

(3)分项、分部工程施工准备,是针对单位工程中的一个分项、分部工程而进行的施工准备。

(4)开工前的施工准备。为了满足开工条件而进行的准备。

(5)开工后的施工准备。为了工程开工后继续顺利施工进行的准备。

二、施工准备的内容及控制

无论是哪个范围的施工准备,其主要内容都包括施工技术准备、施工物资准备、施工劳动组织准备、施工现场准备、现场外准备五个大方面。

1.施工技术准备工作的质量控制

技术准备工作是施工准备工作的核心内容,项目施工方面的任何技术差错或者技术隐患都可能带来质量事故,造成人员伤亡、财产损失。技术准备工作主要包括:项目扩大初步设计方案,项目施工图纸会审,项目建筑地点的自然条件、技术经济条件的调查分析;编制项目施工图预算和施工预算,编制项目施工组织等各项工作。技术准备工作的质量控制就是指对上述各项工作的控制。

2.施工物资准备工作的质量控制

材料(原材料、成品、半成品、构配件)和机械设备,既是施工得以顺利进行的物质保障,也是施工过程能够正常、连续进行的必要保证。物资准备工作主要包括建筑材料准备,构配件、成品和半成品加工准备,建筑施工机械准备,以及生产工艺设备准备等各项工作。物资准备工作的质量控制主要是对上述准备工作所进行的控制。对物资准备的要求主要有:按照材料控制的原则逐项核实材料的产品出厂合格证书,确保材料质量符合设计要求;按机械设备控制的原则检查机械设备是否进入正常生产运行状态,确保按时开工。

3.施工劳动组织准备工作的质量控制

劳动组织准备是指为施工过程的顺利展开而进行的人员组织与安排的工作。劳动组织准备主要包括建立项目组织机构、集结施工队伍、建立精干的施工作业班组、组织劳动力进场、对施工队伍进行入场教育、施工组织以及技术交底、建立健全质量管理制度等各项活动。劳动组织准备工作的质量控制主要包括对以上准备工作所进行的控制。另外,对技术交底的控制应符合以下规定:单位工程、分部工程和分项工程开工前,项目技术负责人应向承担施工的负责人或分包人进行书面技术交底。技术交底资料应办理签字手续并归档。

4.施工现场准备工作的质量控制

施工现场准备工作主要为拟建工程的施工创造有利的施工环境和施工条件。施工现场准备工作主要包括以下几点:控制网、水准点、标桩的测量;“五通一平”;生产、生活临时设施的准备,组织机械、材料进场;拟订有关试验、试制和技术进步项目计划;编制季节性施工措施;制定施工现场管理制度等各项工作。施工现场准备工作的质量控制主要包括对以上工作所进行的控制。其中,对控制网、水准点、标桩的测量应符合以下规定:在项目开工前应编制测量控制方案,经项目技术负责人批准后方可实施,测量记录应归档保存;对测量点线妥善保护,严禁擅自移动。

5.现场外准备工作的质量控制

施工项目工程准备除了以上的准备工作外,施工现场外也要进行一些准备工作。场外施工准备工作质量也同样会对项目施工质量产生重大影响。场外准备工作主要包括以下几点:签订建筑材料、构配件、建筑制品、工艺设备的加工等合同,与有关配合单位签订协议书及依法进行工程分包、订立分包合同,向上级提交开工申请报告、资金筹措等各项活动。现场外准备工作的质量控制就是对上述活动所进行的质量控制。

第六节　工程项目施工过程质量控制

工程项目施工阶段,既是工程实体形成的阶段,也是工程产品质量和使用价值形成的阶段。建筑施工承包企业的所有质量工作也要在项目施工过程中形成。同时,由于项目施工阶段工期长、露天作业受自然条件影响大,因此要确保项目施工质量,就必须对项目施工过程进行严格的质量控制。建筑工程施工过程控制就是以保证工程实体质量为目的，对产品生产过程也就是项目施工过程进行系统安排，通过对人员、材料、机械设备、施工方法、施工环境等项目施工质量影响因素的控制，有效地控制每个质量工作环节。施工过程的质量控制是建筑工程施工阶段质量控制的重点。因此，结合建筑工程产品的实际特点，工程建设项目施工过程的质量控制分为工序质量控制、现场质量检查、成品保护、特殊过程质量控制等步骤。

一、施工过程中的工序质量控制

工程项目施工过程是由一系列相互关联、相互制约的工序所构成的。工序是质量影响因素“人员、材料、机械、施工方法、施工环境”等起作用的过程。因此，施工项目质量是在施工工序中形成的，施工工序质量直接影响工程建设项目的整体质量。控制建设项目施工过程的质量必须以工序质量控制为核心，采取预防为主的控制措施。

1.工序质量控制的规定

(1)施工作业人员应按规定经考核后持证上岗。

(2)施工管理人员及作业人员应按施工工艺、操作规程、作业指导书和技术交底文件进行施工；施工工艺和操作规程是施工操作的依据与法规，是确保工序质量的前提，任何人都必须严格执行，不得违反。

(3)工序的检验和试验应符合过程检验和试验的规定，对查出的质量缺陷应按不合格控制程序及时处理。

(4)施工管理人员应记录工序施工情况。

2.工序质量控制的原理

工序包含工序活动条件和工序活动效果。工序活动条件是指每道工序所投入的人、材料、机械、施工方法、施工环境；工序活动效果是指每道施工工序所完成的产品。工序质量控制就是指对工序活动条件和工序活动效果的控制，使其符合规定的质量要求，为工序活动创造良好的条件；工序活动效果的控制是指对每道施工工序所完成的产品质量进行控制，使其达到有关的质量标准。为了有效地控制工序质量，工序控制必须满足以下原则。

(1)主动控制施工工序活动条件的质量。在工序质量控制中，必须主动控制工序活动条件，事后检查转为事先控制。对人员、材料、机械、施工方法、环境等影响因素预先进行认真分析，加以严格控制；对不利因素的影响及时采取措施予以纠正，避免系统性因素所引起的质量变异，确保每道工序的质量始终处于正常、稳定状态。

(2)及时检查施工工序作业效果的质量。在工序质量控制中，除主动控制工序活动条件外，还必须动态控制工序质量，事后检查转为事中控制。因此，在工序质量控制中，必须采取一定的检测手段及时检验工序质量，并根据检验结果做好数理统计分析工作，判断该工序的质量，密切跟踪，及时掌握质量动态，一旦发现问题马上处理，使工序活动效果的质量始终满足有关的质量规范规定，最终实现对工序质量的控制。

3.工序质量检查和控制的程序

对工序质量的控制应当分清主次、抓住关键，建立完善的质量体系和质量检验制度。工序质量控制和检查的程序如下。

(1)确定工序质量控制计划。工序质量控制计划是进行工序质量控制的依据和准则,是确保工序质量控制有秩序进行的关键。工序质量控制计划要以质量体系和质量检验制度为基础,明确规定工序质量控制的程序和检验制度,作为施工单位和监理部门共同遵守的准则。

(2)进行工序影响因素分析,分清主次,重点控制。每道工序的质量都要受到众多因素的影响,在工序质量控制中,应当对影响工序质量的因素进行分析,找出对工序质量特征性能有重要影响的主要因素,针对主要因素制订对策,进行主动控制,以便预防工序质量问题。

(3)选择和确定工序质量控制点。设置质量控制点是进行工序质量控制的前提,是抓住影响工序质量主要因素的有力措施。因此,要做到有效地进行质量控制必须合理地设置质量控制点。

(4)确定每道工序质量控制点的质量目标。所谓工序控制点的质量目标是指工序活动效果,也就是工序产品的质量。

(5)检测。按规定检测方法对工序质量控制点现状进行跟踪检测。

(6)比较。将工序质量控制点的质量现状和质量目标进行比较,找出两者的质量差距和产生原因。

(7)处理。采取相应技术、组织和管理措施,消除其质量差距,防止发生质量问题。

(8)记录。整个质量检验过程中,要将检验数据完整无误地记录下来,以便进行数据处理和备检用。

4.合理设置工序质量控制点

质量控制点一般是指为了保证工序质量而需要进行控制的重点,或关键部位,或薄弱环节。因此,在确定质量控制点时,要对施工过程进行全面分析和比较,找出施工过程中可能出现的质量问题或质量隐患,并分析产生的主要原因,然后针对主要原因提出相应的对策进行施工质量预控,以便在一定时期内、一定条件下对其进行重点与强化管理,从而有效地消除易于发生的质量隐患,使施工质量始终处于良好的被控制状态。工序质量控制点必须根据施工项目的特点、重要性、复杂程度、质量标准和要求合理确定,其设立原则如下。

(1)关键部位。对项目质量影响大的关键部位或工序必须设立质量控制点,如高层建筑物垂直度等。

(2)常见的质量通病。经常容易出现质量通病(渗水、漏水、起砂、起壳、裂缝、生锈等)的工序必须设立质量控制点。

(3)施工顺序和关键操作。可能影响项目施工质量的某些工序的施工顺序或关键操作必须设立质量控制点。例如,冷拉钢筋要先焊接后冷拉;预应力筋张拉要进行超张拉和持荷2 min。其目的是减少混凝土压缩和徐变、钢筋松弛、孔道摩擦等原因造成的钢筋应力损失。

(4)材料的质量和性能。材料的质量和性能是直接影响工程质量的主要因素,因此必须设立质量控制点,如钢筋、水泥、混凝土等材料的各项性能都必须进行严格控制。

(5)技术间歇时间。有些工序之间的技术间歇性很强,不严格控制会影响质量。因此,对影响下道工序的技术间歇时间必须设立质量控制点。例如,砖墙砌筑后,一定要有6～10 h的时间让墙体充分沉陷、稳定、干燥,然后才可抹灰;混凝土分层浇筑时必须待下一层混凝土为初凝时将上一层浇筑完，以便混凝土之间可以结合得很好。

(6)技术参数。与施工质量密切相关的技术参数必须设立质量控制点，如混凝土配合比、水胶比等。

(7)新工艺、新材料、新技术。施工人员对新工艺、新材料、新技术的操作缺少经验，容易产生质量问题，必须设立质量控制点进行严格控制。

二、施工过程中的现场质量检查

为确保施工项目质量，现场质量检查是必不可少的关键环节。其内容主要包括以下几点。

(1)开工前检查：其目的在于检查工程是否已具备开工条件，开工后能否连续施工，能否保证工程质量。

(2)在工序施工过程中的跟踪监督与检查：是指在监督检查所有工序投入品，即人员、材料、机械、方法、环境质量的同时，重点监督、检查对工程质量有重大影响或施工难度大、易于产生质量通病的施工对象，通过对其进行巡视检查、密切跟踪，严格控制施工操作质量。

(3)工序交接检查：对于重要的工序和对工程质量有重大影响的工序，在自检、互检的基础上，还应组织专职质检人员进行工序的交接检查。

(4)隐蔽工程检查：凡属于隐蔽工程的工序必须经过检查认证后方可进行下一道工序施工。

(5)停工后、复工前的检查：处理质量问题或某种原因使工程暂时停止施工的，在复工之前必须经过检验，具备复工条件方可复工。

(6)分部、分项工程完工检查：分项、分部工程完工之后，应经检查认可，签署施工验收记录或中间交工证书，方可进行下一分项、分部工程的施工进程。

三、成品保护

在施工过程中经常会出现一些中间产品，如有些分项、分部工程已完工，而其他部位正在施工，如果不对成品进行保护则会造成其损伤、污染，从而影响质量。因此，必须对成品进行妥善保护。对成品进行保护的最有效方法是合理安排施工顺序，同时对成品采取有效的保护措施。

1.合理安排施工顺序

科学合理地安排施工顺序，按正确的施工流程进行施工，是进行建筑工程成品保护的有效途径之一。在施工中，只要合理科学地安排施工顺序，便可以有效保护成品的质量，也可以有效防止后道工序损伤或污染前道工序。

(1)建筑工程施工要遵循“先地下后地上”“先深后浅”的施工顺序，这样不会破坏地下管网和道路路面。

(2)地下管道与基础工程相配合进行施工，可避免基础工程完工后再进行打洞挖槽安装管道，影响工程质量和施工进度。

(3)先在房心回填再做基础防潮层，保护防潮层不受填土夯实的损伤。

(4)装饰工程采取自上而下的施工顺序，可以使房屋主体完工后有一定的沉降期，先做屋面防水层，可以保护装饰工程质量。

(5)先做地面，后做顶棚、地面抹灰，可以保护下层顶棚、墙面抹灰不受渗水污染；如果在已经做好的地面上施工，要保护好地面；如果先做顶棚和墙面抹灰后做地面，要求楼板灌缝必须密实，以免漏水污染墙面和顶棚。

(6)在进行建筑室内装饰时，应采取先喷浆后安装灯具的施工顺序，可避免先安装灯具后喷浆对灯具的污染。

(7)楼梯间和踏步的饰面装修宜在整个饰面装修完工后再自上而下进行；门窗扇的安装通常在抹灰后进行；一般先涂油漆后安装玻璃。

(8)采用单排外脚手架砌墙时，由于砖墙上有脚手架洞眼，因此，内墙抹灰一般在同一层外墙粉刷完，拆除脚手架，填补完洞眼后进行，这样有利于保证内墙抹灰的质量。

2.采取有效的措施保护成品

对成品的保护措施具体有护、包、盖、封四种。

(1)护。护是对成品进行提前保护，以防止成品可能发生的损伤和污染。例如，为了防止清水墙面污染，在脚手架、安全网横杆、进料口四周以及邻近水刷石墙面上提前订上塑料布或纸板；清水楼梯踏步采用护棱角铁上下连通固定；门口在手推车容易碰到的部位，在小车轴的高度钉上防护条或槽型盖铁；进出口台阶应垫砖或方木，搭脚手板过人；外檐水刷石大角或柱子要立板固定保护；等等。这些保护措施既保护了成品不被破坏又可加快施工进度。

(2)包。包是对成品实施包裹，以防被损伤或污染。例如，大理石或高级柱子贴面完工后，应用立板包裹捆扎；楼梯扶手喷完油漆后用纸包裹加以保护；在喷浆前，用塑料布、纸等把铝合金门窗、暖气片、管道、电器开关、插座等设施包上，以防污染。

(3)盖。盖是对成品进行表面覆盖，以防堵塞或损伤。例如，预制水磨石、大理石楼梯应用木板、加气板等覆盖，以防操作人员踩踏和物体磕碰；水泥地面、现浇或预制水磨石地面应铺干锯末保护；高级水磨石地面或大理石地面应用苫布或棉毡加以覆盖；落水口、排水管应加以覆盖以防堵塞；散水完工后，可覆盖一层砂子或土有利于散水养护并防止磕碰；对其他一些防晒、防冻、保温养护的成品也要加以覆盖，做好保护工作。

(4)封。封是对成品进行局部封闭，以防破坏。例如，预制水磨石、水泥抹面楼梯施工后应将楼梯口暂时封闭，待达到上人强度并采取保护措施后再开放；室内塑料墙纸、木地板油漆完成后，均应立即锁门；屋面防水层做完后，应封闭上屋顶的楼梯门或出入口等。

总之，在项目施工中，必须具有成品保护的意识，若做不好成品保护，使其受污染或损坏成为废品、不合格品，就会增加返工造成的经济损失，也会影响工程进度。因此，在施工过程中，应合理安排施工顺序，采取有效措施对成品加以保护，同时必须加强成品保护工作的检查。

四、特殊过程质量控制

项目施工质量的控制还应注重某些“特殊过程”，如工序的有关质量特性要到后续工序才能被反映出来，无法检测或只能进行破坏性检测的工序，在以后的检验或试验中不能测量结果的工序，以及产品的缺陷只有在使用之后才能暴露出来等，以上工序称为特殊过程。特殊过程控制应符合以下规定。

(1)对在项目质量计划中界定的特殊过程，应设置质量控制点进行控制。

(2)对特殊过程的控制，除应执行一般过程控制的规定外，还应由专业技术人员编制专门的作业指导书，经项目技术负责人审批后执行。

(3)对从事特殊过程的人员进行培训和资格认可。

第七节　工程项目竣工验收阶段的质量控制

一、工程项目竣工验收的概念

1.工程项目竣工

工程项目竣工是指工程项目经过施工承包单位所进行的施工准备和全部施工活动，已经完成了工程项目设计图样和工程合同规定的全部内容，并达到业主单位的使用要求；它标志着工程项目施工任务已经全面完成。

2.工程项目竣工验收

工程项目竣工验收是指施工承包单位将竣工工程项目及有关资料移交业主单位或监理单位，并接受业主单位对产品质量和技术资料的一系列审查验收工作的总称。它是工程项目质量控制的关键。经竣工验收后，如果工程项目达到竣工验收质量标准，则可以解除合同双方各自承担的合同义务及经济和法律责任。

工程项目竣工验收是工程项目施工全过程中最后一道程序，也是工程项目管理的最后环节。它既是建设投资转入生产或使用的标志，也是全面考核投资效益、检验设计和施工质量的重要环节。

二、竣工验收阶段质量控制的规定

(1)单位工程竣工后，必须进行最终检验和试验。项目技术负责人应按编制竣工资料的要求收集、整理质量记录。

(2)项目技术负责人应组织有关专业技术人员按最终检验和试验规定，根据合同要求进行全面验证。

(3)对查出的施工质量缺陷，应按不合格控制程序进行处理。

(4)项目经理应组织有关专业技术人员按合同要求编制工程竣工文件，并应做好工程移交的准备。

(5)在最终检验和试验合格后，应对建筑物产品采取保护措施。

(6)工程交工后，项目经理部应编制符合文明施工和环境保护要求的撤场计划。

三、竣工验收的依据和标准

1.工程项目竣工验收的依据

根据工程项目竣工验收的实践经验，工程项目竣工验收的依据主要包括以下几点。

(1)上级主管部门有关该工程项目建设和批复文件。

(2)经有关部门批准的设计纲要、设计文件、施工图纸和说明书,以及设备技术说明书。

(3)业主与承包商签订的工程承包合同以及招投标文件、协作配合协议。

(4)国家或有关部委颁发的现行施工与验收规程、规范和质量检验评定标准。

(5)图样会审记录、设计变更签证、中间验收资料和技术核定单。

(6)施工单位提供的有关质量保证文件和技术资料等。

2.工程项目竣工验收的标准

由于建设工程项目种类繁多,要求各异,因此,对每一种工程必须有与之相适应的竣工验收标准,以便验收各方共同遵循。国家和有关部委颁发了相关规定和标准,主要有《房屋建筑和市政基础设施工程竣工验收规定》《机械设备安装工程施工及验收通用规范》(GB 50231)、《人民防空工程施工及验收规范》(GB 50134)、《城市桥梁工程施工与质量验收规范》(CJJ 2)、《建筑电气工程施工质量验收规范》(GB 50303)等。具体验收时应严格遵循国家或地方颁发的现行标准。

四、竣工验收的准备工作

在建设工程项目正式竣工验收前,施工单位应按照工程竣工验收的有关规定,配合监理工程师做好竣工验收的准备工作。

1.完成工程项目的收尾工程

工程完成后竣工验收前,要按设计图纸和工程合同规定逐一对照,查出是否有遗漏项目和需要补修的项目,这些项目叫作收尾工程项目。它的特点:零星、分散、工程量小、分布面广,如果不及时完成将会直接影响工程项目的竣工验收及投产使用。因此,应根据收尾工程的情况制订科学合理的作业计划,保质保量地完成工程项目的收尾工作,确保项目施工质量。

2.竣工验收资料的准备

竣工验收资料和有关技术文件是工程项目竣工验收与质量保证的重要依据之一,施工单位应从施工开始就注意工程资料的积累和保管,在竣工验收时整理归档,按合同要求提供全套的竣工验收所必需的工程资料,以便竣工验收、总结经验教训和不断提高质量控制的管理水平。

工程项目竣工验收的资料包括很多方面,归纳起来主要包括以下内容。

(1)工程开工报告和竣工报告。

(2)工程说明包括工程概况,工程竣工图,设计变更项目、原因及内容,监理工程师有关工程设计修改的书面通知,技术变更核实单,工程施工总结,以及工程实际完成情况等。

(3)对建筑工程质量与建筑设备安装工程质量的评价包括监理工程师检查签证资料、质量事故及重大缺陷处理资料。

(4)清单包括竣工工程项目清单与遗留工程项目清单。

(5)建筑材料、设备、构件的质量合格证,以及试验单等。

(6)隐蔽工程验收记录,分项工程、分部工程验收记录,单位工程验收资料,以及监理工程师与业主的各种批准文件。

(7)观测记录包括永久性设备埋设观测记录，水准点位置、定位测量记录，以及建设期内沉降和位移等观测记录、分析记录和运行记录等。

(8)其他资料包括工程测量、工程地质、水文地质资料，工程中的遗留问题及处理意见，以及对工程投入使用运行的意见和建议。

3.竣工验收的预验收

竣工验收的预验收是建筑工程项目顺利通过正式竣工验收的保证。预验收是在工程完工后，建筑施工承包单位组织有关人员进行一次内部模拟验收。通过预验收，施工承包单位对已建工程进行自我评价，并及时发现存在的质量问题，采取措施进行修补，以免拖延竣工验收时间。

五、竣工验收的程序

工程项目竣工验收应以建设单位为主，由监理工程师牵头，组织使用单位、施工单位、设计和勘查单位、质量检验部门共同进行。

(一)施工单位进行竣工预验收

施工单位竣工预验收根据建筑工程重要程度及规模的大小，通常有以下三个层次。

1.基层施工单位竣工自检

建筑工程施工过程结束后，基层施工单位施工队长应组织有关职能人员，根据施工图样、合同规定以及相应的验收标准对拟报竣工工程的情况和条件进行自我评价与验收。其主要内容包括竣工项目是否符合有关规定、工程质量是否符合质量检验评定标准、工程资料是否齐全、工程完成情况是否符合设计施工图要求与使用要求等。如果发现有缺陷，必须及时组织人力物力，采取有效措施限期保质完成。

2.工程项目经理组织竣工自检

基层施工单位经过自检通过，将预验收报告和有关资料提交给项目经理部，项目经理根据报告组织生产、技术、质量、预算等各职能人员进行一次工程竣工预验收。为了使工程项目能顺利通过正式验收，最好邀请监理人员参加工程预验收。经严格检验，确认符合施工图标准要求，达到竣工标准，可填报竣工验收通知单；如果发现问题，应提出整改措施，并限期保质完成。

3.公司级组织竣工自检

根据项目经理部的申请，竣工工程可视其重要程度和性质，由公司组织有关职能人员进行检查预验收，并进行初步评价。若达标则申请竣工验收；若存在不合格项目，则提出整改意见，责令施工队限期保质完成，并再次组织检查验收，以决定是否提请正式验收报告。

(二)施工单位提交竣工验收申请报告

经过以上竣工预验收，施工单位可决定正式向监理单位提交验收申请报告。监理工程师在收到验收申请报告后，应参照建筑工程合同要求和验收标准等进行仔细审查。

(三)根据竣工验收申请报告进行现场初检

监理工程师在审查完验收申请报告后,如果认为可以进行验收,则应由监理单位负责人组成验收机构,对竣工项目进行现场初步验收。若发现质量问题或质量缺陷,应及时以书面形式通知或以备忘录的形式告知施工单位,并令其按有关质量要求限期内完成修补工作,甚至返工。

(四)进行正式竣工验收

监理部门初验合格后,则应由监理工程师牵头,组织使用单位、施工单位、设计和勘察单位、上级主管部门、质量检验站等,在规定的时间内对申报工程进行正式竣工验收,现概括如下。

1.竣工验收的内容

(1)单项工程验收。单项工程竣工验收是指在一个总体建设项目中,一个单项工程或一个车间已经按设计要求建成完工,能满足生产要求或具备使用条件,并且通过施工单位预验和监理工程师初验,达到正式验收标准,在此前提下可进行正式验收。

由若干个建筑安装单位共同承包施工的单项工程,当其中的某一个施工单位所承担的部分工序已按设计要求完成,也可组织正式验收,办理交工手续。分包人应向承包人负责分包工程的质量,承包人应对项目质量和质量保修工作向发包人负责,同时承包人应对分包人的工程质量向发包人承担连带责任,分包人应接受承包人的质量管理,因此,交工时必须请总承包人参加,以便对建筑工程的质量管理。

对于建成的住宅,可分幢进行正式竣工验收,以便及早交付使用,提高经济效益。

(2)全部竣工验收。全部竣工验收是指整个建设项目已按设计要求全部建设完成,并已符合竣工验收标准,施工单位预验合格,监理工程师初验通过,可由监理工程师组织以建设单位为主,有使用单位、施工单位、设计和勘察单位、质量检验部门参加的正式竣工验收。在对整个工程项目进行全部竣工验收时,对已验收过的单项工程,可以不再进行正式竣工验收和办理移交手续,但应将单项工程验收单作为全部工程验收的附件而加以说明。

2.正式竣工验收的步骤

(1)现场检测。参加建筑工程正式竣工验收的人员首先到达现场,对拟竣工项目进行现场目测检查,同时逐一核对建筑工程竣工验收所必备的资料,看是否齐全完整。

(2)召开现场验收会议。现场验收会议由参检各方参加,会议一般由监理主持,会议内容如下。

①先由该建筑工程的项目经理介绍工程施工情况、自检情况及竣工情况,出示竣工资料。

②监理工程师通报工程监理过程中的主要内容,发表竣工验收意见。

③业主根据在现场对竣工项目目测检查中发现的问题,按照合同规定对施工单位提出限期处理的意见。

④暂时休会,质量部门、业主以及监理工程师讨论工程正式竣工验收是否合格。

⑤复会,监理工程师宣布竣工验收结果,质检部门宣布工程质量等级。

⑥办理竣工验收签证书。

竣工验收签证书必须由业主单位、承建单位和监理单位三方签字方可生效。

第八节 工程质量检验与评定

在工程项目管理过程中，质量评定是项目质量管理的重要内容。它是采用一定方法和手段，以工程技术立法形式，对建筑安装工程的分项工程、分部工程和单位工程的施工质量进行检测，并根据检测结果和国家颁发的现行有关工程项目质量检验评定标准和验收标准，评定工程项目的质量等级。通过工程质量评定与验收，对工程项目施工过程的工程质量进行有效控制，并将检验出的“不合格”分项工程与单位工程进行相应处理，使其符合项目质量标准与验收标准。可以把好建筑安装工程的最终产品质量关，为用户提供符合工程质量标准的建筑产品。因此，正确地进行项目施工质量评定，是保证项目施工质量的重要手段。

一、工程质量评定项目划分

一个工程项目的建成，从施工准备开始到竣工验收交付使用，需要经过若干工种的配合施工，每一工种又是由若干工序组成的。为了便于对工程质量进行控制，按照《建筑工程施工质量验收统一标准》(GB 50300—3013)的规定，将一个单位工程划分为若干个分部工程，每个分部工程又划分为若干个分项工程。建筑安装工程质量评定以分项工程质量综合鉴定分部工程质量，以各分部工程质量鉴定单位工程质量。

建筑安装工程质量评定包括建筑工程质量评定和建筑安装工程质量评定两部分。

1.建筑工程的项目划分

(1)分项工程。分项工程一般按主要工种进行划分，如砌砖工程、钢筋工程、混凝土工程、爆破工程等。

(2)分部工程。分部工程是各分项工程的组合，一般按主要部位划分为六大分部，即地基与基础工程、主体结构工程、地面与楼面工程、门窗工程、装饰工程和屋面工程，见表 6-6。

表 6-6 建筑工程分部、分项工程名称

序号	分部工程名称	分项工程名称
1	地基与基础工程	土方、爆破、灰土、砂、砂石和三合土地基、重锤夯实地基、强夯地基、挤密桩地基、振冲地基、打(压)桩、灌注桩、沉井和沉箱、地下连续墙、防水混凝土结构、水泥砂浆防水层、卷材防水层、模板、钢筋、混凝土、构件安装、预应力混凝土、砌砖、砌石、钢结构焊接、钢结构螺栓连接、钢结构制作、钢结构安装、钢结构油漆等
2	主体结构工程	模板、钢筋、混凝土、构件安装、预应力混凝土、砌砖、砌石、钢结构焊接、钢结构螺栓连接、钢结构制作、钢结构安装、钢结构油漆、木屋架制作、木屋架安装、屋面木骨架等
3	地面与楼面工程	基层、整体楼板、地面、板块楼面、地面、木质楼板、地面等

续表

序号	分部工程名称	分项工程名称
4	门窗工程	木门窗制作、木门窗安装、钢门窗安装、铝合金门窗安装等
5	装饰工程	一般抹灰、装饰抹灰、清水砖墙勾缝、油漆、刷(喷)浆、玻璃、裱糊、饰面、罩面板及钢木骨架、细木制品、花饰安装等
6	屋面工程	屋面找平层、保温(隔热)层、卷材、油膏嵌缝、涂料屋面、细石混凝土屋面、平瓦屋面、薄钢板屋面、波瓦屋面、水落管等

多层和高层房屋工程中的主体分部工程,应按楼层(段)划分分项工程;单层房屋工程中的主体分部工程,必须按变形缝划分分项工程。其他分部工程的分项工程,可按楼层划分。对一些小型项目,也可不按楼层划分分项工程。

2.建筑设备安装工程项目划分

(1)分项工程。建筑安装工程的分项工程一般按用途、种类及设备组别进行划分,如室内给水管线安装工程、卫生器具安装工程、供热管道安装工程、电力变压器安装工程等。同时,规定各分部工程中的分项工程可按系统、区段进行划分,如采暖卫生与煤气工程的分项工程。按用途不同划分,碳素钢管既有供应冷水、热水、暖气、煤气等之分,又有给水管道、排水管道等之分;按材料种类划分,管道安装有碳素钢管、铸铁钢管、混凝土管道等;按设备组别划分有锅炉安装、锅炉附属设备安装和卫生器具安装等。

(2)分部工程。建筑设备安装工程的分部工程按工种分类划分为四个分部工程,即建筑采暖卫生与煤气工程、建筑电气安装工程、通风与空调工程和电梯安装工程。

建筑设备安装工程分部、分项工程名称见表6-7。

表6-7　建筑设备安装工程分部、分项工程名称

序号	分部工程名称	分项工程名称	
1	建筑采暖卫生与煤气工程	室内	给水管道安装、给水管道附件以及卫生器具给水配件安装、给水附属设备安装、排水管道安装、卫生器具安装、采暖管道安装、采暖散热器及太阳能热水器安装、采暖附属设备安装、煤气管道安装、锅炉安装、锅炉附属设备安装、锅炉附件安装等
		室外	给水管道安装、排水管道安装、供热管道安装、煤气管道安装、煤气调压装置安装等
2	建筑电气安装工程	架空线路和杆上电气设备安装、电缆线路、配管及管内穿线、瓷柱及瓷瓶配线、护套线配线、槽板配线、照明配线用钢索、硬母线安装、滑接线和移动式软电缆安装、电力变压器安装、低压电器安装、电机的电气检查和接线、蓄电池安装、电气照明器具及配电箱(盘)安装、避雷针(网)及接地装置安装等	
3	通风与空调工程	金属风管制作、硬聚氯乙烯风管制作、部件制作、风管及部件安装、空气处理室制作与安装、消声器制作及安装、除尘器制作与安装、通风机安装、制冷管道安装、防腐与油漆、风管及设备保温等	
4	电梯安装工程	牵引装置组装、导机组装、轿箱、层门组装、电气装置安装、安全保护装置、试运转等	

3.单位工程

(1)独立工程中的单位工程。建筑工程和建筑安装工程共同组成一个单位工程，如一个建筑物、一个构筑物，建筑群中的一栋住宅、一个商店、锅炉房、变电站等均为一个单位工程。

(2)小区建设中的单位工程。在新建或扩建的居住小区或厂房内，室外给水、排水、供热和煤气等分项工程可组成一个单位工程；道路或围墙建筑工程等分部工程也可组成一个单位工程；室外架空线路、电缆线路和电灯安装工程等分部工程也可作为一个单位工程。但在原有居住小区内，增设几排路灯、埋设几根管道或维修几条道路等工程项目就不能视为一个单位工程进行质量评定。

二、建筑工程项目施工质量评定等级

(一)分项工程质量等级评定

1.分项工程质量评定项目

分项工程质量的评定是分部工程、单位工程质量评定的基础，也是施工过程中质量控制的有效环节，分项工程质量的好坏直接影响建筑工程的质量。因此，对分项工程的质量评定必须按照《建筑工程施工质量验收统一标准》(GB 50300—2013)的规定，将分项工程分为主控项目、一般项目和允许偏差三种。

(1)主控项目。主控项目是指对工程结构安全性和重要使用性有很大影响的工程项目，要求在施工中必须全部满足质量标准的规定。其检验评定的主要内容如下：

①重要材料、成品、半成品、附件的材质和技术性能，检验出厂合格证书和试验数据。

②结构的强度、刚度和稳定性，检查试验报告。

③重要项目的位置、尺寸、关键项目的施工工艺，检查测试记录。

(2)一般项目。一般项目是指对结构的使用安全、使用功能和美观性等有较大影响，但其重要性仅次于保证项目，在施工过程中必须达到基本要求的项目。其检验评定的主要内容如下：

①允许有一定偏差但又不宜纳入允许偏差项目的分项工程，用数据规定“优良”和“合格”的标准。

②对不能确定偏差值而又允许出现一定缺陷的分项工程，则以缺陷的数量确定出“优良”和“合格”的标准。

③采用不同影响部位区别对待的方法划分“优良”和“合格”。

④用程度区别项目的“优良”和“合格”。

(3)允许偏差。允许偏差项目应符合下列规定：

①偏差值有“正”“负”要求，应将偏差值明确标明正、负号。例如，基础和墙砌体顶面标高允许偏差为±15 mm；门口高度允许偏差为−5 mm或+15 mm。

②偏差值无“正”“负”要求，可直接注明数字，不标注符号。例如，清水墙表面平整度为5 mm等。

③偏差数值要求大于或小于某一数值。例如，砌筑砂浆必须密实饱满，实心砌砖体水平缝的砂浆饱满度不小于80%。

④偏差值要求在一定范围内。例如,木门扇与地面间留缝宽度为 6～8 mm。

⑤采用相对比值确定允许偏差数值。例如,高层框架柱和墙的垂直度必须小于或等于其全高的 1/1000,且不大于 30 mm 等。

2.分项工程质量评定等级

分项工程质量等级评定为“优良”和“合格”两个等级。

(1)合格。分项工程合格的标准主要包括:

①主控项目必须符合相应质量检验标准的规定。

②一般项目抽检处应符合相应质量检验评定标准的合格规定。

③允许偏差项目抽检的点数中,建筑工程有 70%及其以上,建筑设备安装工程有 80%及其以上的实测值在相应质量检验评定标准的允许偏差范围内。

(2)优良。分项工程优良的标准主要包括:

①主控项目必须符合相应质量检验标准的规定。

②一般项目抽查处应符合相应质量检验评定标准的合格规定。其中,50%及其以上应符合相应质量检验评定标准的优良规定,该项即为优良;优良项目数占检验项目数 50%及其以上。

③允许偏差项目抽检点数中,有 90%及其以上的实测值在相应质量检验评定标准的允许偏差范围内。

3.分项工程质量不合格处理规定

若发现不合格的分项工程,应采取对策进行质量持续改进。

(1)项目经理部。项目经理部对不合格控制应符合下列规定:

①应按企业的不合格控制程序控制不合格物资进入项目施工现场,严禁不合格工序未经处置而转入下一道工序。

②对检验中发现的不合格产品和过程,应按规定进行鉴别、标识、记录、隔离和处置。

③应进行不合格评审。

④不合格处置应根据不合格严重程度,按返工、返修或让步接收、降级使用、拒收或报废四种情况进行处理。构成等级质量事故的不合格,应按国家法律、行政法规进行处置。

⑤对返修或返工后的产品,应按规定重新进行检验和试验,并应保存记录。

⑥进行不合格让步接收时,项目经理部应向发包人提出书面让步申请,记录不合格程度和返修的情况,双方签字确认让步接收协议和接收标准。

⑦对影响建筑主体结构安全和使用功能的不合格,应邀请发包人代表或监理工程师、设计人,共同确定处理方案,报建设主管部门批准。

⑧检验人员必须按规定保存不合格控制记录。

(2)不合格纠正措施。不合格纠正措施应符合下列规定:

①对发包人或监理工程师、设计人、质量监督部门提出的质量问题应分析原因,制订纠正措施。

②对已发生或潜在的不合格信息,应分析并记录结果。

③对检查发现的质量问题或不合格报告提及的问题,应由项目技术负责人组织有关人

员判定不合格程度，制订纠正措施。

④对严重不合格或重大质量事故，必须实施纠正措施。

⑤实施纠正措施的结果应由技术负责人验证并记录；对严重不合格或等级质量事故的纠正措施和实施效果应验证，并应报质量管理层。

⑥项目经理或责任单位应定期评价纠正措施的有效性。

(二)分部工程质量等级评定

1.分部工程评定项目

分部工程所包含的所有分项工程。

2.分部工程评定等级

(1)合格。分部工程所含分项工程的质量全部合格。

(2)优良。应满足的规定：分部工程所含分项工程的质量全部合格，并且其中50%及其以上为优良，建筑安装工程中，指定的主要分项工程必须优良。

(三)单位工程质量等级评定

1.单位工程质量评定项目

(1)单位工程所包含的全部分部工程。

(2)单位工程质量保证资料。

(3)单位工程感观质量。

2.质量保证资料的核查

在单位工程的验收中，项目经理应配合监理工程师对质量保证资料进行以下几方面的核查。

(1)质量保证资料是否齐全，内容与标准是否一致。

(2)质量保证资料是否真实可信。

(3)对于施工单位送去检验的材料，应审查检验单位有无权威性。

(4)提供质量保证资料的时间是否与工程进展同步。

3.观感质量评定

(1)确定检查数量。室内按有代表性的自然间抽查10%(包括附属房间及厅道等)，室外和屋面要求全数检查。

室内有代表性的自然间，是指各类做法均能查到的房间；公共建筑的附属房间是指公用房间，如盥洗室、厕所，也包括服务员工作室、储藏室；厅道包括楼道、楼梯间等。住宅建筑的附属房间包括厨房、厕所、过厅等。

检查点或检查房间采用随机抽样的方法，一般应在平面图上勾定房间，按既定房间检查。选点时应照顾到代表面，同时突出重点，如高层建筑跳层检查时，必须包括首层和顶层。

室外与屋面全数检查，采用“分点检查、综合定级”的方法。例如，将室外墙面划分为若干部位，每个部位限定范围，各作为一个检查点。

(2)确定检查项目。检查点的项目按各分部工程质量验收标准确定，根据各部位对工程质量的影响程度，所占工作量或工程量大小等综合考虑和给出了标准分值。

(3)检验评定。按下述方法和步骤进行。

①检查标准：每个检查项目以随机抽取的检查点按“好”“一般”给出评价。项目检查点90%及其以上达到“好”，其余检查点达到“一般”的应为一档，取100%的分值；项目检查点80%及其以上达到“好”，但不足90%，其余检查点达到“一般”的应为二级，取70%的分值。

②检查方法：核查分部(子分部)工程质量验收资料。

(4)计算得分率。得分率按下式计算：

$$得分率=(实得分/应得分)\times 100\%$$

应得分就是将所检项目的标准分相加所得出的总分；实得分就是所检项目所得实际分值竖向累加的分数。混凝土结构工程观感质量项目及评分见表6-8。

表6-8　混凝土结构工程观感质量项目及评分

工程名称		建设单位				
施工单位		评价单位				
序号	检查项目	应得分	判定结果		实得分	备注
			100%	70%		
1	露筋	15				
2	蜂窝	10				
3	孔洞	10				
4	夹渣	10				
5	疏松	10				
6	裂缝	15				
7	连接部位缺陷	15				
8	外形缺陷	10				
9	外表缺陷	5				
	合计得分					
检查结果	观感质量项目分值10分。 应得分合计： 实得分合计： $混凝土结构工程观感质量得分=\frac{实得分合计}{应得分合计}\times 10=$ 评价人员：　　　年　月　日					

4.单位工程质量评定等级

(1)单位工程质量合格。单位工程质量必须符合下述条件,方能评定等级为合格。

①单位工程所包含的分部工程的质量全部合格。

②质量保证资料应基本齐全。

③观感质量的评定得分率达到70%及其以上。

(2)单位工程质量优良。单位工程质量必须符合下述条件,方能评定等级为优良。

①单位工程所包含的分部工程的质量全部合格。其中,有50%及其以上优良(建筑工程必须含主体与装饰工程,以建筑设备安装工程为主的单位工程,其指定的分部工程必须优良)。

②质量保证资料应基本齐全。

③观感质量的评定得分率达到85%及其以上。

第七章 工程项目进度管理

第一节　工程项目进度管理概述

一、进度管理的概念

1.工项目进度管理

工程项目进度管理是指在项目实施过程中，对各阶段的进展程度和项目最终完成的期限所进行的管理。其目的是保证项目能在满足其时间约束条件的前提下实现其总体目标，它是保证项目如期完成和合理安排资源供应、节约工程成本的重要措施之一。

工程项目进度管理是项目管理的一个重要方面，它与项目投资管理、项目质量管理等同为项目管理的重要组成部分。它们之间有着相互依赖和相互制约的关系：进度加快，需要增加投资，但工程能够提前使用就可以提高投资效益；进度加快有可能影响工程质量，而质量控制严格，则有可能影响进度，但如因质量的严格控制而不至于返工，又会相应加快进度。因此，工程管理人员在实际工作中要对这三项工作全面、系统、综合的加以考虑，正确处理好进度、质量和投资的关系，提高工程建设的综合效益。特别是对一些投资较大的工程，如何确保进度目标的实现，往往对经济效益产生很大影响。在这三大管理目标中，我们不能只片面强调某一方面的管理，而是要相互兼顾、相辅相成，这样才能这正实现项目管理的总目标。

工程项目进度管理包括工程项目进度计划的制订和工程项目进度计划的控制两大部分内容。

2.工程项目进度计划

在项目实施之前，必须先对工程项目各建设阶段的工作内容、工作程序、持续时间和衔接关系等制订出一个切实可行的、科学的进度计划，然后再按计划逐步实施。

工程项目进度计划的作用如下：

(1)为项目实施过程中的进度控制提供依据。

(2)为项目实施过程中的劳动力和各种资源的配置提供依据。

(3)为项目实施过程中有关各方在时间上的协调配合提供依据。

(4)为在规定期限内保质、高效地完成项目提供保障。

3.工程项目进度控制

工程项目进度控制是指工程项目进度计划制订以后，在项目实施过程中，经常检查实际进度是否按进度计划要求进行，对出现的偏差分析原因，采取补救措施或调整、修改原进度计划，直至工程竣工、交付使用，以确保项目进度计划总目标得以实现的活动。

工程项目进度控制最终目的是确保项目进度计划目标的实现，其总目标是建设工期。

4.工程项目进度计划控制的指导思想

在进行项目进度计划控制时，人们必须明确一个指导思想，即计划不变是相对的，变是绝对的；平衡是相对的，不平衡是绝对的。因此，人们必须经常地、定期地针对变化的情况，采取对策，对原有的进度计划进行调整。

世间万物都是处于运动变化之中，人们制订项目进度计划时所依据的条件也在不断变化之中。工程项目的进度受许多因素的影响，人们必须事先对影响进度的各种因素进行调查，预测它们对进度可能产生的影响，编制可行的进度计划，指导建设工作按进度计划进行。然而在进度计划执行过程中，必然会出现一些新的或意想不到的情况，它既有人为因素的影响，也有自然因素的影响和突发事件的发生，往往造成难以按照原定的进度计划进行。因此，人们不能认为制订了一个科学合理的进度计划后就一劳永逸，放弃对进度计划实施的控制。当然，也不能因进度计划肯定要变，而对进度计划的制订不重视，忽视进度计划的合理性和科学性。正确的方法应当是，在确定进度计划制订的条件时，要具有一定的预见性和前瞻性，使制订出的进度计划尽量符合变化后的实施条件；在项目实施过程中，掌握动态控制原理不断进行验查，将实际情况与计划安排进行对比，找出偏离进度计划的原因，特别是找出主要原因，然后采取相应的措施。措施的确定有两个前提：一是通过采取措施，维持原进度计划，使之正常实施；二是采取措施后不能维持原进度计划，要对进度计划进行调整或修正，再按新的进度计划实施。不能完全拘泥于原进度计划的完全实施，也就是要有动态管理思想，否则就会适得其反，使实际进度计划总目标的根本目的难以达到。

这样不断地计划、执行、检查、分析、调整进度计划的动态循环过程，就是进度控制。

二、影响进度的因素分析

1.影响进度的因素

影响工程项目进度的因素很多，可以归纳为人为的因素，技术因素，材料、设备与构配件的因素，机具因素，资金因素，水文、地质与气象因素，其他环境、社会因素以及其他难以预料的因素等。其中，人的因素影响很多，从产生的根源看，有来源于建设单位和上级机构的；有来源于设计、施工及供货单位的；有来源于政府建设主管部门、有关协作单位和社会的。现列举常见的影响因素如下。

(1)业主使用要求改变或设计不当而进行设计变更。

(2)业主应提供的场地条件不能及时或不能正常满足工程需要，如施工临时占地申请手续未及时办妥等。

(3)勘察资料不准确，特别是地质资料错误或遗漏而引起的未能预料的技术障碍。

(4)在设计、施工中采用不成熟的工艺、技术方案失当。

(5)图样供应不及时、不配套或出现差错。

(6)外界配合条件有问题，交通运输受阻，水、电供应条件不具备等。

(7)计划不周，导致停工待料和相关作业脱节，工程无法正常进行。

(8)各单位、各专业、各工序间交接、配合上的矛盾，打扰计划安排。

(9)材料、构配件、机具、设备供应环节的差错，品种、规格、数量、时间不能满足工程的需要。

(10)受地下埋藏文物的保护、处理的影响。

(11)社会干扰，如外单位邻近施工干扰、节假日交通、市容整顿的限制等。

(12)安全、质量事故的调查、分析、处理以及争执的调节、仲裁等。

(13)向有关部门提出各种申请审批手续的延误。

(14)业主资金方面的问题，如未及时向施工单位或供应商拨款。

(15)突发事件影响，如恶劣天气、地震、临时停水、停电、交通中断、社会动乱等。

(16)业主越过监理职权无端干涉，造成指挥混乱。

2.产生干扰的原因

产生各种干扰的原因可分以下三大类：

(1)错误地估计了工程项目的特点及项目实现条件，包括过高地估计了有利因素和过低地估计了不利因素，甚至对工程项目风险缺乏认真分析。

(2)工程项目决策、筹备与实施中各有关方面工作上的失误。

(3)不可预见事件的发生。

3.影响因素按干扰的责任和处理分类

按照干扰的责任及其处理，又可将影响因素分为工程延误和工程延期两大类。

(1)工程延误。由于承包商自身的原因造成的工期延长，称为工程延误。

由于工程延误所造成的一切损失由承包商自己承担，包括承包商在监理工程师的同意下所采取加快工程进度的任何措施所增加的费用。同时，由于工程延误所造成的工期延长，承包商还要向业主支付误期损失补偿费。由于工程延误所延长的时间不属于合同工期的一部分。

(2)工程延期。由于承包商以外的原因造成施工期的延长，称为工程延期。

经过监理工程师批准的延期，所延长的时间属于合同工期的一部分，即工程竣工的时间等于标书中规定的时间加上监理工程师批准的工程延期时间。可能导致工程延期的原因有：工程量增加，未按时向承包商提供图样，恶劣的气候条件，业主的干扰和阻碍等。判断工程延期总的原则就是除承包商自身以外的任何原因造成的工程延长或中断。

在工程中出现的工程延长是否为工程延期，对承包商和业主都很重要。因此应按照有关的合同条件，正确地区分工程延误与工程延期，合理的确定工程延期的时间。

三、进度控制的主要方法

工程项目进度控制的方法主要有行政方法、经济方法和管理技术方法等。

1.进度控制的行政方法

控制进度的行政方法，是指上级单位及上级领导、本单位的领导，利用其行政地位和权力，通过发布进度指令，进行指导、协调、考核；利用激励手段（奖、罚、表扬、批评等），监督、督促等方式进行进度控制。

使用行政方法进行进度控制，其优点是直接、迅速、有效，但要提倡科学性，防止主观、武断、片面的瞎指挥。

行政方法控制进度的重点应当是进度控制目标的决策和指导，在实施中应由实施者自己进行控制，尽量减少行政干涉。

通过行政手段审批项目建议书和可行性研究报告，对重大项目或大中型项目的工期进行决策，批准年度基本建设计划、制定工期定额，招投标办公室批准标底文件中的开、竣工日期及总工期等，都是行之有效的控制进度的行政方法。

2.进度控制的经济方法

进度控制的经济方法，是指有关部门和单位用经济手段对进度控制进行影响和制约。主要有以下几种方法：建设银行通过投资投放速度控制工程项目的实施进度；在承包合同中写明有关工期和进度的条款；建设单位通过招标的进度优惠条件鼓励施工单位加快进度；建设单位通过工期提前奖励和工程延误罚款实施进度控制，通过物资的供应进行控制等。

3.进度控制的管理技术方法

进度控制的管理技术方法主要是监理工程师的规划、控制和协调。所谓规划，是确定项目的总进度目标和分进度目标；所谓控制，是在项目进展的全过程中，进行计划进度与实际进度的比较，发现偏离，及时采取措施进行纠正。所谓协调，是协调参加工程建设各单位之间的进度关系。

四、进度控制的措施

进度控制的措施包括组织措施、技术措施、合同措施、经济措施和信息管理措施等。

1.组织措施

工程项目进度控制的组织措施主要如下：

（1）落实进度控制部门人员，具体控制任务和管理职责分工。

（2）进行项目分解，如按项目结构分，按项目进展阶段分，按合同结构分，并建立编码体系。

（3）确定进度协调工作制度，包括协调会议举行的时间，协调会议的参加人员等。

（4）对影响进度目标实现的干扰和风险因素进行分析。风险分析要有依据，主要是根据多年统计资料的积累，对各种因素影响进度的概率及进度拖延的损失值进行计算和预测，并应考虑有关项目审批部门对进度的影响等。

2.技术措施

工程项目进度控制的技术措施是指采用先进的施工工艺、方法等以加快施工进度。

3.合同措施

工程项目进度控制的合同措施主要有分段发包，提前施工，以及合同的合同期与进度计划的协调等。

4.经济措施

工程项目进度控制的经济措施是采用它以保证资金供应的措施。

5.信息管理措施

工程项目进度控制的信息管理措施主要是通过计划进度与实际进度的动态比较,收集有关进度的信息等。

五、项目实施阶段进度控制的主要任务

项目实施阶段进度控制的主要任务有设计前的准备进度控制、设计阶段的进度控制以及施工阶段进度控制等。

1.设计前的准备阶段进度控制

设计前的准备阶段进度控制的任务主要如下:

(1)向建设单位提供有关工期的信息,协助建设单位确定供其总目标。

(2)编制项目总进度计划。

(3)编制准备阶段详细工作计划。

(4)施工现场条件调研和分析等。

2.设计阶段进度控制

设计阶段进度控制的任务主要如下:

(1)编制设计阶段工作进度计划。

(2)编制详细的出图计划等。

3.施工阶段进度控制

施工阶段进度控制的任务主要如下:

(1)编制施工总进度计划。

(2)编制施工年、季、月实施计划等。

六、建设项目进度控制实施系统

建设项目进度控制的实施系统如图 7-1 所示。

图 7-1 所示的系统关系是建设单位委托监理单位进行进度控制。监理单位根据建设监理合同分别对建设单位,设计单位,施工单位的进度控制实施监督。各单位都按本单位编制的各种进度计划实施,并接受监理单位监督。各单位的进度控制实施又相互衔接和联系,进行合理而协调的运行,从而保证进度控制总目标的实现。

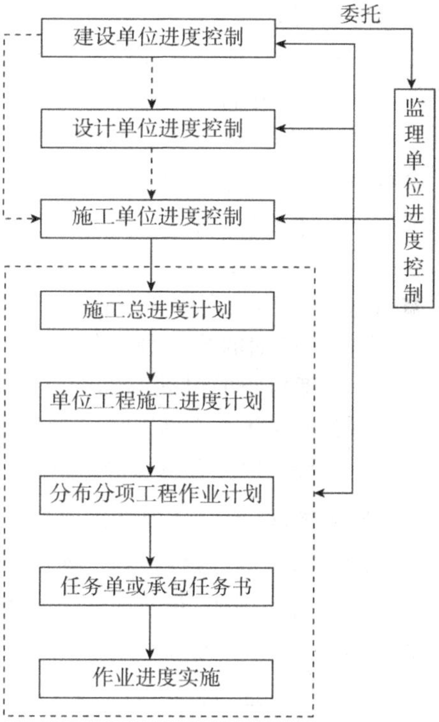

图 7-1 建设项目进度控制实施系统

第二节　进度监测与调整的系统过程

一、进度监测的系统过程

在建设项目实施过程中，管理人员要经常地监测进度计划的执行情况。进度检测系统过程包括以下工作。

1.进度计划执行中的跟踪检查

跟踪检查的主要工作是定期收集反映实际工程进度的有关数据。收集的方式一是以报表的形式；二是进行现场实地检查。收集的数据质量要高，不完整或不正确的进度数据将导致不全面或不正确的决策。

为了全面准确的了解进度计划的执行情况，管理人员还需认真做好以下三个方面的工作。

(1)经常定期的收集进度报表资料。进度报表是反映实际进度的主要方式之一，按进度检查规定的时间和报表内容，执行单位经常的填写进度报表。管理人员根据进度报表数据了解工程实际进度。

(2)现场检查进度计划的实际执行情况。加强进度检测工作，掌握实际进度的第一手资料，使其数据更准确。

(3)定期召开现场会议。定期召开现场会议，管理人员与执行单位有关人员面对面了解实际进度情况，同时也可以协调有关方面的进度。

究竟多长时间进行一次进度检查，这是管理人员应当确定的问题。通常，进度控制的效果与收集信息资料的时间间隔有关，不经常定期的收集进度信息资料，就难以达到进度控制的效果。进度检查的时间间隔与工程项目的类型、规模、各相关单位有关条件等多方面因素相关。可视具体情况每月、每半月或每周进行一次。在特殊情况下，甚至可能每日进行一次。

2.整理、统计和分析收集的数据

收集的数据要进行整理、统计和分析，形成与计划具有可比性的数据。例如，根据本期检查实际完成量确定累计完成量、本期完成的百分比和累计完成的百分比等数据资料。

3.实际进度与计划进度对比

实际进度与计划进度对比是将实际进度的数据与计划进度的数据进行比较。通常，可以利用表格和图形进行比较，从而得出实际进度比计划进度拖后、超前还是一致。

项目进度监测系统过程，如图 7-2 所示。

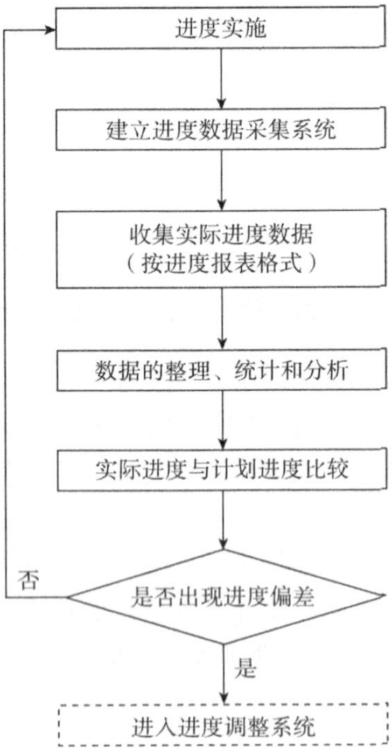

图 7-2　项目进度监测系统过程

二、进度调整的系统过程

在项目进度监测过程中一旦发现实际进度与计划进度不符，即出现进度偏差时，进度控制人员必须认真分析产生偏差的原因及对后续工作和总工期的影响，并采取合理的调整措施，确保进度总目标的实现。

项目进度调整的系统过程，如图 7-3 所示。

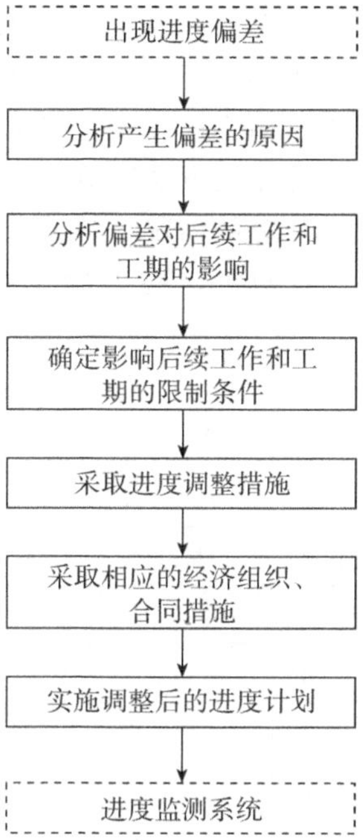

图 7-3　项目进度调整的系统过程

1.分析产生进度偏差的原因

经过进度监测的系统过程，了解到实际进度产生了偏差。为了调整进度，管理人员应深入现场进行调查，分析产生偏差的原因。

2.分析偏差对后续工作和总工期的影响

在查明生产偏差原因之后，做必要的调整之前，要分析偏差对后续工作和总工期的影响，确定是否应当调整。

3.确定影响后续工作和总工期的限制条件

在分析了对后续工作和总工期的影响后，需要采取一定的调整措施时，应当首先确定进度可调整的范围，主要指关键工作、关键线路、后续工作的限制条件以及总工期允许变化的范围。它往往与签订的合同有关，要认真分析，尽量防止后续分包单位提出索赔。

4.采取进度调整措施

采取进度调整措施，应以后续工作和总工期的限制条件为依据，对原进度计划进行调整，以保证要求的进度目标实现。

5.实施调整后的进度计划

在工程继续实施中，将执行调整后的进度计划。管理人员要及时协调有关单位的关系，并采取相应的经济、组织与合同措施。

第三节　工程项目进度计划实施的分析对比

在通过检查收集到项目实际进度的有关数据资料后，应立即进行整理、统计和分析。得出实际完成工作量的百分比、累计完成工作量的百分比、当前项目实际进展状况等，并与计划进度的相关数据进行对比。这种对比可用表格形式进行，也可用图形表示。由于利用图形进行进度对比非常直观、简便，所以采用较多。通常采用的图形比较法有横道图比较法、S 形曲线比较法、“香蕉”形曲线比较法、横道图与“香蕉”形曲线综合比较法、垂直图比较法、前锋线法等。

一、横道图比较法

在用横道图表示的项目进度计划表中,用不同颜色或不同线条将实际进度横道线直接画在计划进度的横道线之下,就可十分直观、明确地反映实际进度与计划进度的关系。如图 7-4 所示为某工程的进度计划及其实际实施情况。图 7-4 中黑实矩形图为计划进度,空心矩形图为实际进度。从图中可知,在第 8 周末进行检查时,第 1、第 2 两项工作已按实际完成;第 3 项工作只完成了 2/3,与计划相比,实际进度比计划进度已拖后 2 周;第 4 项工作只完成了 1/7,与计划应完成 2/7 相比,实际进度比计划进度拖后了 1 周。因此,第 3、第 4 项工作必须采取相应措施,将工期追回。

这种比较方法直观、清晰,但只适用于各项工作都是匀速进行,即每单位时间内完成的工作量相等的情况。当工作安排为非匀速进行时,就要对横道图的表示方法稍做修改,使横道的长度只表示投入的工作时间,而所完成的工作量累计百分比在横道上下两侧用数字表示。

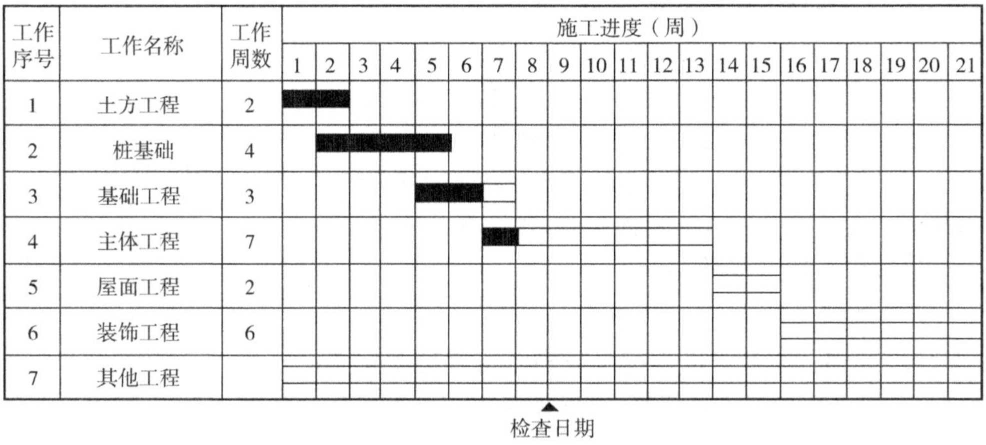

图 7-4　某工程实际进度与计划进度的比较

二、S 形曲线比较法

对于大多数工程项目来讲,在其开始实施阶段和将要完成的阶段,由于准备工作及其他配合事项等因素的影响,其进展程度一般都比较缓慢,而在项目实施的中间阶段,一切趋于正常,进展程度也要稍快一些,其单位时间内完成的工作量曲线如图 7-5(a)所示,此时其累计完成工作量曲线就为一个中间陡,而两头平缓的形如"S"的曲线,如图 7-5(b)所示。

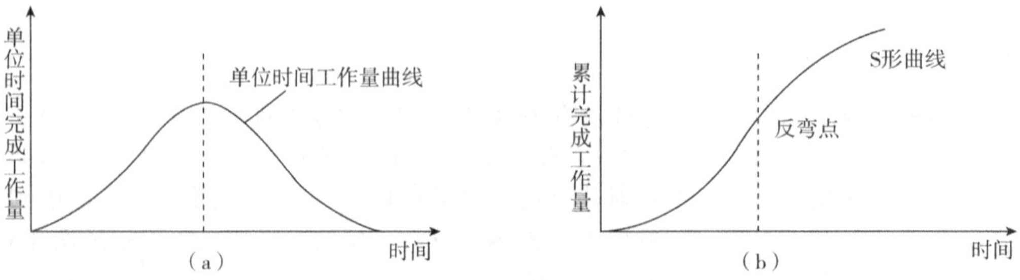

图 7-5　时间与完成工作量关系曲线

当人们把计划进度和实际进度，用累计完成百分比曲线来表示时，即可得到图 7-6 所示 S 形曲线比较图。

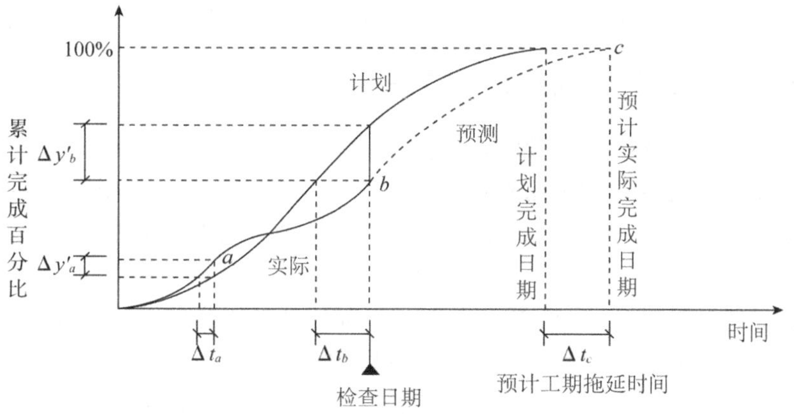

图 7-6 S 形曲线比较图

通过分析可以看出：

1.工作实际进度与计划进度的关系

如按工作实际进度描出的点在计划 S 形曲线左侧（如 a 点），则表示此时刻实际进度已比计划进度超前；反之，则表示实际进度比计划进度拖后（如 b 点）。

2.实际进度超前或拖后的时间

从图中我们可以得知实际进度比计划进度超前或拖后的具体时间（如图中的 Δt_a 及 Δt_b）。

3.工作量完成情况

由实际完成的 S 形曲线上的一点与计划 S 形曲线相对应点的纵坐标可得，此时已超额或拖欠的工作量的百分比差值（如图中的 $\Delta y_a'$ 及 $\Delta y_b'$）。

4.后期工作进度预测

在实际进度偏离计划进度的情况下，如工作不调整，仍按原计划安排的速度进行（如图中虚线所示），则总工期必将超前或拖延，从图中也可得知此时工期的预测变化值（如图中的 Δt_c）。

三、“香蕉”曲线比较法

在绘制某个工程项目计划进度的累计完成工作量曲线时，当按各工作的最早开始时间得到一条 S 形曲线（简称 ES 曲线）后，在同一坐标上再按各工作的最迟开始时间绘制另一条 S 形曲线（简称 LS 曲线）。此时可发现，两条曲线除开始点和结束点重合外，其他各点，ES 曲线皆在 LS 曲线的左侧，形如一支“香蕉”，如图 7-7 所示，故称其为“香蕉”曲线。理想的工程项目实施过程，其实际进度曲线应处于香蕉状图形以内（如图 7-7 中的 R 曲线）。

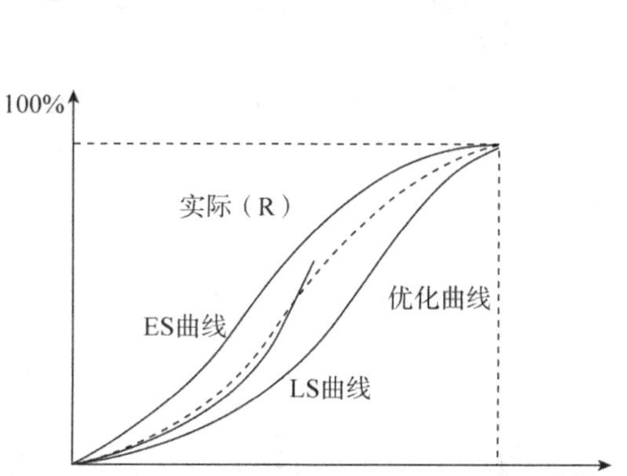

图 7-7 “香蕉”曲线比较图

利用“香蕉”曲线进行比较，所获得信息和S形曲线基本一致，但由于它存在按最早开始时间的计划曲线和最迟开始时间的计划曲线构成的合理进度区域，从而使得判断实际进度是否偏离计划进度及对总工期是否会产生影响更为明确、直观。

四、横道图与“香蕉”曲线综合比较法

横道图与“香蕉”曲线综合比较法，是将横道图与“香蕉”曲线重叠绘制于同一图中，通过此图对实际进度进行比较。这种比较法最大的优点是既能反映工程项目中各项具体工作实际进度与计划进度的关系，又能反映工程项目本身总的进度与计划进度的关系。通过分析可以得到如下信息：

(1)通过横道图可以得知各项工作按最早开始时间和最迟开始时间的计划进度安排。

(2)通过“香蕉”曲线可以得知工程项目总体进度计划。

(3)通过横道图中实际进度线可以得知各项工作与计划进度的差距。

(4)通过工程项目实际进程的S形曲线位置，可以得知工程项目总体进度与计划进度的差距。

五、实际进度前锋线法

在用网络计划表示工程项目进度计划时，通常采用实际进度前锋线法来进行实际进度与计划进度的对比。(具体内容详见本章第五节)

第四节　工程项目施工阶段的进度控制

施工阶段是工程实体的形成阶段，对其进度进行控制是整个工程项目建设进度控制的重点。做好施工进度计划与项目建设总进度计划的衔接，并跟踪检查施工进度计划的执行情况，在必要时对施工进度计划进行调整，对于工程建设进度控制总目标的实现具有十分重要的意义。

工程管理人员进度控制的总任务是在满足工程项目建设总进度计划要求的基础上，编制或审核施工进度的计划，并对其执行情况加以动态控制，以确保工程项目按期竣工交付使用。

一、施工进度控制目标及其分解

保证工程项目按期建成交付使用，是工程建设施工阶段进度控制的最终目标。为了有效地控制施工进度，首先要对施工进度总目标从不同角度进行层层分解，形成施工进度控制目标体系，从而作为实施进度控制的依据。

工程建设施工进度控制目标体系，如图7-8所示。

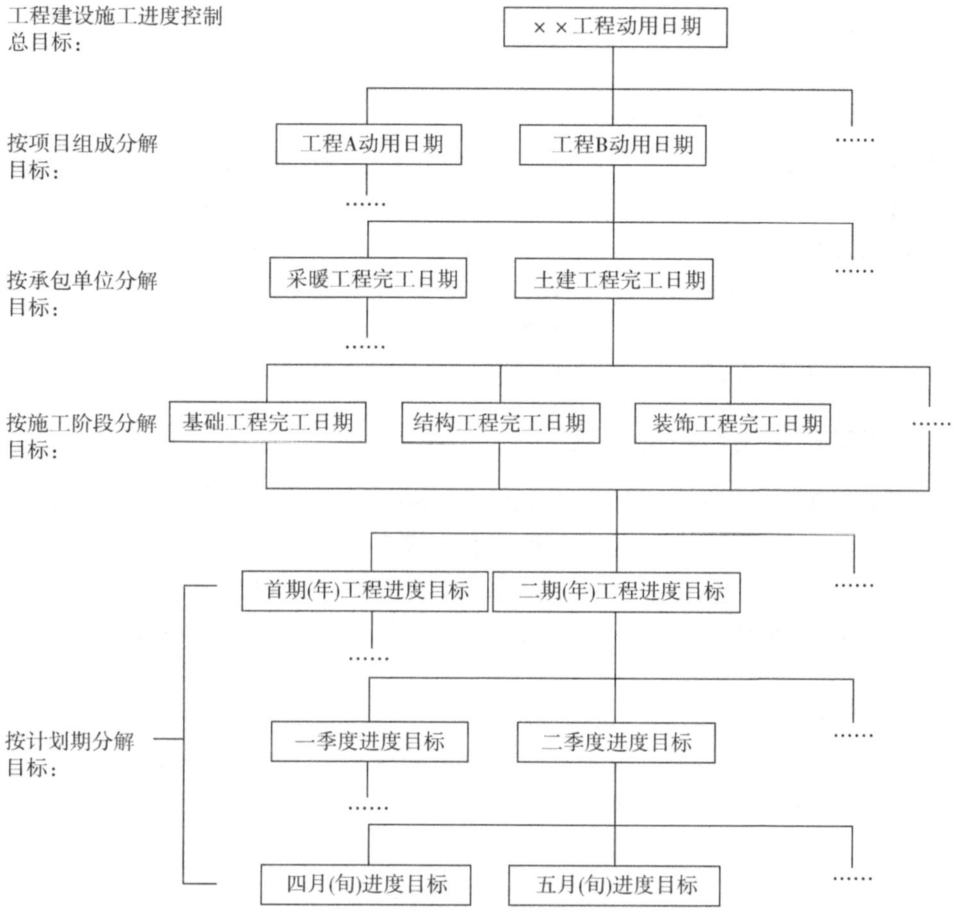

图 7-8　工程建设施工进度目标分解图

从图 7-8 中可以看出，工程建设不但要有项目建成交付使用的确切日期这个总目标，还要有各单项工程交工动用的分目标以及按承包单位、施工阶段和不同计划期划分的分目标。各目标之间相互联系，共同构成工程建设施工进度控制目标体系。其中，下级目标受上级目标的制约，下级目标保证上级目标的实现，最终保证施工进度总目标的实现。

1.按项目组成分解，确定各项工程开工及动用日期

各单项工程的进度目标在工程项目建设进度计划及工程建设年度计划中都有体现。在施工阶段应进一步明确各单项工程的开工和交工动用日期，以确保施工总进度目标的实现。

2.按承包单位分解，明确分工条件和承包责任

在一个单项工程中有多个承包单位参加施工时，应按承包单位将单项工程的进度目标分解，确定出各分包单位的进度目标，列入分包合同，以便落实分包责任，并根据各个专业工程交叉施工方案和前后衔接条件，明确不同承包单位工作面交接的条件和时间。

3.按施工阶段分解，划分进度控制分界点

根据工程项目的特点，应将其施工分成几个阶段，如土建工程可分为基础，结构和内外装修等阶段。每一阶段的起止时间都要有明确的标志。特别是不同单位承包的不同施工段

之间，更要明确划定时间分界点，以此作为形象进度的控制标志，从而使单项工程进度目标具体化。

4.按计划期分解，组织综合施工

将工程项目的施工进度控制目标按年度、季度、月(或旬)进行分解，并用实物工程量、货币工作量及形象进度表示，将更有利于工程管理人员对各承包单位的进度要求。同时，还可以据此监督其实施，检查其完成情况。计划期缩短，进度目标越细，进度跟踪就越及时，发生进度偏差时就更能有效地采取措施予以纠正。这样，就形成一个有计划有步骤协调施工，长期目标对短期目标自上而下逐级控制，短期目标对长期目标自上而下逐级保证，逐步趋近进度总目标的局面，最终达到工程项目按期竣工交付使用的目的。

二、施工进度控制目标的确定

为了提高进度计划的预见性和进度控制的主动性，在确定施工进度控制目标时，必须全面细致地分析与工程项目进度有关的各种有利因素和不利因素。只有这样，才能定出一个科学、合理的进度控制目标。确定施工进度控制目标的只要依据有：工程建设总进度目标对施工工期的要求；工期定额、类似工程项目的实际进度；工程难易程度和工程条件的落实情况等。

在确定施工进度分解目标时，还应考虑：

(1)对于大型工程建设项目，应根据尽早分期分批交付使用的原则，集中力量分期分批建设，以便尽早投入使用，尽快发挥投资效益。这时，为保证每一交付使用部分能形成完整的生产能力，就要考虑这些部分交付使用时所必需的全部配套项目。因此，要处理好前期动用和后期建设的关系，每期工程中主体工程与辅助及附属工程之间的关系等。

(2)合理安排土建与设备的综合施工。要按照它们各自的特点，合理安排土建施工与设备基础、设备安装的先后顺序及搭接、交叉或平行作业，明确设备工程对土建工程的要求和土建工程为设备工程提供施工条件的内容及时间。

(3)结合本工程的特点，参考同类工程建设的经验来确定施工进度目标。避免只按主观愿望盲目确定进度目标，而在实施过程中造成进度失控。

(4)做好资金供应能力、施工力量配备、物资(材料、构配件、设备)供应能力与施工进度需要的平衡工作，确保工程进度目标的要求。

(5)考虑外部协作条件的配合情况。包括施工过程中及项目竣工交付使用所需的水、电、气、通信、道路及其他社会服务项目的满足程序和满足时间。必须与有关项目的进度目标相协调。

(6)考虑工程项目所在的区地形、地质、水文、气象等方面的限制条件。

总之，要想对工程项目的施工进度实施控制，就必须有明确合理的进度目标。

三、工程项目施工进度控制工作流程

工程项目施工进度控制工作流程，如图 7-9 所示。

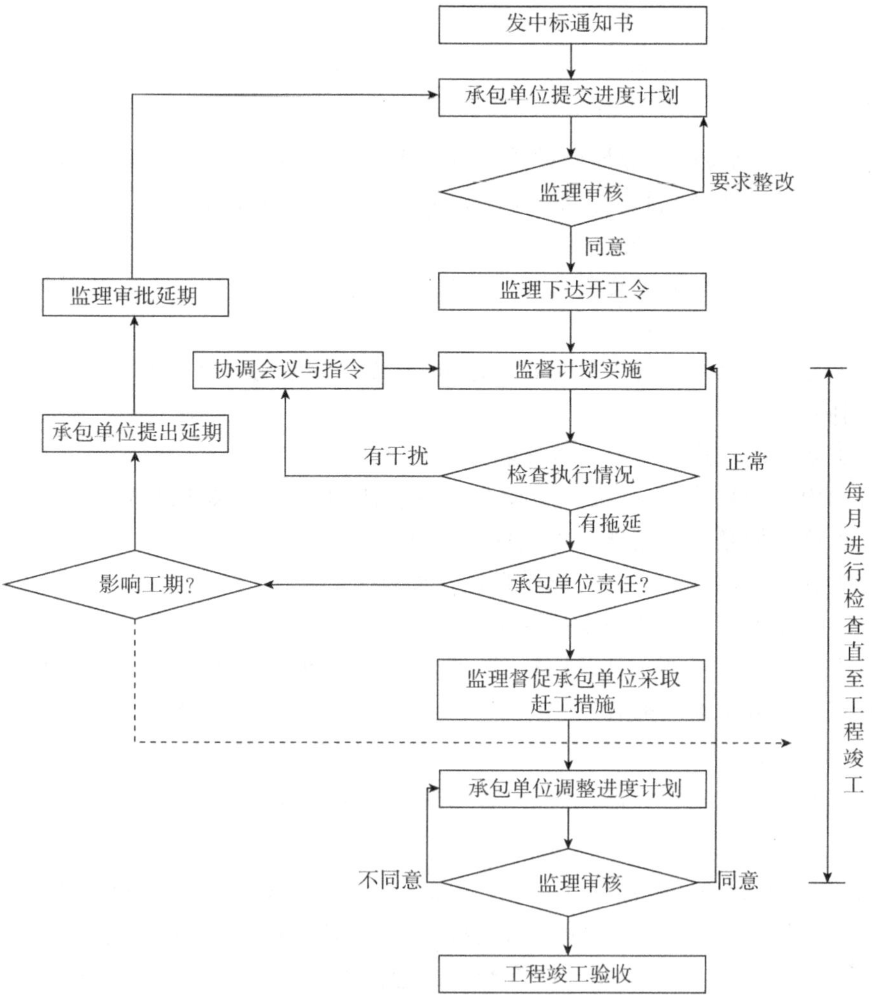

图 7-9 工程项目施工进度控制工作流程图

四、工程项目施工进度控制工作内容

工程项目的施工进度从审核承包单位提交的施工进度计划开始，直至工程项目保修期满为止，其工作内容主要有：

1.编制施工阶段进度控制工作细则

施工进度控制工作细则主要内容包括：

(1)施工进度控制目标分解图。

(2)施工进度控制的主要工作内容和深度。

(3)进度控制人员的具体分工。

(4)进度控制有关各项工作的时间安排与工作流程。

(5)进度控制的方法(包括进度检查日期、数据收集方式、进度报表格式、统计分析方法等)。

(6)进度控制具体措施(包括组织措施、技术措施、经济措施以及合同措施等)。

(7)施工进度控制目标实现的风险分析。

(8)尚待解决的有关问题。

2.编制或审核施工进度计划

施工总进度计划应确定分期分批的项目组成;各批工程项目的开工、竣工顺序以及时间安排;全场性准备工程,特别是首批准备工程的内容与进度安排等。

施工进度计划审核的内容主要有:

(1)进度安排是否符合工程项目建设总进度计划中总目标和分目标的要求,是否符合施工合同中开、竣工日期的规定。

(2)施工总进度计划中的项目是否有遗漏,分期工程是否满足分批交付使用的需要和配套交付使用的要求。

(3)施工顺序的安排是否符合施工程序的要求。

(4)劳动力、材料、构配件、机具和设备的供应计划是否能保证进度计划的实现,供应是否均衡,需求高峰期是否有足够能力实现计划供应。

(5)业主的资金供应能力是否能满足进度需要。

(6)施工进度的安排是否与设计单位的图样供应进度相一致。

(7)业主应提供的场地条件及原料、设备,特别是国外设备的到货与进度计划是否衔接。

(8)分包单位分别编制的各项单位工程施工进度计划之间是否相协调,专业分工与计划衔接是否明确合理。

(9)进度安排是否合理,是否有造成违约而导致索赔的可能存在。

3.按年、季、月编制工程综合计划

在按计划期编制的进度计划中,工程管理人员应着重解决各承包单位施工进度计划之间,施工进度计划与资源(包括资金、设备、机具、材料及劳动力)保障计划之间及外部协作条件的延伸性计划之间的综合平衡与相互衔接问题。并根据上期计划的完成情况对本计划做必要的调整,从而作为承包单位近期执行的指令性计划。

4.下达工程开工令

监理工程师应根据承包单位和业主双方关于工程开工的准备情况,选择合适的时机发布工程开工令。工程开工令的发布要尽可能及时,从发布工程开工令之日起加上合同工期后即为工程竣工日期。如果开工令拖延就等于推延了竣工时间,甚至可能引起承包单位的索赔。

为了检查双方的准备情况,在一般情况下应由监理工程师组织召开由业主和承包单位参加的第一次工地会议。业主应按照合同规定,做好征地拆迁工作,及时提供施工用地。同时还应当完成法律及财务手续,以便能及时向承包单位支付工程预付款。承包单位应当将开工所需要的人力、材料及设备准备好,同时还要按合同规定为监理工程师提供各种条件。

5.协助成包单位实施进度计划

工程管理人员要随时了解施工进度计划执行过程中所存在的问题,并帮助承包单位予以解决,特别是承包单位无力解决的内外关系协调问题。

6.监督施工进度计划的实施

这是工程项目施工阶段进度控制的经常性工作。工程管理人员不仅要及时检查承包单位报送的施工进度报表和分析资料，同时还要进行必要的现场实地检查，核实所报送的已完成项目时间及工程量，杜绝虚报现象。

在对工程实际进度资料进行整理的基础上，工程管理人员应将其与计划进度相比较，以判定实际进度是否出线偏差。如果出现进度偏差，工程管理人员应进一步分析此偏差对进度控制目标的影响程度及其产生的原因，以便研究对策，提出纠偏措施。必要时，还应对后期工程进度计划做适当的调整。

7.驻地现场协调会

工程管理人员应每月、每周定期召开现场协调会议，以解决工程施工过程中的相互协调配合问题。在每月召开的高层协调会上通报工程项目建设中的变更事项，协调其后果处理，解决各个承包单位之间以及业主与承包单位之间的重大协调配合问题。在每周召开的管理层协调会上，通报各自进度状况，存在的问题及下周的安排，解决施工中的相协调配合问题。通常包括：各承包单位之间的进度协调问题；工作面交接和阶段成品保护责任问题；场地与公用设施利用中的矛盾问题；某一方面断水、断电、断路、开挖要求对其他方面的协调问题以及资源保障、外协条件配合问题等。

在平行、交叉施工单位多，工序交接频繁且工期紧迫的情况下，现场协调会甚至需要每日召开。在会上通报和检查当天的工程进度，确定薄弱环节，部署当天的赶工任务，以便为次日正常施工创造条件。

对于某些未曾预料的突发变故或问题，工程管理人员还可以通过发布紧急协调指令，督促有关单位采取应急措施维护工程施工的正常秩序。

8.签发工程进度款支付凭证

工程管理人员应对承包单位申报的已完分项工程量进行核实，在质量监理人员通过检查验收后签发工程进度款支付凭证。

9.审批工程延期

(1)工程延误。当出现工程延误，工程管理人员有权要求承包单位采取有效措施加快施工进度。如果经过一段时间后，实际进度没有明显改进，仍然拖后于计划进度，而且显然将影响工程按期竣工时，工程管理人员应要求承包单位修改进度计划，并提交工程管理人员重新确认。

工程管理人员对修改后的施工进度计划的确认，并不是对工程延期的批准，它只是要求承包单位在合理的状态下施工。因此，工程管理人员对进度计划的确认，并不能解除承包单位应负的一切责任，承包单位需要承担赶工的全部额外开支和误期损失赔偿。

(2)工程延期。如果由于承包单位以外的原因造成工期拖延，承包单位有权提出延长工期的申请。工程管理人员应根据合同规定，审批工程延期时间。经工程管理人员核实批准的工程延期时间，应纳入合同工期，作为合同工期的一部分。即新的合同工期应等于原定的合同工期加上工程管理人员批准的工程延期时间。

工程管理人员对于施工进度的拖延是否为工期延期，对承包单位和业主都十分重要。承包单位得到工程管理人员批准的工期延期，不仅可以不赔偿由于工期延长而支付的误期损失费，而且还要由业主承担由于工期延误所增加的费用。

10.向业主提供进度报告

工程管理人员应随时整理进度资料，并做好工程记录，定期向业主提交工程进度报告。

11.督促承包单位整理技术资料

工程管理人员要根据工程进展情况，督促承包单位及时整理有关技术资料。

12.审批竣工申请报告，协助组织竣工验收

当工程竣工后，工程管理人员应审批承包单位在自行预验基础上提交的初验申请报告，组织业主和设计单位进行初验。在初验通过后填写初验报告及竣工申请书，并协助业主组织工程项目的竣工验收，编写竣工验收报告书。

13.处理证议和索赔

在工程结算过程中，工程管理人员要处理有关争议和索赔问题。

14.整理工程进度资料

在工程完工以后，工程管理人员应将工程进度资料收集起来，进行归类、编目和建档，以便今后其他类似工程项目的进度控制提供参考。

15.工程移交

工程管理人员应督促承包单位办理工程移交手续，颁发工程移交证书。在工程移交后的保修期内，还要处理验收后质量问题的原因即责任等争议问题，并督促责任单位及时修理。当保修期结束且在无争议时，工程项目进度控制的任务即告完成。

五、施工进度计划的编制

施工进度计划是表达各项工程与工程项目内部各施工过程的施工顺序、开始和结束时间以及相互衔接关系的计划。它既是承包单位进行现场施工管理的核心指导文件，也是监理工程师实施进度控制的依据。施工进度计划通常是按工程对象编制的。

(一)施工总进度计划的编制

施工总进度计划一般是指以一个工程项目为对象编制的施工进度计划。它是用来确定工程项目中所包含的各单项工程或单位工程的施工顺序、施工时间以及相互间衔接关系的计划。编制施工总进度计划的依据有施工总方案、资源供应条件、各类定额资料、合同文件、工程建设总进度计划、工程交付使用时间目标、建设地区自然条件以及有关技术经济资料等。

1.计算工程量

根据批准的工程项目一览表，按单位工程分别计算其主要实物工程量，不仅是为了编制施工总进度计划，而且还为了编制施工方案和选择施工、运输机械，初步规划主要施工过程的流水施工，以及计算人工及技术物资的需要量。因此，工程量只须粗略的计算即可。

工程量的计算可按初步设计(或扩大初步设计)图样和有关定额或资料进行。

2.确定各单位工程的施工期限

各单位工程的施工期限应根据合同工期确定，同时还要考虑建筑类型、结构特征、施工方法、施工管理水平、施工机械化程度及施工现场条件等因素。如果在编制施工总进度计划时没有合同工期，则应保证计划工期不超过工期定额。

3.确定各单位工程的开竣工时间和相互搭接关系

确定各单位工程的开竣工时间和相互搭接关系主要应考虑以下几点：

(1)同一时期施工的项目不宜过多,以避免人力、物力过于分散。

(2)尽量做到均衡施工,使劳动力、施工机械和主要材料的供应在整个工期范围内达到均衡。

(3)尽量提前建设可供工程施工使用的永久性工程,以节省临时工程费用。

(4)急需和关键的工程先施工,以保证工程项目如期交工。对于某些技术复杂、施工周期较长、施工困难较多的工程,亦应安排提前施工,以利于整个工程项目按期交付使用。

(5)施工顺序必须与主要生产系统投入生产的先后次序相吻合。同时,还要安排好配套工程的施工时间,以保证建成的工程能迅速投入生产或交付使用。

(6)应注意季节对施工顺序的影响,使施工季节不导致工期拖延,不影响工程质量。

(7)安排一部分附属工程或零星项目作为后备项目,用以调整主要项目的施工进度。

(8)注意主要工种和主要施工机械能连续施工。

4.编制初步施工总进度计划

施工总进度计划应安排全场性的流水作业。全场性的流水安排应以工程量大、工期长的单项工程或单位工程为主导,组织若干条流水线,并以此带动其他工程。

5.编制正式施工总进度计划

初步施工总进度计划编制完成后,要对其进行检查。主要是检查总工期是否符合要求,资源是否均衡且其供应是否能得到保证。如果出现问题,则应进行调整。调整的主要办法是改变某些工程的起止时间或调整主导工程的工期。

正式的施工总进度计划确定后,应据以编制劳动力、物资、大型施工机械等资源的需用量计划,以便组织供应,保证施工总进度计划的实现。

(二)单位工程施工进度计划的编制

单位工程施工进度计划,是在既定施工方案的基础上,根据规定的工期和各种资源供应条件,对单位工程中的各分部分项工程的施工顺序、施工起止时间以及衔接关系进行的计划安排。其编制的主要依据有施工总进度计划、单位工程施工方案、合同工期或定额工期、施工定额、施工图和施工预算、施工现场条件、资源供应条件、气象资料等。

1.编制程序

单位工程施工进度计划的编制程序,如图 7-10 所示。

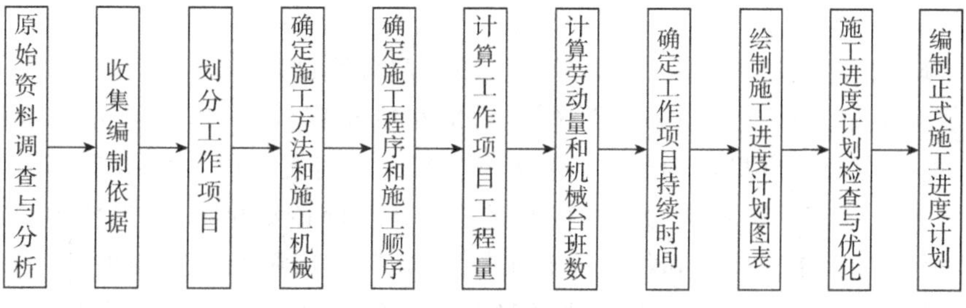

图 7-10　单位工程施工进度计划的编制程序

2.编制方法

单位工程施工进度计划的编制方法如下：

(1)划分工作项目。工作项目是包括一定工作内容的施工过程，它是施工进度计划的基本组成单元。工作项目内容的多少、划分的粗细程度，应该根据计划的需要来决定。对于大型工程项目，经常需要编制控制性施工进度计划，此时工作项目可划分的简单一些，一般只明确到分部工程。如在装配式单层厂房控制性施工进度计划中，只列土方工程、基础工程、预制工程、安装工程等各分部工程项目。如果编制实施性施工进度计划，工作项目就应划分得细一些。在一般情况下，单位工程施工进度计划中的工作项目应明确到分项工程或更具体，以满足指导施工作业，控制施工进度的要求。

(2)确定施工程序和顺序。确定施工顺序是为了按照施工的技术规律和合理的组织关系解决各工作项目之间在时间上的先后和搭接问题，以达到保证质量、安全施工、充分利用空间、争取时间、实现合理安排工期的目的。

一般来说，施工顺序受施工工艺和施工组织两个方面的制约。但施工方案确定之后，工作项目之间的工艺关系也就随之确定。如果违背这种关系则将不可能施工，或者导致工程质量事故和安全事故的出现，或者造成返工浪费。

工作项目之间的组织关系是由于劳动力、施工机械、材料和构配件等资源的组织和安排需要而形成的。它不是由工程本身决定的，而是一种人为的关系。组织方式不同，组织关系也就不同。不同的组织关系会产生不同的经济效果。应通过调整组织关系并将工艺关系和组织关系有机地结合起来，形成工作项目之间的合理顺序关系。

不同的工程项目，其施工顺序不同。即使是同一类工程项目，其施工顺序也难以做到完全相同。因此，在确定施工顺序时，必须根据工程的特点、技术组织上的要求以及施工方案等进行研究，不能拘泥于某种固定的顺序。

(3)计算工程量。工程量的计算应根据施工图和工程量计划规则，针对所划分的每一个工作项目进行。当编制施工进度计划时已有预算文件且工作项目的划分与施工进度计划一致时，可以直接套用施工预算的工程量，不必重新计算。若某些项目有出入，但出入不大时，应结合工程的实际情况进行某些必要调整。计算工程量时应注意以下问题：

①工程量的计量单位应与现行定额手册中所规定的计量单位相一致，以便计算劳动力、材料和机械数量时直接套用定额，而不必进行换算。

②要结合具体的施工方法和安全技术要求计算工程量。例如，计算土方工程量时应根据所采用的施工方法(单独基坑开挖、基槽开挖还是大开挖)和边坡稳定要求(放边坡还是加支撑)进行计算。

③结合施工组织的要求，按以划分的施工段分层分段进行计算。

(4)计算劳动量和机械台班数。计算劳动量和机械班台数时，应首先确定所采用的定额。定额有时间定额和产量定额两种，可以任选其一。其值可以直接由现行施工定额手册中查出，也可考虑施工承包单位的实际生产水平对其进行必要的调整，以使单位施工进度计划更切合实际。对有些新技术和特殊的施工方法，定额手册中尚未列出的，可参考类似工程项目的定额或通过实测确定。某工作项目时有如干各分项工程合并而成时，则应分别根据各分项工程的时间定额(或产量定额)及工程量，计算出合并后的综合时间定额(或综合产量定额)。根据工作项目的工程量和所采用的定额,计算出各工作项目所需的劳动量和机械台班数。零星项目所需要的劳动量可结合实际情况,根据承包单位的经验进行估算。由于水、暖、电、卫等工程通常由专业施工单位施工,因此,在编制施工进度计划时,不计算其劳动量和机械台班数,仅安排其与土建施工相配合的进度。

(5)确定工作项目的持续时间。根据工作项目所需要的劳动量或机械台班数,以及该工作项目每天安排的工人数或配备的机械台数,即可计算出各工程项目的持续时间。在安排每班工人数和机械台数时,应综合考虑以下问题:

①要保证各个工作项目上工人班组中的每一个工人拥有足够的工作面(不能小于最小工作面),以发挥工作效率,并保证施工安全。

②要使各个工作项目上的工人数量不低于正常施工时所必需的最低限度(不能小于最小劳动组合),以达到最高的劳动生产率。

由此可见,最小工作面限定了每班安排人数的上限,而最小劳动组合限定了每班安排人数的下限。对于机械台数的确定也是如此。

每天的工作班数应根据工作项目施工的技术要求和组织要求来确定。例如,浇筑大体积混凝土,要求不留施工缝连续浇筑时,就必须根据混凝土工程量决定采用两班或三班。

以上是根据安排的工人数和配备的机械台数来确定工程项目的持续时间。但有时根据组织要求(如组织流水施工),需要采用倒排的方式来安排进度。即先确定各工作项目的持续时间,然后以此来确定所需要的工人数和机械台数。如果求得的工人数或机械台数已超过承包单位现有的人力、物力,除了寻求其他途径增加人力、物力外,承包单位应从技术上和施工组织上采取积极措施加以解决。

(6)绘制施工进度计划。绘制施工进度计划,首先应选择施工进度计划的表达方式。目前,表达工程进度计划的常用方法有横道图和网络图两种形式。

(7)施工进度计划的检查与调整。当施工进度计划初始方案编制好以后,需要对其进行检查与调整,以便使进度计划更合理。进度计划的内容主要有:

①各工作项目的施工循序、平行搭接和技术间歇时间是否合理。

②总工期是否满足规定合同规定。

③主要工种的工人是否能满足连续、均匀施工的要求。

④主要机具、材料等的利用是否均衡和充分。

在上述四个方面中,首要的是前两个方面的检查,如果不满足要求,必须进行调整。只有在前两个方面均达到要求的前提下,方能进行后两个方面的检查与调整。前者是解决可行与否的问题,而后着则是优化的问题。

六、施工进度计划实施中的检查与调整

施工进度计划由承包单位编制完成后,应提交给监理工程师审查,待监理工程师审查确定后即可付诸实施。

(一)影响工程项目施工进度的因素

为了对工程项目的施工进度进行有效的控制,工程管理人员必须在施工进度计划实施之前对影响工程项目施工进度的因素进行分析,进而提出保证施工进度计划实施成功的措

施，以实现对工程项目施工进度的主动控制。影响工程项目施工进度的因素有很多，归纳起来，主要有以下几个方面。

1.工程建设相关单位的影响

影响工程项目施工进度的单位不只是施工承包单位。事实上，只要是与工程建设有关的单位（如政府有关部门、业主、设计单位、物资供应单位、资金贷款单位，以及运输、通信、供电等部门等），其工作进度的拖后将对施工进度产生影响。因此，控制施工进度仅仅考虑施工承包单位是不够的，必须协调好各相关单位之间的进度关系。而对于那些无法进行协调控制的进度关系，在进度计划的安排中应留有足够的机动时间。

2.物资供应进度的影响

在施工过程中需要的材料、构配件、机具和设备等，如果不能按期运抵施工现场或者运抵施工现场后发现其质量不符合有关标准的要求，都会对施工进度产生影响。因此，工程管理人员应严格把关，采取有效措施控制好物资供应进度。

3.资金的影响

工程施工的顺利进行必须有足够的资金作保障。一般来说，资金的影响主要来自业主，或者是由于没有及时给足工程预付款，或者是由于拖欠了工程进度款，这些都会影响到承包单位流动资金的周转，进而殃及施工进度。工程管理人员应根据业主的资金供应能力，安排好施工进度计划，并督促业主及时拨付工程预付款和工程进度款，以免因资金供应不足拖延进度，导致工期索赔。

4.设计变更的影响

在施工过程中，出现设计变更是难免的，或者是由于原设计有问题需要修改，或者是由于业主提出了新的要求，或者是工程承包单位提出了合理化建议等。工程管理人员应加强图样审查，严格控制随意变更。

5.施工条件的影响

在施工过程中，一旦遇到气候、水文、地质及周围环境等方面的不利因素，必然会影响到施工进度。此时，承包单位应利用自身的技术组织能力予以克服。

6.各种风险因素的影响

风险因素包括政治、经济、技术以及自然等方面的各种可预见或不可预见的因素。政治方面的有战争、内乱、罢工、拒付债务制裁等；经济方面的有延迟付款、汇率浮动、换汇控制、通货膨胀、分包单位违约等；技术方面的有工程事故、试验失败、标准变化等；自然方面的有地震、洪水等。工程管理人员必须对各种风险因素进行分析，提出控制风险、减少风险损失及对施工进度影响的措施，并对发生的风险事件给予恰当的处理。

7.承包单位自身管理水平的影响

施工现场的情况千变万化，如果承包单位的施工方案不当、计划不周、管理不善、解决问题不及时等，都会影响工程项目的施工进度。承包单位应通过总结、分析吸取教训，及时改进。

正是由于上述因素的影响，才使得施工阶段的进度控制显得非常重要。在施工进度计划的实施过程中，工程管理人员一旦掌握了工程的实际进展情况以及产生问题的原因之后，其影响是可以得到控制的。当然，上述某些影响因素，如自然灾害是无法避免的，但在大多数情况下，其损失是可以通过有效的进度控制而得到弥补的。

(二)施工进度的检查与监督

在施工进度计划的实施过程中，由于各种因素的影响，常常会打乱原始计划的安排而出现进度偏差。因此，激励工程师必须定期地、经常地对施工进度计划的执行情况进行检查和监督，并分析进度偏差产生的原因，以便为施工进度计划的调整提供必要的信息。

1.施工进度的检查方式

在工程项目的施工过程中，工程管理人员可以通过以下方式获得工程项目的实际进展情况。

(1)定期、经常地收集有关进度报表、资料。报表的内容根据施工对象及承包方式的不同而有所区别，但一般应包括工作的开始时间、完成时间、持续时间、逻辑关系、实物工程量和工作量，以及工作时差的利用情况等。

(2)现场跟踪检查工程项目的实际进展情况。视工程项目的类型、规模、施工现场的条件等多方面的因素来确定每隔多长时间检查一次。可以每月或每半月检查一次，也可以每旬或每周检查一次。如果在一施工阶段出现不利情况时，甚至需要每天检查。

除上述两种方式外，召开现场会议也是获得工程项目实际进展情况的一种方式。通过这种面对面交谈，工程管理人员可以从中了解到施工过程的潜在问题，以便及时采取相应的措施加以预防。

2.施工进度的检查方法

施工进度检查的主要方法是对比法。即利用前面的所述方法将经过整理的实际进度数据与计划进度数据进行数据比较，从中发现是否出现进度偏差以及进度偏差的大小。

通过检查分析，如果进度偏差比较小，应在分析其产生原因的基础上采取有效措施，解决矛盾，排除障碍，继续执行原进度计划。如果经过努力，确实不能按原计划实现时，则再考虑对原计划进行必要的调整。即适当延长工期，或改变施工速度。计划的调整一般是不可避免的，但应当慎重，尽量减少变更计划性的调整。

3. 施工进度计划的调整

通过检查分析，如果发现原有进度计划已不能适应实际情况时，为了确保进度控制目标的实现或需要确定新的计划目标，就必须对原有进度计划进行调整，以形成新的进度计划，作为进度控制的新依据。

施工进度计划的调整方法如前所述，主要有两种：一是通过压缩关键工作的持续时间来缩短工期；二是通过组织搭接作业或平行作业来缩短工期。在实际工作中，应根据具体情况选用上述方法进行进度计划的调整。

(1)压缩关键工作的持续时间。这种方法的特点是不改变工作之间的先后顺序关系，而通过缩短网络计划中关键线路上关键工作的持续时间来缩短工期。这时，通常需要采取一定的措施来达到目的。具体措施包括：

①组织措施。增加工作面，组织更多的施工队伍；增加每天的施工时间(如采用三班制)

等;增加劳动力和施工机械的数量。

②技术措施。改进施工工艺和施工技术,缩短工艺技术间歇时间;采用更先进的施工方法,以减少施工过程的数量(如将现浇楼板改为预制楼板);采用更先进的施工机械。

③经济措施。实行包干奖励;提高奖金数额;对所采取的技术措施给予相应的经济补偿。

④其他配套措施。改善外部配套条件;改善劳动条件;实施强有力的调度等。

一般来说,不管采取哪种措施,都会增加费用。因此,在调整施工进度计划时,应利用费用优化的原理选择费用增加最少地关键工作作为压缩对象。

(2)组织搭接作业或平行作业。这种方法的特点是不改变工作的持续时间,而只改变工作的开始时间和完成时间。对于大型工程项目,由于其单位工程较多相互间的制约比较小,可调整的幅度比较大,所以容易采取用平行作业的方法来调整施工进度计划。而对于单位工程项目,由于受工作之间工艺关系的限制,可调整的幅度比较小,所以通常采用搭接作业的方法来调整施工进度计划。但不论是搭接作业还是平行作业,工程项目在单位时间内的资源需求量都将会增加。

除了分别采用上述两种方法来缩短工期外,有时由于工期拖得太多,当采用某种方法进行调整,其可调整的幅度又受到限制时,还可以同时利用这两种方法对同一施工进度计划进行调整以满足工期目标的要求。

七、工程延期

(一)工程延期的申报与审批

1.工程延期的申报条件

由于以下原因导致工程拖期,承包单位有权提出延长工期的申请。

(1)工程设计变更而导致工程量增加。

(2)合同中所涉及的任何可能造成工程延期的原因,如延期交图,工程暂停、对合格工程的剥离检查及不利的外界条件等。

(3)异常恶劣的气候条件。

(4)业主造成的任何延误、干扰或障碍,如未及时提供施工场地、未及时付款等。

(5)除承包单位自身以外的其他任何原因。

2.工程延期的审批程序

工程延期的审批程序,如图 7-11 所示。

当工程延期事件发生后,承包单位应在合同规定的有效期内以书面形式(即工程延期意向通知)通知监理工程师,以便于监理工程师尽早了解所发生的事件,及时做出一些减少延期损失的决定。随后,承包单位应在合同规定由效期内(或监理工程师可能同意的合理期限内)向监理工程师提交详细的申诉报告(延期理由与依据)。监理工程师收到该报告后应及时进行调查核实,准确地确定出工程延期的时间。

当延期事件具有持续性,承包单位在合同规定的有效期内不能提交最终详细的申报时,应先向监理工程师提交阶段性的详情报告。监理工程师应在调查核实阶段性报告的基础上，尽快做出延长工期的临时决定。临时决定的延期时间不宜太长，一般不应超过最终批准的延长时间。

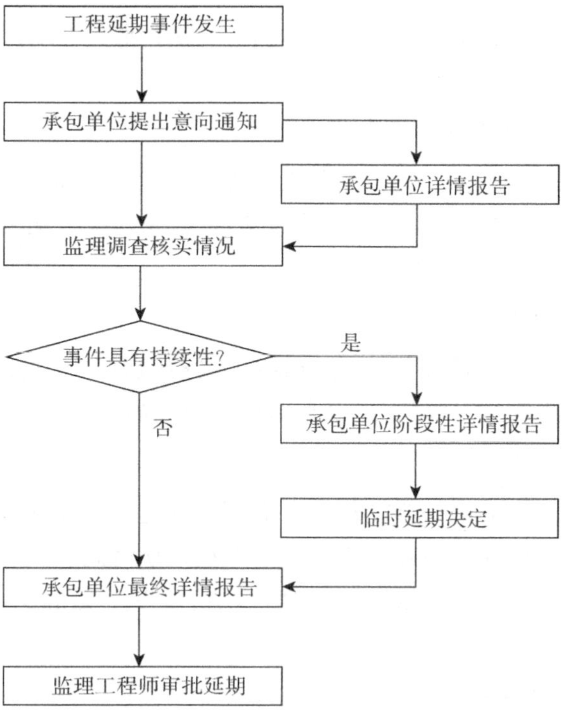

图 7-11 工程延期的审批程序

待延期事件结束后，承包单位应在合同规定的期限内向监理工程师提交最终的详情报告。监理工程师应复查详情报告的全部内容，然后确定该延期时间所需的延期时间。

如果遇到比较复杂的延期事件，监理工程师可以成立专门的小组进行处理。对于一时难以做出结论的延期事件，即使不属于持续性的事件，也可以采用先做出临时延期的决定，然后再做出最后决定的办法。这样既可以保证有充足的时间处理延期事件，又可以避免由于处理不及时而造成的损失。

3.工程延期的审批原则

在审批工程延期时应遵循下列原则：

(1)合同原则。监理工程师批准的工程延期必须符合合同条件。也就是说，导致工程拖延的原因确实是属于承包单位自身以外的，否则不能批准为工程延期。这是审批工程延期的一条根本原则。

(2)关键线路。发生延期事件的工程部位，必须在施工进度计划的关键线路上时，才能批准工程延期。如果工程延期发生在非关键线路上，且延长的时间并未超过其总时差时，即使符合批准为工程延期的合同条件，也不能批准工程延期。应当说明，工程项目的关键线路并非固定不变，它会随着工程的进展和情况的变化而转移。

(3)实际情况。批准的工程延期必须符合实际情况。为此，承包单位应对延期事件发生后的各类有关细节进行详细的记载，并及时向监理工程师提交详细报高。与此同时，监理工程师也应对施工现场进行详细考察和分析，并做好有关记录，从而为合理确定工程延期时间提供可靠依据。

(二)工程延期的控制

发生工程延期事件,不仅影响工程的进展,而且会给业主带来损失。因此,应做好以下工作,以减少或避免工程延期事件的发生。

1.选择合适的时机下大工程开工令

监理工程师在下达开工令之前,应充分考虑业主的前期准备工作是否充分。特别是征地、拆迁问题是否已解决,设计图纸是否能及时提供,以及付款方面有无问题等,以避免由于上述问题缺乏准备而造称工程延期。

2.业主严格履行承包合同中所规定的职责

在施工过程中,业主应严格履行自己的职责,提前做好施工场地与设计图纸的提供工作,并能及时支付工程进度款,以减少或避免由此而造成的工程延期。

3.妥善处理工程延期事件

当延期事件发生以后,应根据合同规定金相妥善处理。既要尽量减少工程延期事件及其损失,又要在详细调查研究的基础上合理批准工程延期时间。

另外,业主在施工过程中应尽量减少干预,多协调,以避免由于业主的干扰和阻碍而导致延期事件的发生。

(三)工期延误的制约

如果由于承包单位自身的原因造成工期拖延,而承包单位又未按照监理工程师的指令改变延期状态时,按照 FIDIC 合同条件的规定,通常可以采用下列手段予以制约。

1.停止付款

按照 FIDIC 合同条件规定,当承包单位的施工活动不能使监理工程师满意时,监理工程师有权拒绝承包单位的支付申请。因此,当承包单位的施工进度拖后,又不采取积极措施时,监理工程师可以采取停止付款的手段制约承包单位。

2.误期损失赔偿

停止付款一般是监理工程师在施工过程中制约承包单位延误工期的手段,而误期损失赔偿则是当承包单位未能按合同规定的工期完成合同范围内的工作时对其的处罚。按照 FIDIC 合同条件规定,如果承包单位未能按合同规定的工期和条件完成整个工程,则应向业主支付投标书附件中规定的金额,作为该项违约的损失赔偿费。

3.终止对承包单位的雇佣

为了保证合同工期,FIDIC 合同条件规定,如果承包单位严重违反合同,而又不采取补救措施,则业主有权终止对其的雇佣。例如,承包单位接到监理工程师的开工通知后,无正当理由推迟开工时间,或在施工过程中无任何理由要求延长工期,施工进度缓慢,又无视监理工程师的书面警告等,都有可能受到终止雇佣的处罚。

终止雇佣是对承包单位违约的严厉制裁。因此,业主一旦终止了对承包单位的雇佣,承包单位不但要被驱逐出施工现场,而且还要承担由此而造成的业主的损失费用。

第五节　网络计划执行中的管理

一、网络计划执行中的管理内容

网络计划执行过程中的管理工作主要包括以下内容：

(1)检查并掌握实际施工进度情况，进行跟踪记载。

(2)分析计划提前或拖后的主要原因。

(3)决定应采取的相应措施或补救办法。

(4)及时调整计划。

二、实际施工进度的记载

记载实际施工进度是检查和调整网络计划的依据，并有利于积累资料，总结分析，不断提高进度计划编制和管理水平。

在应用和推广网络计划方法的实践中，广大施工管理人员创造了很多记载实际施工进度的方法。下面介绍一些简便的常用方法。

1.各项工作实际作业时间的记载

如某工作计划作业时间为7d，而实际作业时间为8d，其表示方法如图7-12所示，括号中的数字表示工作实际作业时间。

2.各项工作实际开始、结束日期的记载

例如，某工作于6月1日开始，6月6日结束，其表示方法如图7-13所示。$i-j$ 工作开始节点右下方的分数表示工作的实际开始日期，结束节点的左下方的分数表示工作的实际结束日期。

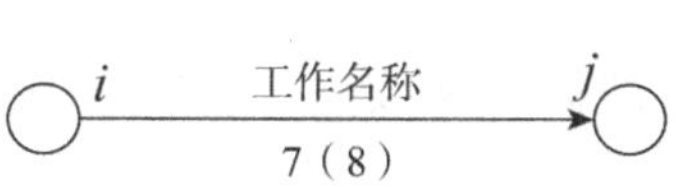

图7-12　工作实际作业时间记载方法

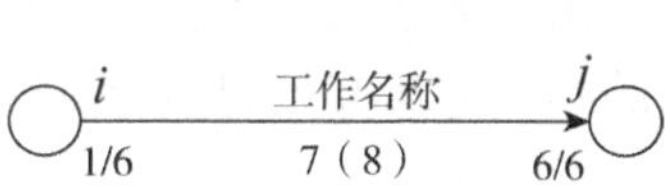

图7-13　工作实际开始、结束日期记载方法

3.已完成工作的记载

如图7-14所示，若工作12－13、13－14、13－15、15－16已完成，则可在其节点符号内涂上不同颜色或阴影线或其他方式表示。这样就可以把以完成的工作与为完成的工作区别开来，随时可以看出哪些工作已完成，哪些工作待施工，也可以帮助计划管理人员发现可能出现的漏项或存在的问题。

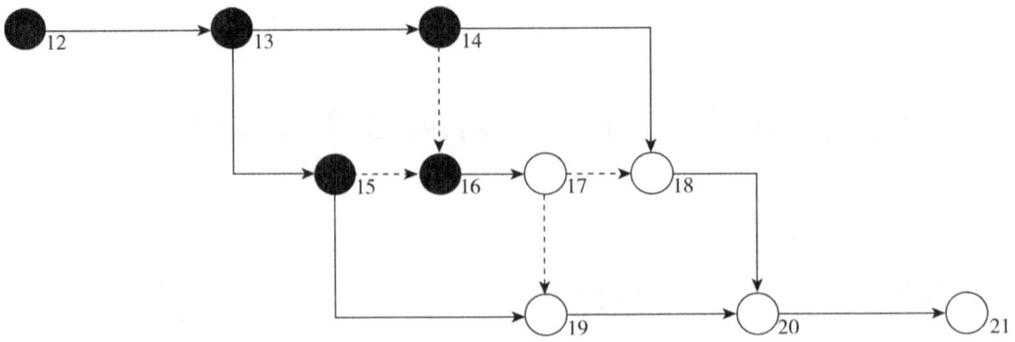

图 7-14 已完成工作记载方法

4.绘制网络图

随着工程的进展，绘制实际进度网络图，可以发现计划与实际不符合的情况，有助于计划工作的总结和资料的积累。实际进度网络图宜采用时标网络图的形式，以便反映出日历日期，并把施工中出现的客观影响因素(如停工待料、大风、下雨、停电等)造成的停工现象都标注在图上。

三、网络计划的检查

网络计划的定期检查是监督计划执行情况的最有效方法。检查网络计划，首先必须收集反映网络计划实际执行情况的有关信息，按照一定的方法进行记录。

网络计划检查的记录方法主要有以下几种。

1.用实际进度前锋线记录计划执行情况

实际进度前锋线(简称前锋线)是我国首创的、用于时标网络计划的控制工具。它是在网络计划执行中的某一时刻正在进行的各项工作的实际进度前锋的连线。在时标网络图上绘制前锋线的关键是标定工作的实际进度前锋的位置。

前锋线应自上而下地从检查的时间刻度出发，用直线依次连接各项工作的实际进度前锋点，最后到达计划检查的时间刻度为止。前锋线可用彩色线标画，不同检查时刻绘制的相邻前锋线可采用不同颜色标画。

前锋线的标定方法有按已完成的工程实物量比例标定和按完成该工作所需时间标定两种。

(1)按已完成的工程实物量比例标定。时标图上箭线的长度与相应工作的持续时间相对应，也与其工程实物量成正比。检查进度计划时，某工作的工程实物量完成了几分之几，其前锋线就从表示该工作的箭线起点自左至右标在箭线长度几分之几的位置。

(2)按完成该工作所需时间标定。有些工作的持续时间是难以按工程实物量来计算的，只能根据经验用其他办法来估算。要标定检查进度计划时的实际进度前锋位置，可采用原来的估算方法估算出该时刻到该工作全部完成还需要的时间，从表示该工作的箭线末端反向自右至左标出前锋位置。

2.在图上用文字或适当的符号记录

当采用无时标网络计划时，可在图上直接用文字、数字、适当符号或列表记录进度计划实际执行情况。如图 7-15 所示，图中点画线代表实际进度。方括号[]中数字表示在第 15 天结束时尚需要的作业天数。

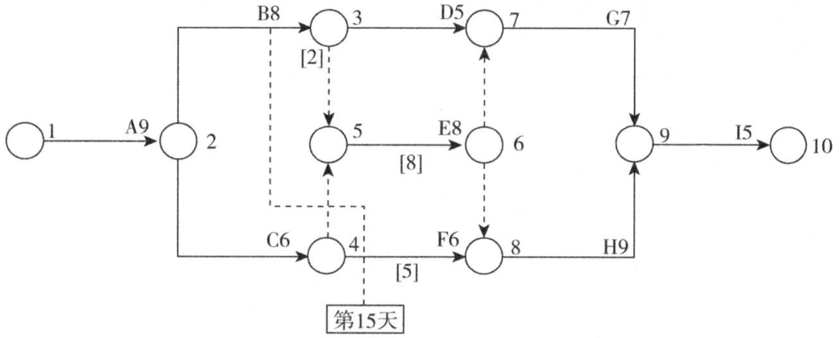

图 7-15　无时标网络计划进度计划检查记录方法

对网络计划的检查应定期进行，检查周期的长短应根据计划工期的长短和管理的需要确定。定期检查根据计划的作业性和控制性程度不同，可按一日、双日、五日、周、旬、半月、一月、一季度、半年等为周期。定期检查有利于检查的组织工作，使检查有计划性，还可使网络计划检查成为例行性工作。

应急检查是指当计划执行突然出现意外情况而进行的检查，或者是上级派人检查及进行特别检查。应急检查之后可采取"应急措施"，其目的是保证资源供应、排除障碍等，以保证或加快原计划进度。

3.网络计划检查的主要内容

(1)关键工作进度(为了采取措施调整或保证计划工期)。

(2)非关键工作进度及尚可利用的时差(为了更好地发掘潜力，调整或优化资源，并保证关键工作按计划实施)。

(3)实际进度对各项工作之间逻辑关系的影响(为了观察工艺关系或组织关系的执行情况，以进行适时地调整)。

(4)费用资料分析。

四、网络计划检查结果分析

对网络计划执行情况的检查结果进行分析判断，即对工作的实际进度做出正常、提前或延误的判断；对未来进度状况进行预测，做出网络计划的计划工期可按期实现、提前实现或拖期的判断。

1.对时标网络计划用前锋线进行检查与分析

分析目前进度。以表示检查计划时刻的日期线为基准线，前锋线可以看成描述实际进度的波形图。前锋线处于波峰上的线路相对于相邻线路超前，处于波谷上的线路相对于相邻线路落后；前锋点在基准线前面(右侧)的线路比原计划超前，在基准线后面(左侧)的线路比原计划落后。画出了前锋线，整个工程在该时刻的实际进度便一目了然。

以图 7-16 中第Ⅰ条线路为例，6 月 25 日检查时处于波峰，它相对于线路Ⅱ超前，其前锋在基准线(6 月 25 日)之前，表示计划超前 1 天。7 月 10 日检查，它处于波谷，比线路Ⅱ落后，其前锋在基准线(7 月 10 日)之后，表示拖期 1 天，但由于其存在总时差 1 天，不致影响该线路按期完成。

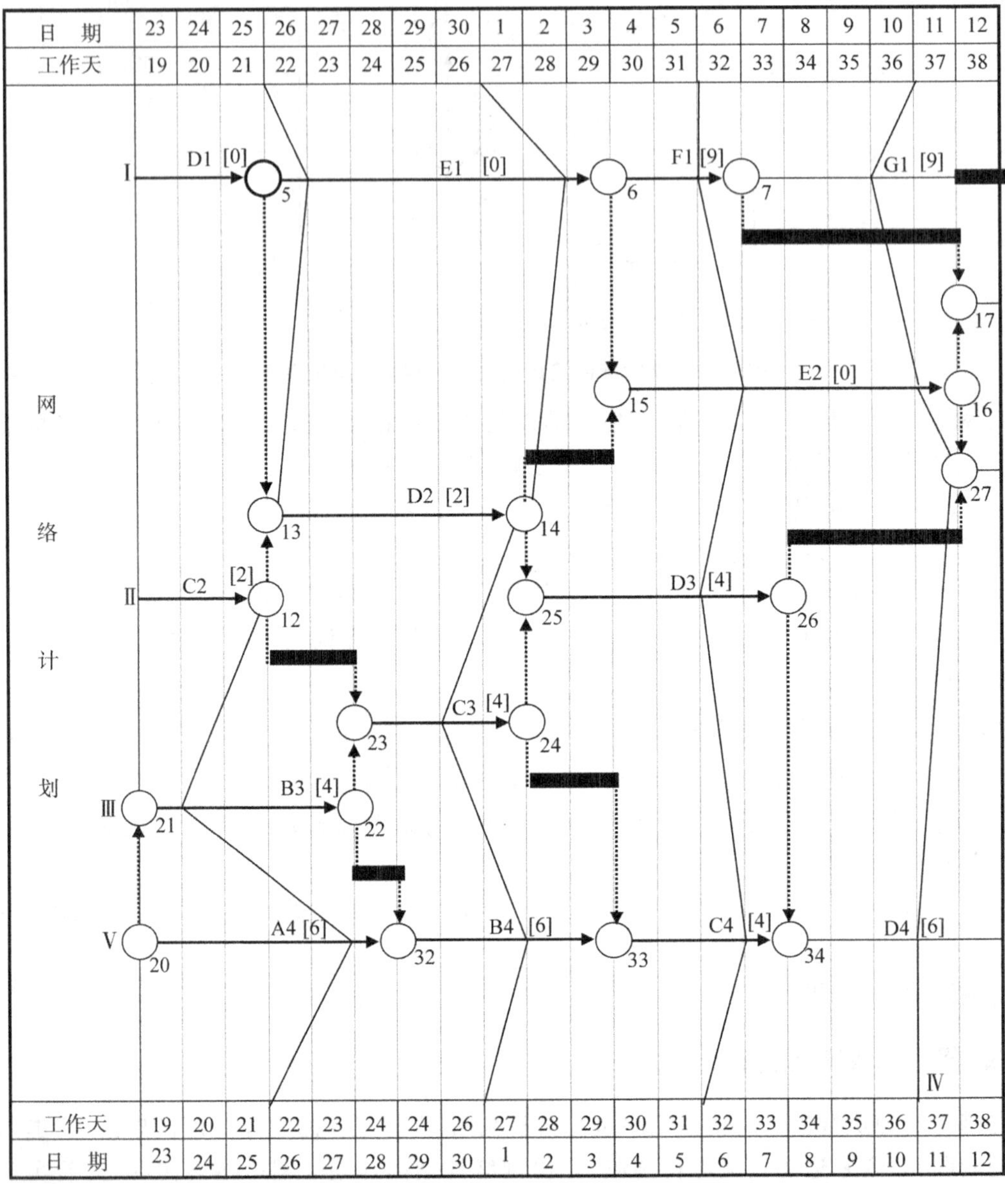

注：图中[ ]内数字为工作的总时差。

图 7-16 用前锋线检查时标网络计划

2.预测未来进度

将现时刻的前锋线与前一次检查时的前锋线进行对比分析，可以在一定范围内对工程未来的进度和变化趋势做出预测。

在这里要引进进度比的概念。进度比是指前后两条前锋线在某条线路上截取的线段长度 ΔX 与这两条前锋线之间的时间间隔 ΔT 之比，用 B 表示。

$$B=\Delta X/\Delta T$$

B 的大小反映了该条线路的实际进展速度的大小，某条线路的实际进展速度与原计划相比是快、是慢或相等时，B 相应的大于 1、小于 1 或等于 1。根据 B 的大小，就有可能对该条线路未来的进展速度做出定量的预测。

以图 7-16 中 6 月 25 日和 6 月 30 日两条前锋线为例，其时间间隔是 5 天，它们在线路Ⅰ上截取的长度为 6 天，那么：

$$B=\Delta X/\Delta T=6/5=1.2$$

即平均每天完成原定 1.2 天的任务，6 月 30 日线路Ⅰ比原计划超前 2 天，如果进展速度不变，可以预测再过 5 天，到 7 月 5 日线路Ⅰ的前锋将达到 7 月 8 日的位置，比原计划超前 3 天。实际情况正如 7 月 5 日前锋线所示。又如，线路Ⅲ在这段时间里 $B=4/5=0.8$，6 月 30 日时比原计划超前 1 天，而到 7 月 5 日时它将不再超前。

一般地说，如果 i、j 分别表示前后两条实际进度前锋线，它们的时间间隔 $\Delta T=T_j-T_i$，在某线路上截取的长度 $\Delta X=X_j-X_i$，那么，线路在这段时间里的进度比，即

$$B=(X_j-X_i)/T_j-T_i$$

第 n 天以后该线路的前锋线到达的位置为

$$X_u=X_j+nB$$

这时该线路与原计划相比的进度差(即超前或落后的天数)，即

$$C_n=C_j+n(B-1)$$

式中 C_j——为现时刻该线路的进度差。

当然，一条线路上的不同工作之间进展速度可能很不相同，但对于同一道工作，尤其是持续时间较长的工作来说，上述预测方法对于指导施工、控制进度具有重要的意义。

3.对网络计划跟踪调整

在控制进度时，一般应尽量地使各条线路平衡发展。前锋线上的正波峰应予以放慢，负波谷必须加快，负波峰和正波谷则要视实际情况进行处理。有的线路，虽然在目前暂时落后，但是在其前方有时差可以利用，落后的天数未超过将可以利用的时差或者它的进展速度较快，可以预见在不久的将来会赶上来，不致影响其他线路的进展，对它可以不予处理。如果落后的是关键线路，或者虽然不是关键线路，但是已落后得太多，超过了前方可以利用的时差，或进展速度较慢，可以预见在未来将落后更多，将妨碍到关键线路的进展(那时它将成为新的关键线路)就必须采取措施使之加快。

有些领先的非关键线路，也可能受到其他线路的制约，在中途不得不临时停工。这样，也会造成窝工浪费。通过进度预测，我们可以及时预见这种情况，采取预防措施，避免临时窝工。

上述情况可以从图 7-16 中看出，线路Ⅴ一直落后，到 7 月 5 日已落后 3 天，又 $B=0.8$，若照此发展下去，可以预测在过 5 天，它将落后 4 天，可以利用的时差只有 3 天，到 7 月 10 日关键线路(线路Ⅳ)将受到它的限制而不能前进，便成了新的关键线路。这样，将会使总工期拖长 1 天。人们应该在 7 月 10 日以前就预见到这种情况，及早设法使线路Ⅴ加快，防止工期拖延。线路Ⅰ一直超前，到 7 月 5 日超前 3 天，这时它受到线路Ⅱ的制约已不能前进，造成临时停工。这个情况在 6 月 30 日就可以预测出来，人们应该及早采取措施避免窝工。7 月 10 日的前锋线所示就是采取调整措施后出现的情况。

在采取反馈措施时，如果施工力量可以在不同工作之间互相支援，那么人们可以从进展速度快（$B>1$，但不一定已比原计划超前）的工作上抽调力量支援进展速度慢（$B<1$，但不一定已比原计划落后）的工作。B 的大小也反映了施工力量的配备情况：$B=1$，表明施工力量的配备与计划的要求相适应；$B<1$，表明施工力量配备不足；$B>1$，表明施工力量配备有余。例如，$B=1.2$，说明施工力量多 20%；$B=0.8$，说明施工力量欠缺 20%。依此类推，进行施工力量调配就有了数量上的依据。

工程管理人员根据时标网络计划进行生产、调度时，依靠图上的日期线，可以查出任何一天计划要求进行哪几项工作。在执行计划中，当情况发生变化引起组织逻辑改变，施工顺序有了变更，或者各条线路的实际进度同计划进度有出入时，原来的日期线就失去了上述作用，这时，实际进度前锋线将代替日期线发挥这种作用。前锋线可以看成是弯折了的日期线，这样有了前锋线，不管组织逻辑如何改变，实际进度与原计划有多少出入，时标网络图都不必重画，用它来进行生产的安排、调度仍很方便，这就解决了所谓“情况多变，网络易破”的问题。

实际上，每画一条前锋线，就是对网络计划的一次调整。如果设想把前锋线拉直成垂直线，那么，它的右边就会出现一个根据目前实际进度调整后的子网络。若把前锋线看成是一个被拉成一条线的节点，那么，它右边的子网络也完全符合时标网络图的规则。因此，用前锋线来进行网络计划管理的过程，也就是对计划跟踪检查、调整的过程。

由于前锋线对实际进度做了形象的记录，工程施工完毕，画有各个时刻的实际进度前锋线的网络计划，就是一份宝贵的原始资料，可以对整个工程的进度管理工作做出评价，又可以反过来检查原进度计划和使用定额的正确性，为以后的进度计划管理提供依据。

4.无时标网络计划检查分析

对无时标网络计划进行检查分析，可用表格形式（表 7-1）进行分析判断。

表 7-1　无时标网络计划检查分析表

工作编号	工作名称	检查时尚需作业天数	按计划最迟完成前尚有天数	总时差/天		自由时差/天		情况分析
				原有	目前尚有	原有	目前尚有	

五、网络计划的调整

网络计划的调整是在其检查、分析发现矛盾之后进行的，通过调整解决矛盾。

1.网络计划调整内容

网络计划的调整可包括以下内容：

(1)关键线路长度的调整。

(2)非关键工作时差的调整。

(3)增、减工作项目。

(4)调整网络计划逻辑关系。

(5)重新估算某些工作的持续时间。

(6)对资源的投入做相应调整。

2.调整关键线路长度

关键线路上所有的工作都是关键工作,其机动时间最小(或没有机动时间)。其中,任何一项工作作业时间的缩短或延长,都会影响整个工程进度。当关键线路上某些工作的作业时间缩短了,则有可能出现关键线路转移;当关键线路上某些工作的作业时间延长了,势必影响整个工程进度。因此,必须集中精力抓关键线路和关键工作,经常分析和研究这些线路和工作是否有可能提前或拖期,并找出原因,采取对策。

针对不同情况可选用下列不同的方法来调整关键线路的长度。

(1)关键线路提前。当关键线路的实际进度比计划进度提前时,首先要确定是否对原计划工期予以缩短,分两种情况进行处理。

①如果不想缩短原计划工期,则可利用这个机会降低资源强度和费用,方法是选择后续关键工作中资源占用量大的或直接费用高的关键工作予以适当延长,延长时间不应超过已完成的关键工作提前的时间量。

②如果要使提前完成的关键线路的效果变成整个计划工期的提前完成,则应将进度计划的未完成部分做一个新的进度计划,重新计算与调整。按新的进度计划执行,并保证新的关键工作按新计算的时间完成。

(2)关键线路滞后。当关键线路的实际进度比计划进度落后时,进度计划调整的任务是采取措施把落后的时间抢回来。于是,应在未完成的关键线路中选择资源强度小的关键工作予以缩短,重新计算未完成部分的时间参数,按新参数执行,这样做有利于减少赶工费用。

3.非关键工作的调整

当非关键线路上某些非关键工作的作业时间延长了,但不超过其总时差的范围,则不致影响整个工程进度。当非关键工作的作业时间延长值超过了其总时差的范围,则势必影响整个工程进度。

(1)时差调整的目的是充分利用资源,降低成本,满足施工需要。

(2)时差的调整不得超过总时差。

(3)每次调整均需进行时间参数计算,从而观察每次调整对计划全局的影响。

(4)调整的方法共三种:即在总时差范围内移动工作;延长非关键工作的持续时间和缩短工作的持续时间。

4.增、减工作项目

(1)增、减工作项目均不应打乱原网络计划总的逻辑关系,以便使原进度计划得以实施。

(2)增、减工作项目只能改变局部的逻辑关系,此局部改变不影响总的逻辑关系。

(3)增加工作项目只是对原遗漏或不具体的逻辑关系进行补充。

(4)减少工作项目只是对提前完成了的工作项目或原不应设置而设置了的工作项目予

以删除。

(5)增、减工作项目之后,应重新计算时间参数,以分析此调整是否对原网络计划工期有影响,如有影响,应采取措施使之保持不变。

5.调整逻辑关系

逻辑关系改变的原因,必须是实际情况要求改变施工方法或组织方法。一般来说,只能调整组织关系,而工艺关系不宜进行调整,以免打乱原进度计划。调整逻辑关系是以不影响原定计划工期和其他工作的顺序为前提的,调整的结果绝对不应形成对原进度计划的否定。

6.重新估计某些工作的持续时间

当发现某些工作的原持续时间有误或实现条件不充分时,应重新估算其持续时间,并重新计算时间参数,观察其对总工期的影响。

7.对资源投入做相应调整

当资源供应发生异常(即因供应满足不了需要、中断或强度降低)影响到计划工期的实现时,应采用资源优化方法对进度计划进行调整或采取应急措施,使其对工期的影响最少。

第六节　工程项目物资供应的进度控制

工程建设物资供应是指工程项目建设中所需各种材料、构(配)件、制品、各类施工机具和生产使用的国内制造的大型设备、金属结构,以及国外引进的成套设备或单机设备等的供给。

一、物资供应进度控制的含义

物资供应进度控制是物资管理的主要内容之一。工程项目物资供应进度控制的含义是在一定的资源(人力、物力、财力)条件下,实现工程项目一次性特定目标的过程对物资的需求进行计划、组织、协调和控制。其中,计划是把工程建设所需的物资供给纳入计划轨道,进行预测、预控,使整个供给有序地进行;组织是划清供给过程诸方的责任、权力和利益,通过一定的形式和制度,建立高效率的组织保证体系,确保物资供应计划的顺利实施;协调主要是针对供应的不同阶段,所涉及的不同单位和部门,沟通和协调它们的情况和步调,使物资供应的整个过程均衡而有节奏地进行;控制是对物资供应过程的动态管理,使物资供应计划的实施始终处在动态的循环控制过程中,经常定期地将实际供应情况与计划进行对比,发现问题,及时进行调整,对确保工程项目所需物资按时供给,最终实现供应目标。

根据工程项目的特点,在物资供应进度控制中应注意以下几个问题。

(1)由于工程项目的特殊性和复杂性,使物资的供应存在一定的风险性。因此,要求编制周密的计划并采用科学的管理方法。

(2)由于工程项目的局部的系统性和整体的局部性,要求对物资的供应建立保证体系,并处理好物资供应与投资、质量、进度之间的关系。

(3)材料的供应涉及众多不同的单位和部门,因而给材料管理工作带来一定的复杂性,这就要求与有关的供应部门认真签订合同,明确供求双方的权利与义务,并加强各单位各部门之间的协调。

二、物资供应的特点

工程项目在施工期间必须按计划逐步供应所需物资。由于工程建设的特点,使工程项目物资供应具有如下特点。

(1)物资供应的数量大,品种多。

(2)材料和设备费用占整个工程造价的比例大。一般建筑产品的材料费约占工程造价的60%~70%,工业项目的材料和设备费占工程造价的比例更大。

(3)物资消耗不均匀。由于建筑施工任务的不均衡性和单件性,以及工程项目不同,施工阶段消耗的物资不同,使得物资的供应在整个建设过程中呈现不均衡性,有时材料的供应甚至会出现较大的高峰和低谷现象。

(4)受内部条件影响大。物资供应计划往往受到工程本身内部条件变化的影响。例如,设计的变更、工程施工进度的变化等,都可能引起物资供应计划的重新安排。

(5)受外部条件影响大。由于物资供应本身就是一个复杂的系统过程,涉及一系列的活动,如订货、购货、运输、检查、贮存、发放等。其中,任何一个环节发生变化,都会影响物资供应计划的顺利实施。多变的外部环境条件,更增加了物资供应工作的复杂性。

(6)物资市场情况复杂多变。由于材料和设备的品种、质量差异较大,规格时常变化,供货条件复杂,供货单位多,而且各单位服务质量、信誉各不相同,这就要求物资供应的管理必须适应市场条件。

三、物资供应进度目标

工程项目物资供应是一个复杂的系统过程,为了确保这个系统过程的顺利实施,必须首先确定这个系统的目标(包括系统的分目标),并以此目标制订不同时期和不同阶段的物资供应计划,用以指导实施。由此可见,物资供应目标的确定,是一项非常重要的工作,没有明确的目标,计划难以制订,控制工作便失去了意义。

物资供应的总目标就是按照物资需求适时、适地、按质、按量以及成套齐备地提供给使用部门,以保证项目投资目标、进度目标和质量目标的实现。为了总目标的实现,还应确定相应的分目标。目标一经确定,应通过一定的形式落实到各有关的物资供应部门,并以此作为对他们的工作进行考核和评价的依据。

1.物资供应与施工进度的关系

事实上,物资供应与工程实施进度是相互衔接的。

(1)物资供应滞后施工进度。在工程实施过程中,常遇到的问题就是由于物资的到货日期推迟而影响工程进度。而且,在大多数情况下,引起到货日期推迟的因素是不可避免的,也是难以控制的。但是,如果控制人员随时掌握物资供应的动态信息,并且及时地采取相应的补救措施,就可以避免因到货日期推迟所造成的损失或者把损失减少到最低程度。

(2)物资供应超前施工进度。确定物资供应进度目标时,应合理安排供应进度及到货日期。物资过早进场,将会给现场的物资管理带来不利,增加投资,其主要原因有:

①需要增大仓库、堆场的面积,增加临时设施费用。

②当所供应的材料为易腐品时,需增加仓库的防腐设施费用。

③如果材料设备在现场存放太久,由于偷盗、损耗以及二次搬运所造成的损失也将是很大的。

④由于资金的过早占用而失掉资金利息,使实际投资增加。

为了有效地解决好以上的问题,必须认真确定物资供应目标(总目标和分目标),并合理制订物资供应计划。

2.物资供应目标和计划的影响因素

在确定目标和编制供应计划时,应着重考虑以下几个问题:

(1)确定能否按工程项目进度计划的需要及时供应材料,这是保证工程进度顺利实施的物质基础。

(2)资金是否能够得到保证。

(3)物资的供应是否超出了市场供应能力。

(4)物资可能的供应渠道和供应方式。

(5)物资的供应有无特殊性要求。

(6)已建成的同类或相似项目的物资供应目标和实际计划。

(7)其他(如市场,气候,运输等)。

四、物资供应计划的编制

工程建设物资供应计划是对工程项目施工及安装所需物资的预测和安排,是指导和组织工程项目的物资采购、加工、储备、供货和使用的依据。它的最根本作用是保障工程建设的物资需要,保证按施工进度计划组织施工。

物资供应计划的一般编制程序分为准备阶段和编制阶段。准备阶段主要是调查研究,收集有关资料,进行需求预测和购买决策。编制阶段主要是核算需要、确定储备、优化平衡、审查评价和上报或交付执行。

在编制的准备阶段必须明确物资的供应方式。一般情况,按供货渠道可分为国家计划供应和市场自行采购供应;按供应单位可分建设单位采购供应,专门物资采购部门供应,施工单位自行采购或共同协作分头采购供应。

(一)物资供应计划的分类

物资供应计划从不同的角度可以分为不同的类别,如按计划期限可分为中长期计划、年度计划、半年计划、季(或月,旬)计划和临时计划等。还可以按材料自然属性和作用分类等。这里重点讲述按物资供应计划的内容和用途分类,主要有物资需求计划、物资供应计划、物资储备计划、申请与订货计划、采购与加工计划以及国外进口物资计划。

(二)物资供应计划的编制

1.物资需求计划的编制

物资需求计划是指反应完成项目物资需用情况的计划。它的编制依据主要有图样、预算、工程合同、项目总进度计划和各分包工程提交的材料需求计划等。物资需求计划的主要作用是确认需求,涉及施工中大量的建筑材料、制品、机具和设备,确定其需求的品种、型号、规格、数量和时间。它为组织备料、确定仓库与堆场面积和组织运输等提供了依据。

一般情况,物资需求计划包括一次性需求计划和各计划期需求计划。编制需求计划的关键是确定需求量。

(1)工程项目一次性需求计划用量的确定。一次性需求计划反映整个工程项目及各分部、分项工程材料的需用量,亦称工程项目材料分析。主要用于组织货源和专用特殊材料、制品的落实,其计算程序大体分三个步骤。

①根据设计文件、施工方案和技术措施,计算或直接套用施工预算中工程项目各分部、分项的工程量。

②根据各分部、分项的施工方法,套取相应的材料消耗定额,求得各分部、分项工程各种材料的需求量。

计算各分部、分项工程材料需求量的基本计算公式为

$$R_{ij}=Q_iS_j$$

式中　R_{ij}——第 i 分部分项工程第 j 种材料的需求量;

Q_i——第 i 分部分项工程工程量;

S_j——第 j 种材料消耗定额。

③汇总各分部、分项工程的材料需求量,求得整个工程项目各种材料的总需求量,计算公式为

$$R_j=\sum_{i=1}^{m}R_{ij}$$

式中　R_j——工程项目第 j 种材料的总需求量;

m——分部分项工程数量。

(2)计划期需求量的确定。计划期材料需求量一般是指年、季、月度用料计划,主要用于组织材料采购、订货和供应。主要依据已分解的各年度施工进度计划,按季、月作业计划确定相应时段的需求量。其编制方式有计算法和卡断法两种。计算法是将计划期施工进度计划中的各分部、分项工程量,套取相应的物资消耗定额,求得各分部、分项需求量,然后再汇总求得计划期各种物资的总需求量。卡断法是根据计划期施工进度的形象部位,从工程项目一次性计划中摘出与施工计划相应部位的需求量,然后汇总求得计划期各种物资的总需求量。

2.物资储备计划的编制

物资储备计划是根据物资需求计划和物资储备定额编制的,储备施工中所需各类材料的计划。物资供应计划的编制依据是物资需求计划、储备定额、储备方式、供应方式和场地条件等。

3.物资供应计划的编制

物资供应计划是反映物资的需要与供应的平衡，安排供应的计划。它的编制依据是需求计划、储备计划和货源资料等。它的作用是组织指导物资供应工作。

物资供应计划的编制，是在确定计划需求量的基础上，经过综合平衡后，提出申请和采购量。因此，供应计划的编制过程也是平衡过程，包括数量、时间的平衡。在实际中，首先考虑的是数量的平衡。计划期的需用量还不是申请量或采购量，即还不是实际的需用量，必须扣除库存量，考虑为保证下一期施工必要的储备量。因此，供应计划的数量平衡关系：期内需用量减去期初库存量加上期末储备量。经过上述平衡出现正值时，是本期的不足，需要补充；反之，出现负值时，是本期多余，可供外调。一般情况下，储备量可以采用下式计算：

$$q_j = r_j(t_{1j} + t_{2j} + t_{3j} + t_{4j})$$

式中 q_j——第 j 种材料的储备量；

r_j——第 j 种材料的日需求量；

t_{1j}——第 j 种材料的供应间隔天数；

t_{2j}——第 j 种材料的运输天数；

t_{3j}——第 j 种材料的入库检验天数；

t_{4j}——第 j 种材料使用前准备天数。

也可按下式计算：

$$q_j = \lambda_j r_j$$

式中 λ_j——第 j 种材料的储备定额。

工程项目材料的储备量，主要由材料的供应方式和现场条件决定，一般应保持 3～5d 的用量，在一定条件下，可以多一些，也可以少一些，甚至可以是无储备现场(如在单层厂房施工中，预制构件采用随运随吊的吊装施工方案时)，即用多少供多少。

4.申请、订货计划的编制

申请、订货计划是指向上级要求分配材料的计划和分解配置下达后组织订货的计划。它的编制依据是有关材料供应政策法令、预测任务、概算定额、分配指标、材料规格比例和供应计划。它的主要作用是根据需求组织订货。

5.采购、加工计划的编制

采购、加工计划是指向市场采购或专门加工订货的计划。它的编制依据是需求计划、市场供应信息、加工能力及分布。它的主要作用是组织和指导采购与加工工作。加工、订货计划要附加工详图。

6.国外进口物资计划的编制

国外进口物资计划是指需要从国外进口物资又得到动用外汇的批准后，填报进口订货卡，通过外贸谈判、签约。它的编制依据是设计选用进口材料所依据的产品目录、详本。它的主要作用是组织进口材料和设备的供应工作。

五、物资供应进度控制

(一)物资供应进度控制程序

简单地说，所谓物资供应的控制是指在项目实施过程中，经常定期地对供应计划的目标值与实际值进行比较。发现偏离，纠偏，再偏离，再纠偏，直到物资供应目标最终实现。与三大目标控制相类似，物资供应的控制也是一个动态循环渐进的过程，其控制的管理程序，如图 7-17 所示。

(二)物资供应计划的检查与调整

1.物资供应计划检查与调整的系统过程

物资供应计划在执行过程中，必须监督供应单位按计划适时、按质、按量供应。并在执行中不断将实际供应情况与供应计划比较，找出差异、及时调整与控制计划的执行。在物资供应计划执行中，内外部条件的变化对供应计划执行可能产生影响。例如，施工进度的变化（提前或拖延）、设计的变更、价格变化、市场供应部门突然出现的供货中断以及一些意外情况的发生，会使物资供应的实际情况与计划不符。因此，在供应计划的执行过程中，控制人员必须经常定期的检查，认真收集反映物资供应的实际状况的数据资料，并将其与计划进行比较，一旦发现实际与计划不符，要及时分析产生原因，并提出相应的调整措施。

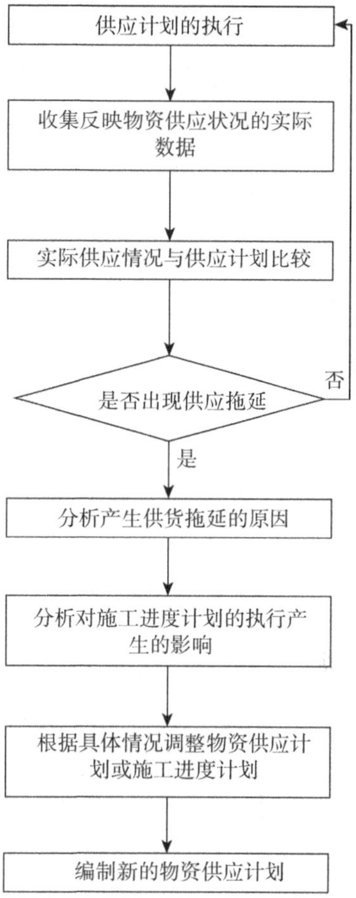

图 7-17　物资供应计划检查与调整系统过程

2.物资供应计划的检查与调整

(1)物资供应计划的检查。物资供应计划的检查通常有定期检查（一般在计划期中、期末）和临时检查。通过收集实际数据，在统计分析和比较基础上提出物资供应报告，从中发现问题。控制人员在检查过程中的一个重要工作是获得真实的供应报告。检查物资供应执行情况的重要作用有：

①发现实际供应偏离计划的情况，以利于进行有效的调整和控制。

②发现计划脱离实际的情况，根据修订计划的有关部分，使之切合实际情况。

③反馈计划执行的结果，作为下期决策和调整供应计划的依据。

由于物资供应计划在执行过程中发生变化的可能性始终存在且难以预估，因此，必须加强计划执行过程中的跟踪检查，以保证物资可靠、经济、及时地供应到现场。一般情况下，对重要的设备要经常定期地进行检查，如亲临设备生产厂，亲自了解生产加工情况，检查核对工作负荷、已供应的原材料，已完成的供货单、加工图样、制作过程以及实际供货状况。

(2)物资供应计划的调整。在物资供应计划的执行过程中，当发现物资供应过程的某一环节出现拖延现象时，应进行调整，其调整方法进度计划的调整类似，一般有如下几种处理措施。

①若这种拖延不致影响施工进度计划的执行，则可采取加快供货过程的有关环节，以减少此拖延对供应过程本身的影响；或这种拖延对供应过程本身产生的影响不大，则可直接将实际数据代入，并对供应计划做相应的调整，不必采取加快措施。

②若这种拖延将影响施工进度计划的执行，则首先分析这种拖延是否允许（拖延是否允许的判别通常根据受到影响的施工活动是否处在关键线路上或是否影响到分包合同的执行）。若允许，则可采用上面第一种情况的调整方式；若不允许，则必须采取加快供应速度，尽可能避免此拖延对进度计划的执行产生的影响，若采取加快供应速度措施后，仍不能避免对施工进度的影响，则可考虑同时加快其他工作施工进度的措施，并尽可能将此拖延对整个施工进度的影响降低到最低程度。

第八章 工程项目成本控制

第一节　工程项目成本控制概述

一、工程项目成本控制的含义和目的

建筑施工企业是通过招投标竞争获得施工项目承包权，经过谈判最终与项目发包人签订施工合同。合同一旦签订就确定了施工项目的合同价款。承包人的经济利益只能在项目完成过程中通过成本控制来实现。另外，施工项目是一次性的活动，在施工期间项目成本能否降低，经济效益目标能否实现都取决于承包者对项目的管理。因此，确保项目一次成功，获取相应的经济利益，就必须加强项目实施阶段的成本控制。

1.工程项目成本控制的含义

工程项目成本控制是指在成本形成过程中，按照合同规定的条件和事先制订的成本计划，对所发生的各项费用和支出，按照一定的原则进行指导、监督、调节和限制，对即将发生和已经发生的偏差进行分析研究，并及时采取有效措施控制纠正，以保证实现或超出规定的成本目标。

2.工程项目成本控制的目的

工程项目成本控制的目的是实现“项目管理目标责任书”中的责任目标。项目经理部通过优化施工方案和管理措施，确保在计划成本范围内完成质量符合规定标准的施工任务，以保证预期利润目标的实现。简而言之，工程项目成本控制就是降低项目成本、提高经济效益。

二、建筑工程项目成本控制的原则

1.政策性原则

政策性原则是指成本控制必须严格遵守国家的方针、政策、法律、法规。维护财经纪律。要正确处理好国家、集体和个人三者之间关系；当前利益和长远利益之间关系；成本和质量

之间关系。因此，在进行成本控制时应遵守着眼长远利益，服从国家集体利益，质量第一的原则。政策性原则是成本控制的重要原则，施工单位负责人和成本管理员必须严格把守，绝不能用降低工程质量的方法来降低成本，更不能偷工减料，《建设工程质量管理条例》中对违反质量的行为做出了相应处罚规定。

2.效益性原则

效益是指经济效益和社会效益两个方面。成本控制的目的是为了降低成本、提高企业的经济效益和社会效益。质量提高，保修费用随之降低，工期提前，可提高社会效益，因此，每个企业在成本控制中，必须科学地处理进度、成本和质量三者关系。

3.全面性原则

全面性原则是指在成本控制中要对成本进行全面控制，全面性原则有两个含义：一是指全员参与成本控制，成本是一个综合性指标，涉及工程项目建设的各个部门、施工队组以及全体职工，因此，要求所有人都要关心成本，按计划进行成本管理；二是全过程的成本控制，施工项目是指自工程施工投标开始到保修期满为止的全过程中完成的项目。其中，要经过施工准备、施工过程、竣工验收、交付使用等各阶段，每一个阶段都会发生成本，因此，要在全过程各阶段制订成本计划并按计划严格控制。

4.责、权、利相结合

在确定项目经理和制订岗位责任制时，就决定了从项目经理到每一个管理者和操作者，都有自己所承担的责任，而且被授予了相应的权利、给予了一定的利益，这就体现了责、权、利相结合的原则。“责”是指完成成本控制指标的责任；“权”是指责任承担者为了完成成本控制目标所必须具备的权限；“利”是指根据成本控制目标完成的情况，给予责任承担着相应的奖惩。在成本控制中，有“责”就必须有“权”否则就完不成分担的责任，起不到控制的作用；由“责”还必须有“利”，否则就缺乏推动履行责任的动力。总之，在项目的成本控制过程中，必须观测“责、权、利”相结合的原则。调动管理者的积极性和主动性，使成本控制工作做得更好。

5.目标分解控制原则

建筑施工企业的项目经理对成本管理负完全责任，在经理领导下，将成本计划目标加以分解，逐一落实到各部门和各施工队及个人，进行层层控制，分级负责，形成一个成本控制网，在施工中不断检查执行结果，发现偏差，分析原因，并及时采取纠正措施。

6.例外管理的原则

例外管理是指企业管理人员对于成本控制标准以内问题，不必逐项过问，而应集中力量注意脱离标准差异较大的“例外”事项。这种例外管理原则是管理中较常用的一种方法，具有一定的科学性。建筑施工项目管理工作十分复杂，管理人员如果一一过问，必将分散精力，事倍功半，效果不佳。因此，在成本控制中应注意集中力量抓住“例外”事项，解决主要矛盾。

在项目施工过程中，例外事项一般有以下四种情况：

(1)成本差异金额较大的事项。如工资、奖金往往超支甚多。

(2)某些项目经常在成本控制线上下波动的事项。间接费中的办公费、差旅费等往往超支较多，难以控制，但是如果加大力度控制，又可不超支或超支较少。

(3)影响企业决策的事项。本地区工程不多,各施工企业竞争激烈,为了得到工程施工承包权,各施工企业都尽量压低标价,大大地影响企业的收入。

(4)性质严重的事项。如严重质量事故,是指施工企业发生大量经济损失。

三、工程项目成本控制的对象和内容

(一)工程项目成本控制对象

1.以工程项目成本形成过程作为控制对象

施工项目形成的过程就是成本形成的过程,一个施工项目周期包括投标阶段,施工准备阶段,施工阶段,竣工、交工和保修阶段。项目经理部应对各个全过程进行全面的控制。各阶段的控制内容如下:

(1)施工投标阶段。应根据建设项目概况和招标文件,对项目成本进行预测控制,提出投标决策的意见。

(2)施工准备阶段。应结合设计图样的自审,会审和其他资料,编制合理的施工组织设计方案。根据施工组织设计方案编制一个经济上合理、技术上先进的施工管理大纲,依据大纲编制成本计划,并且对目标成本进行风险分析,对成本进行事前控制。

(3)施工阶段。应根据施工预算、施工定额和费用开支标准等对实际发生的费用进行控制;还要依据企业制定的《劳务工作管理规定》《机械设备租赁管理办法》《工程项目成本核算管理标准》等制度进行制度控制;由于业主或设计的变更,对变更后的成本调整进行控制。

(4)竣工、交工和保修阶段。对竣工验收过程中所发生的费用和保修期内的保修费和维修费进行控制。

2.以施工项目的职能部门、施工队组作为成本控制对象

项目成本由直接费和间接费组成。直接费是指过程项目实体的费用;间接费是指企业为组织和管理施工项目而分摊到该项目上的经营管理费。这些费用每天都会发生,而且都发生在项目经理部各部门、各施工队和各班组。项目成本控制的具体内容是控制每天所发生的各种费用或损失。因此,项目经理部应把各部门,各施工队、组作为成本控制的对象,对他们进行指导、碱度、检查和考核。

3.以分部分项工程作为成本的控制对象

根据项目目标分解,一个单位工程划分为若干分部工程,每个分部工程又包含许多分项工程。因此,施工项目还必须把分项工程和分部工程作为成本控制的对象。编制分项分部工程施工预算,作为成本控制的依据。分部分项工程施工预算见表 8-1。

(二)工程项目成本控制的内容

工程项目成本控制的内容一般包括成本预测、成本决策、成本计划,成本控制、成本核算、成本分析、成本考核七个环节。

(1)成本预测。成本预测是成本管理中实现成本管理的重要手段。项目经理必须认真做好成本预测工作,一般与在日后的施工活动中对成本指标加以有效地控制,努力实现制订的成本目标。

表 8-1 分部分项工程施工预算

工程名称：		施工面积：		工程造价：									
开工日期：		开工地点：											
分项工程编号	分项工程工序名称	单位	工程量	定额数量金额	名称								
					规格								
					单位								
					单价								
				定额									
				数量									
				金额									
				定额									
				数量									
				金额									

(2)成本决策。项目经理部根据成本预测情况，经过科学的分析、认真的研究，决策出建筑施工项目的最终成本。

(3)成本计划。成本计划以货币化的形式编制项目施工在计划工期内的费用、成本水平、降低成本的措施与方案。成本计划的编制要符合实际并留有一定的余地。成本计划一经比准，其各项指标就可以作为成本控制、成本分析和成本考核的依据。

(4)成本控制。成本控制是加强成本管理和实现成本计划的重要手段。科学的成本计划，如果不加强控制力度，那么难以实现，难以保证成本目标的实现。施工项目的成本控制应贯穿于整个过程。

(5)成本核算。成本核算是对施工项目所发生的费用支出和工程成本形成的核算。项目经理部应认真组织成本核算工作。成本核算提供的费用资料是成本分析、成本考核和成本评价以及成本预测和决策的重要依据。

(6)成本分析。成本分析是对施工项目实际成本进行分析、评价，为以后的成本预测和降低成本指明努力方向。成本分析要贯穿于项目施工的全过程。

(7)成本考核。成本考核是对成本计划执行情况的总结和评价。建筑施工项目经理部根据现代化管理的要求，建立健全成本考核制度，定期对各部门完成的成本计划指标进行考核、评比，并把成本管理经济责任制和经济利益结合起来。通过成本考核有效地低调动职工的积极性，为降低施工项目成本，提高经济效益，做出自己的贡献。

四、工程项目成本控制的程序

《建设工程项目管理规范》(GB/T 50326—2017)规定了成本控制的基本程序。

(1)企业进行项目成本预测。

(2)项目经理部编制成本计划。

(3)项目经理部实施成本计划。

(4)项目经理部进行成本核算。

(5)项目经理部进行成本分析并编制月度及项目的成本报告。

(6)编制成本资料并规定存档。

实际成本控制的具体程序，如图 8-1 所示。

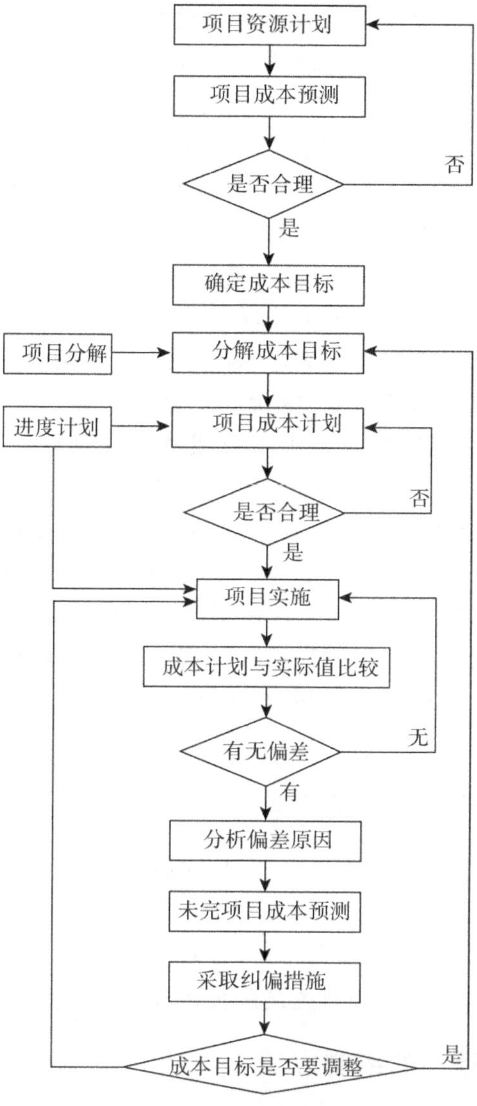

图 8-1　实际成本控制的具体程序

第二节　工程项目成本计划

一、工程项目成本计划的作用

工程项目成本计划是项目成本管理的重要环节，正确编制项目成本计划对项目成功具有重要的作用。

(1)工程项目成本计划是对项目实际成本进行控制、分析和考核的重要依据。成本控制的最终目的是降低成本,要降低成本就必须通过成本计划工作确定施工项目的成本控制的目标,成本计划的最终成果可作为对工程实际成本进行事前预计、事中检查和事后考核评价的重要依据。建筑施工项目成本计划一经确定,就应层层落实到各部门和各施工班组,并应定期对已完工程实际成本与计划成本进行分析比较,找出存在的偏差,并分析产生偏差的原因,及时采取措施适时调整成本计划,以保证施工项目成本控制的各项目标得以实现。

(2)工程项目成本计划是施工单位编制核算其他有关经营计划的基础。项目具有整体性,每个项目都是一个完整的体系,有自己一整套的计划。例如资源计划、进度计划、成本计划、资金流动计划和质量计划等。在整个计划体系中,成本计划与其他各计划密切相连。它们既有独立性又相互依存、相互制约。例如,编制企业流动资金计划必须有成本计划作为依据,成本计划的编制又必须以施工方案、物价和价格计划等为基础,同时还必须结合进度计划和质量计划。因此,正确编制建筑施工项目成本计划是综合平衡企业经营计划的重要保障。

(3)工程项目成本计划的编制可以动员全体职工深入开展增产节约、降低成本的活动。成本计划是全体职工共同奋斗的目标。为了保障成本目标的实现,必须依靠全体人员,尤其是广大施工人员,他们身处施工第一线,最了解施工成本的运营情况。因此,要把成本计划层层落实到部门、到人,达到人人都了解成本计划,把成本计划作为施工目标,利用评比和奖惩制度调动广大职工的积极性,开展增产节约、降低成本活动,努力完成项目成本控制目标。

二、工程项目成本计划编制的要求

(1)根据国家的方针、政策、公司的要求,从实际出发,使计划编制既积极先进,又留有余地。

(2)要贯彻勤俭办企业的方针、厉行节约、反对铺张浪费。

(3)编制施工项目成本计划必须以先进的技术经济措施为依据。

三、工程项目成本计划的编制方法

(一)中标价调整法

中标价调整法是施工项目成本计划编制常用的一种方法,具体如下:

(1)根据已有的投标、中标和概预算资料,确定中标合同价与施工图概预算价款的总价差额。

(2)根据技术组织措施计划确定技术组织措施带来的项目节约数。

(3)对实际成本可能明显超出或低于定额的主要分部、分项工程,按实际状况估算出实际成本与定额水平之间的差。

(4)充分考虑项目实施中各种风险发生的可能性及造成的影响程度,综合考虑各种因素对成本加以调整,得出一个综合影响系数。

(5)最终计算建筑工程施工项目的目标成本降低额和降低率。

目标成本降低额与总价差额①、项目节约数②、实际成本与定额水平之差③、中标价④、综合影响系数有关⑤。具体计算方法如下：

目标成本降低额＝[①＋②±③]×[④＋⑤]

目标成本降低率＝(目标成本降低额/项目预算成本)×100%

(二)概预算法

施工图预算是指根据施工图样中的工程实物量，进行工料分析，并套以施工工料耗费定额，计算工料耗费量，进行工料汇总，然后统一以货币形式反映其施工生产耗费水平。各职能部门以工程施工图预算的工料分析作为成本计划的依据，根据实际水平和要求，由各职能部门分别计算各项成本，最终做出整个项目的成本计划。

1.项目成本目标分解

建筑工程项目目标分解的方法主要有按成本组成分解、按子项目分解、按时间分解三种。

(1)按成本组成分解的成本计划，如图 8-2 所示。

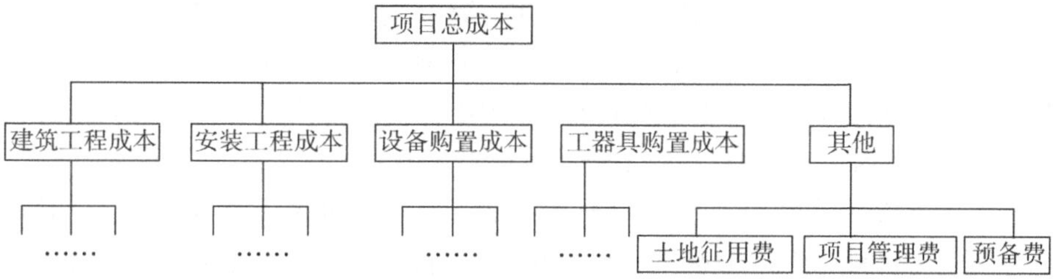

图 8-2　按成本组成分解成本目标

(2)按子项目分解的成本目标，如图 8-3 所示。

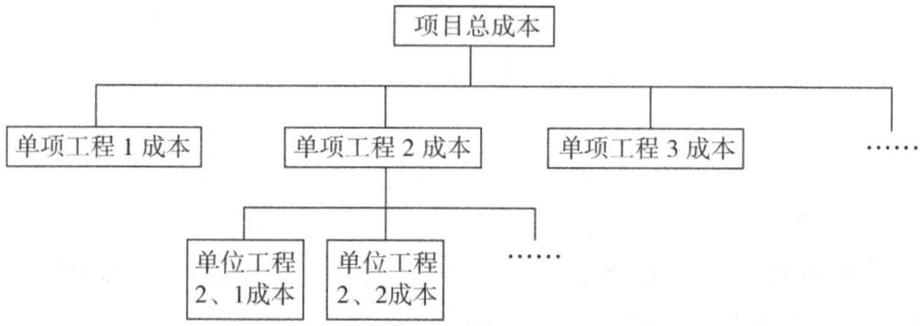

图 8-3　按子项目分解的成本目标

(3)按时间进度分解的成本计划。建筑工程具有周期长的特点，施工又是分阶段进行的，资金的使用与时间有密切联系。为了合理使用项目资金，尽量减少资金占用和利息支出，就必须把项目成本计划与进度计划联系在一起。一般可以在进度计划的基础上利用时标网络图编制成本计划。

在成本计划的编制中，三种方法不是完全独立的，往往是把几种方法结合起来编制成本计划才更具有可行性，例如把按成本组成分解和按子项目分解结合起来(表 8-2)，可以扬长避短，有助于检查各单项工程和各单位工程的成本组成是否完整，有无重复计算或漏项等，并可以检查各项支出是否明确。

表 8-2 按成本组成和按子项目结合分解的成本目标

子项目成本项目	单项工程	单位工程	分部工程	分项工程
建筑工程成本				
安装工程成本				
设备购置成本				
工器具购置成本				
其他				
项目总成本				

2.实际计算

(1)人工费的计划成本。人工费的计划成本计算式为

人工费的计划成本＝计划用工量×实际水平的工资率

其中　　计划用工量＝∑(某项工程量×工日定额)

工日定额可根据实际水平,考虑先进性,适当提高定额。

(2)材料费的计划成本。材料费的计划成本计算式为

材料费的计划成本＝∑(主要材料的计划用量×实际价格)＋∑(装饰材料的计划用量×实际价格)＋∑(周转材料的使用量×日期×租赁单价)＋∑(构件的计划用量×实际价格)＋其他材料成本

(3)机械使用费的计划成本。机械使用费的计划成本计算式为

机械使用费计划成本＝∑(施工机械的计划台班数×规定的台班单价)

或　机械使用费计划成本＝∑(施工机械计划使用台班数×机械租赁数)＋机械施工用电的电费

(4)其他直接费的计划成本。由施工生产部门和材料部门共同编制。计算时,应注意既不要与工料基本费重复,也不要漏项。

(5)间接费的计划成本。由财务成本核算人员计算。一般根据计划职工平均人数和已有的成本资料及降低成本措施,按人均支出数进行预测。

四、成本计划的编制成果

1.成本计划的编制成果

成本计划的编制成果主要有:

(1)成本计划表。

(2)成本模型。成本——时间表和曲线,即成本的强度计划曲线。它表示各时间段上工程成本的计划完成情况。累计成本——时间表和曲线,即S曲线或香蕉线,它又被称为项目的成本模型。

(3)相关的其他计划。例如,资金的支付计划、工程款收入计划、现金流量计划和融资计划等。

2.成本计划表

成本计划可以通过各种成本计划表的形式，将成本降低任务落实到整个项目的施工过程，并借以在项目实施过程中实现对建筑施工项目成本的控制。常用的成本计划表有建筑施工项目成本计划总表、降低成本技术组织措施计划表、降低项目成本计划表。

(1)建筑施工项目成本计划总表。建筑施工项目成本计划总表全面反映项目在计划工期内工程施工的预算成本、计划成本、计划成本降低额和计划成本降低率。如果施工项目经理在同一地区同时具有两个及两个以上的施工项目，则应先分别编制个项目的成本计划表，然后加以汇总成为项目计划总表。成本降低能否实现，主要取决于施工过程所采取的技术措施。因此，计划成本降低额要根据降低成本技术组织措施计划表、降低项目成本计划表和间接费用计划表来填写。实际成本与目标成本计划比较表见表8-3，项目成本计划总表见表8-4。

表8-3　实际成本与目标成本计划比较表

工程类别	各类费用成本降低率(%)					综合成本降低率(%)
	人工费	材料费	机械使用费	其他直接费	管理费用	
一、基础工程						
二、墙体砌筑						
三、粉刷						
四、						
……						
综合						

表8-4　项目成本计划总表

工程名称：

项目经理：　　　　　　年度：　　　　　　单位：

项目	预算成本	计划成本	计划成本降低额	计划成本降低率
一、建筑安装工程				
1.直接费用				
1)材料费				
其中：(1)技术措施				
(2)管理措施				
(3)科研措施				
(4)其他节约				
2)人工费				
3)机械使用费				
4)其他直接费				
2.间接费用				
施工管理费				
工程总成本				
二、工业生产构件				
……				

(2)降低成本技术组织措施计划表。降低成本技术组织措施计划是降低成本的依据，它反映各项节约措施及经济效益的文件。降低成本技术组织计划，一般由项目经理部有关人员参照计划年度前预计的施工任务和降低成本任务，结合本单位技术组织措施，预测经济效益来编制的。编制降低成本技术组织措施计划的目的，是为了不断采用新工艺、新技术的基础上，提高施工技术水平和管理水平，保证施工项目降低成本任务的完成。技术组织措施计划表主要包括三个内容：

①计划其采取的技术组织措施的项目和内容。

②该项措施涉及的对象。

③经济效益的计算及对各项费用的成本降低额。

降低成本技术组织措施计划表见表 8-5。

表 8-5 降低成本技术组织措施计划表

工程名称

项目经理： 年度： 单位：

措施项目	措施内容	涉及对象			降低成本来源		降低成本额				
		实物名称	单价	数量	预算收入	计划开支	合计	人工费	材料费	机械费	其他直接费

(3)降低项目成本计划表。降低项目成本计划是根据企业下达的该项目降低成本任务和该项目经理部自已确定的降低成本指标而编制的。此计划一般由项目经理部有关人员编制，编制的依据是项目总包和分包的分工，项目中的各有关部门提供的降低成本资料及技术组织措施计划。编制时，要注意参照企业内、外以往有关同类计划的实际执行情况。降低成本计划表见表 8-6。

表 8-6 降低成本计划表

工程名称

项目经理： 日期： 单位：

分项工程名称	成本降低额					
	总计	直接费用				间接费
		人工费	材料费	机械费	其他间接费	

3.成本模型

通过在网络进度计划分析的基础上，将计划成本分解落实到网络上的各项工程活动，并将计划成本在相应的工程活动的持续时间上平均分配，就可以获得“成本—时间”计划成本，把这种成本计划称为项目成本模型，一般有“成本—时间曲线”，即成本的强度计划曲线和“累计成本—时间曲线”，即S曲线或香蕉线。

(1)成本—时间曲线。表示各时间段上工程成本的计划完成情况。

其作图方法：

①首先，做出分部工程的横道图。

②确定各工作的计划成本，见表8-7。

③做成本—工期直方图。

④计算各期期末的计划成本累计值，并绘制曲线，如图8-4所示。

表8-7　各工作的计划成本

工程活动	A	B	C	D	E	F	G	H	I	J	合计
持续时间(周)	4	10	6	10	4	2	10	6	2	2	32
计划成本(万元)	8	40	60	60	24	18	40	18	10	6	284
单位时间计划成本(万元/周)	2	4	10	6	6	9	4	3	5	3	8.88

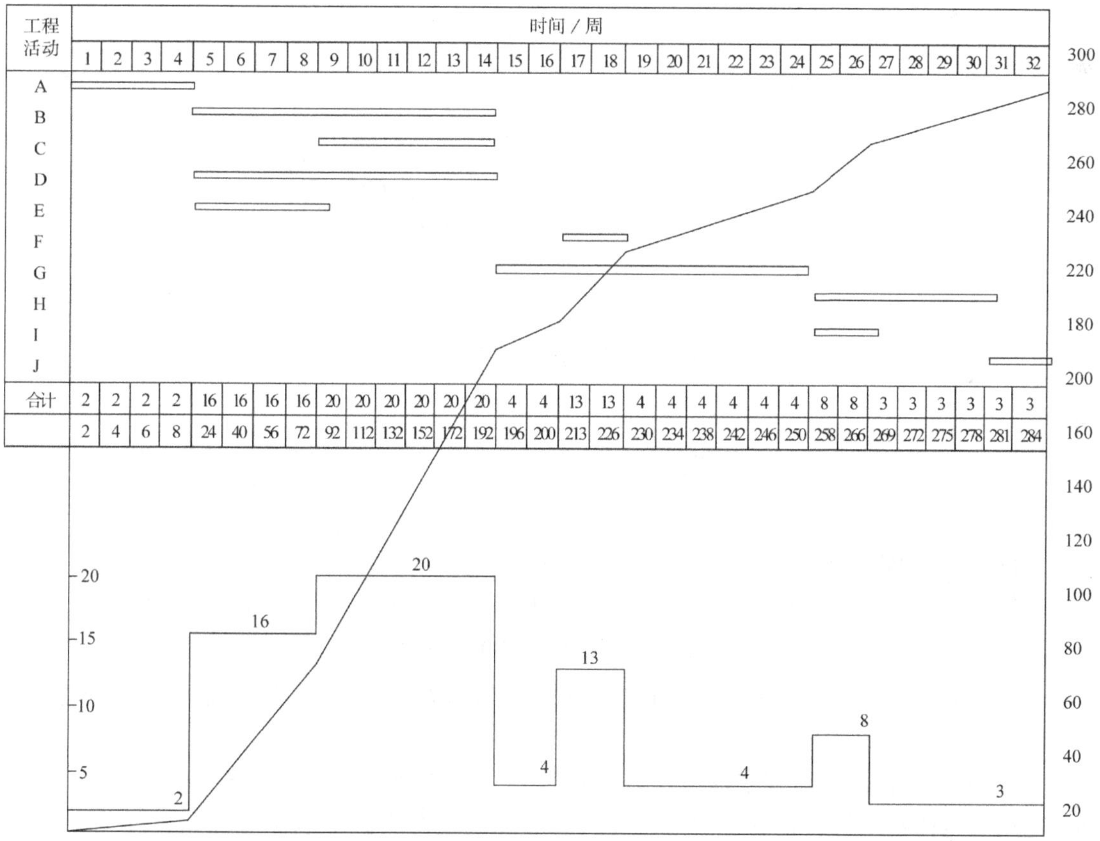

图8-4　成本—时间曲线

(2)累计成本—时间表和曲线，即S曲线或香蕉线。通过对建筑工程项目成本目标按时间进行分析，在网络计划的基础上可编制成本计划。把时间和成本的关系用S曲线表示出来。项目实施过程中，可根据该曲线图形进行资金筹措和利用。曲线图形如图8-5和图8-6所示。

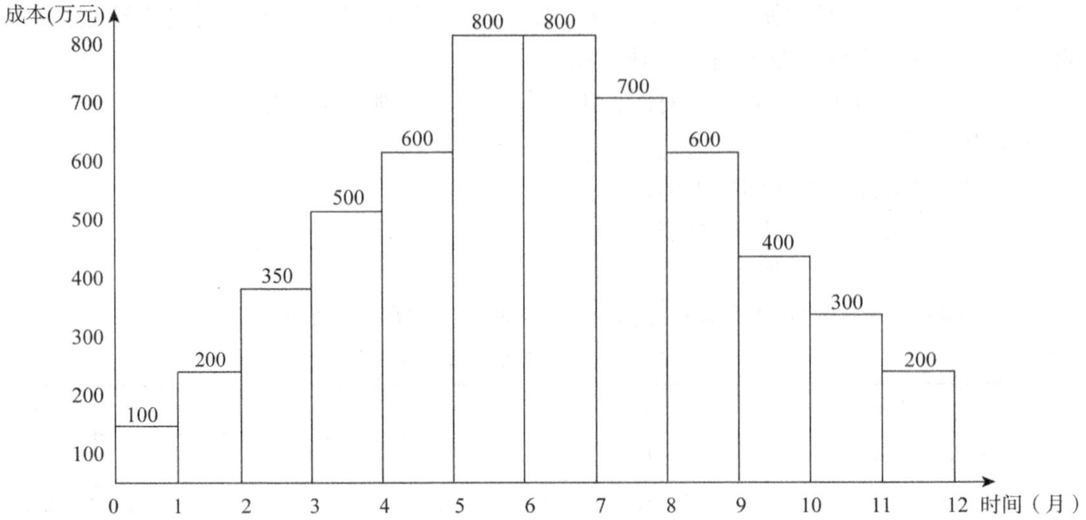

图 8-5　时标网络图上按月编制的成本计划

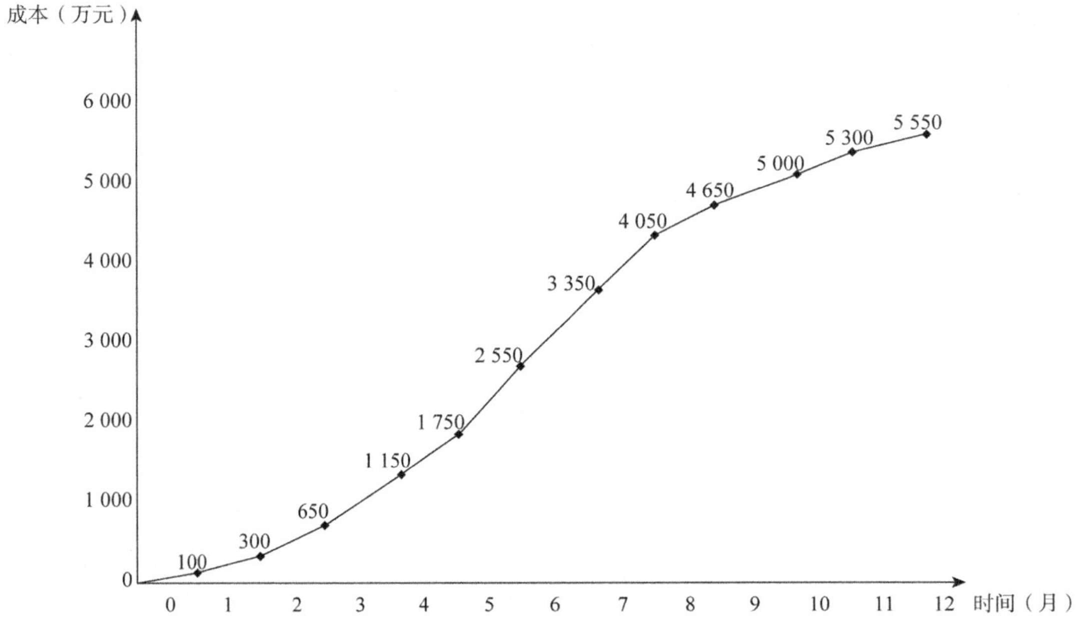

图 8-6　时间—成本累计曲线

(3)相关的其他计划。如资金的支付计划、工程款收入计划、现金流量计划和融资计划等。

①资金的支付计划。建筑施工项目成本计划是按照进度计划确定的成本消耗情况。但是,建筑承包商对工程资金的支取并不与工程进度完全同步。承包商可能超前支出,如购买建筑材料时,先付一笔定金,到货后付清余款;也可能滞后,如在材料供应一段时间后付清材料款等。因此,工程资金的支付计划要按照施工生产活动过程中实际可能发生的支出时间及数额编制。资金支付计划包括:人工费支付计划;材料费支付计划;设备费支付计划;分包工程款支付计划;现场管理费支付计划;其他费用支付计划,如保险费、利息等。

②工程款收入计划。承包商的工程款收入计划即为业主的工程款支付计划。它与两个因素有关,一是工程进度,即按照成本计划确定的工程完成的状况;二是合同确定的付款方式。付款方式通常有:工程预付款方式、按工程进度付款、按形象进度分阶段付款和其他方式(承包商垫资,工程结束后支付或由工程本身的收益支付等)。在工程中,常采用的是按形象进度付款方式,按形象进度分阶段支付的工程收入款和资金支付情况,如图 8-7 所示。

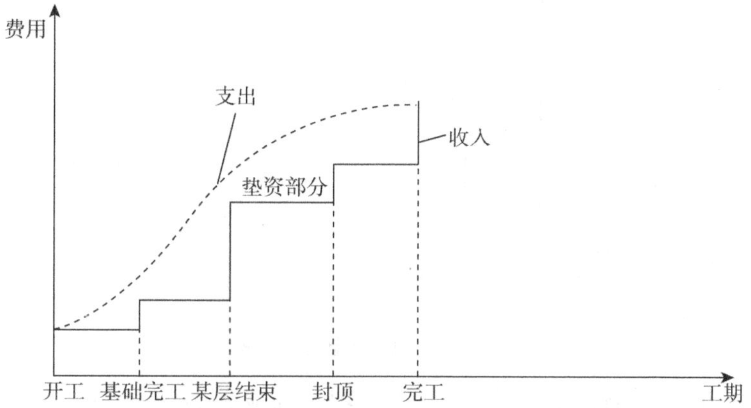

图 8-7 工程收入款与资金支付关系图

③现金流量计划。在工程款支付计划和工程款收入计划的基础上,可以得到工程的现金流量,它可以用表或图的形式表示出来。工程项目资金的支出和收入常常不平衡,垫款现象严重。因此,承包商非常重视现金流量情况。工程项目现金流量计划具有非常重要的作用,可根据现金流量计划及时安排资金的借贷,以保证项目的正常施工;计算资金成本,即计算由于工程负现金流量带来的利息等成本支出;考虑财务风险问题,设计相应的对策。

第三节 工程项目成本控制方法及偏差分析

一、工程项目成本控制的方法

成本控制的方法有很多种,每一阶段所采用的方法不同,先简单介绍几种常用的成本控制的方法。

(一)曲线法

曲线法又称赢值法,是一种测量费用实际情况的方法。它通过进度计划比较实际完成工程与原计划应完成的工程,从而确定确定实际费用与计划费用是否存在偏差。用曲线法进行成本分析具有形象、直观的优点,用它作定性分析可得到令人满意的结果。

某工程的三种成本参数曲线,如图 8-8 所示。图中,曲线 a 表示已完工程实际成本。已完工程实际成本是指在某一给定时间内完成的工程内容所实际发生的成本。曲线 b 表示已完工程计划成本。已完工程计划成本是指在某一给定时间内实际完成的工程内容的计划成本。曲线 p 表示拟完工程计划成本。拟完工程计划成本是指根据进度计划在某一给定时间内所应完成的工程内容的计划成本。

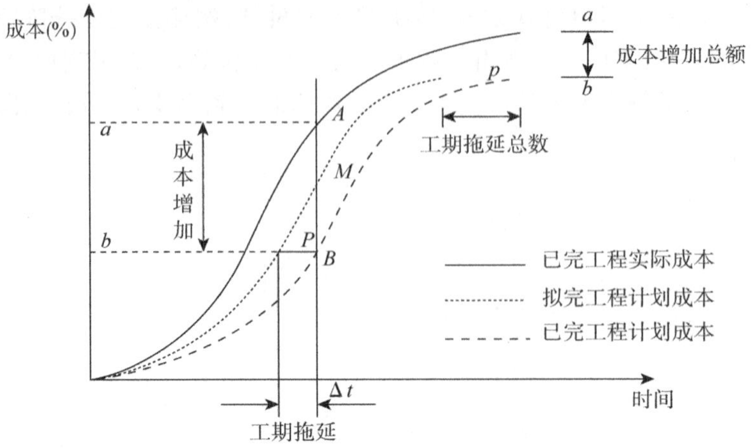

图 8-8　三种成本参数曲线

从图中可见，在某一时间进行检查，已完工程计划成本为 b，但已完工程实际成本为 a，成本增加了。工程完成日期为 t_b，计划工期为 t_p，工期拖延了 Δt。经过偏差分析，找出影响费用偏差的原因，并对后续工作进行合理的成本预测，估计出总的成本增量和工期拖延总数。

(二)成本分析法

1.成本分析指标

成本分析的指标很多，要根据具体对象综合地分析进度、工期、成本、质量、效率等参数，得出所必需的进度偏差、成本偏差。常用的偏差表示有：

(1)成本偏差。成本偏差的计算公式为

成本偏差 1＝已完工程实际成本－拟完工程计划成本

成本偏差 2＝已完工程实际成本－已完工程计划成本

由于在实际工程施工过程中，有许多影响因素发生，造成实际进度与计划进度不能同步，所以成本偏差 1 没有实际意义，只用成本偏差 2 表示成本偏差。由于进度与成本之间有密不可分的关系，所以还要引入进度偏差的概念。

(2)进度偏差。进度偏差的计算公式为

进度偏差＝拟完工程计划成本－已完工程计划成本

进度偏差为正值表示工期拖延，进度偏差为负值表示工期提前。

(3)局部偏差和累计偏差。局部偏差有两个含义，一个含义是指对于整个项目而言，各单项工程、单位工程以及分部分项工程的成本偏差；另一个含义是指对于项目实施的时间而言，某一控制周期内所发生的成本偏差。

累计偏差是指各局部偏差综合分析累计所得的偏差。其结果能显示出整个工程成本偏差的规律性，对成本控制具有一定的指导意义。

(4)绝对偏差和相对偏差。绝对偏差是指成本计划值与实际值比较所得到的差额。绝对偏差的结果很直观，有助于成本管理人员了解成本偏差的绝对数额，并以此为依据，制订成本支出计划和资金筹措计划。但绝对偏差具有一定的局限性，因此引入相对偏差的概念。

$$相对偏差=\frac{绝对偏差}{费用计划值}=费用实际值-\frac{费用计划值}{费用计划值}$$

(5)偏差程度。成本偏差程度计算公式为

成本偏差程度=成本实际值/成本计划值

进度偏差程度=拟完工程计划成本/已完工程计划成本

2.成本分析案例

【例 8-1】 某工程计划直接总成本为 2 557 000 元，工地管理费和企业管理费总额为 567 500 元。工程总成本为 3 124 500 元。则

管理费分摊率=567 500/2 557 000=22.19％

该工程总工期 150d，现已进行了 60d，已完工程总造价为 1 157 000 元，实际工时为 14 670 h，已完工程中计划工时为 14 350 h，实际成本 1 156 664，已完工程计划成本为 1 099 583 元，则至今成本分析为

(1)工期进度：60d/150d×100％=40％；

(2)工程完成程度：1 157 000 元/3 124 500 元=37％；

(3)劳动效率：1 467/14 350=102.2％；

(4)成本偏差：1 156 664－1 099 583=57 081(元)；

(5)相对偏差：57 081/1 099 583=5.19％；

(6)成本偏差为正值，表示成本超支。

(三)横道图法

横道图法是用不同的横道标识已完工程计划成本、拟完工程计划成本和已完工程实际成本，横道的长度与其金额成正比关系。这种表示方法具有形象、直观、一目了然的优点，它能够准确表达出成本的绝对偏差，而且能直接表达出成本偏差的严重性。但是它反映出的信息量较少。

表 8-8 为用横道图法进行成本偏差分析，从表中图形可得出以下信息。

(1)木门窗安装。已完工程计划成本与拟完工程计划成本相等，说明实际进度与计划进度相符；已完工程计划成本与已完工程实际成本相等，说明成本无偏差。

(2)钢门窗安装。已完工程计划成本大于拟完工程计划成本，说明实际进度落后于计划进度，出现进度偏差；已完工程计划成本小于已完工程实际成本，说明成本超支，产生偏差。

(3)铝合金门窗安装。已完工程计划成本与拟完工程计划成本相等，说明实际进度与计划进度相符；已完工程计划成本小于已完工程实际成本，说明成本超支，产生偏差。

表 8-8　横道图法的成本偏差分析

项目编号	项目名称	费用参数数额（万元）	费用偏差（万元）	进度偏差（万元）	偏差原因
1	木门窗安装	30 30 30	0	0	
2	钢门窗安装	30 30 30	10	-10	
3	铝合金门窗安装	30 30 30	10	0	
		10　20　30　40　50　60　70	20	-10	
合计					
		100　200　300　400　500　600　700			
已完工程实际成本　拟完工程计划成本　已完工程计划成本					

(四)表格法

表格法是将项目编号、名称、各项成本参数、成本偏差参数综合绘入一张表格(表 8-9)中,直接在表格中进行比较,让管理者综合地了解并处理这些数据。

表 8-9　成本偏差分析表

项目编码	(1)	—
项目名称	(2)	安装模板
单位	(3)	m^2
计划工效	(4)	0.8 h/m^2
工时单价	(5)	20 元/h
拟完工程量	(6)	30 000 m^2
拟完工程计划成本	(7)=(4)×(5)×(6)	480 000 元
已完工程量	(8)	32 000m^2
已完工程计划成本	(9)=(4)×(5)×(8)	512 000 元
实际工效	(10)	
实际工时单价	(11)	
其他款项	(12)	0
已完工程实际成本	(13)=(8)×(10)×(11)+(12)	560 000 元
成本偏差	(14)=(13)−(9)	48 000 元
成本偏差程度	(15)=(13)÷(9)	1.09（工期提前）
进度偏差	(16)=(7)−(9)	−3 200（提前）
进度偏差程度	(17)=(7)÷(9)	−0.94

表格法的优点：

(1)灵活，适应性强。可根据实际需要自己设计表格、适当增减项目。

(2)信息量大。可反映偏差分析所需资料、有利于成本管理人员及时正确地控制成本。

(3)表格处理可借助于计算机，便于微机化管理，节省人力，提高工作效率。

二、偏差原因分析

偏差分析的目的是要找出引起偏差的原因，从而有针对性地采取措施，减少或避免相同原因的再次发生。在偏差分析时，常采用的有因果分析法(树枝图法)和因素替换法。

1.因果分析法

用因果分析法对建筑施工项目成本偏差进行分析时，首先要明确项目成本偏差的结果，再找出主要的影响因素也就是大原因，从而找出大原因背后的中原因，中原因后的小原因及更小原因。把原因进行归档、总结，最后找出主要原因并做显著记号，作为制订降低成本措施的依据。成本偏差的大原因主要有物价变动、设计原因、业主原因、施工原因和某些客观原因五大方面，每一方面又有具体的原因。因果成本偏差原因分析图，如图 8-9 所示。

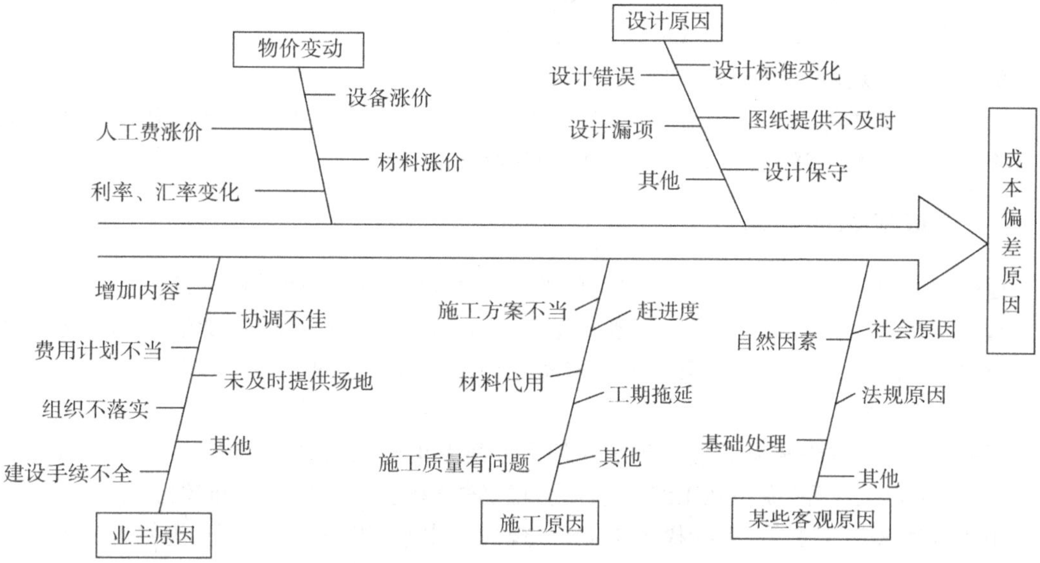

图 8-9　建筑施工项目成本偏差因果分析图

2.因素替换法

因素替换法可以用来测算和检验有关影响因素对项目成本作用力的大小，从而找出产生实际成本偏离计划成本根源。其具体做法是：当项目成本受几项因素影响时，先假定一个因素变动，其他因素不变，计算出该因素的影响效应；然后，依次再替换第二个、第三个、……因素，从而确定每一个因素的影响额。

【例 8-2】某工程结构现浇混凝土计划使用商品混凝土为 1 200m^3，计划价格为 360 元/m^3。实际浇筑量为 1 250m^3，实际价格为 330 元/m^3；计划耗损量为 2%，实际供应混凝土量为 1 293.75m^3，实际成本为 426 938 元，试分析成本偏差产生的原因。

【解】

(1)确定成本影响因素。

现浇混凝土总体成本 C=工程量(X_1)×每立方米工程混凝土用量(X_2)×混凝土单价(X_3)

从公式中可见,影响现浇混凝土总成本的因素有3个,即 X_1 为工程量变更,X_2 为每立方米工程混凝土用量的变化,X_3 为混凝土价格波动。

(2)确定原预算现浇混凝土材料成本。

预算成本 C_P=1 200 m^3×1.02×360 元/m^3=440 640 元

(3)确定三个因素对成本的影响程度。

①用实际用量替换计划用量。

X_1=1 250 m^3,X_2、X_3 不变。则:

C_1=1 250×1.02×360=459 000(元)

C_1-C_P=465 570−440 640=25 110(元)

现场混凝土耗损量增加,使成本超支 25 110(元)。

②用混凝土实际单价替换计划单价。

C_2=1 250×1.035×330=426 938(元)

C_1-C_P=426 938−440 640=−38 812(元)

价格降低使成本节约为 38 812 元。

从以上三步替换分析可以看出,各因素对成本的影响力及方向程度。该项目成本偏差原因为工程量计算有误,混凝土没有充分利用,损耗太多。

三、降低成本的措施

通过成本分析确定了项目成本偏差的原因,就必须采取有针对性的纠偏措施。常用的措施有组织措施,即从成本控制的管理方法上采取措施;经济措施,即加强成本计划的编制与实施;技术措施,即从施工方案角度应多做几个施工方案并进行技术经济比较;合同措施,加强索赔管理,加强日常合同管理。

工程施工中,主要从项目生产要素的各个方面考虑降低成本的措施。

(1)加强施工管理,提高施工组织水平。正确选择施工方案,合理布置施工现场;采用先进的施工方法和施工工艺,不断提高工业化、现代化水平,组织均衡生产,搞好现场调度和协作配合;认真、细致地做好竣工收尾工作,加快工程进度,缩短工期。

(2)加强技术管理,提高工程质量。研究推广新产品、新技术、新工艺、新结构类型、新材料及新的施工机械设备,制订并认真贯彻降低项目成本技术组织措施,提高经济效益;加强施工过程的技术质量检验制度,提高工程质量,避免因质量问题需返工、加固、修缮所带来的成本损失。

(3)加强劳动工资管理,提高劳动生产率。改善劳动组织,根据进度及工程量合理使用劳动力,减少窝工浪费;执行劳动定额,实行合理的工资和奖励制度;加强操作工人的技术教育和业务培训工作,提高工人的文化素质和操作熟练程度;加强劳动纪律,提高工作效率,压缩非生产用工和辅助用工,严格控制非生产人员比例。

(4)加强机械设备管理,提高机械使用率。根据工程特点和机械性能,合理选用机械设备,搞好机械设备的保养和维修,提高机械的完好率、利用率和使用效率,从而加快施工进度、增加产量、降低机械使用率。

(5)加强材料管理，节约材料费用。认真做好材料的采购、运输、储存和使用工作，减少各环节的损耗；合理堆置现场材料，组织分批进场，避免和减少二次搬运；严格材料进场验收和限额领料制度；制订并贯彻节约材料的技术措施，合理使用材料，搞好节约代用、修旧利废和废料回收，综合利用一切资源。

(6)加强成本管理，节约管理成本。建立精干的管理组织机构，减少管理层次，压缩非生产人员，实现定额管理，制定分项分部门的定额指标，有计划地控制各项成本开支。

(7)积极采用降低成本的新管理技术。利用系统工程、工业工程、全面质量管理、价值工程等。其中，价值工程是寻找降低成本的有效途径。

四、未完工程成本的预测

项目施工过程中定期进行成本检测，将实际成本与计划成本进行比较，若发现偏差，通过以上方法对成本偏差原因进行分析，找出主要影响因素。因此，人们要考虑到各项影响因素对后续工程有无影响，影响程度如何，后续工作成本会发生哪些变化，未完工程成本模型有何变化，必须做成本预测，以便与提前做好资金准备，相应调整资金计划，避免由于资金缺乏，造成工期拖延或停工。

1.预测未完成本注意的事项

(1)各成本参数、偏差参数及其他有关数据，是成本预测的基础。

(2)各种偏差发生的频率及其影响程度。在预测时必须将有关条件分清主次加以简化。

(3)各种客观原因的变化趋势。

(4)进度偏差的影响。成本偏差一般都伴有一定程度的进度偏差，应将两者有机结合。

2.预测未完成本的方法

(1)时间序列分析预测方法。

(2)线性回归预测法。

(3)期望偏差预测法。

(4)偏差因素分析预测法。

五、工程项目质量成本的控制

1.工程项目质量成本的概念

《质量管理体系　基础和术语》(GB/T 19000—2016)把质量成本定义为：“为了确保和保证满意的质量而发生的费用及没有达到满意的质量所造成的损失。”也可以理解为：在项目质量控制中，为了保证和提高施工项目质量所支付的一切成本，以及未达到项目质量标准而产生的一切损失成本之和。施工质量成本占产品总成本的比例因项目不同而不尽相同，最少的仅占1%～2%，最高的可达10%左右。由于质量成本占的比利有限，要想通过降低质量成本影响总成本而取得更大的利润，作用是有限的。但是，通过开展质量成本控制工作，可以看到施工项目质量与管理问题的薄弱环节，提醒管理者采取措施，提高经济效益。

2.工程项目成本质量的构成

工程项目质量成本包括内部故障质量成本、外部故障质量成本、工程鉴别成本和工程预防成本四项。

(1)内部故障质量成本。内部故障质量成本是指在建筑施工项目竣工前，由于项目自身缺陷而造成的损失，以及处理缺陷所发生的成本之和。如废品损失费、返工损失费、停工损失费和事故分析处理费等。

(2)外部故障质量成本。外部故障质量成本是指工程交工后，因项目质量缺陷而发生的一切费用。如申诉受理费、回访保修费和施工索赔费等。

(3)工程鉴别成本。工程鉴别成本是指为了确保施工项目质量达到项目质量标准要求，对工程项目自身及材料、构件和设备进行质量鉴定所需要的一切费用。如材料检测费、工序检验费、竣工检查费、机械设备试验和维修费等。

(4)工程预防成本。工程预防成本是指为了确保施工项目质量而采取预防措施所发生的费用，即为使故障质量成本和鉴别成本减到最低限度所需要的一切成本。如项目质量规划费、新材料或新工艺评审费和工序能力控制费，以及研究费、质量情报费和质量教育培训费等。

3.建筑施工项目质量成本分析

一般情况下，如果增加预防成本，就可以提高项目质量和降低不合格品率，并减少内部故障损失和外部故障损失；反之，若减少预防成本，将使项目质量下降和不合格品率上升；这样势必增加鉴别成本、内部故障质量成本和外部故障质量成本，并使项目质量总成本急剧增加。但是，预防成本并不是越高越好，当项目质量已达到一定标准量，若再进一步提高其质量，承建单位将会付出高昂代价。也就是，项目质量提高引起的内部和外部故障质量成本的减少弥补不了所增加的预防成本，项目质量总成本反而增加，这时增加的预防成本已属得不偿失。

由此可知，项目施工质量成本分析，就是对其组成项目在质量成本中应占比例进行分析，并寻求一最佳比例构成；即当内部故障质量成本、外部故障质量成本、工程鉴别成本和预防成本之和最低时所构成的施工质量成本。通过施工质量成本分析，也可以找出影响项目成本的关键因素，从而提出改进项目质量和降低项目成本的途径。施工项目质量水平与控制成本和故障成本之间的关系，如图 8-10 所示。

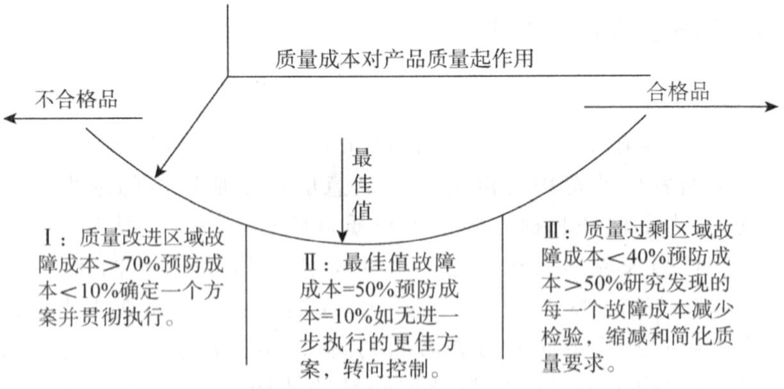

图 8-10 施工项目质量水平与控制成本和故障成本之间的关系

各项质量成本项目在其总成本中应占比例范围，见表 8-10。

表 8-10 质量成本比例表

质量成本项目	占质量总成本比例表(%)
工程预防成本	0.5～10
工程鉴别成本	10～50
内部故障质量成本	25～40
外部故障质量成本	25～40

4.工程项目质量成本计划

工程项目质量成本计划是指为了达到合同规定的质量标准,而对适宜的质量成本的策划与安排。它是质量成本控制的标准质量成本计划编制的依据,质量成本理论上应是故障成本和预防成本之和最低时的值,即成本最佳值。编制质量成本计划时,还应考虑本企业或本项目的实际管理能力、生产能力和管理水平,参考本企业质量管理和质量成本管理的历史资料综合编制。质量成本计划编制程序如下:

(1)收集资料进行预测预控,确定目标成本。

(2)确定质量成本控制总额。

(3)将质量成本率按目标成本分解到具体目标上。

(4)编制质量成本计划。

(5)把目标成本和改进措施落实分解到各部门、各单位、各班组。

第三篇

工程项目招投标与合同管理

第九章 工程承包

第一节 工程承包的产生与发展

一、工程承发包的概念

承发包是一种商业交易行为，是指交易的一方负责为另一方完成某项工程、某项工作或供应一批货物，并按一定的价格取得相应报酬的一种交易行为。委托任务并负责支付报酬的一方称为发包人；接受任务并负责按时完成而取得报酬的一方称为承包人。双方通过签订合同或协议，予以明确发包人和承包人之间的经济上的权利与义务等关系，且具有法律效力。

工程承发包是指建筑企业（承包商）作为承包人（称乙方），建设单位（业主）作为发包人（称甲方），由甲方把建筑安装工程任务委托给乙方，双方在平等互利的基础上签订工程合同，明确各自的经济责任、权利和义务，以保证工程任务在合同造价内按期按质的全面完成。其工程承发包方法如下。

(1)指令方法。由国家对发包者、承包者同时下达指令且指定承包者，适用于重点工程。

(2)协议方法。独家协议，发包者与某一家承包者协商承包；比价，发包者在两个单位（承包者）中进行比较，择优发包。

(3)招标方法。召集三个以上的承包单位进行承包竞争，发包者择优选定。

工程承包是经营方式的一种。从工程施工的角度看，是指建筑企业向建设单位（业主）或施工服务对象，提供建筑工程产品或服务的方式，即指企业获得任务的方式。

二、我国对外工程承包概况

1. 我国对外承包事业发展的优势

(1)施工技术适应国外工程承包要求。中华人民共和国成立以来，国家进行了大规模的经济建设,建筑业也得到飞速发展。特别是党的十一届三中全会以后,我国建筑企业的施工技术水平有了很大的提高,一大批高、大、新、精工程项目相继建设完成。例如,北京的亚运会工程、深圳国际贸易大厦和大亚湾核电站、上海宝山钢铁厂以及葛洲坝水利工程等大型建设项目。与世界各国相比,我国建筑企业的施工技术水平并不落后,完全能够承建国外各类建设工程,能适应对外承包工程的技术要求。

(2)劳动力资源丰富、工资水平低。我国建筑企业职工有 1 000 万人左右,还有大批农村施工队伍,这些施工队伍具有一定的技术水平,部分职工已有从事国外施工的经验。与国外建筑公司相比,我国职工的工资水平低,人工费用支付少,这使我国投标报价低于别国价格,其中标率相对增加。

(3)我国职工政治思想觉悟高、组织纪律性强。我国建筑企业职工长期受着党的教育,思想政治觉悟高、组织纪律性强,这是我国职工的一大特点,是国外建筑职工无法比拟的。出国人员能自觉遵守所在国法律,并具有勤劳奋进的精神,受到所在国政府及各界人士的好评。

2. 当前我国对外承包事业存在的问题和困难

由于我国从事对外承包事业发展较晚,经验不足,又长期不重视经营管理工作,因此,在对外承包工程中存在着一些急需解决的问题和困难。

(1)从整体上看,经营管理水平不高。我国的工程技术人员和管理干部,由于在国内只重生产,忽视经营管理工作,出国后,存在着不懂经营管理和不会管理的状况。近年来,经营管理工作虽然已引起各级管理人员重视,但是与国外承包公司相比,仍比较落后。由于经营管理工作跟不上,致使在不同层次、不同程度上出现了失控的现象。

(2)专业人才不足及素质不高。国际承包工程需要多种专门人才,包括语言、法律、商务、技术、经营、经济等人才。专业人才严重不足且素质较差,这是我国发展对外承包工程的最大弱点。至今,对外承包工程仍然承受着人才数量不足、队伍不稳和素质不高的困扰。

(3)物资和资金匮乏短缺。物资和资金是对外工程承包的必备条件。由于物资供应不足,对外工程承包所需的大量物资只得在当地购买,使物资销售利润被外商赚取,且大量外汇被外国人拿走。如果我国带着物资承包工程,则大量外汇就可以流入国内,为国家经济建设积累资金。对外承包工程还需要一定数量的流动资金,承包工程项目越多,流动资金耗用量就越大。而我国外汇不足,资金处于高额负债下滞流状态。这些都给我国对外承包事业的发展带来困难。

(4)管理制度不适应对外承包工程的需要。我国对外承包工程还存在着多渠道的问题,没有统一的组织机构进行科学的管理,各行其是,相互压低标价等内耗时有发生,致使经济效益不够理想。因此,在管理制度上如何统一行动、一致对外的问题,还要研究解决。

3.我国发展对外承包事业的对策

面对当前对外承包工程存在的问题与困难,既不能急躁冒进,也不能消极悲观,必须积极、实事求是地从中总结经验教训,采取果断、有效的措施来治理和改善对外的经营承包工作。

(1)改善对外经营承包的有利条件。改善我国对外经营承包业务,已具备了许多有利的条件,如对外经营中的一些规律性认识更加成熟,效益第一的经营思想更加明确;在对外经营承包方面,已有了一定数量的人才、经验和实力的积累。

(2)发展对外经营承包事业的对策。当前,我国除了巩固和发展已有市场,积极、稳妥开辟新的市场，扩大承包范围，开展对外技术咨询和设计承包，为国家多赚外汇外，其对策：

(1)明确指导思想，对外承包工程的指导思想是以盈利创汇为宗旨，端正经营思想。通过坚持改革开放，强化管理，使对外经营承包进入持续、稳定发展的轨道，跨上一个新的台阶。

(2)必须建立良好的经营机制，国家对外经营机构应对对外经营承包进行有效调控。其具体措施是既保证各驻外机构(经理部)有适当的经营自主权，又增强国家对对外经营的调控职能；明确各驻外机构责权，继续实行承包经营责任制和经理负责制，并不断完善；加强对承包工程项目(大型项目)的直接管理，完善工程项目管理体制；建立相应的评估委员会，以资金利润率为主要依据开展工程项目评估；进一步调整分配关系，消除出国职工收入分配中仍然存在的平均主义，要使职工个人收入与国外劳绩紧密挂钩等。

(3)进行经营布局和经营结构的调整，适应市场变化调整布局，保证重点经营。针对国际承包市场回弹与我国资金短缺的尖锐矛盾，集中人力、物力、财力，保证对外经营承包有一个适度的增长。经营布局的调整方针：发展亚太国家和地区；加强欧美；调整中东、北非；开拓其他国家。发展亚太地区，包括港、澳、泰、日本、东南亚、南亚和太平洋岛屿等国家和地区，是今后经营承包的重点地区。因此，要做好规划，统一部署，具体指导，以促进对外经营承包的不断发展。

(4)加强财务管理，加速资金周转，严格资金的投放与管理。坚持“优先保证重点产出区，优先保证现汇、劳务项目，支持开发项目，审慎控制延期付款项目”的投放原则；统一控制资金的信贷规模，使其与经营规模和偿还能力相适应；严格现汇管理制度，确保国有资产安全、可靠；非自由外汇地区试行外汇收入集中开户、集中管理。

(5)依靠科技进步，提高经济效益。强化科学管理，努力实现利用计算机管理、投标报价和网络信息传递目标，建立信息收集、加工、存储、传递和反馈系统。在开展对外经济承包中，注意引进、消化和吸收国外先进技术和科学管理方法，尽可能地采用和输出国内已经成熟的新技术、新产品、新材料，努力扩大建筑技术出口。

(6)努力提高职工队伍的思想、业务素质，造就一支政治、业务双过硬的职工队伍，是对外经营承包事业发展的根本保证。要把过细的思想政治工作放在关系到事业成败的高度来认识，通过多种形式的教育活动，增强企业凝聚力，增加职工的使命感、责任感，为企业的发展尽心尽力。加快人才开发，提高职工素质，采用灵活、有效的方法，多层次、多专业地培训专业人员，以解决人才不足的问题。在出国人员中试行《海外业务专业证书》制度，以适应对外经营承包事业发展的需要。

第二节　工程承包的范围与分类

一、工程承包范围

一个建设项目建设的全过程，大体上分为建设项目的可行性研究、勘察设计、材料设备购置与供应、工程施工、生产职工培训、竣工验收、交付使用等几个阶段。

1. 可行性研究

建设项目的可行性研究，就是指对拟议中的项目应否投资建设所进行的研究和论证，以便进行投资决策。

可行性研究通常分为三个阶段，第一个阶段称为“机会研究”，其任务是对在某地区、某部门或利用某种资源的投资机会做出投资建议，也就是对某建设项目投资的可能性做出科学论证，以引起投资者的兴趣；第二阶段称为“可行性初步研究”，其任务是对建设项目“机会研究”所形成的投资建议进行鉴别，解决“机会研究”的结论是否正确，哪些关键问题需要专题研究，以及投资建议的项目有无生命力等问题；第三阶段称为“可行性研究”，其任务是对可行性初步研究所肯定的建设项目进行全面而深入的技术经济论证，为投资者进行决策提供重要依据。它包括有两个以上可供选择的方案进行经济比较，决定最佳投资规模和最佳投资时期，以及提出可能采取的具体措施等。可行性研究通常是由专业咨询或设计机构承包进行，研究结论不论是可行还是不可行，也不论委托人是否采纳，都应按事先所签协议由委托者支付报酬。但是，可行性研究的结论如被采纳，而得到与结论相反的结果，使投资者蒙受经济损失，委托人可依法向承担研究的专业咨询或设计机构索取赔偿。

2. 编制设计任务书

按我国现行基本建设程序，一个建设项目经可行性研究论证其兴建的必要性和可行性以后，则应编制设计任务书。其作用是针对可行性研究所推荐的最佳方案，进一步分析拟建项目的利弊得失，落实各项建设和协作条件，审核各项技术经济指标的可靠性和建设资金的来源，以及厂址的选定等，以便为建设项目的最终决策提供依据。设计任务书一经主管机关批准，就意味着投资决策已经确定。设计任务书内容随建设规模大小和工程的复杂程度而有所不同，一般包括建设目的、建设依据、建设规模、建设地点、建设工期、建设投资估算、建设条件、产品方案、生产工艺、职工培训、劳动定员、资源综合利用和经济效益指标等内容。设计任务书由主管部门组织有关单位编制，或由专业咨询、设计机构承包编制。

3.勘察设计

(1)工程勘察。工程勘察主要内容包括工程测量、水文地质勘查以及工程地质勘查。

工程测量的任务是为建设项目的选址、设计和施工提供有关地形、地貌的科学依据；水文地质勘查的任务是为建设项目的设计提供有关供水、地下水源的详细资料；工程地质勘查的任务是为建设项目的选址、设计和施工提供工程地质方面的详细资料。工程勘察通常由专门的勘察机构担任和承包。

(2)工程设计。工程设计是基本建设的重要环节。建设项目技术上是否先进，经济上是否合理，设计将起着决定性的作用。设计文件是安排建设计划和组织施工的主要依据。按我国现行规定，一般建设项目按初步设计和施工图设计两个阶段进行设计。对于技术复杂而又缺乏经验的项目，需增加技术设计阶段。对大型联合企业，为解决总体部署和开发问题，还需进行总体规划设计或总体设计。为考核各设计阶段设计方案的经济性，建设项目应该在初步设计阶段编制设计概算。施工图设计阶段编制施工图预算。建设项目的设计工作由专业设计机构承包。

4. 设备及材料采购供应

建设项目所需的设备及建筑材料，建设单位可以委托施工单位或专门的供应机构负责采购、运输、安装和调试。在建筑业和基本建设管理体制改革的进程中，这是一种颇有发展前途的承包业务。

5.工程施工

工程施工是建设项目付诸实施的重要阶段。其任务是按设计图样要求，把建筑材料与设备转化为建筑产品（建筑物或构筑物），使预期的生产能力或使用功能得以实现。工程施工包括施工现场准备工作（即三通一平）、土建工程、设备安装工程以及环境绿化工程等。上述工程通常由土建施工企业总承包，其他由各专业施工企业分包，各方通力协作，配合施工。

6.生产职工培训

为了使新建项目建成后能及时交付使用或投入生产，在建设期间就须进行管理干部和技术工人的培训工作。这项工作通常由筹建单位负责组织，但在实行统包情况下，则包括在承包单位的业务范围之内，并委托适当的专业机构完成培训任务。

7.工程项目管理

工程项目管理是一项新兴的承包业务方式，服务对象可以是建设单位（业主），也可以是施工企业（承包商），其总任务可以概括为有效地利用有限的资金和资源，以确保工程项目总目标的实现。具体内容因对象不同而有所差异，就建设单位（业主）而言，主要是确定设计方案、投资额、组织招标、安排合同并检查其执行情况等；就施工企业（承包商）而言，主要是制订施工进度计划、施工组织设计、拟定投标报价方案、组织材料供应和现场施工、进行质量控制和成本管理以及合同索赔等项活动。

二、工程承包分类

工程承包方式是多种多样的，现分述如下。

1.按承包内容和范围分类

（1）建设项目承包（建设全过程承包）。这种承包，又称“统包”或“一揽子承包”，即通常人们说的“交钥匙”工程。这种方式主要适用于大型工厂、住宅区和国防工程等。业主只提出使用要求和竣工期限。承包商负责从可行性研究、勘察设计、组织施工，直到竣工验收、交付使用等建设的全过程。其优点是可以减少筹建工作量和缩短建设周期。这种方式要求承包商有丰富的经验和雄厚的经济实力。国外有些承包商与勘察设计单位组成一体化的承包公司，有的更进一步扩大到各种专业（包括器材）组成横向经济联合体。

（2）阶段或专项承包。这种方式是指承包商对某一建设阶段或某一项工程的承包。如勘察、设计、设备供应、土建、安装施工等。

2.按承包合同类型和计价方法分类

（1）固定总价合同承包。这种承包方式将总造价“一次包死”。此承包方式适用于规模较小、技术不太复杂的工程。

（2）计量定价合同承包。这种承包方式是以工程量清单和单价表为计算造价的依据，由业主提出工程量，由承包商填报单价，业主审查单价是否合理。目前，国际上采用这种方式较多。

(3)单价合同承包。这种承包方式一般可按平方米单价或按分部分项工程单价，随后根据实际完成的工程量，按双方商定的单价计算工程造价。

在没有施工详图就开工的紧急情况下，既不能精确计算工程量，又要避免因此而承担过大的风险，采用单价合同是比较适宜的。单价可按预算定额，双方可商定“一次包死”。

(4)统包合同承包。统包内容与范围前文已讲过，这里只介绍达成统包合同和确定包价的步骤。

①业主委托承包商对拟建项目的可行性研究，并在提供研究报告的同时，提出初步设计和编制工程概算所需的时间与费用。

②业主委托承包商进行初步设计，并着手施工现场的准备工作。

③业主委托承包商进行施工图设计，并着手组织施工。

以上每一步骤都要签订合同，规定业主应支付给承包商的报酬数额。由于从可行性研究、设计直至施工是逐步完成的，所以，在实践中采用成本加酬金合同为宜。至于采用哪一种成本加酬金合同方式，可由双方协商确定。

3.按承包商所处地位分类

(1)总承包(总包)。受业主委托负责组织建设全过程或某一阶段的全部生产活动(如勘察设计或施工)，通常是以土建公司或设计施工一体化的大建筑公司作为总承包商。

(2)分承包(分包)。承包商不是与业主直接发生关系，而是从总承包商处分包某一分项工程或某种专业工程。

在工程承包实施中由总包全面负责，统筹安排，分包对总包负责。分包对象的确定，一种是由业主指定，另一种是总包自行选择。分包对总包负责并签订分包合同，总包对业主负责并签订总包合同。

(3)直接承包。在同一工程施工中，有若干承包商参加，他们分别与业主签订合同，各自对业主负责，各承包商之间不存在总分包关系。现场的统筹安排由业主聘请项目经理统一管理。

(4)联合承包。联合承包是指两个或两个以上的承包商联合向业主承包，并按各自投入的资金份额分享利润与分担风险。参加联合的承包商各自独立核算，共同使用的临时设施与设备，可按时间摊付租金费用。

第三节　国内工程承包的方式

目前，我国工程承包方式有以下几种分类。

一、按工程造价承包分类

1. 工程概算包干

工程概算包干是以建设项目(或工程项目)的初步设计或扩大初步设计所计算的总概算或(综合概算)造价为依据，由施工企业在建设规模、建设投资、建设工期、工程施工、工程质量、材料设备订购与消耗等方面对发包人实行总承包。

2. 施工图预算包干

施工图预算包干是单位工程施工图设计所计算的预算总造价为依据，由施工企业承包。这种承包方法是我国多年来承发包制的习惯做法，其具体承包方法有以下几种。

(1)以施工图预算为基础按实结算。这种方式是以施工图预算为依据，将工程施工中所发生的设计变更增减、材料代换、基础工程量增减等费用，按实际发生的情况，在工程完工结算时一并进行调整或补充，并以此作为工程造价进行结算。

(2)按施工图预算加系数包干。这种承包方法是以单位工程施工图预算为依据，另按地区规定包干范围内的包干系数增收包干费，“一次包死”，超支或节余都不做调整。国家规定，一般民用建筑按工程总价的3%收取包干费，工业建筑按工程总造价的5%收取包干费。

(3)单方造价包干。单方造价包干方式是根据工程类型与结构特征，按每平方米建筑面积的预算造价为依据实行包干，在地区规定的包干范围内“一次包死”，超支或节余也概不调整。这种承包方式适用于定型设计或标准设计的民用建筑工程，如城市居民区的住宅建设等。

二、按承包工程范围分类

1. 建设工程总承包

建设工程总承包是指建设单位(业主)将整个建设工程发包给某个施工企业实行总承包，而且负责其整个承包范围内的工作，并在工程承包总投资的限额内，保证按期、按质地完成。目前，主要有以下两种主要承包方式。

(1)建设项目总承包。承包企业对建设全过程总承包，并负责工程任务的分包，以及整个建设项目的综合协调管理与监督工作。分包企业对总包企业负责，总包企业对建设单位负责。

(2)建筑安装工程总承包。建筑安装工程总承包是我国多年来所常用的一种承包方式，是指建筑安装企业对建设项目中的建筑安装工程任务实行总承包。负责整个建筑安装工程施工及管理工作。这种承包方式一般是以土建施工企业为总包，其自身无力完成的工程任务可分包给安装企业、机械化施工企业及其他施工企业去完成，并签订总分包合同，以明确双方的责任、权利和义务，保证整个建筑安装工程的顺利完成。

2. 专业工程承包

由于建筑施工生产社会化、专业化的不断发展，许多专业性强的工程任务，可分包给专业施工企业去完成，如安装工程，机械化施工工程(大型土石方、结构吊装等)，基础和打桩工程，高级装饰工程等。其承包方法可以直接从建设单位承包，也可以对总包企业承包工程实行分包。

第四节　国外工程承包的方式

国外工程承包方式，按工程承包范围分类基本上与我国相同。从国外工程承包情况来看，由于社会化、专业化大生产的不断发展，各种专业化承包公司越来越多，专业分工越细，工艺专业化发展也就越快。因此，国外专业化承包公司比我国要多一些，有的国家以工种分工，这样专业化承包公司就更多了，其工程承包方式也就具有多种类型的特点。现介绍以工程造价进行分类的几种承包方式。

一、固定总价承包

固定总价承包是指业主（发包人）以建设工程的固定总造价发包给承包商（承包人），其工程造价不因工程量、设备、材料价、人工工资等的变动而调整。即按固定价"一次包死"，不做调整。这种方式承包商经营效果有以下几种情况：可能按预期测算获得较多的利润；可能因物价上涨、劳务纠纷、自然条件、施工条件以及工程地质状况等因素发生变化而获得较少的利润；可能由于预测不准确，以及上述因素变化的影响，发生亏损或亏损较大。因此，这种承包方式承包商要承担比较多的风险。国外工程承包常采用这种方式，一般是以招标投标竞争的办法确定工程总造价，承包商为避免决策时的失误，报价都比较高。

二、计量定价承包

计量定价承包是指以分项工程项目的单价固定不变，工程量可按实际完成的数量进行调整，并据此计算工程造价的承包方式，适用于工程量可能发生较大变化的工程项目。国际标准通用工程合同条款中，也有量可变而价不变的规定，故国外工程承包采用这种方式较为普遍。对于承包商来讲，采用这种承包方式应注意以下问题：如工程量虽可按实调整，但由于分项工程单价预测不准而偏低，承包商就要承担亏损的风险；若实际完成工程量与设计图样所计算确定的工程量出入较大，造成部分单价不合理时，则承包商可在规定的范围内要求调整这些项目的单价。调整方法是规定一个允许调增（减）的幅度，以确定调整单价的界限。

三、成本加酬金承包

成本加酬金承包是指除工程成本按实结算外，业主（发包人）另加一笔酬金（管理费及利润）支付给承包商的一种承包方式。这种承包方式有以下几种形式。

1.成本加固定酬金承包

这种承包方式是指将发生的工程直接费实报实销，但补偿承包商的酬金事先商定在一个固定不变的数额上。其计算式为

$$C = C_d + F$$

式中　C——总造价；

C_d——实际发生的工程成本；

F——酬金(管理费及利润)。

从上式中可以看出，如果 F 数额是固定不变的，而总造价 C 将随着工程成本 C_d 的变化而改变。业主(发包人)应按实际发生的成本数额和双方商定的酬金支付给承包商，但承包商为了尽快得到酬金，必然关注工期的缩短，故仍有可取之处。

2.成本加固定百分数酬金承包

这种承包方式是指承包商除收取实际发生的工程成本费用外，另按双方商定的固定百分率计取酬金。其计取办法是按占实际成本的百分率计算。其计算式如下

$$C = C_d(1 + p)$$

式中 p——固定百分率。

对于承包商来讲，不会主动关注工期缩短和降低成本。显然，这种方式对业主(发包人)是不利的。

3.成本加浮动酬金承包

这种承包方式双方要事先商定工程成本和酬金的预期水平。如果实际工程成本等于工程成本的预期水平，工程总造价就是成本加固定酬金；如果实际成本低于预期水平，则增加酬金；如果实际成本高于预期水平，则减少酬金。这三种情况的计算式如下：

若 $C_d = C_0$，则 $C = C_d + F$；

若 $C_d < C_0$，则 $C = C_d + F + \Delta F$；

若 $C_d > C_0$，则 $C = C_d + F - \Delta F$。

式中，C_0 为预期成本，ΔF 为增加或减少的酬金部分，可以是一个百分数，也可以是一个预定的绝对数。这种承包方式可以促使承包商关心降低成本和缩短工期，业主和承包商都不会承担太大风险，因此，有其可取之处。但在实践中，预期成本的确定比较复杂，测算准确并不容易，要求业主和承包商的代表都应具有比较丰富的实践经验。

实行成本加酬金承包，虽然酬金(利润)较小，但是承包商不必担多大风险，酬金有保证，比较安全，故很受承包商的欢迎。成本加酬金承包，关键是要拟定和明确规定工程成本开支项目及内容，即明确成本费用列账的项目内容与有关问题的规定说明，以免结算时发生纠纷。

第五节　国外工程承包的具体办法

国外承包工程是国际间通过招标、议标或其他协商途径，承包咨询设计、物资采购、建设项目施工或办理其他经济事务的活动，承包人叫作承包商或承包公司。筹办招标、议标等活动的为发包人，发包人叫作业主，业主可以是个人、公司、企业或政府机构。

国际承包工程的业务范围相当广泛，可以是工业项目，也可以是农业、商业和服务业的

项目;既有民用项目,也有军用项目;可以是成套工程,也可以是单项工程。

一、国外承包工程的步骤

承包公司在一个国家参加工程投标,或者承揽工程任务,必须首先在这个国家的工商行政部门登记注册,获得批准且取得合法资质后,才能开展承包工程业务。同时,必须按照国际承包中的一般做法,物色好本公司的代理人(或担保人),同时在驻地国的银行开户,以便进行工作。这样,承包公司就具备了以上基本条件,即可开始承揽工程。如准备参加工程的投标竞争,首先要进行资格审查,通过后即可购买标书,进行投标报价工作。中标后,双方签订工程合同,即可开始施工。

1.承包公司注册

承包公司在一个国家参加投标,承揽工程任务,必须在这个国家的工商行政部门登记注册。向当地政府有关机构递交申请注册的文件包括以下内容。

(1)公司章程或备忘录。

(2)公司营业证书。

(3)公司的住址。

(4)公司在世界各地分公司(或办事处)清单。

(5)公司董事会成员名单。

(6)申请注册分公司或办事处的地址。

(7)公司董事会颁发的申请注册分公司经理和副经理委任书。

(8)所在国出具的与申请注册分公司签字的承包工程合同。

2. 代理人

代理人制度,在国际承包中极为普遍。代理人是受承包人的委托,帮助承包人办理投标和有关承包工程的事务。代理人可以是个人,也可是一个公司或集团。代理人一般应由具有良好社会关系、有影响、会办事的人担任。代理人应尽其全力维护委托人的利益,并为其办理行政等方面的手续。代理人的服务范围以代理协议为准,提供服务的内容有:

(1)协助委托人参加资格预审和获取招标文件。

(2)协助委托人办理出入境签证、劳动证、居留证、驾驶执照等。

(3)在当地法律或规章制度方面提供咨询服务。

(4)提供当地市场行情。

(5)提供当地商业活动的知识和经验。

(6)协助委托人办理机械、设备和材料的进出口许可证及海关手续。

(7)促进委托人和当地以及商界的友好关系。

3.资格预审

资格预审是投标竞争的序幕,特别是一些大型项目,资格预审是很严格的。资格预审也是发包人对众多承包商参加投标的一种调查形式。通过资格预审,发包人可以在财力、技术、管理水平和声誉方面对承包人进行全面审查。最后,选择具有一定财力和经验、能承包该工程项目的承包商参加投标竞争。

资格预审的内容主要包括承包公司所属的国籍、公司简介、资本、拥有的施工设备、公司的经历、信誉和近五年来的经营状况，以及公司主要管理人员和技术人员的职务、资历和管理水平。

承包公司一般将资格预审所需材料以文件形式向招标委员会递交，其文件包括的主要内容如下：

(1)投标意向书。

(2)公司章程或条例。

(3)公司技术和行政管理机构人员清单。

(4)公司现有机械设备清单。

(5)公司现有合同清单。

(6)公司资产、负债表。

(7)近五年来公司承建类似工程清单。

(8)业主或监理工程师对公司资信的证明。

(9)银行对公司资信和财政状况(如资本等)的证明。

以上文件准备齐全之后，还必须经公证处和有关国家驻承包公司所属国使馆公证之后，方能生效。承包公司在规定期限之内，将上述文件密封递交招标委员会。

资格预审通过之后，承包商才有权向招标机构索取(或购买)标书，参加投标。同时，也有权放弃投标资格，不索取标书，不参加投标。投标报价等过程将在后续几章中详述。

二、国外承包工程的保函与保险

“保函”，也称“保证书”，是承包商与业主之间通过银行进行的担保。其实质是银行为承包商向业主履行规定义务的经济担保。

1.保函种类

(1)投标保函。投标保函是银行为承包商参加投标竞争提供的信誉保证书。因为参加投标的承包商必须向业主交付约标价5%的保证金。承包商一般不交现金，而由承包商的开户银行开出标有一定金额的投标保函，即保证金。但承包商必须在开户银行存有相等或大于保证书金额的存款，银行开出保证书后，就将相等数额的存款冻结，但存款利息照付，银行只收取若干(3%～5%)的手续费。一般保函的有效期为3～6个月，到期后自动失效。投标期结束后，中标者的保证金不必退还，可作为履约保证金，失标者予以退回。

按规定，保函上写有“不可撤销”的字样，这是对投标者的一种限制。若投标者中标后，拒签合同，或者招标期间自动退出投标竞争，或者中标者不能在规定时间内提供一份合格的履约保函等，即等于撤销保函。此时，保证金则被业主凭保函从银行提走。

(2)履约保函。中标的承包商在签订合同前，向业主提交一份由银行开出的履约保函。其保证金额一般占投标造价的10%或具体规定的金额数。其手续与投标保函相同，履约保函的有效期限到完工为止。如工期拖延，承包商应与业主协商，并通知银行将履约保函的有效期延长。

(3)预付款保函。如果合同中规定，业主付给承包商一定比例的预付款，承包商的开户银行就要出具预付款保函。表明承包商保证执行合同，进行施工。预付款一般将逐月从工程支付中扣还。因此，预付款保函值将逐月相应减少。承包商在通过银行开出此种保函时，应在保函上写明这一点。承包商全部还清预付款后，业主应退回保函。

(4)工程维修保函。工程维修保函即工程维修保证期的保证金，维修保函金额相当于工程付款的保留金额值，或由合同的特殊条款确定。如在维修期内，承包商拒绝或无力维修，则业主可凭保函向银行提款，自己组织维修。承包商在维修期满，业主的工程师签发维修合格证书后，业主退还保函。

(5)进口物资免税保函或临时进口设备税收保函。凡合同中规定进口材料可以免税，或者施工机具可以临时进口者，承包商都要向工程所在国的海关税收部门提交这类保函。这个保函的作用是保证进口物资或设备仅用于这项免税工程。

2.国际承包业务保险的种类及规定

承包商的业务保险是指保险公司与被保险承包商订立的保险契约。承包商交付议定的保险费后，保险公司根据保险契约的规定对执行合同过程中发生承保责任范围内的损失给承包商以经济赔偿，如执行合同中造成的人身伤害、死亡、财产损失等。各国对保险的规定各不相同，仅就一般情况介绍如下：

(1)工程保险。工程保险就是对工程进行过程中可能发生的不利情况和意外不测，从若干方面消除或补偿；工程保险是避免遭受损失的一种特殊措施。为了补偿由于自然灾害、承包商及其雇员的过失和疏忽使工程遭受损失，承包商对所承包的工程、设备、人员、材料、运输，及已完工程等向保险公司投保。保险公司承保的期限，一般是从工程开工直到工程竣工(包括安装、试车和验收)为止，并对由于火灾、雷电、爆炸、洪水、地震、工艺不善、设计不善、原材料缺陷、安装技术不善以及工人、技术人员缺乏经验、疏忽、过失等原因所造成的损失，按保险条款由保险公司负责赔偿。工程保险费所占比例较小，约1%，但承包商一般将这笔费用转嫁给业主，将这保险费列入报价中。

(2)人员保险。国外一般对各类人员实行强制保险，分工人和雇员。工人工伤事故保险由承包商负责(包括总、分包工人的保险)。为此，承包商可向业主认可的保险公司投保。雇员的损害赔偿，保险公司应保障投保人不受损失。投保人不论在作业事故或疾病造成的人身伤害或死亡，保险公司将负担承包商为此支付的全部损失的赔偿。工人和雇员(即工作人员)保险费的计算有所不同。

(3)货运和汽车保险。承包商跨国购置设备、建筑材料，一般都要向保险公司投保。由保险公司支付在运输、装卸、储存过程中的直接损失或对财产造成的损失。汽车在有些国家实行强制保险。如汽车仅在施工地使用则已在工程保险中投保，如承包商在工地外使用的运输车辆，仍应投汽车保险。

(4)第三方保险。第三方保险是指合同执行期间，在施工中可能发生的对现场周围任何人(包括业主及其所雇人员、过路行人等)的财务或个人的人身所造成的损害赔偿的保险，其保险最低金额在投标书的附件中有具体规定，保险费率一般约0.05%～0.1%，须视具体情况而定。

第十章
工程招标与投标

第一节　工程招标与投标概述

一、招标投标的概念

招标投标是一种商品交易行为，它包括招标和投标两个方面的内容。目前，招标投标在国际上广泛采用。不仅政府、企业、事业单位用招标投标来采购原材料、器材和机械设备，而且各种工程项目也日益用这种形式进行物资采购和工程承包。招标投标是在商品经济比较发达的阶段上出现的，是商品经济发展的结果。

招标投标是由一家买主通过发布招标广告吸引多家卖主前来投标的，并进行洽谈。这样，买主可享有灵活的选择权。因此，招标投标是非常适合期货交易方式的需要。买卖双方通过招标投标达成协议，此时还需要签订合同，以保证交易顺利进行。因此，招标投标制与合同制是紧密相连的，两者结合起来，才能保证期货交易成功。

下面介绍招标投标的一些基本概念。

(1)招标。招标是指投标人(或单位)利用报价的经济手段择优选购商品的购买行为。招标人(或单位)在购买物资、发包建设工程项目之前，以公告或邀请书的方式提出招标的项目条件、价格和要求，由愿意承担项目的投标人(或单位)按照招标文件的条件和要求，提出自己的价格，填好标书进行投标，这个过程叫作招标。招标人通过招标的手段，利用投标人之间的竞争，达到货比三家，优中选优的目的。至于选优的标准，要视每个招标人(或单位)本身的需要与要求而定。

(2)投标。投标是指投标人(或单位)利用报价的经济手段销售自己商品的交易行为。投标人(或单位)在同意招标人(或单位)在招标文件中所提出的条件和要求的前提下，对招标项目估算自己的报价，在规定的日期内填写标书并递交给招标人(或单位)，参加竞争及争取中标，这个过程称为投标。

(3)开标。开标是指招标人(或单位)在规定的地点和时间内，在有投标人出席的情况下，当众公开拆开标书（即投标函件），宣布投标人（或单位）的名称，投标价格和投标价格的有效修改等主要内容，这个过程称为开标。

开标应当在法律保障和通过公证员的监督下进行。开标一般有以下三种方式。

①在有投标人（或单位）自愿参加的情况下公开开标，不当场宣布中标结果。

②在公证人的监督下公开开标，当场宣布与确定预选中标人（或单位）。

③在有投标人（或单位）自愿参加的情况下公开开标，当场确定中标人（或单位）。

(4)评标（议标）。评标又称议标，是指招标人（或单位）按照招标文件的要求，由专门的评标委员会，对各投标人（或单位）所报送的投标资料进行全面审查，择优选定中标人（或单位），这个过程称为评标。评标是一项比较复杂的工作，要求有生产、质量、检验、供应、财务、计划等各方面的专业人员参加，对各投标人（或单位）的质量、价格、期限等条件，进行综合分析和评比，根据招标人（或单位）的要求，择优评出中标人（或单位）。中标人的评定办法有以下三种：

①全面评比、综合分析条件，最优者为中标人（或单位）。

②按各项指标打分评标，以得分最高者为中标人（或单位）。

③以能否满足招标人（或单位）的侧重条件，如工期短、或报价低等，选择中标人（或单位）。

(5)中标（得标）。当招标人（或单位）以中标通知书的形式，正式通知投标人（或单位）得了标，作为投标人来说则是中标；就招标人来说，则是接受了投标人的标。在开标以后，经过评标，择优选定的投标人（或单位），叫作中标人（或单位）。在国际工程招标投标中，称之为成功的投标人。

(6)招标投标。招标投标是招标与投标两者的统称。它是指招标人通过发布公告，吸引众多投标者前来参加投标，择优选定，最后达成协议的一种商品交易行为。买卖双方在进行商品交易时，一般要经过协商洽谈、付款、提货等几个环节。招标投标则属于协商洽谈这一环节。招标人进行招标，实际上是对于自己所想购买的商品询价。因此，人们把这样的一种商品交易行为，统称为招标投标。

(7)招标投标制。招标投标是一种商品交易行为，招标人与投标人之间存在一种商品经济关系。为体现招标投标双方的经济权力、经济责任，推动投标人员负起经济责任，就必须建立一套管理制度来维护和巩固这一系列权力、责任和利益。这种制度就是招标投标制。

由于制度本身是一种法的形式，它反映统治阶级的利益，属于上层建筑领域。因此，在不同的社会形态中，招标投标制的内容也就不一样。

二、我国招标投标的特点

建筑产品是商品，实行公开买卖，就要有竞争，要使价值规律对建筑产品价格起调节作用，就必须让企业生产产品的个别价格到市场上去衡量。如果中标，那么就是该企业产品的个别价格得到了社会承认，这样使企业的发展取决于市场的吸引力，不取决于行政的推动力。

招标投标在发达国家早已有之，是建筑业的主要竞争形式。能否正确报价，能否正确组织技术经济情报资料，不断地发展新技术，改善经营管理，是承包商生死攸关的问题。在这里面有许多是商品生产经营共有的规律，是共性的东西，带有一般原理性质，各国可以相互学习、借鉴。但是，由于各国的社会制度不同，招标投标制也不相同，我国招标投标与资本主义招标投标相比有以下特点。

1.我国招标投标制是在国家计划指导下进行

我国建筑安装工程招标投标试行办法规定："实行招标的建筑安装工程必须是已列入国家或省、市、自治区年度计划，有经国家批准的设计单位出的施工图和概算。"也就是说，各建筑企业通过招标投标竞争获得的任务，是组成国家计划的内容，受国家计划的指导。

2.我国招标投标竞争的目的不同

我国招标投标竞争的目的是自觉地利用价值规律，鼓励先进，鞭策落后，促使企业主动改善技术条件，加强经营管理，在提高社会经济效益的同时，提高企业自身的经济效益，达到企业共同进步的目的。

3.我国招标投标是在行政组织领导与监督下实施

我国招标投标的实施是在国家行政组织的领导与监督下进行的。但在发达国家，招标投标完全是在市场中进行的，只要遵守有关法律规定，业主可以自由招标(除军事等工程外)，一般政府不出面组织。

三、建设工程招标投标的范围

根据《中华人民共和国招标投标法》(1999 年 8 月颁布，2017 年 12 月 27 日修订)规定，在中华人民共和国境内进行下列工程建设项目，包括项目的勘察、设计、施工、监理以及与工程建设有关的重要设备、材料等的采购，必须进行招标。

(1)大型基础设施、公用事业等关系公共利益、公共安全的项目。

(2)全部或者部分使用国有资金投资或者国家融资的项目。

(3)使用国际组织或者外国政府贷款、援助资金的项目。

前款所列项目的具体范围和规模标准，由国务院发展计划部门会同国务院有关部门制订，报国务院批准。法律或国务院对必须进行招标的其他项目的范围有规定的，依照其规定执行。任何单位或个人不得将依法必须进行投标的项目化整为零或者以其他任何方式规避招标。

第二节　工程招标方式

一、公开招标

公开招标，也称开放型招标，是一种无限竞争性招标。采用这种形式，由招标单位利用报刊、电台进行刊载、广播等形式，公开发表招标公告，宣布招标项目的内容和要求。各承包企业不受地区限制，一律机会均等。凡是对此感兴趣者，通过资格预审后，都有权利购买招标文件，参加投标活动。招标单位则可在众多的承包企业中，优选出理想的施工承包企业为中标单位。

公开招标按其开标、决标的方式，又可分为两种：一种是公开招标和公开决标，它是在规定的时间和地点进行开标，当众宣读各承包商的标函及标书主要内容，公布中标条件和决定中标人；另一种也是公开招标和当众开标，但不当场选定和公布中标人。而是招标单位与有关部门对标书进行评审，从中优选3～5名投标人，作为预选的中标单位，然后再分别召集预选单位进行面对面地、具体地议论与磋商，进行比较后，以书面形式通知中标人和其他落标者。

公开招标的优点是可以给一切有法人资格的承包商以平等竞争机会参加投标。招标人可以从大量的投标书中，获取较为价廉而优质的报价，选择出理想的承包人，完全有条件做到优中选优。这种形式的缺点是，参加者越多，其竞争越趋激烈；少数的承包人为了得标，故意采取压低报价的手段，力图排挤那些持严肃、认真态度的单位。但是，只要认真对报价标书严格审查，这种形式仍是十分可取的。

二、邀请招标

邀请招标是由招标单位根据工程特点，有选择地邀请若干具有承包该项工程能力的承包人前来投标，是一种有限竞争性招标。它是招标单位根据见闻、经验和情报资料而获得这些承包商的能力资信状态，加以选择后，以发招标邀请书来进行的。同样，需进行资格预审等程序，经过标书评审择优选定中标人和发出中标通知书。这种招标形式，目标明确，经过选定的投标单位，在施工经验、施工技术和信誉上都比较可靠，基本上能保证工程质量和进度。邀请招标整个组织管理工作比公开招标相对要简单一些，但是前提是对承包人应充分了解，同时，报价也可能高于公开招标形式。

三、议标(定向招标)

招标单位通过建设主管部门的同意，直接向指定承包人发出招标通知书，召开双方有关人员会议，直接商谈招标条件和要求。这是一种非竞争性招标，它适合于某些专业性比较强的工程，以及那些迫于开工，又没有充裕时间组织招标开展竞争的工程。这种形式一般易于达成协议，工作可以立即展开；其缺点在于只此一家，不具备比较和选择的余地，因此也就起不到报价竞争的良好效果。这种形式有时也可找两家承包人分别商议招标条件和要求，以克服上述缺陷。

第三节　工程招标文件

招标文件是招标单位自行编制或委托编制的，据以进行招标、评标、定标和中标单位签订工程合同的法律、技术与财务的依据。在招标文件中，招标单位要完整地表明拟建招标工程的规模、内容、建设要求、合同条件和招标投标中的业务工作规定等。投标单位对招标文件中的内容、要求、条件、规定等，只能依照执行，不能自行更改，投标单位对文件中有不理解的内容或发现其中有明显的错误，可用信函方式要求在开标前答复。招标单位如发现其错误，也应在开标前以书面形式予以修改，作为投标人编制投标文件的依据。

一、国内招标文件的内容

目前，我国对招标文件的内容尚未做出明确规定，其使用格式等均未形成固定的形式，但按其招标人的意图，一般应具有下列内容。

1.招标书

(1)工程综合说明。应以简明扼要的文字加以说明，包括工程名称、批准文号、建设地点、工程结构类型、特点、工程主要内容、设计标准、建设前期的准备情况等。

(2)工程范围。说明工程招标范围，即发包的工程内容。发包工程内容可以根据招标人的意图，采取一次发包或按单项(单位)工程发包，还可以进行专业工程发包等。

(3)工程承包方式。招标人根据工程性质和工程条件，采取总价承包、固定单价承包(如国内目前采取的平方米造价、小区综合造价等)或成本加酬金承包方式等。

(4)材料供应方式。招标书中要明确规定各种工程用料的供应办法，这种供应办法目前有：材料指标计划拨给施工企业；实行包工包料；材料无指标计划，由施工企业自行采购实行包工包料；招标单位供应统配物资，承包人供应地方材料；招标单位供应全部材料等。不管采用哪种方式供料均应明确材料涨价或定额调整的处理方法。

(5)工程价款结算方式。这里主要是指预付款比例，进度款分期支付和竣工结算等规定。

(6)工期要求。包括建设项目、单项工程或单位工程的工期，以及计算工期的方法。

(7)工程质量。包括设计标准、技术规范、质量评定方法、质量事故处理规定等。

(8)奖惩办法。对工期和质量等方面的奖惩条件和办法。

(9)标前会议和现场勘察的日期。

2.工程设计资料

工程设计资料是指工程项目设计图样、资料、说明书等。工程招标时，应成套分发(收取资料费或押金)给有资格投标的施工企业。

3.投标须知

投标须知是招标单位对投标单位在编制标函的主要过程中，给业务上、手续上和信誉上所做的规定，以及对主要评标、定标等方面的细则所做的说明。目前，尚无统一的内容规定，主要包括以下几个方面。

(1)招标文件的单位、联系人、业务范围等方面的说明。

(2)设计单位和投标人发生业务联系的方式。

(3)填写标书的规定和投标、开标的时间、地点等。

(4)投标企业的担保方式。

(5)投标人对招标文件有关内容提出建议的方式。

(6)招标单位权利。主要是指招标单位保留拒绝不合要求的标函，以及在特殊情况下可能推迟投标、开标日期的权利。

(7)招标单位对投标文件保密的义务等。

招标书、设计资料和投标须知三部分组成招标文件,向投标人公开。投标人取得资格预审按规定时间向招标人索取(或购买)。但是,招标文件还有一个重要组成部分是不向投标人公开的,即标底。它是招标单位或委托其他单位,根据设计文件和当地部门规定进行编制的。是评标决标的主要依据。

二、国际招标文件内容

国际招标工程的招标文件,其内容一般包括四大类文件,即投标须知、技术规范、工程量清单以及设计图样资料等。

1.投标须知

投标须知包括投标人须知、投标方式、合同条款与投标书等。

(1)投标人须知。投标人须知包括以下内容:

①投标保证书。即投标人投标后保证不中途退标的证明书,并以银行开出的投标保函作为保证书。

②保密要求。投标文件均属保密文件,参加投标的承包商不得任意泄密,以免参加投标的承包商互相串通,抬高标价。

③不选择最低标的声明。在国际招标中,绝大部分招标文件中均有一条"业主不约束自己接受最低标"的规定。这里因为评标的依据是多因素组成的,业主有权选择任何价格的投标人。往往有些承包商报价低于成本,如果一旦承包施工,势必赔本破产,使工程无法完成;有的承包商虽然报价合理,但是其资本、施工技术、设备等条件很差,也难以完成施工任务。

④支付各种货币百分比的要求。很多国家都规定采用本国货币计价和支付,受援项目往往用援助国家货币或美元计价或支付。另外,还允许招标人以一定比例的其他国家货币(如美元、英镑、法郎、日元等)支付工程价款。货币的兑换率一般规定为投标截止之前30d,以当地国家银行所使用的兑换率为准,并适用于合同的整个执行期间。

(2)投标方式。投标方式主要说明以下内容:

①履约保证书,即以履约保函形式作为保证书,确保工程合同的履行。

②对业主不采用最低标的承认。主要让投标人对这一条规定做书面的确认,以免对业主今后的选择权发生争议。

③第三方保险金。

④工期、罚款、维修期以及保留金:工期在招标文件中均有明确规定,一般按多少月计算,如到期不能完工,则有具体罚款的规定,通常确定在若干周内(也有以天计算)罚款为百分之几,但最大罚款额一般不得大于投标报价的15%～20%,维修期与保留金均有明确的规定,保留金一般占投标报价的5%～10%。

⑤工程投标及开标。明确规定工程投标时间和地点,在此时间之前投标,为合格可接受的标书,如过期者视为废标,开标一般与投标截止日期的时间(大多为中午12:00)一致。

⑥投标人应赠送的文件。包括报价信、进度总表、工程主要职员名单情况一览表等。

2.技术规范

技术规范的主要内容包括总纲、工程概况以及各分部分项工程对材料、施工技术和质量的详细要求与标准,中东国家常部分地采用英国标准(BS)或美国材料试验学会标准(ASTM标准)。有的设计只做到方案设计,图样往往缺少具体做法的详图。这时,规范中要说明各分项工程的简单做法。因此,投标确定单价时,必须对图样规范进行详细审阅,以便估算单价。规范中,对驻地工程师的现场办公室及室内设备往往也有说明和详细规定。

3.工程量清单表

工程量清单表是报价的主要依据,其分部分项的划分及次序与技术规范相对一致,其项目划分与计算方法在国际上大都以表中的划分为依据。工程量一般都较正确,即使发现错误,也不允许随便改变。有的招标文件中,对于工程量与项目附有增加或调整的表格,以便在工程量有出入或漏项时,可以在该表格上允许补充调整。另外,有的工程量表中只列项目名称和内容;有的工程量表中还列有"暂定数额"。上述情况是可做调整的。工程量的计量单位基本与我国计量单位相同,但也有不同的。

4.设计图样

国外施工图的表示方法与我国的基本相同,但粗细程度有所不同。如土建图样较粗略,对于建筑上的一些具体做法用文字说明的较多(技术规范内),用详图表示的较少。在结构施工图上的混凝土构件的表示方法非常简单,如梁、柱断面的配筋,往往仅用表格说明。只说明主筋、架立筋、钢筋规格、中距、根数等。门、窗只做外形示意图,无断面尺寸及大样图。水电设备图样的表示方法都比我国的详细,甚至对设备与管件都画出放大的详图。

方案设计图样在国外也极简单,一般仅提供单线的总体布置图,以及要求的个体建筑的平面图、立面图、剖面图等。

第四节　工程招标投标程序

一、我国招标投标的一般程序

我国目前的招标投标尚无统一模式,其一般程序如下:

(1)编制招标文件。一般规定,凡是确定招标的工程项目,必须是纳入本年度计划的项目,设计文件齐备,才能以此编制招标文件,同时计算工程标底。

(2)申请招标与确定招标方式。招标单位在招标准备工作完毕后,应向招标管理部门申报并由招标管理机构对申请招标的工程发包人进行审查,审查的主要内容包括建设资金落实状况、主要材料物资是否落实、施工执照是否办好、招标文件的内容是否齐全、标底是否编好等。招标方式一般由建设单位(招标人)根据情况,与招标管理机构协商后确定。

(3)投标人资格审查。投标人必须是取得法人资格的施工企业,其企业的等级必须与工程项目相适应,不允许越级承包。同时,还应调查了解企业过去的施工经历、财务状况等。一般由投标人填写资格审查表,报招标单位审查。

(4)领取(购买)招标文件。资格审查通过后,投标人到招标人(或招标机构)领取招标文件,包括施工图。获得招标文件的单位就是合法的投标人。

(5)了解施工现场情况。这是投标人为了正确编制标函,做出自己的报价,使其更符合施工现场情况而必须采取的步骤。投标人应注意以下情况的了解:施工现场可提供的场地及房屋;施工用水源、电源位置以及可供量;施工运输道路与桥梁承载能力情况;工程项目与已建房屋的关系;施工现场的地貌、地质、水文情况等。对于市区建设项目,还需要了解环保要求、可供堆放材料的地方与面积、城市交通运输管理要求等。

(6)召开招标会议。招标人邀请投标人、设计单位、招标管理部门、建设银行等参加的招标会议。由招标人介绍工程情况;解答投标人提出的问题;补充和完善招标文件中的问题;明确投标人的投标时间、地点等。招标中,若对文件中的内容有修改或补充,应做出会议纪要,分发有关单位,作为投标人编制标函的依据之一。

(7)编制标函。编制标函是投标人的主要工作。

(8)开标。我国目前的投标与开标的时间是一致的(也可以提前投标)。开标一般采用公开开标的形式,当众将投标单位的标函启封,宣布各投标单位的标函内容的报价额,以当地规定的报价标准宣读合格单位及报价额;或者从最低报价开始,依次排列,宣布各投标人的报价。

(9)定标(决标)。开标后,由招标人组织有关人员对各投标人标函进行评定,最后选定中标人。也有在开标时,当场定标的。但不论采取哪种办法,都必须有一个较为正确、公正的评标准则和方法。

投标单位的标函一般应按以下标准评定:

①标价合理。投标人的报价应符合当地的相关规定。我国的标底(特别是直接费的计算)多以施工图预算为标准,而各施工企业的报价,只是在施工管理费或材料价格调整上浮动。故标价应遵守这一原则,同时又要充分发挥本企业的优势,故标价在规定的浮动范围内,一般取最低标。这里必须说明“在规定的浮动范围内”这一条很重要,它与国际招标中的标价可以自由浮动不同。这是以保证施工企业的正当经济利益为前提的,因此不能只讲标价越低越好。

②工期适当。一般以当地或国家规定的工期定额为准,不能突破,又要在采取一定的技术组织措施下保证能够实现。

③保证质量。工程质量关系着工程建设项目的投产使用,因此要求投标人有比较严格的质量保证体系和措施,使工程达到国家规范的要求。

④企业信誉好。企业的信誉主要取决于信守合同、遵守国家的法律、法令,工程质量和服务质量良好等,且得到社会的广泛承认。投标单位的信誉,是以自己的施工经历作为标准而树立的,不是自己吹嘘能获得的。

以上四条在不同工程、不同条件下,其评定标不尽相同。例如,某商业大厦,地处闹市,其商业利润高,早日投入使用就可获得更多利润,这就要求投标人以工期为主。因此,报价稍高的单位,只要工期短,其他条件也适当,就有可能中标。

但是,评标是一个较为复杂的工作,其认识也不尽一致,故有的地区采用评分与评议相结合的办法进行决标。

(10)签订工程合同。定标后,甲乙双方即可签订工程合同。

(11)合同公证。合同的公证在于使所签工程合同得到政府公证部门的认可,以免在今后实施中发生纠纷而难于处理。合同无论是由一方还是双方要求公证部门公证的,都应办理合同公证申请。

二、国际招标投标的程序

国际招标投标基本上已形成相对固定的招标投标程序。

(1)业主确定项目和设计。国外确定某建设工程项目一般要经过机会研究、可行性研究和规划设计几个阶段。这些都由业主委托设计咨询公司进行,并由咨询公司负责招标文件的编制。然后,再由业主发出招标广告或招标邀请书进行招标。

(2)承包商的资格预审。业主对愿意参加投标的承包商,在投标前就其公司组织机构、能力、经验、财务状况等方面事先进行审查,以确保参加投标者均为具有承包能力的最合适的承包商。

(3)发售招标文件。国际招标文件一般是由资格预审合格的承包商向招标单位购买。

(4)现场勘察。招标人在招标文件中,已经告诉投标人在某月某天到工地现场勘察,业主有义务组织和陪同投标人参观现场。

(5)编制标函和报价。决定报价之后,即应进行标函的编制工作。标函的编制一定要以招标文件和当地规定的内容为准,要力求内容齐全、文字清楚、说明问题。

(6)开标。目前,国外工程的开标方式有公开开标和秘密开标两种。

①公开开标,即由招标机构按规定的时间、地点通知所有的投标人参加。招标机构一般除主席外,应至少有两名成员参加;否则,开标在法律上无效。

②秘密开标,即在招标机构内部进行,投标人和其他人员概不介入;然后,招标机构将开标的结果通知参加投标的承包商。

开标时,主持开标的业主和咨询工程师,应该当众检验并展示每份标书的密封情况是否完好无损。然后,可逐件启封,当场宣布投标人姓名;收到标书的日期、时间;标书标价总值(若有投标人变更或替换标书,则同时宣布变更或替换标书的报价总值)。

业主或咨询工程师要根据招标文件清单,检查每份投标文件的完整性,在对标书的初步审查中,如投标者需加以一般性说明或需澄清的含糊不清之处,还要征求投标人在不更改报价或标书重要内容的前提下有否要当众说明或进行澄清的地方。有上述情况均应全部记入开标纪要,所有招标机构成员和投标人均应在上面签字,签字后的开标纪要作为开标正式文件。对于未按时递交投标书的投标人,原则上取消投标资格。

(7)评标。一般工程项目不采用当众开标、当众定标的做法,而是采取评标(或议标)的办法,最后确定中标人。评标一般以标价、工期、技术、管理、商务和工程风险等方面综合评定。评标(或议标)过程,实际上是投标人进行最后竞争的过程。

(8)中标。招标人或招标机构经过评标后,最后选定承包商,并以书面形式通知中标人,这时承包商才成为真正的竞争胜利者,即中标人。一般中标人的选择是在报价最低的前三名承包商中选定。

第十一章 工程合同管理

第一节 工程合同管理概述

市场经济是法制经济，社会主义市场经济体制的建立和完善，必须有完备的法律来规范和保障，学会用法律手段管理经济，这样才能使经济主体依法办事，才能建立规范有序的经济秩序。在工程建设领域中，国家发布了一系列调整工程建设合同的法规，工程建设合同的法制建设和科学管理正在逐步完善，工程建设合同管理已经成为我国建筑业发展和科学化管理的重要环节，是提高工程建设社会效益和经济效益的法律保障。

一、工程建设合同管理的目的

1.发展和完善社会主义建筑业市场经济

建筑业已经成为我国国民经济的支柱产业之一，因此要不断培育和发展建筑市场，而建立社会主义市场经济就要建立完善的社会主义法制经济。这就要求在工程建设领域加强建筑市场法制建设，健全建筑市场法规体系，以保证建筑市场的繁荣和建筑业的发达。要达到此目的，必须加强对工程建设合同的法律调整和管理，贯彻落实建设工程施工合同管理法律法规和“工程建设施工合同示范文本”制度，以保证工程建设合同订立的全面性、准确性和完整性，依法严格地履行合同，并强化承发包双方及有关第三方的合同意识，认真做好工程建设合同管理工作。

2.建立现代建筑企业制度

建立现代企业制度根本特征是使企业真正成为社会主义市场经济的微观基础和利益主体，要求企业必须遵循“自主经营、自负盈亏、自我发展、自我约束”的原则经营和发展。这样，促使企业必须认真地、更多地考虑市场的供需变化，调整工程承包经营方式，通过工程招投标、签订工程建设合同来实现与其他企业在工程建设活动中的协作与竞争。工程建设合同，是建筑企业进行工程承包的主要法律形式，是进行工程施工的法律依据，是建筑企业走上市场的桥梁和纽带。订立和履行工程建设合同直接关系到建筑企业的根本利益和信誉。因此,加强工程合同管理,已经成为推行现代建筑企业制度的重要内容。

3.规范建筑市场主体、市场价格和市场交易

建立完善的建筑市场体系是一项经济法制工程。它要求对建筑市场主体、市场价格和市场交易等方面加以法律调整。

建筑市场主体进入建筑市场进行市场交易,其目的是为了开展和实现工程项目的承包活动。但是由于工程一般投资大、周期长,一旦出现工程问题,所造成损失是相当大的。因此,有关主体必须具备和符合法定主体资格,才具有订立工程建设合同的权利能力和行为能力。

建筑产品是市场经济中的一种特殊产品,其价格也具有一定的特殊性。在我国,正在逐步建立"政府宏观指导,企业自主报价,竞争形成价格,加强动态管理"的价格机制。因此,建筑市场主体必须依据有关规定运用合同形式,调整彼此之间的建筑产品合同价格管理之间的关系。

建筑市场交易是指建筑产品的交易是通过工程项目招标投标的市场竞争活动,最后采用订立工程合同的法定形式确定的。在此过程中,建筑市场主体依据有关招标投标的规定,不断完善,才能提高本企业的竞争能力。

4. 加强管理,提高工程建设合同的履约率

牢固树立合同法制观念,加强工程建设项目合同管理。严格按照法定程序签订工程建设项目合同,明确当事人各方的权利和义务,步步为营地履行合同文本中的各项条款,运用法律的武器来维护自己的正当权益,从而提高工程建设项目合同的履约率,保证工程建设项目的顺利施工。

二、工程建设合同管理的方法与手段

(一)完善工程建设合同管理法规

1.健全工程建设合同管理法规

在培育和发展社会主义市场经济的过程中,要充分发挥和运用法律手段保护和促进建筑市场正常运行。在工程建设管理活动中,确保将工程建设项目可行性研究、工程项目报建、工程项目招标投标、工程项目承发包、工程项目的施工和竣工验收等活动纳入法制轨道,增强发包方和承包方的法制观念,保证工程建设项目的全部活动依据法律和合同办事。

《中华人民共和国建筑法》是建筑业的基本法。建立、健全我国工程建设法规体系,完善工程建设各项合同管理法规,是培育和发展我国建筑市场经济的客观要求。

2.强化合同管理机关的执法权力

工程建设合同法律、法规是规范建筑市场主体的行为准则。由于我国社会主义市场经济尚处于初创阶段,特别是建筑市场,因为其领域宽、规模大、周期长、流动广、资源配置复杂等特点,依法治理的任务十分艰巨。在工程建设合同管理活动中,合同管理机关运用动态管理的科学手段,实行必要的"跟踪"管理,可以大大提高工程管理的水平。

工商行政管理机关和工程建设合同主管机关，应当依据《中华人民共和国经济合同法》《中华人民共和国反不正当竞争法》《建筑市场管理规定》《工程建设项目施工招标投标办法》等法律、法规，严格执法，整顿建筑市场秩序，严厉打击工程承发包活动中的违法犯罪活动。

当前，在建筑市场中，利用签订工程建设合同进行欺诈的违法活动时有发生，其主要表现形式：无合法承包资格的一方当事人与另一方当事人签订工程承发包合同，骗取预付款或材料款；虚构建筑工程项目预付款；本无履约能力，弄虚作假，蒙骗他人签订合同或者约定难以完成的条款，当对方违约后，向其追偿违约金等。对因上述违法行为引发的严重工程质量事故或造成其他严重经济损失，应该依法追究责任者的经济责任、行政责任，构成犯罪的依法追究其刑事责任。

3.建立工程建设合同管理评估制度

合同管理制度是合同管理活动及其运行过程的行为规范，合同管理制度是否健全是合同管理的关键所在。因此，建立一套对工程建设合同管理制度有效的评估制度是十分必要的。工程建设合同管理评估制度的主要项目有：

(1)合法性，是指工程合同管理制度应符合国家有关法律、法规的规定。

(2)规范性，是指工程合同管理制度具有规范合同行为的作用，对合同管理行为进行评价、指导、预测，对合法行为进行保护奖励，对违法行为进行预防、警示或制裁等。

(3)实用性，是指工程合同管理制度应能适应工程合同管理的需求，以便于操作和实施。

(4)系统性，是指各类工程合同的管理制度是一个有机结合体，互相制约、互相协调，在工程建设合同管理中，能够发挥整体效应的作用。

(5)科学性，是指工程合同管理制度能够正确反映合同管理的客观经济规律，能够保证人们利用客观规律进行有效的合同管理。

4.推行合同管理目标制

合同管理目标制是各项合同管理活动应达到的预期结果和最终目的。工程建设合同管理的目的是项目法人通过自身在经济合同的订立和履行过程中所进行的计划、组织、指挥、监督和协调等工作，促使项目内部各部门、各环节互相衔接、密切配合，进而使人、财、物各要素得到合理组织和充分利用，保证项目经营管理活动的顺利进行，提高工程管理水平，增强市场竞争能力，从而达到高质量、高效益，满足社会需要，更好地为发展和繁荣建筑业市场经济的目的。

合同目标管理的过程是一个动态的过程，是指工程项目合同管理机构和管理人员为了实现预期的管理目标，运用管理职能和管理方法对工程合同的订立和履行行为实行管理活动的过程。这个过程包括合同订立前的管理、合同订立中的管理、合同履行中的管理和合同纠纷管理。

(1)合同订立前的管理。合同的签订意味着合同生效和全面履行。因此，必须采取谨慎、严肃、认真的态度，做好签订前的准备工作，包括市场预测、资信调查和决策。

(2)合同订立中的管理。合同订立阶段意味着当事人双方经过工程招标投标活动，充分酝酿、协商一致，从而建立起工程合同法律关系。订立合同是一种法律行为，双方应当认真、严肃拟定合同文本，做到合同合法、公平、有效。

(3)合同履行中的管理。合同依法订立后,当事人应该认真做好履行过程中的组织和管理工作,严格按照合同条款享有权利和承担义务。

(4)合同纠纷管理。在合同履行中,当事人之间有可能发生纠纷,当争议纠纷出现时,有关双方首先应当从整体、全局利益的目标出发,做好有关的合同管理工作,以利于纠纷的解决。

(二)加强工程建设合同管理的手段

1.普及合同法制教育,培训合同管理人才

"合同法"是调整公民、法人及其他社会经济组织契约关系的基本法。"工程建设合同"是我国《经济合同法》中的重要调整对象,在相关的"合同法"中也有涉及工程建设活动的法律规定。作为建筑市场主体的法定代表人及各级管理人员都应该学习和熟悉必要的合同法律知识,以便合法地参与建筑市场经济活动。

2.设立专门合同管理机构和配备合同管理人员

加强工程合同管理工作应当设立专门的合同管理机构。全国各地区根据本地区的具体情况和特点,经有关建设主管机关批准,设立地区性的工程建设合同管理机构,承担工程建设合同的登记、审查等管理工作。上述合同管理机构的职能具有服务和管理的双重属性,为工程建设合同主体订立、履行、协调合同有关事宜做相应的工作。

为了做好工程合同管理工作,维护建筑市场秩序,确保工程建设合同当事人的合法权益,建立切实可行的工程建设合同审计工作制度,强化工程建设合同的审计监督是十分必要的。

建筑企业和项目法人单位内部的合同管理工作是工程建设项目全面管理的重要组成部分,它是考核项目管理水平的重要指标之一。因此,设立工程建设项目的合同管理机构或者配备合同管理专职人员,建立合同合账、统计、检查和报告制度,发挥合同管理的纽带作用,从而使工程建设合同的订立、履行、变更和终止等活动的结果成为法人代表做出工程建设项目管理决策的科学依据。

3.积极推行"经济合同示范文本"制度

推行"经济合同示范文本"制度是加强经济合同管理,提高经济合同履约率,维护建筑市场秩序的一项重要措施。为了进一步贯彻治理整顿建筑业和开拓建筑市场的方针,完善工程建设合同制度,规范工程建设合同各方当事人的行为,维护正常的经济秩序。推行"经济合同示范文本"制度,一方面,有助于当事人了解、掌握有关法律、法规,使经济合同的签订符合规范,避免缺款少项和当事人意思表示不真实,防止出现无效经济合同;另一方面,便于合同管理机关加强监督检查,有利于仲裁机构和人民法院及时裁判纠纷,保护当事人的合法权益,保障国家和社会公共利益。

4.积极开展"重合同,守信用"的评比活动

建筑企业应该牢固地树立"重合同,守信用"的观念,在社会主义市场经济中,为了提高企业在市场中的竞争能力,建筑企业家应该认识到"企业的生命在于信誉,企业的信誉高于一切"的原则,企业的各级领导者应该经常教育全体成员认真贯彻岗位责任制,使每一名员

工都关心工程项目的合同管理，认识到自己的每一项具体工作都是在履行合同中约定的义务，从而保证工程项目合同的全面履行。

5.建立合同管理的微机信息系统

随着工程建设项目规模的扩大，合同涉及的内容和条款日益复杂，而且随着市场的不断发展和完善，企业对外的经济关系日益增多，维系这种关系的经济合同也日益增多。因此，原来的管理办法已无法适应项目的动态管理要求，借助于微机信息系统为合同管理人员提供支持，已经成为必然的趋势。建立以微机数据库为基础的合同管理信息系统，可以满足决策者在合同管理方面的信息需求，提高管理水平。

6.引进和采用国际通用规范和先进经验

在现代工程的建设活动中，工程承发包活动的国际性是一个重要特征。这就要求我国的工程建设项目当事人熟悉国际工程市场的运行规范和操作惯例，并且学习工程建设项目合同管理的先进经验，这些对于完善我国工程建设项目的合同管理制度和适应国际工程建设市场开发的需要，都会产生十分重要的作用。

第二节　建设工程项目总承包合同管理

一、建设工程项目总承包合同的概念和当事人

建设工程总承包合同是指由从事工程总承包的企业（以下简称工程总承包企业）按照与建设单位签订的合同，对工程项目的勘察、设计、采购、施工等实行全过程的承包，平对工程的质量，安全、工期和造价等全面负责的承包方式。

我国参考了国外的一些做法，从 1987 年开始工程建设总承包试点，当时能够进行总承包的单位仅仅限于设计单位。设计单位进行工程总承包的试点，普遍收到了较好的效果，许多设计单位成立了以设计院为主体的设计工程公司，进行工程总承包。到 20 世纪 90 年代初，随着施工管理体制改革的不断深入，又发展了一批工程总承包企业。目前，我国的工程总承包仍然在不断地发展和完善之中。

工程总承包合同的当事人包括建设单位和总承包单位两方。建设单位是发包方，也就是准备建设工程项目的单位；总承包单位则是指承包方，可以是设计单位（或者是以设计院为主体的设计工程公司），也可以是工程总承包企业。

1.建设单位发包项目总承包应具备的条件

(1)必须是法人或依法成立的其他组织。

(2)要有项目审批机关批准的项目建议书和所需要的资金。

(3)若进行分阶段总承包招标，则应具有分阶段招标的条件。

2.总承包单位应具备的条件

(1)必须是具有法人地位的经济实体。

(2)由各地区、各部门根据建设需要分别组建,并且向公司所在地的工商行政管理部门登记,依法取得企业法人营业执照。

(3)总承包公司接受工程项目的总承包任务以后,可以对勘察设计、工程施工和材料设备供应等进行招标,签订分包合同,并且在合同实施过程中,负责对各项分包任务进行综合协调管理和监督。

(4)总承包公司应该具有较高的组织管理水平、专业工程管理经验和工作效率。

二、建设工程项目总承包合同的主要条款

(1)词语含义及合同文件。应该对合同中常用的或容易引起歧义的词语进行解释,赋予它们明确的含义。对于合同中的文件组成、解释权的顺序和合同使用的标准,也应做出明确的规定。

(2)总承包的内容。合同应该对总承包的内容做出明确的规定,一般包括从工程立项到交付使用的工程建设全过程,具体包括可行性研究、勘察设计、设备采购、施工管理、试车考核(或交付使用)等内容。

(3)双方当事人的权利和义务。合同应对双方当事人的权利和义务做出明确的规定,这是合同的重要内容,要求规定应当详细准确。

(4)合同的履行期限。合同应当明确规定交工的时间,同时也应该对各阶段的工作期限做出明确规定。

(5)合同价款。应明确规定合同价款的计算方式、结算方式以及价款的支付期限等。

(6)工程质量与验收。合同应该明确规定对工程质量的要求,对工程质量的验收方法、验收时间以及确认方式。

(7)合同的变更。工程建设的特点决定了合同在履行过程中往往会出现一些事先没有估计或预测到的情况。双方应该明确约定在出现哪些情况后,合同、合同的价款允许变更、调整,包括不可抗力等应由发包方承担的风险也应该做出明确的规定。

(8)保险。合同对保险的办理、保险事故的处理等都应该做出明确的规定。

(9)工程保修。合同应按照国家的规定写明保修的项目、内容、范围、期限以及保修金额和支付办法。

(10)索赔和争议的处理。合同应该明确规定索赔的程序和争议的处理方式。

(11)违约责任。合同应明确双方的违约责任,包括发包方不按时支付合同款的责任、超越合同规定干预承包方工作的责任等;也包括承包方不能按照合同约定的期限和质量完成工作的责任等。

三、建设工程项目总承包合同的订立

(1)合同订立应是组织的真实意思表示。

(2)合同订立应采用书面形式,并符合相关资质管理与许可管理的规定。

(3)合同应由当事方的法定代表人或其授权的委托代理人签字或盖章;合同主体是法人

或者其他组织时，应加盖单位印章。

(4)法律、行政法规规定需办理批准、登记手续后合同生效时，应依照规定办理。

(5)合同订立后应在规定期限内办理备案手续。

第三节　建设工程勘察设计合同管理

一、勘察设计合同的概念

建设工程勘察合同是指根据建设工程的要求，查明、分析、评价建设场地的地质地理环境特征和岩土工程条件，编制建设工程勘察文件的协议。建设工程设计合同是指根据建设工程的要求，对建设工程所需的技术、经济、资源、环境等条件进行综合分析、论证，编制建设工程设计文件的协议。为了保证工程项目的建设质量达到预期的投资目的，工程项目的实施过程必须遵循项目建设的内在规律，即坚持先勘察、后设计、再施工的程序。

发包人通过招标方式与选择的中标人就委托的勘察、设计任务签订合同。订立合同委托勘察、设计任务是发包人和承包人的自主市场行为，但必须遵守《中华人民共和国合同法》《中华人民共和国建筑法》《建设工程勘察设计管理条例》《建设工程勘察设计市场管理规定》等法律、法规和规章的要求。为了保证勘察、设计合同的内容完备、责任明确、风险责任分担合理，中华人民共和国住房和城乡建设部和国家市场监督管理总局颁布了《建设工程勘察合同(示范文本)》(GF-2016-0203)和《建设工程设计合同(示范文本)》(GF-2015-0210)。

二、勘察设计合同的订立

(一)勘察合同的订立

依据范本订立勘察合同时，双方通过协商，应根据工程项目的特点，在相应条款内明确以下方面的具体内容。

1.发包人应提供的勘察依据文件和资料

(1)本工程批准文件(复印件)，以及用地(附红线范围)、施工、勘察许可证等批件(复印件)。

(2)工程勘察任务委托书、技术要求和工作范围的地形图、建筑总平面布置图。

(3)勘察工作范围已有的技术资料及工程所需的坐标与标高资料。

(4)勘察工作范围地下已有埋藏物的资料(如电力、电信电缆、各种管道、人防设施、洞室等)及具体位置分布图。

(5)其他必要的相关资料。

2.委托任务的工作范围

(1)工程勘察任务(内容)。一般包括：自然条件观测；地形图测绘；资源探测；岩土工程勘察;地震安全性评价;工程水文地质勘查;环境评价;模型试验等。

(2)技术要求。

(3)预计的勘察工作量。

(4)勘察成果资料提交的份数。

3.合同工期

合同约定的勘察工作开始和终止时间。

4.勘察费用

(1)勘察费用的预算金额。

(2)勘察费用的支付程序和每次支付的百分比。

5.发包人应为勘察人提供的现场工作条件

根据项目的具体情况,双方可以在合同内约定由发包人负责保证勘察工作顺利开展应提供的条件,一般包括:

(1)落实土地征用、青苗树木赔偿。

(2)拆除地上地下障碍物。

(3)处理施工扰民与影响施工正常进行的有关问题。

(4)平整施工现场。

(5)修好通行道路、接通电源水源、挖好排水沟渠以及水上作业用船等。

6.违约责任

(1)承担违约责任的条件。

(2)违约金的计算方法等。

(二)设计合同的订立

依据范本订立民用建筑设计合同时,双方通过协商,应根据工程项目的特点,在相应条款内明确以下方面的具体内容。

1.发包人应提供的文件和资料

(1)设计依据文件和资料。主要内容包括:经批准的项目可行性研究报告或项目建议书;城市规划许可文件;工程勘察资料等。

发包人应向设计人提交的有关资料和文件在合同内需约定资料和文件的名称、份数、提交的时间和有关事宜。

(2)项目设计要求。主要内容包括:工程的范围和规模;限额设计的要求;设计依据的标准;法律、法规规定应满足的其他条件。

2.委托任务的工作范围

(1)设计范围。合同内应明确建设规模,详细列出工程分项的名称、层数和建筑面积。

(2)建筑物的合理使用年限设计要求。

(3)委托的设计阶段和内容。可能包括方案设计、初步设计和施工图设计的全过程,也可以是其中的某几个阶段。

(4)设计深度要求。设计标准可以高于国家规范的强制性规定,发包人不得要求设计单位违反国家有关标准进行设计。方案设计文件应当满足编制初步设计文件和控制概算的需要;初步设计文件应当满足编制施工招标文件、主要设备材料订货和编制施工图设计文件的需要;施工图设计文件应当满足设备材料采购、非标准设备制作和施工的需要,并注明建设工程合理使用年限。具体内容要根据项目的特点在合同内约定。

(5)设计人配合施工工作的要求。包括向发包人和施工承包人进行设计交底;处理有关设计问题;参加重要隐蔽工程部位验收和竣工验收等事项。

3.合同时间

合同约定的勘察工作开始和终止时间。

4.设计费用

合同双方不得违反国家有关最低收费标准的规定,任意压低勘察、设计费用。合同内除了写明双方约定的总设计费外,还需列明分阶段支付进度款的条件、占总设计费的百分比及金额。

5.发包人应为设计人提供的现场服务

一般包括施工现场的工作条件、生活条件以及交通等方面的具体内容。

6.违约责任

需要约定的内容,包括承担违约责任的条件和违约金的计算方法等。

7.合同争议的最终解决方式

明确约定解决合同争议的最终方式是采用仲裁或诉讼。采用仲裁时,需注明仲裁委员会的名称。

三、勘察设计合同的履行管理

合同订立后,当事人双方均需按照诚实信用原则和全面履行原则完成合同约定的本方义务。按照范本条款的规定,合同履行的管理工作应重点注意以下方面的责任。

(一)勘察合同履行管理

1.发包人的责任

合同当事人可按照法律法规的要求在专用合同条款中约定履行本合同所需要的工程勘察责任保险,并使其于合同责任期内保持有效。

2.勘察单位的责任

勘察单位应运用一切合理的专业技术和经验,按照公认的职业标准尽其全部职责和谨慎、勤勉地履行其在本合同项下的责任和义务。

3.勘察费用的支付

(1)收费标准与付费方式。合同中约定的勘察费用计价方式,可以采用按国家规定的现行收费标准取费;预算包干;中标价加签证;实际完成工作量结算等方式中的一种。

(2)勘察费用的支付。勘察费用的支付一般遵循以下原则:合同生效后3天内,发包人应向勘察单位支付预算勘察费的20%作为定金;勘察工作外业结束后,发包人向勘察单位支付约定勘察费的百分比之几。对于勘察规模大、工期长的大型勘察工程，还可将这笔费用按实际完成的勘察进度分解，向勘察单位分阶段支付工程进度款；提交勘察成果资料后10天内，发包人应一次付清全部工程费用。

4.违约责任

(1)发包人的违约责任。

①合同生效后，发包人无故要求终止或解除合同，勘察单位未开始勘察工作的，不退还发包人已付的定金或发包人按照专用合同条款约定向勘察单位支付违约金；勘察单位已开始勘查工作的，若完成计划工作量不足50%的，发包人应支付勘察单位合同价款的50%；完成计划工作量超过50%的，发包人应支付勘察单位合同价款的100%。

②发包人发生其他违约情形时，发包人应承担由此增加的费用和工期延误损失，并给予勘察单位合理赔偿。双方可在专用合同条款内约定发包人赔偿勘察单位损失的计算方法或者发包人应支付违约金的数额或计算方法。

(2)勘察单位的违约责任。

①合同生效后，勘察单位因自身原因要求终止或解除合同，勘察单位应双倍返还发包人已支付的定金或勘察单位按照专用合同条款约定向发包人支付违约金。

②因勘察单位原因造成工期延误的，应按专用合同条款约定向发包人支付违约金。

③因勘察单位原因造成成果资料质量达不到合同约定的质量标准，勘察单位应负责无偿给予补充完善使其达到质量合。因勘察单位原因导致工程质量安全事故或其他事故时，勘察单位除负责采取补救措施外，应通过所投工程勘察责任保险向发包人承担赔偿责任或根据直接经济损失程度按专用合同条款约定向发包人支付赔偿金。

④勘察单位发生其他违约情形时，勘察单位应承担违约责任并赔偿因其违约给发包人造成的损失，双方可在专用合同条款内约定勘察单位赔偿发包人损失的计算方法和赔偿金额。

(二)设计合同履行管理

1.合同的生效与设计期限

(1)合同生效。设计合同采用定金担保，合同总价的20%为定金。设计合同经双方当事人签字盖章并在发包人向设计单位支付定金后生效。发包人应在合同签字后的3日内支付该笔款项，设计单位收到定金为设计开工的标志。如果发包人未能按时支付定金，设计单位有权推迟开工时间，且交付设计文件的时间相应顺延。

(2)设计期限。设计期限是判定设计单位是否按期履行合同义务的标准，除了合同约定的交付设计文件（包括约定分次移交的设计文件）的时间外，还可能包括由于非设计单位应承担责任和风险的原因(如设计过程中发生影响设计进展的不可抗力事件；非设计单位原因的设计变更；发包人应承担责任的事件对设计进度的干扰等)，经过双方补充协议确定应顺延的时间之和。

(3)合同终止。在合同正常履行的情况下，工程施工完成竣工验收工作，设计单位为合同项目的服务结束。

2.发包人的责任

(1)提供设计依据资料。

①按时提供设计依据文件和基础资料。发包人应当按照合同约定时间，一次性或陆续向设计单位提交设计的依据文件和相关资料，以保证设计工作的顺利进行。如果发包人提交上述资料及文件超过规定期限15天以内，设计单位规定的交付设计文件时间相应顺延；交付上述资料及文件超过规定期限15天以上时，设计单位有权重新确定提交设计文件的时间。进行专业工程设计时，如果设计文件中需选用国家标准图、部标准图以及地方标准图，应由发包人负责解决。

②对资料的正确性负责。尽管提供的某些资料不是发包人自己完成的，如作为设计依据的勘察资料和数据等，但就设计合同的当事人而言，发包人仍需对所提交基础资料及文件的完整性、正确性、及时性负责。

(2)提供必要的现场工作条件。由于设计单位完成设计工作的主要地点不是施工现场，因此，发包人有义务为设计单位在现场工作期间提供必要的工作、生活条件。发包人为设计单位派驻现场的工作人员提供可能涉及工作、生活、交通等方面的便利条件，以及必要的劳动保护装备。

(3)外部协调工作。设计的阶段成果(初步设计、技术设计、施工图设计)完成后，应由发包人组织鉴定和验收，并负责向发包人的上级或有管理资质的设计审批部门完成报批手续。施工图设计完成后，发包人应将施工图报送建设行政主管部门，由建设行政主管部门委托的审查机构进行结构安全和强制性标准、规范执行情况等内容的审查。发包人和设计单位必须共同保证施工图设计满足以下条件。

①建筑物(包括地基基础、主体结构)的设计稳定、安全、可靠。

②设计符合消防、节能、环保、抗震、卫生、人防等有关强制性标准、规范。

③设计的施工图达到规定的设计深度。

④不存在有可能损害公共利益的其他影响。

(4)其他相关工作。发包人委托设计配合引进项目的设计任务，从询价、对外谈判、国内外技术考察直至建成投产的各个阶段，应吸收承担有关设计任务的设计单位参加。出国费用，除制装费外，其他费用由发包人支付。发包人委托设计单位承担合同约定委托范围之外的服务工作，需另行支付费用。

(5)保护设计单位的知识产权。发包人应保护设计单位的投标书、设计方案、文件、资料图样、数据、计算软件和专利技术。未经设计单位同意，发包人对设计单位交付的设计资料与文件不得擅自修改、复制或向第三人转让或用于本合同外的项目。如发生以上情况，发包人应负法律责任，设计单位有权向发包人提出索赔。

(6)遵循合理设计周期的规律。如果发包人从施工进度的需要或其他方面的考虑，要求设计单位比合同规定时间提前交付设计文件时，须征得设计单位同意。设计的质量是工程发挥预期效益的基本保障，发包人不应严重背离合理设计周期的规律，强迫设计单位不合理地缩短设计周期的时间。双方经过协商达成一致并签订提前交付设计文件的协议后，发包人应支付相应的赶工费。

3.设计单位的责任

(1)保证设计质量。保证工程设计质量是设计单位的基本责任。设计单位应依据批准的可行性研究报告、勘察资料，在满足国家规定的设计规范、规程、技术标准的基础上，按合同规定的标准完成各阶段的设计任务，并对提交的设计文件质量负责。在投资限额内，鼓励设计单位采用先进的设计思想和方案。但若设计文件中采用的新技术、新材料可能影响工程的质量或安全，而又没有国家标准时，应当由国家认可的检测机构进行试验论证，并经国务院有关部门或省(直辖市、自治区)有关部门组织的建设工程技术专家委员会审定后方可使用。负责设计的建(构)筑物需注明设计的合理使用年限。在设计文件中，选用的材料、构配件、设备等，应当注明规格、型号、性能等技术指标，其质量要求必须符合国家规定的标准。对于各设计阶段设计文件审查会提出的修改意见，设计单位应负责修正和完善。设计单位交付设计资料及文件后，需按规定参加有关的设计审查，并根据审查结论负责对不超出原定范围的内容做必要的调整补充。《建设工程质量管理条例》规定，设计单位未根据勘察成果文件进行工程设计，设计单位指定建筑材料、建筑构配件的生产厂、供应商，设计单位未按照工程建设强制性标准进行设计的，均属于违反法律和法规的行为，要追究设计单位的责任。

(2)各设计阶段的工作任务。

①初步设计。总体设计(大型工程)；方案设计，主要包括：建筑设计、工艺设计、进行方案比选等工作；编制初步设计文件，主要包括：完善选定的方案、分专业设计并汇总、编制说明与概算、参加初步设计审查会议、修正初步设计。

②技术设计。提出技术设计计划，一般包括：工艺流程试验研究、特殊设备的研制、大型建(构)筑物关键部位的试验与研究；编制技术设计文件，参加初步审查，并做必要修正。

③施工图设计。建筑设计；结构设计；设备设计；专业设计的协调；编制施工图设计文件。

(3)对外商的设计资料进行审查。在委托设计的工程中，如果有部分属于外商提供的设计，如大型设备采用外商供应的设备，则需使用外商提供的制造图样，设计单位应负责对外商的设计资料进行审查，并负责该合同项目的设计联络工作。

(4)配合施工的义务。

①设计交底。设计单位在建设工程施工前，需向施工承包人和施工监理人说明建设工程勘察、设计意图，解释建设工程勘察、设计文件，以保证施工工艺达到预期的设计水平要求。设计单位按合同规定时限交付设计资料与文件后，本年内项目开始施工，负责向发包人及施工单位进行设计交底、处理有关设计问题和参加竣工验收。如果在一年内项目未开始施工，设计单位仍应负责上述工作，但可按所需工作量向发包人适当收取咨询服务费，收费额由双方以补充协议商定。

②解决施工中出现的设计问题。设计单位有义务解决施工中出现的设计问题，如属于设计变更的范围，按照变更原因确定费用负担责任。发包人要求设计单位派专人留驻施工现场进行配合与解决有关问题时，双方应另行签订补充协议或技术咨询服务合同。

③工程验收。为了保证建设工程的质量，设计单位应按合同约定参加工程验收工作。这些约定的工作可能涉及重要部位的隐蔽工程验收、试车验收和竣工验收。

(5)保护发包人的知识产权。设计单位应保护发包人的知识产权，不得向第三人泄露、转让发包人提交的产品图样等技术经济资料。如发生以上情况并给发包人造成经济损失，发包人有权向设计单位索赔。

4.支付管理

(1)定金的支付。设计合同由于采用定金担保，因此，合同内没有预付款。发包人应在合同生效后3天内，支付设计费总额的20%作为定金。在合同履行过程中的中期支付中，定金不参与结算，双方的合同义务全部完成进行合同结算时，定金可以抵作设计费或收回。

(2)合同价格。在现行体制下，建设工程勘察、设计发包人与承包人应当执行国家有关建设工程勘察费、设计费的管理规定。签订合同时，双方商定合同的设计费，收费依据和计算方法按国家和地方有关规定执行。国家和地方没有规定的，由双方商定。如果合同约定的费用为估算设计费，则双方在初步设计审批后，需按批准的初步设计概算核算设计费。工程建设期间如遇概算调整，则设计费也应做相应调整。

(3)设计费的支付与结算。

①对于采取固定总价形式的合同，发包人应当按照专用合同条款附件的约定及时支付尾款。

②对于采取固定单价形式的合同，发包人与设计单位应当按照专用合同条款附件约定的结算方式及时结清工程设计费，并将结清未支付的款项一次性支付给设计单位。

③对于采取其他价格形式的，也应按专用合同条款的约定及时结算和支付。

5.设计工作内容的变更

(1)发包人变更工程设计的内容、规模、功能、条件等，应当向设计单位提供书面要求，设计单位在不违反法律规定，以及技术标准强制性规定的前提下应当按照发包人要求变更工程设计。

(2)发包人变更工程设计的内容、规模、功能、条件或因提交的设计资料存在错误或做较大修改时，发包人应按设计单位所耗工作量向设计单位增付设计费，设计单位可按本条约定和专用合同条款附件的约定，与发包人协商对合同价格和/或完工时间做可以共同接受的修改。

(3)如果由于发包人要求更改而造成的项目复杂性的变更或性质的变更使得设计单位的设计工作减少，发包人可按约定和专用合同条款附件的约定，与设计单位协商对合同价格和/或完工时间做可共同接受的修改。

(4)基准日期后，与工程设计服务有关的法律、技术标准的强制性规定的颁布与修改，由此增加的设计费用和(或)延长的设计周期由发包人承担。

(5)如果发生设计单位认为有理由提出增加合同价款或延长设计周期的要求事项，除专用合同条款对期限另有约定外，设计单位应于该事项发生后5天内书面通知发包人。除专用合同条款对期限另有约定外，在该事项发生后10天内，设计单位应向发包人提供证明设计单位要求的书面声明，其中，包括设计单位关于因该事项引起的合同价款和设计周期的变化的详细计算。除专用合同条款对期限另有约定外，发包人应在接到设计单位书面声明后的5天内，予以书面答复。逾期未答复的，视为发包人同意设计单位关于增加合同价款或延长设计周期的要求。

6.违约责任

(1)发包人的违约责任。

①合同生效后，发包人因非设计单位原因要求终止或解除合同，设计单位未开始设计工作的，不退还发包人已付的定金或发包人按照专用合同条款的约定向设计单位支付违约金；已开始设计工作的，发包人应按照设计单位已完成的实际工作量计算设计费，完成工作量不足一半时，按该阶段设计费的一半支付设计费；完成工作量超过一半时，按该阶段设计费的全部支付设计费。

②发包人未按专用合同条款附件约定的金额和期限向设计单位支付设计费的，应按专用合同条款约定向设计单位支付违约金。逾期超过 15 天时，设计单位有权书面通知发包人中止设计工作。自中止设计工作之日起 15 天内发包人支付相应费用的，设计单位应及时根据发包人要求恢复设计工作；自中止设计工作之日起超过 15 天后发包人支付相应费用的，设计单位有权确定重新恢复设计工作的时间，且设计周期相应延长。

③发包人的上级或设计审批部门对设计文件不进行审批或本合同工程停建、缓建，发包人应在事件发生之日起 15 天内按合同第×条[合同解除]的约定向设计单位结算并支付设计费。

④发包人擅自将设计单位的设计文件用于本工程以外的工程或交第三方使用时，应承担相应法律责任，并应赔偿设计单位，因此遭受的损失。

(2)设计单位的违约责任。

①合同生效后，设计单位因自身原因要求终止或解除合同，设计单位应按发包人已支付的定金金额双倍返还给发包人或设计单位按照专用合同条款的约定向发包人支付违约金。

②由于设计单位原因，未按专用合同条款附件约定的时间交付工程设计文件的，应按专用合同条款的约定向发包人支付违约金，前述违约金经双方确认后可在发包人应付设计费中扣减。

③设计单位对工程设计文件出现的遗漏或错误负责修改或补充。由于设计单位原因产生的设计问题造成工程质量事故或其他事故时，设计单位除负责采取补救措施外，应当通过所投建设工程设计责任保险向发包人承担赔偿责任或者根据直接经济损失程度按专用合同条款约定向发包人支付赔偿金。

④设计单位未经发包人同意擅自对工程设计进行分包的，发包人有权要求设计单位解除未经发包人同意的设计分包合同，设计单位应当按照专用合同条款的约定承担违约责任。

第四节　建设工程施工合同管理

一、建设工程施工合同概述

(一)建设工程施工合同的概念和特点

建设工程施工合同是发包人与承包人就完成具体工程项目的建筑施工、设备安装、设备调试、工程保修等工作内容，确定双方权利和义务的协议。施工合同是建设工程合同的一种，它与其他建设工程合同一样是双务有偿合同，在订立时应遵守自愿、公平、诚实信用等原则。

建设工程施工合同是建设工程的主要合同之一，其标的是将设计图样变为满足功能、质量、进度、投资等发包人投资预期目的的建筑产品。建设工程施工合同还具有以下特点。

1.合同标的的特殊性

施工合同的标的是各类建筑产品，建筑产品是不动产，建造过程中往往受到自然条件、地质水文条件、社会条件、人为条件等因素的影响。这就决定了每个施工合同的标的物不同于工厂批量生产的产品，具有单件性的特点。所谓“单件性”是指不同地点建造的相同类型和级别的建筑，施工过程中所遇到的情况不尽相同。例如，在甲工程施工中遇到的困难在乙工程不一定发生，而在乙工程施工中可能出现甲工程没有发生过的问题，相互间具有不可替代性。因此，必然导致合同标的特殊性。

2.合同履行期限的长期性

建筑物的施工由于结构复杂、体积大、建筑材料类型多、工作量大，使得工期都较长(与一般工业产品的生产相比)。在较长的合同期内，双方履行义务往往会受到不可抗力、履行过程中法律法规政策的变化、市场价格的浮动等因素的影响，必然导致合同的内容约定、履行管理都很复杂。

3.合同内容的复杂性

虽然施工合同的当事人只有两方，但是履行过程中涉及的主体却有许多种。合同内容的约定还需与其他相关合同相协调，如设计合同、供货合同、本工程的其他施工合同等。

(二)建设工程施工合同范本简介

1.合同范本的作用

鉴于施工合同的内容复杂、涉及面宽，为了避免施工合同的编制者遗漏某些方面的重要条款，或条款约定责任不够公平合理，中华人民共和国住房和城乡建设部和国家市场监督管理总局印发了《建设工程施工合同(示范文本)》(GF-2013-0201)(以下简称“施工合同示范文本”)。施工合同示范文本的条款内容，不仅涉及各种情况下双方的合同责任和规范化的履行管理程序，而且涵盖了非正常情况的处理原则，如变更、索赔、不可抗力、合同的被迫终止、争议的解决等方面。施工合同示范文本中的条款属于推荐使用，应结合具体工程的特点加以取舍、补充，最终形成责任明确、操作性强的合同。

2.建设工程施工合同(示范文本)

《建设工程施工合同(示范文本)》由合同协议书、通用合同条款、专用合同条款三部分组成。

①合同协议书。《建设工程施工合同(示范文本)》合同协议书共计13条，主要包括：工程概况、合同工期、质量标准、签约合同价和合同价格形式、项目经理、合同文件构成、承诺以及合同生效条件等重要内容，集中约定了合同当事人基本的合同权利义务。

②通用合同条款。通用合同条款是合同当事人根据《中华人民共和国建筑法》《中华人民共和国合同法》等法律法规的规定，就工程建设的实施及相关事项，对合同当事人的权利

义务做出的原则性约定。

通用合同条款共计20条，具体条款分别为：一般约定、发包人、承包人、监理人、工程质量、安全文明施工与环境保护、工期和进度、材料与设备、试验与检验、变更、价格调整、合同价格、计量与支付、验收和工程试车、竣工结算、缺陷责任与保修、违约、不可抗力、保险、索赔和争议解决。前述条款安排既考虑了现行法律法规对工程建设的有关要求，也考虑了建设工程施工管理的特殊需要。

③专用合同条款。专用合同条款是对通用合同条款原则性约定的细化、完善、补充、修改或另行约定的条款。合同当事人可以根据不同建设工程的特点与具体情况，通过双方的谈判、协商对相应的专用合同条款进行修改补充。在使用专用合同条款时，应注意以下事项：

a.专用合同条款的编号应与相应的通用合同条款的编号一致；

b.合同当事人可以通过对专用合同条款的修改，满足具体建设工程的特殊要求，避免直接修改通用合同条款；

c.在专用合同条款中有横道线的地方，合同当事人可针对相应的通用合同条款进行细化、完善、补充、修改或另行约定；如无细化、完善、补充、修改或另行约定，则填写“无”或划“/”。

(三)合同管理涉及的有关各方

1.合同当事人

(1)发包人。通用合同条款规定，发包人是指在协议书中约定，具有工程发包主体资格和支付工程价款能力的当事人以及取得该当事人资格的合法继承人。

(2)承包人。通用合同条款规定，承包人是指在协议书中约定，被发包人接受的具有工程施工承包主体资格的当事人以及取得该当事人资格的合法继承人。

从以上两个定义可以看出，施工合同签订后，当事人任何一方均不允许转让合同。因为承包人是发包人通过复杂的招标选中的实施者；发包人则是承包人在投标前出于对其信誉和支付能力的信任才参与竞争取得合同。因此，按照诚实信用原则，订立合同后，任何一方都不能将合同转让给第三者。所谓合法继承人是指因资产重组后，合并或分立后的法人或组织可以作为合同的当事人。

2.工程师

(1)工程师的委派。《建设工程施工合同(示范文本)》定义的工程师包括监理单位委派的总监理工程师或者发包人指定的履行合同的负责人两种情况。

①发包人委托的监理。发包人可以委托监理单位全部或者部分负责合同的履行管理。监理单位委派的总监理工程师在施工合同中称为工程师。总监理工程师是经监理单位法定代表人授权，派驻施工现场监理组织的总负责人，行使监理合同赋予监理单位的权利和义务，全面负责受委托工程的监理工作。发包人应当将委托的监理单位名称、工程师的姓名、监理内容及监理权限以书面形式通知承包人。除合同内有明确约定或经发包人同意外，负责监理的工程师无权解除承包人的任何义务。

②发包人派驻代表。对于国家未规定实施强制监理的工程施工，发包人也可以派驻代

表自行管理。发包人派驻施工场地履行合同的代表在施工合同中也称工程师。发包人代表是经发包人单位法定代表人授权，派驻施工现场的负责人，其姓名、职务、职责在专用条款内约定，但职责不得与监理单位委派的总监理工程师职责相互交叉。双方职责发生交叉或不明确时，由发包人明确双方职责，并以书面形式通知承包方。

③工程师易人。在施工过程中，如果发包人需要撤换工程师，应至少于易人前 7 天以书面形式通知承包人。后任继续履行合同文件的约定与前任工程师的权利和义务，不得更改前任工程师做出的书面承诺。

(四)建设行政主管部门及相关部门对施工合同的监督管理

虽然发包人和承包人订立和履行合同属于当事人自主的市场行为，但是建筑工程涉及国家和地区国民经济发展计划的实现，与人民生命财产的安全密切相关，因此，必须符合法律和法规的有关规定。

1.建设行政主管机关对施工合同的监督管理

建设行政主管部门通过对建设活动的监督，主要从质量和安全的角度对工程项目进行管理。主要有以下职责：

(1)颁布规章。依据国家的法律颁布相应的规章、规范建筑市场有关各方的行为。包括推行合同范本制度。

(2)批准工程项目的建设。工程项目的建设，发包人必须履行工程项目报建手续，获取施工许可证，以及取得规划许可和土地使用权的许可。建设项目申请施工许可证应具备以下条件：

①已经办理该建筑工程用地批准手续。

②在城市规划区的建筑工程，已经取得建设工程规划许可证。

③施工场地已经基本具备施工条件，需要拆迁的，其拆迁进度符合施工要求。

④已经确定施工企业。按照规定应该招标的工程没有招标，应该公开招标的工程没有公开招标，或者肢解发包工程，以及将工程发包给不具备相应资质条件的，所确定的施工企业无效。

⑤已满足施工需要的施工图样及技术资料，施工图设计文件已按规定进行了审查。

⑥有保证工程质量和安全的具体措施。施工企业编制的施工组织设计中有根据建筑工程特点制订的相应质量、安全技术措施，专业性较强的工程项目编制有专项质量、安全施工组织设计，并按照规定办理了工程质量、安全监督手续。

⑦按照规定应该委托监理的工程已委托监理。

⑧建设资金已经落实。建设工期不足一年的，到位资金原则上不得少于工程合同价的 50%；建设工期超过 1 年的，到位资金原则上不得少于工程合同价的 30%。建设单位应当提供银行出具的到位资金证明，有条件的可以实行银行付款保函或者其他第三方担保。

⑨法律、行政法规规定的其他条件。

(3)对建设活动实施监督。

①对招标申请报送材料进行审查。

②对中标结果和合同的备案进行审查。

③对工程开工前报送的发包人指定的施工现场总代表人和承包人指定的项目经理的备案材料进行审查。

④竣工验收程序和鉴定报告的备案审查。

⑤竣工的工程资料备案等。

所谓备案是指这些活动由合同当事人在行政法规要求的条件下自主进行,并将报告或资料提交建设行政主管部门。行政主管部门审查未发现存在违法、违规情况,则当事人的行为有效,将其资料存档。如果发现有问题,则要求当事人予以改正。因此,备案不同于批准,当事人享有更多的自主权。

2.质量监督机构对合同履行的监督

工程质量监督机构是接受建设行政主管部门的委托,负责监督工程质量的中介组织。工程招标工作完成后,领取开工证之前,发包人应到工程所在地的质量监督机构办理质量监督登记手续。质量监督机构对合同履行的工作的监督,分为对工程参建各方质量行为的监督和对建设工程的实体质量监督两个方面。

(1)对工程参建各方主体质量行为的监督。

①对建设单位质量行为的监督,主要内容包括:工程项目报建审批手续是否齐全;基本建设程序是否符合有关要求并按规定进行了施工图审查,以及按规定委托监理单位或建设单位自行管理的工程是否建立了工程项目管理机构、配备了相应的专业技术人员;有无明示或者暗示勘察、设计单位、监理单位、施工单位违反强制性标准、降低工程质量和迫使承包商任意压缩合理工期等行为;按合同规定,由建设单位采购的建材、构配件和设备是否符合质量要求。

②对监理单位质量行为的监督,主要内容包括:监理的工程项目有无监理委托手续及合同,监理人员资格证书与承担的任务是否相符;工程项目的监理机构专业人员配套,责任制落实情况;现场监理采取了旁站、巡视和平行检验等何种监理形式;是否制订监理规划,并按照监理规划进行监理;是否按照国家强制性标准或操作工艺对分项工程或工序及时进行验收签认;对现场发现的使用不合格材料、构配件、设备的现象和发生的质量事故是否及时督促、配合责任单位调查处理。

③对施工单位质量行为的监督,主要内容包括:所承担的任务是否与其资质相符,项目经理与中标书中是否相一致,有无施工承包手续与合同;项目经理、技术负责人、质检员等专业技术管理人员是否配套,并具有相应资格及上岗证书;是否有经过批准的施工组织设计或施工方案并能贯彻执行;是否按有关规定进行各种检测,对工程施工中出现的质量事故按有关文件要求及时如实上报和认真处理;无违法分包、转包工程项目的行为。

(2)对建设工程的实体质量的监督。实体质量监督以抽查方式为主,并辅以科学的检测手段。地基基础实体必须经监督检查后方可进行主体结构施工;主体结构实体必须经监督检查后方可进行后续工程施工。

①地基及基础工程抽查,主要内容包括:质量保证与见证取样送检检测资料;分项、分部工程质量或评定资料与隐蔽工程验收记录;地基检测报告和地基验槽记录;抽查基础砌体、混凝土和防水等施工质量。

②主体结构工程抽查,主要内容包括:质量保证与见证取样送检检测资料;分项、分部工

程质量评定资料与隐蔽工程验收记录；结构安全重点部位的砌体、混凝土、钢筋施工质量抽查情况和检测；混凝土构件、钢结构构件制作和安装质量。

③竣工工程抽查，主要内容包括：工程质量保证资料与有见证取样检测报告；分项、分部和单位工程质量评定资料和隐蔽工程验收记录；地基基础、主体结构以及工程安全检测报告和抽查检测；水、电、暖、通等工程重要部位、使用功能试验资料与使用功能抽查检测记录；工程观感质量。

(3)工程竣工验收的监督。建设工程质量监督机构在工程竣工验收监督时，重点对工程竣工验收的组织形式、验收程序、执行验收规范情况等实行监督。

3.金融机构对施工合同的管理

金融机构对施工合同的管理，是通过对信贷管理、结算管理、当事人的账户管理进行的。金融机构还有义务协助执行已生效的法律文书，保护当事人的合法权益。

二、建设工程施工合同的订立

依据施工合同示范文本，订立合同时应注意通用合同条款与专用合同条款需明确说明的内容。

(一)工期和合同价格

1.工期

在合同协议书内应明确注明开工日期、竣工日期和合同工期总日历天数。如果是招标选择的承包人，工期总日历天数应为投标书内承包人承诺的天数，不一定是招标文件要求的天数。招标文件通常规定，本招标工程最长允许的完工时间，而承包人为了竞争，申报的投标工期往往短于招标文件限定的最长工期，此项因素通常也是评标比较的一项内容。因此，在中标通知书中已注明发包人接受的投标工期。

合同内如果有发包人要求分阶段移交的单位工程或部分工程时，在专用条款内还需明确约定中间交工工程的范围和竣工时间。此项约定也是判定承包人是否按合同履行了义务的标准。

2.合同价款

(1)发包人接受的合同价款。在合同协议书内同样要注明合同价款。虽然中标通知书中已写明了来源于投标书的中标合同价款，但是考虑到某些工程可能不是通过招标选择的承包人，如合同价值低于法规要求必须招标的小型工程或出于保密要求直接发包的工程等。因此，标准化合同协议书内仍要求填写合同价款。非招标工程的合同价款，由当事人双方依据工程预算书协商后，填写在协议书内。

(2)费用。在合同的许多条款内涉及“费用”和“追加合同价款”两个专用术语。费用是指不包含在合同价款之内的应当由发包人或承包人承担的经济支出。追加合同价款是指合同履行中发生需要增加合同价款的情况，经发包人确认后，按照计算合同价款的方法给承包人增加的合同价款。

(3)合同的计价方式。通用条款中规定有三类可选择的计价方式，本合同采用哪种方式需在专用条款中说明。可选择的计价方式有：

①固定价格合同,是指在约定的风险范围内价款不再调整的合同。这种合同的价款并不是绝对不可调整,而是约定范围内的风险由承包人承担。工程承包活动中采用的总价合同和单价合同均属于此类合同。双方需在专用条款内约定合同价款包含的风险范围、风险费用的计算方法和承包风险范围以外对合同价款影响的调整方法,在约定的风险范围内合同价款不再调整。

②可调价格合同,是针对固定价格而言,通常用于工期较长的施工合同。如工期在18个月以上的合同,发包人和承包人在招投标阶段和签订合同时不可能合理预见到一年半以后物价浮动和后续法规变化对合同价款的影响,为了合理分担外界因素影响的风险,应采用可调价合同。对于工期较短的合同,专用合同条款内也要约定因外部条件变化对施工产生成本影响可以调整合同价款的内容。可调价合同的计价方式与固定价格合同基本相同,只是增加可调价的条款,因此,在专用合同条款内应明确约定调价的计算方法。

③成本加酬金合同,是指发包人负担全部工程成本,对承包人完成的工作支付相应酬金的计价方式。这类计价方式,通常用于紧急工程施工,如灾后修复工程;或采用新技术、新工艺施工,双方对施工成本均心中无底,为了合理分担风险采用此种方式。合同双方应在专用合同条款内约定成本构成和酬金的计算方法。

具体工程承包的计价方式不一定是单一的方式,只要在合同内明确约定具体工作内容采用的计价方式,也可以采用组合计价方式。如工期较长的施工合同,主体工程部分采用可调价的单价合同;而某些较简单的施工部位采用不可调价的固定总价承包;涉及使用新工艺施工部位或某项工作,用成本加酬金方式结算该部分的工程款。

(4)工程预付款的约定。施工合同的支付程序中是否有预付款,取决于工程的性质、承包工程量的大小以及发包人在招标文件中的规定。预付款是发包人为了帮助承包人解决工程施工前期资金紧张的困难,提前给付的一笔款项。在专用合同条款内应约定预付款总额、一次或分阶段支付的时间及每次付款的比例(或金额)、扣回的时间及每次扣回的计算方法、是否需要承包人提供预付款保函等相关内容。

(5)支付工程进度款的约定。在专用合同条款内约定工程进度款的支付时间和支付方式。工程进度款支付可以采用按月计量支付、按里程碑完成工程的进度分阶段支付或完成工程后一次性支付等方式。对合同内不同的工程部位或工作内容可以采用不同的支付方式,只要在专用合同条款中具体明确即可。

(二)对双方有约束力的合同文件

1.合同文件的组成

在协议书和通用合同条款中规定,对合同当事人双方有约束力的合同文件包括签订合同时已形成的文件和履行过程中构成对双方有约束力的文件两大部分。

(1)订立合同时已形成的文件。主要包括:施工合同协议书;中标通知书;投标书及其附件;施工合同专用合同条款;施工合同通用合同条款;标准、规范以及有关技术文件;图样;工程量清单:工程报价单或预算书。

(2)合同履行过程中形成的文件。在合同履行过程中,双方有关工程的洽商、变更等书面协议或文件也构成对双方有约束力的合同文件,将其视为协议书的组成部分。

2.对合同文件中矛盾或歧义的解释

(1)合同文件的优先解释次序。通用合同条款规定,上述合同文件原则上应能够互相解释、互相说明。但当合同文件中出现含糊不清或不一致时,各文件的序号就是合同的优先解释顺序。由于履行合同时双方达成一致的洽商、变更等书面协议发生时间在后,且经过当事人签署,因此,作为协议书的组成部分,排序放在第一位。如果双方不同意这种次序安排,可以在专用合同条款内约定本合同的文件组成和解释次序。

(2)合同文件出现矛盾或歧义的处理程序。按照通用合同条款的规定,当合同文件内容含糊不清或不一致时,在不影响工程正常进行的情况下,由发包人和承包人协商解决。双方也可以提请负责监理的工程师做出解释。双方协商不成或不同意负责监理的工程师的解释时,按合同约定的解决争议的方式处理。对于实行"小业主、大监理"的工程,可以在专用合同条款中约定工程师做出的解释对双方都有约束力,如果任何一方不同意工程师的解释,再按合同争议的方式解决。

(三)标准和规范

标准和规范是检验承包人施工应遵循的准则以及判定工程质量是否满足要求的标准。

国家标准是强制性标准,合同约定的标准不得低于强制性标准,但发包人从建筑产品功能要求出发,可以对工程或部分工程部位提出更高的质量要求。在专用合同条款内必须明确规定本工程与主要部位应达到的质量要求,以及施工过程中需要进行质量检测和试验的时间、试验内容、试验地点和方式等具体约定。

对于采用新技术、新工艺施工的部分,如果我国没有相应标准、规范时,在合同内也应约定对质量检验的方式、检验的内容以及应达到的指标要求,否则无从判定施工的质量是否合格。

(四)发包人和承包人的工作

1.发包人的义务

通用合同条款规定以下工作属于发包人应完成的工作。

(1)办理土地征用、拆迁补偿、平整施工场地等工作,使施工场地具备施工条件,并在开工后继续解决以上事项的遗留问题。专用合同条款内需要约定施工场地具备施工条件的要求及完成的时间,以便承包人能够及时接收适用的施工现场,按计划开始施工。

(2)将施工所需水、电、电信线路从施工场地外部接至专用合同条款约定地点,并保证施工期间需要。专用合同条款内需要约定三通的时间、地点和供应要求。某些偏僻地域的工程或大型工程,可能要求承包人从水源地(如附近的河中取水)或用柴油机发电解决施工用电,则也应在专用条件内明确,说明通用合同条款的此项规定本合同不采用。

(3)开通施工场地与城乡公共道路的通道,以及专用合同条款约定的施工场地内的主要交通干道,保证施工期间的畅通,满足施工运输的需要。专用合同条款内需要约定移交给承包人交通通道或设施的开通时间和应满足的要求。

(4)向承包人提供施工场地的工程地质和地下管线资料,保证数据真实,位置准确。专用合同条款内需要约定向承包人提供工程地质和地下管线资料的时间。

(5)办理法律、法规规定的施工许可证和临时用地、停水、停电、中断道路交通、爆破作业以及可能损坏道路、管线、电力、通信等公共设施的申请批准手续及其他施工所需的证件(证明承包人自身资质的证件除外)。专用合同条款内需要约定发包人提供施工所需证件、批件的名称和时间,以便承包人合理进行施工组织。

(6)确定水准点与坐标控制点,以书面形式交给承包人,并进行现场交验。专用合同条款内需要分项明确约定放线依据资料的交验要求,以便合同履行过程中合理地区分放线错误的责任归属。

(7)组织承包人和设计单位进行图纸会审和设计交底。专用合同条款内需要约定具体的时间。

(8)协调处理施工现场周围地下管线和邻近建筑物、构筑物(包括文物保护建筑)、古树名木的保护工作,并承担有关费用。专用合同条款内需要约定具体的范围和内容。

(9)发包人应做的其他工作双方在专用合同条款内约定。专用合同条款内需要根据项目的特点和具体情况约定相关的内容。

虽然通用合同条款内规定上述工作内容属于发包人的义务,但是发包人可以将上述部分工作委托承包方办理,具体内容可以在专用合同条款内约定,其费用由发包人承担。属于合同约定的发包人义务,如果出现不按合同约定完成,导致工期延误或给承包人造成损失时,发包人应赔偿承包人的有关损失,延误的工期相应顺延。

2.承包人义务

通用合同条款规定,以下工作属于承包人的义务。

(1)根据发包人的委托,在其设计资质允许的范围内,完成施工图设计或与工程配套的设计,经工程师确认后使用,发生的费用由发包人承担。如果属于设计施工总承包合同或承包工作范围内包括部分施工图设计任务,则专用合同条款内需要约定承担设计任务单位的设计资质等级及设计文件的提交时间和文件要求(可能属于施工承包人的设计分包人)。

(2)向工程师提供年、季、月工程进度计划以及相应进度统计报表。专用合同条款内需要约定应提供计划、报表的具体名称和时间。

(3)按工程需要提供和维修非夜间施工使用的照明、围栏设施,并负责安全保卫。专用合同条款内需要约定具体的工作位置和要求。

(4)按专用合同条款约定的数量和要求,向发包人提供在施工现场办公和生活的房屋以及设施,发生的费用由发包人承担。专用合同条款内需要约定设施名称、要求和完成时间。

(5)遵守有关部门对施工场地交通、施工噪声以及环境保护和安全生产等的管理规定,按管理规定办理有关手续,并以书面形式通知发包人。发包人承担由此发生的费用,因承包人责任造成的罚款除外。专用合同条款内需要约定需承包人办理的有关内容。

(6)已竣工工程未交付发包人之前,承包人按专用合同条款约定负责已完成工程的成品保护工作,保护期间发生损坏,承包人自费予以修复。要求承包人采取特殊措施保护的单位工程的部位和相应追加合同价款,在专用合同条款内约定。

(7)按专用合同条款的约定做好施工现场地下管线和邻近建筑物、构筑物(包括文物保护建筑)、古树名木的保护工作。专用合同条款内约定需要保护的范围和费用。

(8)保护施工场地清洁符合环境卫生管理的有关规定。

(9)承包人应做的其他工作,双方在专用合同条款内约定。

承包人不履行上述各项义务，造成发包人损失的，应对发包人的损失给予赔偿。

三、施工准备阶段的合同管理

(一)施工图样

在工程准备阶段应完成施工图设计文件的审查。施工图样经过工程师审核签认后，在合同约定的日期前发放给承包人。以保证承包人及时编制施工进度计划和组织施工。施工图样可以一次提供，也可以各单位工程开始施工前分阶段提供，只要符合专用合同条款的约定，不影响承包人按时开工即可。

1.发包人责任

发包人应免费按专用合同条款约定的份数供应承包人图样。承包人要求增加图样套数时，发包人应代为复制，但复制费用由承包人承担。发放给承包人的图样中，应在施工现场保留一套完整图样供工程师及有关人员进行工程检查时使用。

2.承包人负责设计的图样

在有些情况下承包人享有专利权的施工技术，若具有设计资质和能力，可以由其完成部分施工图的设计，或由其委托设计分包人完成。在承包工作范围内，包括部分由承包人负责设计的图样，则应在合同约定的时间内将按规定的审查程序批准的设计文件提交工程师审核，经过工程师签认后才可以使用。但工程师对承包人设计的认可，不能解除承包人的设计责任。

(二)施工进度计划

就合同工程的施工组织而言，招标阶段承包人在投标书内提交的施工方案或施工组织设计的深度相对较浅，签订合同后通过对现场的进一步考察和工程交底，对工程的施工有了更深入的了解。因此，承包人应当在专用合同条款约定的日期，将施工组织设计和施工进度计划提交工程师。群体工程中采取分阶段进行施工的单项工程，承包人则应按照发包人提供图样及有关资料的时间，按单项工程编制进度计划，分别向工程师提交。

工程师接到承包人提交的进度计划后，应当予以确认或者提出修改意见，时间限制则由双方在专用合同条款中约定。如果工程师逾期不确认也不提出书面意见，则视为已经同意。工程师对进度计划和对承包人施工进度的认可，不免除承包人对施工组织设计和工程进度计划本身的缺陷所应承担的责任。进度计划经工程师予以认可的主要目的，是作为发包人和工程师依据计划进行协调和对施工进度控制的依据。

(三)双方做好施工前的有关准备工作

开工前，合同双方还应当做好其他各项准备工作。如发包人应当按照专用合同条款的规定使施工现场具备施工条件；开通施工现场公共道路，承包人应当做好施工人员和设备的调配工作。

就工程师而言，特别需要做好水准点与坐标控制点的交验，按时提供标准、规范。为了能够按时向承包人提供设计图样，工程师可能还需要做好设计单位的协调工作，按照专用合同条款的约定组织图样会审和设计交底。

(四)开工

承包人应在专用合同条款约定的时间按时开工，以便保证在合理工期内及时竣工。但在特殊情况下，工程的准备工作不具备开工条件，则应按合同的约定区分延期开工的责任。

1.承包人要求的延期开工

如果是承包人要求的延期开工，则工程师有权批准是否同意延期开工。

承包人不能按时开工，应在不迟于协议书约定的开工日期前7天，以书面形式向工程师提出延期开工的理由和要求。工程师在接到延期开工申请后的48h内未予答复，视为同意承包人的要求，工期相应顺延。如果工程师不同意延期要求，则工期不予顺延。如果承包人未在规定时间内提出延期开工要求，则工期也不予顺延。

2.发包人原因的延期开工

因发包人的原因施工现场尚不具备施工的条件，影响了承包人不能按照协议书约定的日期开工时，工程师应以书面形式通知承包人推迟开工日期。发包人应当赔偿承包人因此造成的损失，相应顺延工期。

(五)工程的分包

施工合同范本的通用合同条款规定，未经发包人同意，承包人不得将承包工程的任何部分分包；工程分包不能解除承包人的任何责任和义务。

发包人通过复杂的招标程序选择了综合能力最强的投标人，要求其来完成工程的施工，因此，合同管理过程中对工程分包要进行严格控制。承包人出于自身能力考虑，可能将部分自己没有实施资质的特殊专业工程分包，也可将部分较简单的工作内容分包。包括在承包人投标书内的分包计划，发包人通过接受投标书已表示了认可，如果施工合同履行过程中承包人又提出分包要求，则需要经过发包人的书面同意。发包人控制工程分包的基本原则是，主体工程的施工任务不允许分包，主要工程量必须由承包人完成。

经过发包人同意的分包工程，承包人选择的分包人需要提请工程师同意。工程师主要审查分包人是否具备实施分包工程的资质和能力，未经工程师同意的分包人不得进入现场参与施工。

虽然对分包的工程部位而言涉及两个合同，即发包人与承包人签订的施工合同和承包人与分包人签订的分包合同，但是工程分包不能解除承包人对发包人应承担的在该工程部位施工的合同义务。同样，为了保证分包合同的顺利履行，发包人未经承包人同意，不得以任何形式向分包人支付各种工程款项，分包人完成施工任务的报酬只能依据分包合同由承包人支付。

(六)支付工程预付款

合同约定有工程预付款的，发包人应按规定的时间和数额支付预付款。为了保证承包人如期开始施工前的准备工作和开始施工，预付时间应不迟于约定的开工日期前7天。

发包人不按约定预付，承包人在约定预付时间7天后向发包人发出要求预付的通知。发包人收到通知后仍不能按要求预付，承包人可在发出通知7天后停止施工，发包人应从约定应付之日起向承包人支付应付款的贷款利息，并承担违约责任。

四、施工过程的合同管理

(一)对材料和设备的质量控制

为了保证工程项目达到投资建设的预期目的,确保工程质量至关重要。对工程质量进行严格控制,应从使用的材料质量控制开始。

1.材料设备的到货检验

工程项目使用的建筑材料和设备按照专用合同条款约定的采购供应责任,可以由承包人负责,也可以由发包人提供全部或部分材料和设备。

(1)发包人供应的材料设备。发包人应按照专用合同条款的材料设备供应一览表,按时、按质、按量将采购的材料和设备运抵施工现场,与承包人共同进行到货清点。

①发包人供应材料设备的现场接收。发包人应当向承包人提供其供应材料设备的产品合格证明,并对这些材料设备的质量负责。发包人在其所供应的材料设备到货前24h,应以书面形式通知承包人,由承包人派人与发包人共同清点。清点的工作主要包括外观质量检查及对照发货单证进行数量清点大宗建筑材料进行必要的抽样检验(物理、化学试验)等。

②材料设备接收后移交承包人保管。发包人供应的材料设备经双方共同清点接收后,由承包人妥善保管,发包人支付相应的保管费用。因承包人的原因发生损坏丢失,由承包人负责赔偿。发包人不按规定通知承包人验收,发生的损坏丢失由发包人负责。

③发包人供应的材料设备与约定不符时的处理。发包人供应的材料设备与约定不符时,应当由发包人承担有关责任。视具体情况不同,按照以下原则处理:材料设备单价与合同约定不符时,由发包人承担所有差价;材料设备种类、规格、型号、数量、质量等级与合同约定不符时,承包人可以拒绝接收保管,由发包人运出施工场地并重新采购;发包人供应材料的规格、型号与合同约定不符时,承包人可以代为调剂串换,发包方承担相应的费用;到货地点与合同约定不符时,发包人负责运至合同约定的地点;供应数量少于合同约定的数量时,发包人将数量补齐;多于合同约定的数量时,发包人负责将多出部分运出施工场地;到货时间早于合同约定时间,发包人承担因此发生的保管费用;到货时间迟于合同约定的供应时间,由发包人承担相应的追加合同价款。发生延误,相应顺延工期,发包人赔偿由此给承包人造成的损失。

(2)承包人采购的材料设备。

①承包人负责采购材料设备的,应按照合同专用合同条款约定及设计要求和有关标准采购,并提供产品合格证明,对材料设备质量负责。

②承包人在材料设备到货前24h应通知工程师共同进行到货清点。

③承包人采购的材料设备与设计或标准要求不符时,承包人应在工程师要求的时间内运出施工现场,重新采购符合要求的产品,承担由此发生的费用,延误的工期不予顺延。

2.材料和设备的使用前检验

为了防止材料和设备在现场储存时间过长或保管不善而导致质量的降低,应在用于永久工程施工前进行必要的检查试验。按照材料设备的供应义务,对合同责任做了如下区分。

(1)发包人供应材料设备。发包人供应的材料设备进入施工现场后需要在使用前检验或者试验的，由承包人负责检查试验，费用由发包人负责。按照合同对质量责任的约定，此次检查试验通过后，仍不能解除发包人供应材料设备存在的质量缺陷责任，即承包人检验通过之后，如果又发现材料设备有质量问题时，发包人仍应承担重新采购及拆除重建的追加合同价款，并相应顺延由此延误的工期。

(2)承包人负责采购的材料和设备。

①采购的材料设备在使用前，承包人应按工程师的要求进行检验或试验，不合格的不得使用，检验或试验费用由承包人承担。

②工程师发现承包人采购并使用不符合设计或标准要求的材料设备时，应要求由承包人负责修复、拆除或重新采购，并承担发生的费用，由此延误的工期不予顺延。

③承包人需要使用代用材料时，应经工程师认可后才能使用，由此增减的合同价款双方以书面形式议定。

④由承包人采购的材料设备，发包人不得指定生产厂或供应商。

(二)对施工质量的监督管理

工程师在施工过程中应采用巡视、旁站、平行检验等方式监督检查承包人的施工工艺和产品质量，对建筑产品的生产过程进行严格控制。

1.工程质量标准

(1)工程师对质量标准的控制。承包人施工的工程质量应当达到合同约定的标准。发包人对部分或者全部工程质量有特殊要求的，应支付由此增加的追加合同价款，对工期有影响的应给予相应顺延。工程师依据合同约定的质量标准对承包人的工程质量进行检查，达到或超过约定标准的，给予质量认可(不评定质量等级)；达不到要求时，则予拒收。

(2)不符合质量要求的处理。不论何时，工程师一经发现质量达不到约定标准的工程部分，均可要求承包人返工。承包人应当按照工程师的要求返工，直到符合约定标准。因承包人的原因达不到约定标准，由承包人承担返工费用，工期不予顺延。因发包人的原因达不到约定标准，由发包人承担返工的追加合同价款，工期相应顺延。因双方原因达不到约定标准，责任由双方分别承担。如果双方对工程质量有争议，由专用合同条款约定的工程质量监督部门鉴定，所需费用及因此造成的损失，由责任方承担。双方均有责任的，由双方根据其责任分别承担。

2.施工过程中的检查和返工

承包人应认真按照标准、规范和设计要求以及工程师依据合同发出的指令施工，随时接受工程师及其委派人员的检查检验，并为检查检验工作提供便利条件。工程质量达不到约定标准的部分，工程师一经发现，可要求承包人拆除和重新施工，承包人应按工程师及其委派人员的要求拆除和重新施工，承担由于自身原因导致拆除和重新施工的费用，工期不予顺延。

经过工程师检查检验合格后，又发现因承包人原因出现的质量问题，仍由承包人承担责任，赔偿发包人的直接损失，工期不予顺延。

工程师的检查检验原则上不应影响施工正常进行。如果实际影响了施工的正常进行，其后果责任由检验结果的质量是否合格来区分合同责任。检查检验不合格时，影响正常施工的费用由承包人承担。除此之外，影响正常施工的追加合同价款由发包人承担，相应顺延工期。

因工程师指令失误和其他非承包人原因发生的追加合同价款，由发包人承担。

3.使用专利技术或特殊工艺施工

如果发包人要求承包人使用专利技术或特殊工艺施工，应负责办理相应的申报手续，承担申报、试验、使用等费用。

若承包人提出使用专利技术或特殊工艺施工，应首先取得工程师认可，然后由承包人负责办理申报手续并承担有关费用。

不论哪一方要求使用他人的专利技术，一旦发生擅自使用他人专利权的情况时，由责任者依法承担相应责任。

(三)隐蔽工程与重新检验

由于隐蔽工程在施工中一旦完成隐蔽，将很难再对其进行质量检查(这种检查往往成本很大)，因此，必须在隐蔽前进行检查验收。对于中间验收，应在专用合同条款中约定，对需要进行中间验收的单项工程和部位及时进行检查、试验，不应影响后续工程的施工。发包人应为检验和试验提供便利条件。

1.检验程序

(1)承包人自检。工程具备隐蔽条件或达到专用合同条款约定的中间验收部位，承包人进行自检，并在隐蔽或中间验收前 48h 以书面形式通知工程师验收。通知包括隐蔽和中间验收的内容、验收时间和地点。承包人准备验收记录。

(2)共同检验。工程师接到承包人的请求验收通知后，应在通知约定的时间与承包人共同进行检查或试验。检测结果表明质量验收合格，经工程师在验收记录上签字后，承包人可进行工程隐蔽和继续施工。验收不合格，承包人应在工程师限定的时间内修改后重新验收。

如果工程师不能按时进行验收，应在承包人通知的验收时间前 24h，以书面形式向承包人提出延期验收要求，但延期不能超过 48h。

若工程师未能按以上时间提出延期要求，又未按时参加验收，承包人可自行组织验收。承包人经过验收的检查、试验程序后，将检查、试验记录送交工程师。本次检验视为工程师在场情况下进行的验收，工程师应承认验收记录的正确性。

经工程师验收，工程质量符合标准、规范和设计图样等要求，验收 24h 后，工程师不在验收记录上签字，视为工程师已经认可验收记录，承包人可进行隐蔽或继续施工。

2.重新检验

无论工程师是否参加了验收，当其对某部分的工程质量有怀疑时，均可要求承包人对已经隐蔽的工程进行重新检验。承包人接到通知后，应按要求进行剥离或开孔，并在检验后重新覆盖或修复。

重新检验表明质量合格，发包人承担由此发生的全部追加合同价款，赔偿承包人损失，并相应顺延工期；检验不合格，承包人承担发生的全部费用，工期不予顺延。

(四)施工进度管理

工程开工后，合同履行即进入施工阶段，直至工程竣工。这一阶段工程师进行进度管理的主要任务是控制施工工作按进度计划执行，确保施工任务在规定的合同工期内完成。

1.按计划施工

开工后，承包人应按照工程师确认的进度计划组织施工，接受工程师对进度的检查、监督。一般情况下，工程师每月均应检查一次承包人的进度计划执行情况，由承包人提交一份上月进度计划执行情况和本月的施工方案和措施。同时，工程师还应进行必要的现场实地检查。

2.承包人修改进度计划

在实际施工过程中，由于受到外界环境条件、人为条件、现场情况等的限制，经常出现与承包人开工前编制施工进度计划时预计的施工条件有出入的情况，导致实际施工进度与计划进度不符。不管实际进度是超前还是滞后于计划进度，只要与计划进度不符时，工程师都有权通知承包人修改进度计划，以便更好地进行后续施工的协调管理。承包人应当按照工程师的要求修改进度计划并提出相应措施，经工程师确认后执行。

因承包人自身的原因造成工程实际进度滞后于计划进度，所有的后果都应由承包人自行承担。工程师不对确认后的改进措施效果负责，这种确认并不是工程师对工程延期的批准，而仅仅是要求承包人在合理的状态下施工。因此，如果修改后的进度计划不能按期完工，承包人仍应承担相应的违约责任。

3.暂停施工

(1)工程师指示的暂停施工。

①暂停施工的原因。在施工过程中，有些情况会导致暂停施工。虽然暂停施工会影响工程进度，但是在工程师认为确有必要时，可以根据现场的实际情况发布暂停施工的指示。发出暂停施工指示的起因可能源于以下情况：外部条件的变化，如后续法规政策的变化导致工程停建、缓建，地方法规要求在某一时段内不允许施工等；发包人应承担责任的原因，如发包人未能按时完成后续施工的现场或通道的移交工作，发包人订购的设备不能按时到货；施工时遇到了有考古价值的文物或古迹需要进行现场保护等；协调管理的原因，如同时在现场的几个独立承包人之间出现施工交叉干扰，工程师需要进行必要的协调；承包人的原因，如发现施工质量不合格、施工作业方法可能危及现场或毗邻地区建筑物或人身安全等。

②暂停施工的管理程序。不论发生上述何种情况，工程师都应当以书面形式通知承包人暂停施工，并在发出暂停施工通知后的48h内提出书面处理意见。则承包人应当按照工程师的要求停止施工，并妥善保护已完工工程。

承包人实施工程师做出的处理意见后，可提出书面复工要求。工程师应当在收到复工通知后的48h内给予相应的答复。如果工程师未能在规定的时间内提出处理意见，或收到承包人复工要求后48h内未予答复，则承包人可以自行复工。

停工责任在发包人，由发包人承担所发生的追加合同价款，赔偿承包人由此造成的损失，相应顺延工期；如果停工责任在承包人，由承包人承担发生的费用，工期不予顺延。如果因工程师未及时做出答复，导致承包人无法复工，由发包人承担违约责任。

(2)由于发包人不能按时支付的暂停施工。施工合同示范文本通用合同条款中对以下两种情况，给予了承包人暂时停工的权利。

①延误支付预付款。发包人不按时支付预付款，承包人在约定时间7天后向发包人发出预付通知。发包人收到通知后仍不能按要求预付，承包人可在发出通知7天后停止施工。发包人应从约定应付之日起，向承包人支付应付款的贷款利息。

②拖欠工程进度款。发包人不按合同规定及时向承包人支付工程进度款且双方又未达成延期付款协议，导致施工无法进行时，承包人可以停止施工，由发包人承担违约责任。

4.工期延误

在施工过程中，受社会条件、人为条件、自然条件和管理水平等因素的影响，可能导致工期延误不能按时竣工。是否应给承包人合理延长工期，应依据合同责任来判定。

(1)可以顺延工期的条件。按照施工合同示范文本通用合同条款的规定，以下原因造成的工期延误，经工程师确认后工期相应顺延。

①发包人不能按专用合同条款的约定提供开工条件。

②发包人不能按约定日期支付工程预付款、进度款，致使工程不能正常进行。

③工程师未按合同约定提供所需指令、批准等，致使施工不能正常进行。

④设计变更和工程量增加。

⑤一周内非承包人原因停水、停电、停气造成停工累计超过8h。

⑥不可抗力。

⑦专用合同条款中约定或工程师同意工期顺延的其他情况。

这些情况工期可以顺延的根本原因在于这些情况属于发包人违约或者是应当由发包人承担的风险。反之，如果造成工期延误的原因是承包人的违约或者应当由承包人承担的风险，则工期不能顺延。

(2)工期顺延的确认程序。承包人在工期可以顺延的情况发生后14d内，应将延误的工期向工程师提出书面报告。工程师在收到报告后14d内予以确认答复，逾期不予答复，视为报告要求已经被确认。

工程师确认工期是否应予顺延，应当首先考察事件实际造成的延误时间，然后依据合同、施工进度计划、工期定额等进行判定。经工程师确认顺延的工期应纳入合同工期，作为合同工期的一部分。如果承包人不同意工程师的确认结果，则按合同规定的争议解决方式处理。

5.发包人要求提前竣工

在施工中如果发包人出于某种考虑要求提前竣工，应与承包人协商。双方达成一致后签订提前竣工协议，作为合同文件的组成部分。提前竣工协议应包括以下方面的内容。

(1)提前竣工的时间。

(2)发包人为赶工应提供的方便条件。

(3)承包人在保证工程质量和安全的前提下，可能采取的赶工措施。

(4)提前竣工所需的追加合同价款等。

承包人按照协议修订进度计划和制订相应的措施，工程师同意后执行。发包方为赶工提供必要的方便条件。

(五)设计变更管理

施工合同范本中将工程变更分为工程设计变更和其他变更两类。其他变更是指合同履行中发包人要求变更工程质量标准及其他实质性变更。发生这类情况后，由当事人双方协商解决。工程施工中经常发生设计变更，对此通用合同条款做出了较详细的规定。

工程师在合同履行管理中应严格控制变更，施工中承包人未得到工程师的同意也不允许对工程设计随意变更。如果由于承包人擅自变更设计，发生的费用和因此而导致的发包人的直接损失，应由承包人承担，延误的工期不予顺延。

1.工程师指示的设计变更

施工合同示范文本通用合同条款中明确规定，工程师依据工程项目的需要和施工现场的实际情况，可以就以下方面向承包人发出变更通知。

(1)更改工程有关部分的标高、基线、位置和尺寸。

(2)增减合同中约定的工程量。

(3)改变有关工程的施工时间和顺序。

(4)其他有关工程变更需要的附加工作。

2.设计变更程序

(1)发包人要求的设计变更。施工中发包人需对原工程设计进行变更，应提前14天以书面形式向承包人发出变更通知。变更超过原设计标准或批准的建设规模时，发包人应报规划管理部门和其他有关部门重新审查批准，并由原设计单位提供变更的相应图样和说明。

工程师向承包人发出设计变更通知后，承包人按照工程师发出的变更通知与有关要求，进行所需的变更。

因设计变更导致合同价款的增减与造成的承包人损失由发包人承担，延误的工期相应顺延。

(2)承包人要求的设计变更。施工中承包人不得因施工方便而要求对原工程设计进行变更。承包人在施工中提出的合理化建议被发包人采纳，若建议涉及对设计图样或施工组织设计的变更及对材料、设备的换用，则须经工程师同意。

未经工程师同意承包人擅自更改或换用，承包人应承担由此发生的费用，并赔偿发包人的有关损失，延误的工期不予顺延。工程师同意采用承包人的合理化建议，所发生费用和获得收益的分担和分享，由发包人和承包人另行约定。

3.变更价款的确定

(1)确定变更价款的程序。

①承包人在工程变更确定后14天内，可提出变更涉及的追加合同价款要求的报告，经工程师确认后相应调整合同价款。如果承包人在双方确定变更后的14天内，未向工程师提出变更工程价款的报告，视为该项变更不涉及合同价款的调整。

②工程师应在收到承包人的变更合同价款报告后14天内，对承包人的要求予以确认或做出其他答复。工程师无正当理由不确认或答复时，自承包人的报告送达之日起14天后，视为变更价款报告已被确认。

③工程师确认增加的工程变更价款作为追加合同价款，与工程进度款同期支付。工程师不同意承包人提出的变更价款，按合同约定的争议条款处理。

因承包人自身原因导致的工程变更，承包人无权要求追加合同价款。如由于承包人原因实际施工进度滞后于计划进度，某工程部位的施工与其他承包人的施工发生干扰，工程师发布指示改变了他的施工时间和顺序导致施工成本的增加或效率降低，承包人无权要求补偿。

(2)确定变更价款的原则。确定变更价款时，应维持承包人投标报价单内的竞争性水平。

①合同中已有适用于变更工程的价格，按合同已有的价格变更合同价款。

②合同中只有类似于变更工程的价格，可以参照类似价格变更合同价款。

③合同中没有适用或类似于变更工程的价格，由承包人提出适当的变更价格，经工程师确认后执行。

(六)工程量的确认

由于签订合同时在工程量清单内开列的工程量是估计工程量，实际施工可能与其有差异，因此，发包人支付工程进度款前应对承包人完成的实际工程量予以确认或核实，按照承包人实际完成永久工程的工程量进行支付。

1.承包人提交工程量报告

承包人应按专用合同条款约定的时间，向工程师提交本阶段(月)已完工程量的报告，说明本期完成的各项工作内容和工程量。

2.工程量计量

工程师接到承包人的报告后7天内，按设计图样核实已完工程量，并在现场实际计量前24h通知承包人共同参加。承包人为计量提供便利条件并派人参加。如果承包人收到通知后不参加计量，工程师自行计量的结果有效，作为工程价款支付的依据。若工程师不按约定时间通知承包人，致使承包人未能参加计量，工程师单方计量的结果无效。

工程师收到承包人报告后7天内未进行计量，从第8天起，承包人报告中开列的工程量即视为已被确认，作为工程价款支付的依据。

3.工程量的计量原则

工程师对照设计图样，只对承包人完成的永久工程合格工程量进行计量。因此，属于承包人超出设计图样范围(包括超挖、涨线)的工程量不予计量；因承包人原因造成返工的工程量不予计量。

(七)支付管理

1.允许调整合同价款的情况

(1)可以调整合同价款的原因。采用可调价合同，施工中如果遇到以下情况，通用合同条款规定出现四种情况时，可以对合同价款进行相应的调整。

①法律、行政法规和国家有关政策变化影响到合同价款。如施工过程中地方税的某项税费发生变化，按实际发生与订立合同时的差异进行增加或减少合同价款的调整。

②工程造价部门公布的价格调整。当市场价格浮动变化时，按照专用合同条款约定的方法对合同价款进行调整。

③一周内非承包人原因停水、停电、停气造成停工累计超过8h。

④双方约定的其他因素。

(2)调整合同价款的管理程序。发生上述事件后,承包人应当在情况发生后的14天内,将调整合同价款的原因、金额以书面形式通知工程师。工程师确认调整金额后作为追加合同价款,与工程款同期支付。工程师收到承包人通知后14天内不予确认也不提出修改意见,视为已经同意该项调整。

2.工程进度款的支付

(1)工程进度款的计算。本期应支付承包人的工程进度款的款项计算内容包括:

①对应工程量清单或报价单的相应价格计算经过确认核实的已完成工程量应支付的工程款。

②设计变更应调整的合同价款。

③本期应扣回的工程预付款。

④根据合同允许调整合同价款原因应补偿承包人的款项和应扣减的款项。

⑤经过工程师批准的承包人索赔款等。

(2)发包人的支付责任。发包人应在双方计量确认后14天内向承包人支付工程进度款。发包人超过约定的支付时间不支付工程进度款,承包人可向发包人发出要求付款的通知。发包人在收到承包人通知后仍不能按要求支付,可与承包人协商签订延期付款协议,经承包人同意后可以延期支付。发包人不按合同约定支付工程款(进度款),双方又未达成延期付款协议,导致施工无法进行,承包人可停止施工,由发包人承担违约责任。

在延期付款协议中,须明确延期支付时间,以及从计量结果确认后第15天起计算应付款的贷款利息。

(八)不可抗力

不可抗力事件发生后,对施工合同的履行会造成较大的影响。工程师应当有较强的风险意识,包括及时识别可能发生不可抗力风险的因素;督促当事人转移或分散风险(如投保等);监督承包人采取有效的防范措施(如减少发生爆炸、火灾等隐患);不可抗力事件发生后能够采取有效手段尽量减少损失等。

1.不可抗力的范围

不可抗力是指合同当事人不能预见、不能避免并且不能克服的客观情况。建设工程施工中的不可抗力包括因战争、动乱、空中飞行物坠落或其他非发包人责任造成的爆炸、火灾以及专用合同条款约定的风、雨、雪、洪水、地震等自然灾害。对于自然灾害形成的不可抗力,当事人双方订立合同时应在专用合同条款内予以约定,如多少级以上的地震、多少级以上持续多少天的大风等。

2.不可抗力发生后的合同管理

不可抗力事件发生后,承包人应在力所能及的条件下迅速采取措施,尽量减少损失,并在不可抗力事件结束后48h内向工程师通报受灾情况和损失情况,以及预计清理和修复的费用。发包人应尽力协助承包人采取措施。

不可抗力事件继续发生,承包人应每隔7天向工程师报告一次受害情况,并于不可抗力事件结束后14天内,向工程师提交清理和修复费用的正式报告及有关资料。

3.不可抗力事件的合同责任

(1)合同约定工期内发生的不可抗力。《建设工程施工合同(示范文本)》通用合同条款规定,因不可抗力事件导致的费用与延误的工期由双方按以下方法分别承担。

①工程本身的损害、因工程损害导致第三方人员伤亡和财产损失以及运至施工场地用于施工的材料和待安装的设备的损害,由发包人承担。

②承发包双方人员的伤亡损失,分别由各自负责。

③承包人机械设备损坏与停工损失,由承包人承担。

④停工期间,承包人应工程师要求留在施工场地必要的管理人员与保卫人员的费用由发包人承担。

⑤工程所需清理、修复费用,由发包人承担。

⑥延误的工期相应顺延。

(2)迟延履行合同期间发生的不可抗力。按照合同法规定的基本原则,因合同一方迟延履行合同后发生不可抗力,不能免除迟延履行方的相应责任。

投保"建筑工程一切险""安装工程一切险"和"人身意外伤害险"是转移风险的有效措施。如果工程是发包人负责办理的工程险,在承包人有权获得工期顺延的时间内,发包人应在保险合同有效期届满前办理保险的延续手续,若因承包人原因不能按期竣工,承包人也应自费办理保险的延续手续。对于保险公司的赔偿不能全部弥补损失的部分,则应由合同约定的责任方承担赔偿义务。

(九)施工环境管理

工程师应监督现场的正常施工工作,使之符合行政法规和合同的要求,做到文明施工。

1.遵守法规对环境的要求

施工应遵守政府有关主管部门对施工场地、施工噪声以及环境保护和安全生产等的管理规定。承包人按规定办理有关手续,并以书面形式通知发包人,发包人承担由此发生的费用。

2.保持现场的整洁

承包人应保持施工场地清洁,符合环境卫生管理的有关规定。交工前清理现场,达到施工合同示范文本专用合同条款约定的要求。

3.重视施工安全

(1)安全施工。

①发包人应遵守安全生产的有关规定,严格按安全标准组织施工,采取必要的安全防护措施,消除事故隐患。因承包人采取安全措施不力造成事故的责任和因此发生的费用,由承包人承担。

②发包人应对其在施工场地的工作人员进行安全教育,并对他们的安全负责。发包人不得要求承包人违反安全管理规定进行施工。因发包人原因导致的安全事故,由发包人承担相应责任与发生的费用。

(2)安全防护。

①承包人在动力设备、输电线路、地下管道、密封防震车间、易燃易爆地段以及临街交通

要道附近施工时，施工开始前应向工程师提出安全防护措施。经工程师认可后实施。防护措施费用，由发包人承担。

②实施爆破作业，在放射、毒害性环境中施工，以及使用毒害性、腐蚀性物品施工时，承包人应在施工前 14 天内以书面形式通知工程师，并提出相应的防护措施。经工程师认可后实施，由发包人承担安全防护措施费用。

五、竣工阶段的合同管理

(一)竣工验收

工程验收是合同履行中的一个重要工作阶段，工程未经竣工验收或竣工验收未通过的，发包人不得使用。发包人强行使用时，由此发生的质量问题及其他问题，由发包人承担责任。竣工验收分为分项工程竣工验收和整体工程竣工验收两大类，视施工合同约定的工作范围而定。

1.竣工验收需满足的条件

依据施工合同示范文本通用合同条款和法规的规定，竣工工程必须符合下列基本要求：

(1)完成工程设计和合同约定的各项内容。

(2)施工单位在工程完工后对工程质量进行了检查，确认工程质量符合有关工程建设强制性标准，符合设计文件与合同要求，并提出工程竣工报告。工程竣工报告应经项目经理和施工单位有关负责人审核签字。

(3)对于委托监理的工程项目，监理单位对工程进行了质量评价，具有完整的监理资料，并提出工程质量评价报告。工程质量评价报告应经总监理工程师和监理单位有关负责人审核签字。

(4)勘察、设计单位对勘察、设计文件以及施工过程中由设计单位签署的设计变更通知书进行了确认。

(5)有完整的技术档案和施工管理资料。

(6)有工程使用的主要建筑材料、建筑构配件和设备合格证以及必要的进场试验报告。

(7)有施工单位签署的工程质量保修书。

(8)有公安消防、环保等部门出具的认可文件或准许使用文件。

(9)建设行政主管部门及其委托的工程质量监督机构等有关部门责令整改的问题全部整改完毕。

2.竣工验收程序

工程具备竣工验收条件，发包人按国家工程竣工验收有关规定组织验收工作。

(1)承包人申请验收。工程具备竣工验收条件，承包人向发包人申请工程竣工验收，递交竣工验收报告并提供完整的竣工资料。实行监理的工程，工程竣工报告必须经总监理工程师签署意见。

(2)发包人组织验收组。对符合竣工验收要求的工程，发包人收到工程竣工报告后 7 天内，组织勘察、设计、施工、监理、质量监督机构和其他有关方面的专家组成验收组，制订验收方案。

(3)验收步骤。由发包人组织工程竣工验收。验收过程主要包括：

①发包人、承包人、勘察、设计、监理单位分别向验收组汇报工程合同履约情况和在工程建设各个环节执行法律、法规和工程建设强制性标准的情况。

②验收组审阅建设、勘察、设计、施工、监理单位提供的工程档案资料。

③查验工程实体质量。

④验收组通过查验后，对工程施工、设备安装质量和各管理环节等方面做出总体评价，形成工程竣工验收意见(包括基本合格对不符合规定部分的整改意见)。参与工程竣工验收的发包人、承包人、勘察、设计、施工、监理等各方不能形成一致意见时，应报当地建设行政主管部门或监督机构进行协调，待意见一致后，重新组织工程竣工验收。

(4)验收后的管理。

①发包人在验收后 14 天内给予认可或提出修改意见。竣工验收合格的工程移交给发包人运行使用，承包人不再承担工程保管责任。需要修改缺陷的部分，承包人应按要求进行修改，并承担由自身原因造成修改的费用。

②发包人收到承包人送交的竣工验收报告后 28 天内不组织验收，或验收后 14 天内不提出修改意见，视为竣工验收报告已被认可。同时，从第 4 天起，发包人承担工程保管及一切意外责任。

③因特殊原因，发包人要求部分单位工程或工程部位甩项竣工的，双方另行签订甩项竣工协议，明确双方责任和工程价款的支付方法。

中间竣工工程的范围和竣工时间，由双方在专用合同条款内约定，其验收程序与上述规定相同。

3.竣工时间的确定

工程竣工验收通过，承包人送交竣工验收报告的日期为实际竣工日期。工程按发包人要求修改后通过竣工验收的，实际竣工日期为承包人修改后提请发包人验收的日期。这个日期的重要作用是用于计算承包人的实际施工期限，与合同约定的工期比较是提前竣工还是延误竣工。

合同约定的工期是指协议书中写明的时间与施工过程中遇到合同约定可以顺延工期条件情况后经过工程师确认应给予承包人顺延工期之和。

承包人的实际施工期限，从开工日起到上述确认为竣工日期之间的日历天数。开工日正常情况下为专用合同条款内约定的日期，也可能是由于发包人或承包人要求延期开工，经工程师确认的日期。

(二)工程保修

承包人应当在工程竣工验收之前，与发包人签订质量保修书，作为合同附件。质量保修书的主要内容包括工程质量保修范围和内容；质量保修期；质量保修责任；保修费用和其他约定五部分。

1.工程质量保修范围和内容

双方按照工程的性质和特点，具体约定保修的相关内容。房屋建筑工程的保修范围包括：地基基础工程、主体结构工程，屋面防水工程、有防水要求的卫生间和外墙面的防渗漏，供热与供冷系统，电气管线、给排水管道、设备安装和装修工程，以及双方约定的其他项目。

2.质量保修期

保修期从竣工验收合格之日起计算。当事人双方应针对不同的工程部位，在保修书内约定具体的保修年限。当事人协商约定的保修期限，不得低于法规规定的标准。国务院颁布的《建设工程质量管理条例》明确规定，在正常使用条件下，建设工程最低保修期限为：

(1)基础设施工程、房屋建筑的地基基础工程和主体结构工程，为设计文件规定的该工程的合理使用年限。

(2)屋面防水工程、有防水要求的卫生间、房间和外墙面的防渗漏，为 5 年。

(3)供热与供冷系统，为两个采暖期、供冷期。

(4)电气管线、给排水管道、设备安装和装修工程，为 2 年。

3.质量保修责任

(1)属于保修范围、内容的项目，承包人应在接到发包人的保修通知起 7 天内派人保修。承包人不在约定期限内派人保修，发包人可以委托其他人修理。

(2)发生紧急抢修事故时，承包人接到通知后应当立即到达事故现场抢修。

(3)涉及结构安全的质量问题，应当按照《房屋建筑工程质量保修办法》的规定，立即向当地建设行政主管部门报告，采取相应的安全防范措施。由原设计单位或具有相应资质等级的设计单位提出保修方案，承包人实施保修。

(4)质量保修完成后，由发包人组织验收。

4.保修费用

《建设工程质量管理条例》颁布后，由于保修期限较长，为了维护承包人的合法利益，竣工结算时不再扣留质量保修金。保修费用，由造成质量缺陷的责任方承担。

(三)竣工结算

1.竣工结算程序

(1)承包人递交竣工决算报告。工程竣工验收报告经发包人认可后，承发包双方应当按协议书约定的合同价款及专用合同条款约定的合同价款调整方式，进行工程竣工结算。

工程竣工验收报告经发包人认可后 28 天，承包人向发包人递交竣工决算报告与完整的结算资料。

(2)发包人的核实和支付。发包人自收到竣工结算报告与结算资料后 28 天内进行核实，给予确认或提出修改意见。发包人认可竣工结算报告后，及时办理竣工结算价款的支付手续。

(3)移交工程。承包人收到竣工结算价款后 14 天内将竣工工程交付发包人，施工合同即告终止。

2.竣工结算的违约责任

(1)发包人的违约责任。

①发包人收到竣工结算报告与结算资料后 28 天内无正当理由不支付工程竣工结算价款，从第 4 天起按承包人同期向银行贷款利率支付拖欠工程价款的利息，并承担违约责任。

②发包人收到竣工决算报告与结算资料后28天内不支付工程竣工结算价款，承包人可以催告发包人支付结算价款。发包人在收到竣工结算报告与结算资料后56天内仍不支付，承包人可以与发包人协议将该工程折价，也可以由承包人申请人民法院将该工程依法拍卖，承包人就该工程折价或者拍卖的价款优先受偿。

(2)承包人的违约责任。工程竣工验收报告经发包人认可后7天内，承包人未能向发包人递交竣工决算报告及完整的结算资料，造成工程竣工结算不能正常进行或工程竣工结算价款不能及时支付时，如果发包人要求交付工程，承包人应当交付；发包人不要求交付工程，承包人仍应承担保管责任。

第五节 工程建设监理委托合同

一、工程建设监理委托合同概述

(一)概念

建设监理制我国建设领域正在推广的一项制度。所谓建设监理，就是监理的执行者，依据建设行政法规和技术标准，综合运用法律、经济、行政和技术手段，进行必要的协调与约束，保障工程建设井然有序地顺畅进行，达到工程建设的投资、建设进度、质量等的最优组合。

《工程建设监理规定》指出“监理单位承担监理业务，应当与项目法人签订书面工程建设监理合同”。这实际上是为当事人双方之间建立合同关系提供了一个法律的保护的基础，也是国际惯例。

工程建设委托监理合同简称为建设监理合同或监理合同。建设监理合同是业主(建设单位)与监理单位之间，为委托监理单位承担特定的工程监理业务而明确双方权利义务关系的协议。

工程监理合同除具有一般经济合同的特征外，还具有以下自身的特征。

(1)监理合同的主体是业主与监理单位。在我国，业主是指由投资方派代表组成，全面负责项目投资、项目建设、生产经营、归还贷款和债券本息并承担投资风险的管理班子。

具体分为三类：第一类，工程项目由原有企业投资的，原有企业的领导班子即为业主；第二类，工程项目由多方投资的，其成立的董事会即为业主；第三类，工程项目由政府单一投资，其设立的管理委员会或工程公司即为业主。

而监理单位是指取得监理资质证书，具有法人资格的监理公司、监理事务所和兼营监理业务的工程设备、科学研究以及工程建设咨询单位。

(2)监理合同的标的与性质具有特殊性。监理合同的标的是监理单位所提供的服务，即监理工程师凭据自己的知识、经验、技能，受业主委托为其所签订的其他合同的履行实施监督和管理的职责。监理单位所提供的服务并不直接产生客体的物化劳动成果，只是产生于自己的劳动不可分离的服务效益，这一点与其他建设合同不同。勘察、设计、施工合同的标的都是完成特定工作的行为，即一方接受对方的要求，以自己的行为完成特定的工作并取得一定的成果，即完成工作体现的是具体的物化劳动成果。

(3)监理单位与业主、承包商之间主体关系的特殊性。由于监理合同自身性质的特殊性，在监理单位、承包商以及业主三者的关系中，监理单位与业主之间属委托与被委托的关系，即监理单位接受委托，通过自己的服务获得酬金，双方之间存在着一定的经济关系。而监理单位与承包商之间属监理与被监理的关系，双方之间并不存在经济利益关系。对承包商获取的工程利润，监理单位并不参与利润分成。

同时，在承包商与业主的关系和监理单位与业主的关系中，承包商与监理单位各自的地位和行为目的也不同。前者，承包商是以经营为目的，承包工程造价通过自己的管理、技术等手段获取工程项目的利润；而后者，监理单位并不直接经营工程项目，不向业主承包工程造价，仅仅是通过服务获得酬金；如果其提供了优质服务，应该获得业主的奖励。

二、监理合同的形式和类别

1.监理合同的合同的形式

(1) 简单的信件式合同。这种方式的合同通常是由监理单位制订的，并由委托方签署一份备案，退给咨询监理单位执行。

(2) 委托通知单。它是由委托方发出的执行任务的委托通知单，委托方通常通过通知单的形式，把监理单位在争取委托合同时提出的建议中所规定的工作内容委托给对方，成为对方所接受的协议。

(3)标准委托合同格式。国际上，许多咨询监理的行业协会或组织，都先后专门制定了标准委托合同格式。国际咨询工程师联合会 FIDIC 颁布的《雇主与咨询工程师项目管理协议书国际范本与国际通用规则》(简称 IGRA990PM)，是国际上普遍采用的一种标准委托合同格式，受到了世界银行等国际金融机构以及一些国家政府有关部门的认可。

(4)我国监理委托合同示范文本。为适应监理事业发展的需要，更好地规范监理双方当事人的行为，住房和城乡建设部、国家市场监督管理总局联合制定并颁布了《建设工程监理合同(示范文本)》(GF-2012-0202)。监理合同示范文本，一方面遵循《中华人民共和国经济合同法》的基本原则及建设监理的有关法规、方针、政策，结合我国实际情况；另一方面参照了 FIDIC《业主/咨询工程师标准服务协议书》，具有国际规范的意义。

2.监理合同的类别

建设监理合同可以从不同的角度进行分类。我国目前常用的分类方式是按照合同内容进行的分类。

如果将工程建设划分为建设前期(投资决策咨询)、设计、施工招标、施工等几个阶段，监理合同也可分为这样几类。当然，业主即可委托一个监理单位承担所有阶段的监理业务，也可分别委托几个监理单位承担。

(1)建设前期监理合同。在这类监理合同中，监理单位主要从事建设项目的可行性研究并参与设计任务书的编制。

(2)设计监理合同。在这类监理合同中,监理单位的监理内容:审查或评选设计方案;审查设计实施文件;选择勘察、设计单位,代签或参与签订勘察、设计合同或监督合同的实施;代编或代审概算、预算等。

(3)招标监理合同。在这类监理合同中,监理单位的监理内容:准备招标文件,代理招标、评标、决标,与中标单位商签工程承包合同。

(4)施工监理合同。在这类监理合同中,监理单位的监理内容:审查工程计划和施工方案;监督施工单位严格按规范、标准施工、审查技术变更,控制工程进度和质量,检查安全和防护设施;检测原材料和构配件质量;认定工程质量和数量;验收工程和签发付款凭证;审查工程价款;整理合同文件和技术档案;提出竣工报告;处理质量事故等。

三、监理合同示范文本

(一)监理合同示范文本的组成

1.文本的组成

《建设工程监理合同(示范文本)》(GF-2012-0202)由协议书、通用条件与专用条件组成。

(1)协议书。协议书是一个总的协议,既是纲领性文件,又是监理合同标准的格式文件。协议书主要内容是当事人双方确认的委托监理工程的概况(工程名称、地点、规模、工程造价、委托范围等)价款和酬金、合同文件的组成、合同签订、生效和完成时间,主体的基本情况等。合同经当事人双方具体编写规定的内容并签字盖章后,即发生法律效力。

(2)通用条件。通用条件,即监理委托合同标准条件。其性质属于通用条件或共性条件,类似于 FIDIC 红皮书中的通用条件。标准条件适用于各个工程建设项目的监理委托,是所有的工程监理都应遵守的基本内容。其具体内容如下:

①定义与解释。

②监理人的义务。

③委托人的义务。

④违约责任。

⑤支付。

⑥合同生效、变更、暂停、解除与终止。

⑦争议解决。

⑧其他。

(3)专用条件。"专用条件"是适用于具体特定工程监理的条件,相对于标准条件,具有特殊性,类似于 FIDIC 的红皮书中的专用条件。由于标准条件适用于所有的工程建设监理委托,因此,其中的某些条款规定得比较笼统,在签订具体工程项目的监理委托合同时需要使之更加的具体、准确,便于执行。

签订监理合同时,在"协议书"的总纲领下,通过"标准条件"中的一般、共性条款的规定,加之"专用条件"中具体、特殊的规定,使两个条件中相同序号的条款共同组成一条内容完整、具体明确的条款。

2.文件的组成

根据规定,下列文件均为监理合同的组成部分:

(1)协议书。

(2)中标通知书(适用于招标工程)或委托书(适用于非招标工程)。

(3)投标文件(适用于招标工程)或监理与相关服务建议书(适用于非招标工程)。

(4)专用条件。

(5)通用条件。

(6)附录。即附录 A 相关服务的范围和内容,附录 B 委托人派遣的人员和提供的房屋、资料、设备。

(7)合同签订后,双方依法签订的补充协议也是合同文件的组成部分。

在监理合同的履行中,以上文件都是有效文件,均可作为合同履行的依据。

(二)建设监理合同的内容

1.定义

除根据上下文另有其意义外,组成本合同的全部文件中的下列名词和用语应具有本款所赋予的含义:

(1)“工程”是指按照合同约定实施监理与相关服务的建设工程。

(2)“委托人”是指合同中委托监理与相关服务的一方,及其合法的继承人或受让人。

(3)“监理人”是指合同中提供监理与相关服务的一方,及其合法的继承人。

(4)“承包人”是指在工程范围内与委托人签订勘察、设计、施工等有关合同的当事人,及其合法的继承人。

(5)“监理”是指监理人受委托人的委托 ,依照法律法规、工程建设标准、勘察设计文件及合同,在施工阶段对建设工程质量、进度、造价进行控制,对合同、信息进行管理,对工程建设相关方的关系进行协调,并履行建设工程安全生产管理法定职责的服务活动。

(6)“相关服务”是指监理人受委托人的委托 ,按照合同约定,在勘察、设计、保修等阶段提供的服务活动。

(7)“正常工作”是指合同订立时通用条件和专用条件中约定的监理人的工作。

(8)“附加工作”是指合同约定的正常工作以外监理人的工作。

(9)“项目监理机构”是指监理人派驻工程负责履行合同的组织机构。

(10)“总监理工程师”是指由监理人的法定代表人书面授权,全面负责履行合同、主持项目监理机构工作的注册监理工程师。

(11)“酬金”是指监理人履行合同义务,委托人按照合同约定给付监理人的金额。

(12)“正常工作酬金”是指监理人完成正常工作,委托人应给付监理人并在协议书中载明的签约酬金额。

(13)“附加工作酬金”是指监理人完成附加工作,委托人应给付监理人的金额。

(14)“一方”是指委托人或监理人;“双方”是指委托人和监理人;“第三方”是指除委托人和监理人以外的有关方。

(15)“书面形式”是指合同书、信件和数据电文(包括电报、电传、传真、电子数据交换和电子邮件)等可以有形地表现所载内容的形式。

(16)“天”是指第一天零时至第二天零时的时间。

(17)“月”是指按公历从一个月中任何一天开始的一个公历月时间。

(18)“不可抗力”是指委托人和监理人在订立合同时,不可预见的、在工程施工过程中不可避免发生并不能克服的自然灾害和社会性突发事件,如地震、海啸、瘟疫、水灾、骚乱、暴动、战争和专用条件约定的其他情形。

2.当事人双方的权利和义务

(1)监理单位的权利。监理单位作为合同中提供服务的主体一方,按照经济合同法的规定,具有自身应有的基本权利;同时,作为监理合同的主体,根据监理合同的特殊性,又具有一些其他权利。因此,监理单位的权利包括两部分内容。

①获取监理酬金和奖励的权利。监理单位完成监理任务后,可获得完成合同内规定的正常监理任务酬金,如果完成附加服务和额外服务工作,有权按照专用条件中约定的计算方法,得到额外的时间酬金。

对于附加工作,如果是业主未按原约定提供职员或服务人员,或者应提供的设施,监理单位完成工作后,业主应按监理方实际用于这方面的费用给予全部补偿。若由于业主或第三方的阻碍或延误而导致监理单位发生附加工作,则附加酬金应等于附加工作天数之和乘以监理任务日平均酬金额,以及终止合同而必须进行的善后工作时间。额外服务天数为非监理单位原因所发生监理任务暂停时间和恢复监理服务的时间。额外服务酬金为额外工作天数乘以监理任务日平均酬金额。

同时,监理单位如果提供了优质服务,在服过程中做出了出色的成绩,则应按照合同中规定的奖励办法,得到业主给予的奖励。奖励办法通常参照国家颁布的合理化建议奖励办法,写明在专用条件的相应的条款内。

②终止合同的权利。根据标准条件第三十二、三十三、三十四条的规定,如果由于业主违约拖欠应付监理单位的酬金,或由于非监理方责任而使监理服务暂停的期限超过半年以上,监理单位可按照终止合同规定的程序,向业主发出终止合同的通知,以保护自己的合法权益。如通知发出后 14 天内未得到答复,第二次通知后 42 天内仍未得到业主答复即可终止合同或者自行暂停或继续暂停执行全部或部分监理任务。

(2)监理单位的义务。

①收到工程设计文件后编制监理规划,并在第一次工地会议 7 天前报委托人。根据有关规定和监理工作需要,编制监理实施细则。

②熟悉工程设计文件,并参加由委托人主持的图纸会审和设计交底会议。

③参加由委托人主持的第一次工地会议;主持监理例会并根据工程需要主持或参加专题会议。

④审查施工承包人提交的施工组织设计,重点审查其中的质量安全技术措施、专项施工方案与工程建设强制性标准的符合性。

⑤检查施工承包人工程质量、安全生产管理制度以及组织机构和人员资格。

⑥检查施工承包人专职安全生产管理人员的配备情况。

⑦审查施工承包人提交的施工进度计划,核查承包人对施工进度计划的调整。

⑧检查施工承包人的试验室。

⑨审核施工分包人资质条件。

⑩查验施工承包人的施工测量放线成果。

⑪审查工程开工条件，对条件具备的签发开工令。

⑫审查施工承包人报送的工程材料、构配件、设备质量证明文件的有效性和符合性，并按规定对用于工程的材料采取平行检验或见证取样方式进行抽检。

⑬审核施工承包人提交的工程款支付申请，签发或出具工程款支付证书，并报委托人审核、批准。

⑭在巡视、旁站和检验过程中，发现工程质量、施工安全存在事故隐患的，要求施工承包人整改并报委托人。

⑮经委托人同意，签发工程暂停令和复工令。

⑯审查施工承包人提交的采用新材料、新工艺、新技术、新设备的论证材料及相关验收标准。

⑰验收隐蔽工程、分部分项工程。

⑱审查施工承包人提交的工程变更申请，协调处理施工进度调整、费用索赔、合同争议等事项。

⑲审查施工承包人提交的竣工验收申请，编写工程质量评估报告。

⑳参加工程竣工验收，签署竣工验收意见。

㉑审查施工承包人提交的竣工结算申请并报委托人。

㉒编制、整理工程监理归档文件并报委托人。

(3)业主的权利。

①对其他合同承包单位的选定权。

②委托监理工程重大事项的决定权。

③对监理单位履行合同的监督和控制权，其具体包括三个方面：第一，对监理合同转让和分包的监督；第二，对监理人员的控制监督；第三，对合同履行的监督。

(4) 业主的义务。

①告知。委托人应在委托人与承包人签订的合同中明确监理人、总监理工程师和授予项目监理机构的权限。如有变更，应及时通知承包人。

②提供资料。委托人应按照《建设工程监理合同(示范文本)》附录 B 约定，无偿向监理人提供工程有关的资料。在本合同履行过程中，委托人应及时向监理人提供最新的与工程有关的资料。

③提供工作条件。

委托人应为监理人完成监理与相关服务提供必要的条件。

委托人应按照《建设工程监理合同(示范文本)》附录 B 约定，派遣相应的人员，提供房屋、设备，供监理人无偿使用。

委托人应负责协调工程建设中所有外部关系，为监理人履行本合同提供必要的外部条件。

④委托人代表。委托人应授权一名熟悉工程情况的代表，负责与监理人联系。委托人应在双方签订本合同后 7 天内，将委托人代表的姓名和职责书面告知监理人。当委托人更换委托人代表时，应提前 7 天通知监理人。

⑤委托人意见或要求。在合同约定的监理与相关服务工作范围内，委托人对承包人的任何意见或要求应通知监理人，由监理人向承包人发出相应指令。

⑥答复。委托人应在专用条件约定的时间内，对监理人以书面形式提交并要求做出决定的事宜，给予书面答复。逾期未答复的，视为委托人认可。

⑦支付。委托人应按合同约定，向监理人支付酬金。

3.违约责任

(1)监理人的违约责任。监理人未履行本合同义务的，应承担相应的责任。

①因监理人违反本合同约定给委托人造成损失的，监理人应当赔偿委托人损失。赔偿金额的确定方法在专用条件中约定。监理人承担部分赔偿责任的，其承担赔偿金额由双方协商确定。

②监理人向委托人的索赔不成立时，监理人应赔偿委托人由此发生的费用。

(2)委托人的违约责任。委托人未履行本合同义务的，应承担相应的责任。

①委托人违反本合同约定造成监理人损失的，委托人应予以赔偿。

②委托人向监理人的索赔不成立时，应赔偿监理人由此引起的费用。

③委托人未能按期支付酬金超过28天，应按专用条件约定支付逾期付款利息。

(3)除外责任。

①因非监理人的原因，且监理人无过错，发生工程质量事故、安全事故、工期延误等造成的损失，监理人不承担赔偿责任。

②因不可抗力导致合同全部或部分不能履行时，双方各自承担其因此而造成的损失、损害。

四、建设监理合同的订立和履行

(一) 建设监理合同的订立

监理合同的签订要遵守一般经济合同签订的法定程序，即签约→承诺，但是监理合同有其自身的特殊性，签订时还应注意做好前期考察工作。因为签订监理合同是一种法律行为，合同一经签订生效，即确立了双方之间的合同法律关系，双方的行为将受到合同的约束，因此，必须慎重。在签订合同前，要做好充分的前期考察工作，一方面，是对即将成为合作伙伴主体之间的考察，即签约双方应对对方的资格、资信及履约能力等情况进行充分的调查了解；另一方面，是监理单位对建设项目的考察。

1.考察

(1)业主对监理单位的资格考察。必须有经建设主管部门审查并签发的具有承担监理合同内规定的建设工程资格的资质等级证书；必须是经工商行政管理机关审查注册，取得营业执照，具有法人资格的正式企业；具有对拟委托的建设工程监理的业务水平和实际能力(具体表现在监理人员素质、主要检测设备)；以往的监理经历和业绩，类似业务的完成情况、有无重大失误或事故；单位本身的经济状况，内部的财务管理情况，尤其是近几年的经济效益，总体的社会信誉。

业主对监理单位的资格预审，可以通过招标预选进行，也可通过社会调查进行。

(2)监理单位对业主的考察。监理单位应当了解业主是否具有签订监理合同合法的主体资格,如是否是依法成立,具有法人资格,能够独立参加民事活动并承担民事责任;是否具有与拟签订合同相当的财产和经费。这是履行合同的基础和承担责任的前提;社会信誉如何,即以往与其他单位的合作中是否有不良情况,如拖延支付或不付酬金;苛刻或刁难其他监理单位,如赖账等。

(3)监理单位对工程项目的考察。监理单位应考察拟委托工程项目的合法性,即是否符合国家法律、政策以及基建计划;考察其投资来源与状况,资金是否落实,从而决定有无必要竞争;监理单位要充分了解项目本身的情况和对监理的具体要求,应针对自己的实际业务水平、技术力量、工作设施和能力,客观地权衡完成该项目监理的可行性。如能完成是否具有较好的收益。对实行招标的项目,要考虑对手的实力及投标报价的动向,决定是否投标。对一些超过自身业务范围和资质等级的项目,不宜勉强投标。

(4)监理单位对承包商的考察。监理单位应了解承包商的基本情况,比如资质等级、业务水平、技术力量、经济情况等;以往的建筑业绩,是否有大的质量事故、工期拖延等情况;了解其业务方面的长处与不足,以期在未来的监理中突出重点监理;了解以往在与别的监理单位的合作中的风格、态度和惯常做法等。

总之,充分了解对方的情况与任务情况,有助于前期决策和后期合作。

2.按照监理合同范本起草合同

我国监理合同示范文本的制定,认真遵循了经济合同法的基本原则和建设监理的有关法规及方针政策,比较客观、全面地反映的工程项目监理过程中各个环节当事人双方的责、权、利关系,内容比较系统完整,概念明确,依照规定有利于帮助当事人正确地签订合同,避免合同条款的不完备,意思表示不准确而产生纠纷,从而保护当事人的合法权益。

3.认真审查合同内容、签订合同

(1)对照监理合同示范文本完善合同缺陷。一般合同的缺陷通常有:

①合同的结构有缺陷。主要表现为缺少某一特定部分或某些重要的、主要的条款,但往往签字后才发现,因此,难以修改和补充。

②合同条款中内容缺陷。对许多可能发生的情况未做具体的规定。

③合同中某些内容含糊、概念不清。双方的责权关系不明确,导致履行时发生争执。

④合同文件和条款之间的矛盾性。即同一具体问题在不同的文件和条款中的规定互相矛盾,导致执行中的困难。

⑤主体双方对合同内容的理解有差异。由于各自的知识、阅历、经验不同,对某些内容的理解有分歧,使合同难以履行,所以,要注意在签约前,双方就合同条款充分理解、沟通。

(2)努力争取自己的合法权益。虽然在法律上明确规定了合同中主体之间地位平等和对等的责权,但在合同的签订和履行中往往有些合同主体总是难于实现“平等”和“权利”,这是因为合同主体自身理解法律、运用法律的经验水平和能力所导致,即主体不能够很好的去争取自己的合法权益。所以,作为合同主体,要从各方面努力争取在合同中确定自己的合法权益。

(3)保证签约前作最后一次审查。该审查的重点:

①前面合同审查所发现的问题是否都有了落实，得到解决，或都已处理过。

②不利的、苛刻的条款是否都已做了修改。

③新确定的、经过修改或补充的合同条文与原来合同条款之间是否有矛盾和不一致。

④合同双方是否对合同条款的理解有完全的一致性。

⑤对于特大型工程，或合同关系很复杂的工程，最好在有关合同专家、法律专家的指导下审查，或请专家对合同鉴定，以减少失误，防止损失。

（二）合同的履行

业主和监理单位都应严格按合同的约定履行各自的义务，以使对方实现自己的权利。

第六节 FIDIC 土木工程施工合同条件

一、FIDIC 合同条件概述

（一）FIDIC 简介

FIDIC 是“国际咨询工程师联合会”五个法文词首的缩写，其总部设在瑞士的洛桑。该组织在每个国家或地区只吸收一个独立的咨询工程师协会作为团体会员，至今已有 60 多个国家和地区的有关协会加入 FIDIC，因此它是国际上最具有权威性的咨询工程师组织。中国工程师协会代表我国于 1996 年 10 月加入了该组织。

为了规范国际工程咨询和承包活动，FIDIC 先后发表过很多重要的管理性文件和标准化的合同文件范本。目前已成为国际工程界公认的标准化合同格式有“土木工程施工合同条件”（国际通称 FIDIC“红皮书”）、“电气与机械工程合同条件”（黄皮书）和“业主－资讯工程师标准服务协议书”（白皮书）。这些合同文件不仅已经被 FIDIC 成员国广泛采用，而且世界银行、亚洲开发银行、非洲开发银行等金融机构也要求在其贷款建设的土木工程项目实施过程中使用该文件作为合同条件。近年来，FIDIC 又把“设计－建造与交钥匙工程合同条件”（橘皮书）和“土木工程施工分包合同条件”（配合“红皮书”使用）。FIDIC 编制了许多标准合同条件，其中在工程界影响最大的是 FIDIC 土木工程施工合同条件。在本书中，如无特别说明，FIDIC 合同条件即指 FIDIC 土木工程施工合同条件。

（二）FIDIC 合同条件的构成与应用

1.FIDIC 合同条件的构成

FIDIC 合同条件由通用合同条件和专用合同条件两部分组成。

(1)FIDIC 通用合同条件。FIDIC 的通用合同条件是固定不变的，工程建设项目只要是属于土木工程施工，如工民建工程、水电工程、路桥工程、港口工程等建设项目，都可适用。条件共分 25 大项，内含 72 条，72 条又可细分为 194 款。25 大项分别是：定义与解释；工程师及工程师代表；转让与分包；合同文件；一般义务；劳务；材料、工程设备和工艺；暂时停工；

开工和误期；变更、添加和省略；索赔程序；承包商的设备、临时工程和材料；计量；暂定金额；指定的分包商；证书与支付；补救措施；特殊风险；解除履约合同；争端的解决；通知；业主的违约；费用和法规的变更；货币与汇率。在通用合同条件中还有一些可以考虑补充的条款：如贿赂、保密、关税和税收的特别规定等。

FIDIC 通用合同条件可以大致划分为设计权利义务的条款、涉及费用管理的条款、涉及工程进度控制的条款、涉及质量控制的条款和涉及法规性的条款等五大部分。这种划分只能是大致的，因此，有相当多的条款很难准确地将其划入某一部分，可能它同时涉及费用管理、工程进度控制等几个方面的内容。但为了 FIDIC 合同条件具有一定的系统性，有必要从条款的功能、作用等方面做一个初步的归纳。

(2)FIDIC 专用条件。FIDIC 在编制合同条件时，对土木工程施工的具体情况做了充分而详尽的考察，从中归纳出大量内容具体详尽适用于所有土木工程施工的合同条款，组成了通用合同条件。但仅有这些是不够的。具体到某一工程项目，有些条款应进一步明确，有些条款还必须考虑工程的具体特点和所在地区的情况予以必要的变动。FIDIC 专用合同条件就是为了实现这一目的而编制的。通用合同条件与专业合同条件一起构成了决定一个具体工程项目各方的权利义务和对工程施工的具体要求的合作条件。

专用合同条件中的条款的出现可能起因于以下原因：

第一，在通用合同条件的措辞中专门要求在专用条件中包含进一步信息，如果没有这些信息，合同条件则不完整。

第二，在通用合同条件中的专用条件中可能包含有补充材料的地方。但如果没有这些补充条件，合作条件仍不失其完整性。

第三，工程类型、环境或所在地区要求必须增加的条款。

第四，工程所在国法律或特殊环境要求通用合同条件所含条款有所变更。此类变更是这样进行的：在专用合同条件中说明通用条件的某条或某条的一部分予以删除，并根据具体情况给出适用的替代条款，或者条款之一部分。

2.FIDIC 合同条件的具体应用

(1)合同条件适用的工程类别。FIDIC 合同条件适用于一般的土木工程，其中，包括工业与民用建筑工程、土壤改造工程、道桥工程、水利工程、港口工程等。

(2)FIDIC 合同条件适用的合同性质。FIDIC 合同条件在传统上主要适用于国际工程施工。但 FIDIC 合同条件四版删去了文件标题中的“国际”一词，使 FIDIC 合同条件不但适用于国际性招标的工程施工，而且同样适用于国内合同(只有把专业条件稍加修改即可)。

(3)应用合同条件的前提。FIDIC 合同条件注重业主、承包商、监理工程师三方关系协商，强调监理工程师在项目管理中的作用。

在土木工程施工中应用 FIDIC 合同条件应具备以下前提：

①通过竞争性招标确定承包商。

②监理工程师对工程施工进行监理。

③按照固定单价方式编制招标文件。

3.FIDIC 合同条件下合同文件的组成及优先次序

在 FIDIC 条件下，合同文件除合同条件，还包括其他对业主、承包方都有约束力的文件。

构成合同的这些文件应该是互相说明、互相补充的，但是这些文件有时会产生冲突或含义不清。此时，应由监理工程师进行解释，其解释应按构成合同文件的先后次序进行：合同协议书→中标函→投标书→合同条件第二部分（专用条件）→合同条件第一部分（通用条件）→规范→图样→标价的工程量表。

二、FIDIC 合同条件中涉及权利义务的条款

（一）业主的权利与义务

业主是指合同专用条件中指定的当事人以及取得此当事人资格的合法继承人，但除非承包商同意，不指此当事人的任何受让人。业主是建设工程项目的所有人，也是合同的当事人，在合同的履行过程中享有大量的权利并承担相应的义务。

1.业主的权利

（1）业主有权批准或否决承包商将合同转让给他人。施工合同的签订意味着业主对承包商的信任，承包商无权擅自将合同转让给他人。即使承包商转让的是合同中的一部分好处或利益，如选择分包商，也必须经业主同意。这种转让行为可能损害业主的权益。

（2）业主有权将工程的部分项目或工作内容的实施发包给指定的分包商。指定分包商是指业主或监理工程师指定、选定或批准完成某一项工作内容的施工或材料设备的供应工作的承包商。

（3）承包商违约时业主有权采取补救措施。如施工期间出现的质量事故，如果承包商无力修复或者监理工程师考虑工程安全，要求承包商紧急修复，而承包商不愿或不能立即进行修复，此时，业主有权启用其他人完成修复工作，所支付的费用从承包商处扣回。

（4）承包商构成合同规定的违约事件时，业主有权终止合同。在发出终止合同的书面通知 14 天后，在不解除承包商履行合同的义务与责任的条件下，业主可以进驻施工现场。业主可以自己完成该工程，或雇用其他承包商完成该工程。业主或其他承包商为了完成该工程，有权使用他们认为合适的承包商的设备、临时工程和材料。

2.业主的义务

（1）业主应在合理的时间内向承包商提供施工场地。

（2）业主应在合理的时间内向承包商提供图样和有关辅助资料。

（3）业主应按合同规定的时间向承包商付款。

（4）业主应在缺陷责任期内负责照管工程现场。

（5）业主应协助承包商做好有关工作。

3.业主应承担的风险

（1）战争、敌对行动（不论宣战与否）、入侵、外敌行动。

（2）叛乱、革命、暴动，或军事政变、篡夺政权、内战等。

（3）由于任何有危险性物质所引起的离子辐射或放射性污染。

（4）以音速或超音速飞行的飞机或其他飞行装置产生的压力波。

（5）暴乱、骚乱或混乱，但对于完全局限在承包商或其分包商雇用人员中间且是由于从事本工程而引起此类事件除外。

(6)由于业主提前使用或占用任何永久工程的区段或部分而造成的损失或损害。

(7)因工程设计不当而造成的损失或损害,而这类设计又不是由承包商提供或由承包商负责的。

(8)一个有经验的承包商通常无法预测和防范的任何自然力的作用。

发生上述事件,业主应承担风险,如这已包括在合同规定的有关保险条款中,凡投保的风险,业主将不再承担任何费用方面的责任和义务。如果在风险事件发生之前就已被监理工程师认定是不合格的工程,对该部分损失业主也不承担责任。

(二)承包商的权利和义务

承包商是指其标书已被业主方接受的当事人,以及取得该当事人资格的合法继承人,但不指该当事人的任何受让人(除非业主同意)。承包商是合同的当事人,负责工程的施工。

1.承包商的权利

(1)有权得到工程付款。

(2)有权提出索赔。

(3)有权拒绝接受指定的分包商。

(4)如果业主违约,承包商有权终止受雇和暂停工作。

2.承包商的义务

(1)按合同规定的完工期限、质量要求完成合同范围内的各项工程。

(2)对现场的安全负责。

(3)遵照执行监理工程师发布的指令。

(三)监理工程师的权力与职责

监理工程师是指业主为合同规定目的而指定的工程师。监理工程师与业主签订委托协议书,根据施工合同的规定,对工程的质量、进度和费用进行控制和监督,以保证工程项目的建设能满足合同的要求。

1.监理工程师的权力

(1)监理工程师在质量管理方面的权力。监理工程师对现场材料及设备有检查和控制的权力,对工程所需要的材料和设备,监理工程师随时有权检查;有权监督承包商的施工;对已完工程有确认或拒收的权力;有权对工程采取紧急补救措施;有权要求解雇承包商的雇员;有权批准分包商。

(2)监理工程师在进度管理方面的权力。监理工程师有权批准承包商的进度计划;有权发出开工令、停工令和复工令;有权控制施工进度。

(3)监理工程师在费用管理方面的权力。监理工程师有权确定变更价格;有权批准使用暂定金额;有权批准使用计日工;有权批准向承包商付款。

(4)监理工程师在合同管理方面的权力。监理工程师有权批准的工程延期;有权发布工程变更令;有权颁发移交证书和缺陷责任证书;有权解释合同中有关文件;有权对争端做出决定。

2.监理工程师的职责

(1)认真执行合同。这是监理工程师的根本职责。根据 FIDIC 合同条件的规定,监理工程师的职责有合同实施过程中向承包商发布信息和指示；评价承包商的工作建议；保证材料和工艺符合规定；批准已完成工作的测量值以及校核，并向业主送交支付证书等工作。这些工作既是监理工程师的权力，也是监理工程师的义务。在合同的管理中，尽管业主、承包商和监理工程师之间定期召开会议，但业主和承包商的全部联系还应该通过监理工程师进行。

(2)协调施工有关事宜。监理工程师对工程项目的施工进展负有重要责任，应同业主、承包商保持良好的工作关系，协调有关施工事宜，及时处理施工中出现的问题，确保施工的顺利进行。

三、FIDIC合同条件中涉及费用管理的条款

(一)工程量的计量

合同内工程量表中所列的工程量是对工程的估算量值，不能作为承包商完成合同内规定义务施工后的准确工程量。在每个月业主支付工程进度款前，均须通过测量来核实实际完成的工程量作为支付依据。

工程量表中所列的包干项目，工程师应要求承包商在接到中标通知书的 28 天内，提交一份包干项目的分项表。经过工程师批准后，合同履行过程中按表中的内容核实，分阶段进行支付。

由于 FIDIC 合同是固定单价合同，承包商报出的单价一般是不能变动的。因此，工程价款的支付额是单价与实际工程量的乘积之和。

(二)合同履行过程中的结算与支付

1.工程进度中的结算与支付(中期付款)

中期付款如按月进行即为月进度支付。因此，承包商应先提交月报表。交由监理工程师审核后填写支付证书并报送业主。

监理工程师接到月结算报表后，在 28 天内应向业主报送他认为应该付给承包商的本月结算款额和可支付的项目，即在审核承包商报表中申报的款项内容的合理性和计算的准确性后，监理工程师应按合同规定扣除应扣款额，所得金额净值则为承包商本月应得付款。应扣款额主要是以前支付的预付款额、按合同规定计算的保留金额，以及承包商到期应付给业主的其他金额。如果最后计算的金额净值少于投标书附件规定的临时支付证书最少金额时，监理工程师可不对这月结算作证明，留待下月一并付款。另外，监理工程师在签发每月支付证书时，有权对以前签发的证书进行修正；如果他对某项工作的执行情况不满意时，也有权在证书中删去或减少该项工作的价值。

2.暂定金额的使用

暂定金额也称备用金，是指包括在合同中并在工程量表中以该名称标明供工程任何部分的施工，或提供货物、材料、设备、服务，或供不可预料事件之费用的一项金额。

暂定金额的使用范围为：

(1)招标时，还不能对工程的某个部分做出足够详细的规定，从而使投标人不能开出确定的费率和价格。

(2)招标时，不能确定某一具体工作项目是否包括在合同之内。

(3)给指定分包商工作的付款。

3.保留金的支付

保留金也称滞留金，是每次中期付款时，从承包商应得款项中按投标书附件规定比例扣除的金额。在一般情况下，从每月的工程结算款中扣除7%～10%，一直扣到工程合同价的5%为止。

当颁发整个工程的移交证书时，监理工程师应开具支付证书，把一半保留金支付给承包商。如果颁发的是分部分工程的移交证书时，则应向承包商支付按监理工程师计算的这部分永久工程所占合同工程比例相应的保留金额的一半。

当工程的缺陷责任期满时，另一半保留金将由监理工程师开具支付证书支付给承包商。如果有不同的缺陷责任期适用于永久工程的不同区段或部分时，只有当最后一个缺陷责任期满时才认为该工程的缺陷责任期满。

4.竣工报表及支付

颁发整个工程的移交证书之后84天内承包商应向监理工程师呈交一份竣工报表，并应附有按监理工程师批准的格式所编写的证明文件。竣工报表应详细说明以下几点：

(1)到移交证书证明的日期为止，根据合同所完成的所有工作的最终价值。

(2)承包商认为应该支付的任何进一步的款项。

(3)承包商认为根据合同将支付给其的估算数额。

监理工程师应根据竣工图对工程量进行详细核算，对承包商的其他支付要求加以审核，最后确定工程竣工报表的支付金额，上报业主批准支付。

5.最终报表与最终支付证书

在颁发缺陷责任证书后56天内，承包商应向监理工程师提交一份最终报表草案供其考虑，并应附按监理工程师批准的格式编写的证明文件。该草案应该详细说明以下问题：

(1)根据合同所完成的所有工作的价值。

(2)承包商根据合同认为应支付给他的任何进一步的款项。

如果监理工程师不同意或不能证实该草案的任何一部分，则承包商应根据监理工程师的合理要求提交进一步的资料，并对草案进行修改以使双方可能达成一致。随后，承包商应编制并向监理工程师提交双方同意的最终报表。当最终报表递交之后，承包商根据合同向业主索赔的权利就终止了。

监理工程师在接到最终报表及书面结清单后28天内，向业主发出一份最终证书，说明监理工程师认为按照合同最终应支付的金额；业主按(除拖期违约罚款外)对以前所支付的所有款项和应得到的各项款额加以确认后，业主还应支付给承包商或承包商还应支付给业主的余额。

6.承包商对指定分包商的支付

承包商在获得业主按实际完成工程量的付款后，扣除分包合同规定承包商应得款(如提供劳务、协调管理的费用等)和按比例扣除滞留金后，应按时向指定分包商付款。监理工程师在颁发支付证书前，如果承包商提交不出证明，且没有合法的理由，则业主有权根据监理工程师的证明直接向该指定的分包商支付在指定分包合同中已规定、而承包商未支付的所有费用(扣除保留金)。然后,业主以冲账方式从业主应付或将付给承包商的任何款项中将上述金额扣除。

(三)有关工程变更和价格调整时结算与支付的规定

1.使用工程量表中的费率和价格

对变更的工作进行估价,如果监理工程师认为适当,可以使用工程量表中的费率和价格。

2.制订新的费率和价格

一般情况下,合同内所含任何项目的费率或价格不应考虑变动,除非该项目涉及的款额超过合同价格的2%或在该项目下实施的实际工程量超出或少于工程量表中规定的工程量的25%以上。此时,如果合同中未包括适用于该变更工作的费率或价格,则要求监理工程师与业主、承包商适当协商后,再由监理工程师和承包商商定一个合适的费率或价格。监理工程师在行使与承包商商定或单独决定费率的权力时,应得到业主明确批准。变更工程开始之前,业主向承包商发出要求将额外付款或费率的确定意图通知监理工程师的文件,或是直接将他确定费率或价格的意图通知承包商,以便双方进行协商。

3.变更超过15%时的合同总价变动

如果在颁发整个工程的移交证书时,由于对变更工作的估价对工程量表中开列的估算工程时进行实体计量后所做的调整(不包括暂定金额、计时工费用和价格调整),使合同价格的增加或减少值合计起来超过"有效合同价"(此处是指不包括暂定金额及计日工补贴的合同价格)的15%,则经监理工程师与业主和承包商适当协商后,应在合同价格中加上或减去承包商与监理工程师可能议定的额外款额。如双方未能达到一致,此款额则应由监理工程师在考虑合同中承包商的现场费用和总管理费用予以确定。该款项的计算应超出有效合同价格的15%的量为基础。

(四)有关索赔的规定

1.承包商发出索赔通知

当索赔事件发生后,承包商必须在28天内,将其要求索赔的意向通知监理工程师,同时将一份副本呈交业主。

2.承包商应做好同期纪录

索赔事件发生后至索赔事件的影响结束期间,要认真做好同期纪录。同期纪录的内容应当包括索赔事件及与索赔事件有关的各项事宜。承包商的同期纪录,对于处理索赔事件是十分重要的,它能够使监理工程师对索赔事件的详细情况做全面了解,以便确定合理的索赔估价。

3.承包商提供索赔证明

承包商应在索赔通知发出后的28天内,或在监理工程师同意的其他合理的时间内提供索赔证明。该证明应当说明索赔款额及提出索赔的依据等详细材料。

当据以提出索赔的事件具有连续影响时,承包商应按监理工程师的要求,在一定时间内，提出阶段性的详细情况的报告。索赔事件所产生的影响结束 28 天内，承包商应向监理工程师提交一份最终详细报告。

4.索赔的审批和支付

承包商提供索赔证明后，监理工程师便可以开始对索赔事件进行审批。监理工程师根据合同条件和承包商提供的索赔证明，确定索赔是否可以接受，并对可以接受的索赔事件，确定最终的索赔金额；也可任命评估小组，对索赔事件进行调查核实，并提出评估报告，再由监理工程师进行审批。如果承包商违反了索赔程序，则有权得到的付款将不超过监理工程师或仲裁人员通过同期纪录核实估价的索赔总额。

对于经监理工程师与业主、承包商适当协商后确定的应付索赔金额，承包商有权要求监理工程师纳入签署的任何临时付款，而不必等到全部索赔结束后再行支付。

四、FIDIC 合同条件中涉及工程进度控制的条款

（一）有关工程进度计划管理的规定

1.承包商应提交工程进度计划

承包商在中标函签发日之后，在专用合同条件规定的时间内，应以监理工程师规定的适当格式和详细程度，向监理工程师递交一份工程进度计划，以取得监理工程师的同意。一旦合同签订，承包商则应再提交一个相对准确、最新修订过的进度计划。

在工程进度计划的实施中，承包商应不断地进行实际进度值与计划值的比较，按期对工程进度计划进行修订。承包商应按要求在规定时间间隔内递交定期报告，对进度计划进行修改。如果监理工程师发现工程的实际进度已不符合已同意的进度计划时，承包商应根据监理工程师的要求提出一份修订过的进度计划，表明为保证工程按期竣工而对原进度计划所做的修改。

2.监理工程师对工程进度计划的管理

监理工程师应根据合同的规定，在中标函发出之日后，于投标书附件中规定的期限内发出开工通知书。开工通知书应按照合同的规定送到承包商主要营业地点，并应有承包商签收的回执。承包商收到开工通知书的日期，即为工程的开工日期，且竣工时间是从开工日期算起。监理工程师应充分了解业主和承包商所做的开工准备工作情况，选择合适的时机发出开工通知。

监理工程师在收到承包商提交的工程进度计划后，应根据合同的规定、工程实际情况以及其他方面的因素，审查以下几个方面内容：

(1)按合同工期完成工程的实施程序。

(2)详细的施工方法。

(3)施工各阶段的材料、机械以及人工投入情况。

(4)工程费用流动计划。

监理工程师对工程进度计划的审查或批准，并不解除承包商对工程进度计划的任何义务和责任。监理工程师在审查进度计划时，也不应强制性地干预承包商的安排或者支配施工中所需的劳力、设备、材料等。

(二)有关工程延期的规定

由于承包商以外的原因造成施工期的延长，称为工期延期。它与由于承包商自身的原因造成施工期的延长不同。经过监理工程师批准的工程延期，所延长的时间属于合同工期的一部分。因而，承包商可以免除由于延长工期而向业主支付误期损失赔偿费的责任。由于工程延期所增加的费用将由业主承担。工程竣工的时间，等于投标书附件中规定的时间加上监理工程师可能允许的延长工期。

(三)有关移交证书和缺陷责任证书的规定

1.移交证书

当全部工程基本完工并圆满通过合同规定的任何竣工检验时，承包商可将此结果通知监理工程师，并将一份副本呈交业主，同时附上一份缺陷责任期内以应有速度及时地完成任何未完工作的书面保证。此项通知书和书面保证应视为承包商要求颁发移交证书的申请。

监理工程师应于上述通知书发出之日起 21 天内，或者发给承包商一份移交证书，说明根据合同要求工程已基本完工的日期，同时将一份副本交给业主；或者给承包商书面指示，以监理工程师的意见详细说明在发给该证书之前，承包商尚需完成的全部工作。

2.缺陷责任证书

(1)缺陷责任期的计算。缺陷责任期从移交证书中的工程竣工日期开始计算。如果监理工程师对整个工程只颁发了一份移交证书，则各个单位工程的缺陷责任期从被证明竣工的日期分别开始计算。即一个工程可以有多个缺陷责任期。缺陷责任期的长短应填入投标书的附件中。

(2)解除缺陷责任证书的作用。移交证书并不是工程的最终批准，不解除承包商对工程质量及其他方面的任何责任。只有监理工程师签发的解除缺陷责任证书，才是对工程的批准。

(3)一个工程只签发一个解除缺陷责任证书。在一项工程中，由于不同区段(或部分)有不同的竣工时间，往往有多个不同时间的移交证书。这样，不同区段(或部分)的缺陷责任期满也不在同一个时间。但是，一个工程项目只能签发一个解除缺陷责任证书。当一项工程有多个移交证书时，只在最后签发的移交证书的缺陷责任期满后，才颁发一个解除缺陷责任证书。

(4)解除缺陷责任证书的颁发。当工程的最后一个缺陷责任期满后，经过监理工程师检查，证明承包商已根据合同履行了施工、竣工以及修补所有工程缺陷的义务，工程质量达到了监理工程师满意的程度，则由监理工程师颁发解除缺陷责任证书。解除缺陷责任证书应由监理工程师在缺陷责任期满后 28 天内颁发。如果不同的缺陷责任期适用于工程的不同区段或部分时，则在最后一个缺陷责任期满后 28 天内颁发，或根据监理工程师的指示完成剩余工作、修补缺陷并达到监理工程师满意后尽快签发。

五、FIDIC 合同条件涉及质量控制的条款

(一)合同转包与分包的规定

由于工程自身的特点，确保工程质量要从复杂的承包商选择开始，因此，FIDIC 合同条

件对承包商进行合同转包与分包有严格的控制。

1.合同的转让

如果没有业主的事先同意，承包商不得将合同或者合同的任何部分、合同中的任何利益进行转让。但下列情况除外。

(1)按合同规定应支付或将支付的以承包商的银行为受款人的费用。对这些费用的使用、转让，业主或监理工程师无权干预。

(2)把承包商从所有承担责任方那里获得补偿的权利转让给承包商的保险人(当该保险人已清偿了承包商的损失或债务时)。

2.工程的分包

一般来说，分包的工程应是专业技术性较强，分包商在该专业更有专长和经验，这样的分包有利于工程质量的提高。

除提供劳务或合同另有规定外，没有监理工程师的同意，承包商也不得将工程的任何部分分包出去。经监理工程师同意，承包商可以把工程、服务项目或材料设备的供应分包给其他人。但是，这类同意不应解除合同规定的承包商的任何责任和义务，承包商应将所有分包商、分包商的代理人、雇员或工人的行为、违约、疏忽，完全视为承包商自己、其代理人、雇员或工人的行为、违约、疏忽，并对此承担完全责任。

(二)施工现场的材料、工程设备和工艺的规定

施工使用的一切材料、工程设备和工艺均应达到合同中所规定的相应品级，并符合监理工程师的指示要求。承包商应随时按监理工程师可能提出的指示要求，在制造、装配或准备地点，或在施工现场，或在合同可能规定的其他地点或某个地点，供监理工程师进行检验。

如果在商定的时间和地点，供检验的材料或工程设备未准备好，或者根据检验结果，监理工程师确认材料或工程设备是不符合合同规定的，那么监理工程师可以拒收这些材料或工程设备。

(三)施工过程中质量验收的规定

1.承包商应严格按合同施工，并遵守监理工程师的指示

除法律上或实际上不可能的情况外，承包商应严格按照合同工程施工和竣工，并修补其所有缺陷，以达到监理工程师满意的程度。在涉及关系到该项工程的所有事项上，无论这些事项在合同中是否写明，承包商都要严格遵守与执行监理工程师的指示。承包商应当只从监理工程师或其代表那里取得指示。

2.监理工程师对隐蔽工程的检查验收

(1)监理工程师对覆盖前工程的检查。没有监理工程师的批准，工程的任何部分均不得覆盖或使之无法查看。承包商应保证监理工程师有充分的机会，对将覆盖或无法查看的工程的任一部分进行检查，以及对工程的某一部分将置于其上的基础进行检查。当工程的这些部分已经或即将做好检查准备时，承包商应通知监理工程师，监理工程师应参加工程此类部分的检查，且不得无故拖延。如果监理工程师认为检查并无必要，则应通知承包商。

(2)监理工程师对覆盖后工程的检查。对于覆盖后才发现的问题，监理工程师可以要求

对已覆盖的工程进行检查。承包商则应按监理工程师随时发出的批示，移去工程的覆盖物，或在其内或贯穿其中开孔，并在检查后将该部分恢复原状和使之完好。

3.监理工程师有权指令暂时停工

由于承包商的违约引起的原因，或者为工程的合理施工或工程的安全，监理工程师有权指令暂时停工。承包商应按照监理工程师指示的时间和方式暂停工程，在暂停工程期间承包商应对工程进行必要的保护和安全保障。

(四)监理工程师在颁发移交证书前对工程的检查

1.颁发移交证书前的检查

监理工程师在颁发移交证书前，应对工程进行全面检验，移交证书将确认工程已基本竣工。而基本竣工并不意味着承包商没有任何要完成的剩余工作了。一般来说，当工程能够按照预定目的被业主占有和使用时，工程就可称为已基本竣工了。如果监理工程师认为工程尚未基本竣工，则应向承包商指出工程中影响基本竣工的所有缺陷，并向承包商发出书面指令，说明在发给移交证书前承包商尚需完成的全部工作。

2.非承包商的原因造成的妨碍竣工检验的处理

如果由于业主、监理工程师、业主雇用的其他承包商负责的原因，使承包商不能进行竣工检验，则应认为业主已在本该进行竣工检验的日期接收到了工程。但是，如果工程基本上不符合合同要求，则不能认为工程已被接收；如果工程已被接收，则承包商仍应在缺陷责任期内进行竣工检验。

(五)缺陷责任的质量控制

1.缺陷责任期内承包商应承担的工作

缺陷责任期满后，承包商应将工程按合同要求的条件，以使监理工程师满意的状态移交给业主。为此，承包商在缺陷责任期内完成以下工作。

(1)在移交证书注明的竣工日期之后，切实尽快地完成在当时尚未完成的工作。

(2)监理工程师(或以其名义)在缺陷责任期满前进行检查，指示承包商对工程进行修补、重建和补救缺陷时，承包商应在缺陷责任期内或期满后 14 天内实施这些工作。

当承包商未能在合理的时间内执行这些指示时，业主有权启用他人从事该项工作，并付给报酬。

2.颁发缺陷责任证书后承包商应承担的责任

尽管颁发了缺陷责任证书，但是承包商和业主仍应对在缺陷责任证书颁发时尚未履行的合理规定的义务承担责任。但是，此类未履行的义务只能是财务或管理方面的问题。为此目的，合同对双方仍然有效。

六、FIDIC 合同条件中有关争端处理的规定

(一)争端发生后业主和承包商应采取的措施

1.应将争端提交给监理工程师

不论争端产生于哪一个阶段，也不论是在否认合同有效或合同在其他情况终止之前还

是之后，此类争端事宜应首先以书面形式提交给监理工程师，并将副本提交给另一方。这样，能够使监理工程师尽早了解争端的内容及当事人的看法。

2.承包商应继续进行施工

除非合同已被否认或被终止，在任何情况下，承包商都应以应有的精心继续进行工程施工，而且承包商和业主应立即执行监理工程师做出的每一项此类决定。

(二)监理工程师对争端的决定

如果业主与承包商之间产生争端，并且问题得不到解决以使双方满意，双方中任何一方可立即将此争端提交监理工程师，要求其做出决定。由监理工程师做出决定可以较快、较经济地解决争端，应当首先采用。监理工程师则应当在收到有关争端文件后 84 天内将其决定通知业主和承包商。

如果监理工程师已将他对争端所做的决定通知了业主和承包商，而业主和承包商在收到监理工程师有关此决定的通知 70 天后(包括 70 天)双方均未发出要将该争端提交仲裁的通知，则该决定将被视为最后决定，并对业主和承包商双方均有约束力。

(三)争端的友好解决

在合同发生争端时，如果双方能通过协商达成一致，这比通过仲裁、诉讼程序解决争端好得多。这样既能节省时间和费用，也不会伤害双方的感情，使双方的良好合作关系能够得以保持。事实上，在国际工程承包合同中产生的争端大都可以通过友好协商得到解决。因此，如果监理工程师对争端的决定不被接受，双方应尽量自行友好解决，而不应立即对这一争端开始申请仲裁。

当然，如果没有特别的协议，友好解决并非必须采取的步骤。为了避免解决争端的协商无限拖延，只要过了一定期限，不论是否作了友好解决的努力，双方均可提出仲裁申请。

(四)争端的仲裁

如果业主或承包商双方中的任何一方对监理工程师有关争端的决定不满意，都可在收到此决定的通知后 70 天内，或者监理工程师未能在他接到有关争端文件后 84 天内将其所做决定的通知发出，业主或承包商双方中任何一方可以 84 天期满之后的 70 天内，将其把有关争端提交仲裁的意向通知另一方，并将一份副本呈交监理工程师供其参考。这一提交仲裁的意向通知是阻止监理工程师的决定成为有约束力的最后决定的必要措施，同时也确定了发出通知一方将争端提交仲裁的权利。如果没有发出这类通知，仲裁则不能开始。

如果争执双方没有另外的协议，仲裁可以在将此争端提交仲裁的意向通知发出后 56 天内开始。

第十二章 工程项目安全生产管理

第一节　工程项目安全生产管理概述

安全生产管理是一个系统性、综合性的管理，其管理的内容涉及建设生产的各个环节。安全管理的目的是为了安全生产，因此，安全管理的方针也应符合安全生产的方针，即："安全第一，预防为主"。"安全第一"是把人身的安全放在首位，安全为了生产，生产则必须保证人身安全，充分体现了"以人为本"的理念；"预防为主"是实现"安全第一"的最重要手段，采取正确的措施和方法进行安全控制，从而减少甚至消除事故隐患，尽量把事故消灭在萌芽状态，这是安全控制最重要的思想。因此，工程项目管理者应根据项目的进展情况制订安全政策、计划和措施，完善安全生产组织管理体系和检查体系，加强施工安全管理。

一、安全管理的目标

(1)施工企业应依据企业的总体发展目标，制订企业安全生产年度及中长期管理目标。

(2)安全管理目标应包括生产安全事故控制指标、安全生产隐患治理目标，以及安全生产、文明施工管理目标等，安全管理目标应量化。

(3)安全管理目标应分解到各管理层及相关职能部门，并定期进行考核，企业各管理层和相关职能部门应根据企业安全管理目标的要求制订自身管理目标和措施，共同保证目标实现。

二、安全管理的主要内容

1.制定安全生产制度

任何一个建设项目要想成功地进行安全管理，必须有明确的安全生产制度。施工企业的安全生产制度必须具有有效的并且明确的目标，制度的目标应保证现有的人力、物力资源的有效利用，并且减少发生经济损失和承担责任的风险。安全生产制度能够影响施工企业很多决定和行为，包括资源和信息的选择、产品施工以及现场废弃物的处理等。

2.建立、健全安全管理组织体系

一项制度的实施，有赖于一个恰当的组织结构和系统去贯彻落实。仅有一项制度，没有相应的组织去贯彻、落实，制度仅是一纸空文。恰当的组织结构和系统是确保安全生产制度、安全生产目标顺利实现的前提。

3.安全生产管理计划和实施

成功的施工企业能够有计划地、系统地落实所制定的安全生产制度。计划和实施的目标是最大限度地减少施工过程中的事故损失，计划和实施的重点是使用风险管理的方法，确定清除和规避风险的目标以及应该采取的步骤和先后顺序，并建立有关标准以规范各种操作。对于必须采取的预防事故和规避风险的措施，应该预先加以计划，要尽可能通过对设备的精心选择和设计，消除或通过使用物理控制措施来减少风险。如果上述措施仍不能满足要求，就必须使用相应的工作设备和个人保护装备来控制风险。

4.安全生产管理业绩考核

任何一个施工企业对安全生产管理成功与否，应该由事先订立的评价标准进行测评，以发现何时何地需要改进哪些方面的工作。施工企业应采用自我监控技术用于判断控制风险的措施成功与否，包括对硬件(设备、材料)、软件(人员、程序和系统)，以及对个人行为的检查进行评价，也可以通过对事故及可能造成损失的事件的调查和分析识别安全控制失败的原因。但不管是主动评价还是事后调查，其目的都不仅仅是评价各种标准中所规定的行为本身，而更重要的是找出存在于安全管理系统设计和实施过程中存在的问题，以避免事故和损失。

5.安全管理业绩总结

施工企业需要对既往的资料和数据进行系统的分析和总结，并作为今后工作的参考，这是安全生产管理的重要环节。安全管理业绩良好的施工企业能通过企业内部的自我规范和约束以及与竞争对手的比较，不断持续的进行改进。

三、安全管理的程序

建设工程项目施工安全管理的程序，如图 12-1 所示。

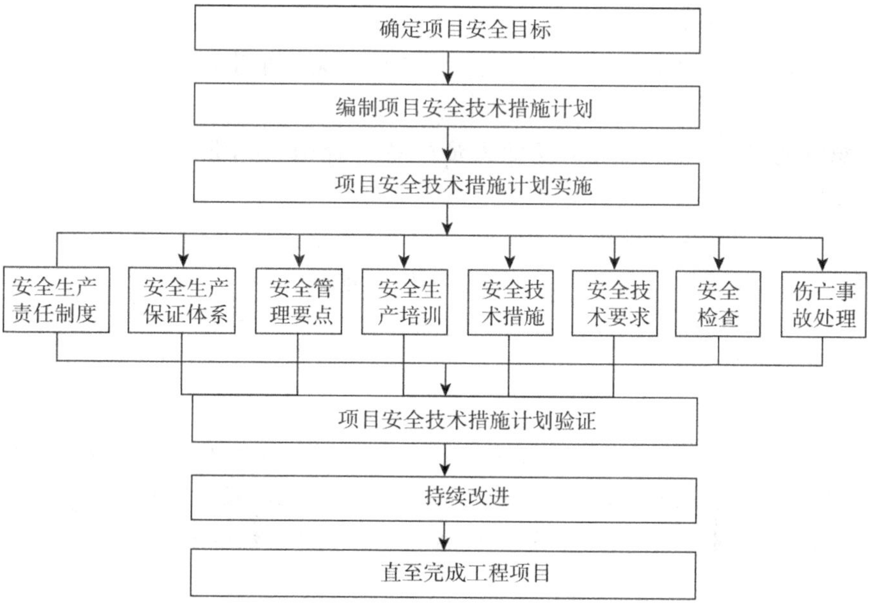

图 12-1　建设工程项目施工安全管理的程序

第二节 工程项目安全生产的基本制度

《国务院关于进一步加强企业安全生产工作的通知》中指出安全生产应实行"企业负责，行业管理，国家监察，群众监督"的安全生产管理体制。这也是市场经济国家的普遍做法，是符合国际惯例的。这一管理体制还将随着市场经济的发展，在实践中不断完善。

一、安全生产许可证制度

《安全生产许可证条例》规定了国家对建筑施工企业实施安全生产许可证制度。其目的是为了严格规范安全生产条件，进一步加强安全生产监督管理，防止和减少生产安全事故。国务院建设主管部门负责中央管理的建筑施工企业安全生产许可证的颁发和管理，其他企业由省、自治区、直辖市人民政府建设主管部门进行颁发和管理，并接受国务院建设主管部门的指导和监督。

企业取得安全生产许可证，应当具备下列安全生产条件：

(1)建立、健全安全生产责任制，制定完备的安全生产规章制度和操作规程。

(2)安全投入符合安全生产要求。

(3)设置安全生产管理机构，配备专职安全生产管理人员。

(4)主要负责人和安全生产管理人员经考核合格。

(5)特种作业人员经业务主管部门考核合格，取得特种作业操作资格证书。

(6)从业人员经安全生产教育和培训合格。

(7)依法参加工伤保险，为从业人员缴纳保险费。

(8)厂房、作业场所和安全设施、设备、工艺符合有关安全生产法律、法规、标准和规程的要求。

(9)有职业危害防治措施，并为从业人员配备符合国家标准或者行业标准的劳动防护用品。

(10)依法进行安全生产评价。

(11)有重大危险源检测、评估、监控措施和应急预案。

(12)有生产安全事故应急救援预案、应急救援组织或者应急救援人员，配备必要的应急救援器材、设备。

(13)法律、法规规定的其他条件。

施工企业进行生产前，应当依照规定向安全生产许可证颁发管理机关申请领取安全生产许可证，并提供规定的相关文件、资料。安全生产许可证颁发管理机关经审查符合规定安全生产条件的施工企业，颁发安全生产许可证，不符合规定安全生产条件的施工企业，不予颁发安全生产许可证。

安全生产许可证的有效期为3年。安全生产许可证有效期满需要延期的，企业应当于期满前 3 个月向原安全生产许可证颁发管理机关办理延期手续。企业在安全生产许可证有效期内，应当严格遵守有关安全生产的法律法规，未发生死亡事故的，安全生产许可证有效期届满时，经原安全生产许可证颁发管理机关同意，不再审查，安全生产许可证有效期延期 3 年。企业不得转让、冒用安全生产许可证或者使用伪造的安全生产许可证。

二、安全生产责任制度

安全生产责任制是最基本的安全管理制度，是安全生产管理制度的核心。安全生产责任制是按照安全生产管理方针和“管生产的同时必须管安全”的原则，将各级负责人员、各职能部门及其工作人员和各岗位生产工人在安全生产方面应做的事情、应负的责任加以明确规定的一种制度。具体来说，就是将安全生产责任分解到相关单位的主要负责人、项目负责人、班组长以及每个岗位的作业人员身上。

根据《建设工程安全生产管理条例》和《建筑施工安全检查标准》(JGJ 59－2011)的相关规定，安全生产责任制度的主要内容如下：

(1)安全生产责任制度主要包括企业主要负责人的安全责任，项目负责人(项目经理)的安全责任，生产、技术、材料等各职能管理负责人及其工作人员的安全责任，技术负责人(工程师)的安全责任、专职安全生产管理人员的安全责任、施工员的安全责任、班组长的安全责任和作业岗位人员的安全责任等。

(2)项目各级、各部门安全生产责任制应规定检查和考核办法，并按规定期限进行考核，对考核结果及兑现情况进行记录。

(3)独立承包的工程项目在签订承包合同中必须有安全生产工作的具体指标和要求。工程由多单位施工时，总分包单位在签订分包合同的同时要签订安全生产合同(协议)，签订合同前要检查分包单位的营业执照、企业资质证、安全资格证等。分包队伍的资质应与工程要求相符，在安全合同中应明确总分包单位各自的安全职责，原则上，实行总承包的由总承包单位负责，分包单位向总包单位负责，服从总包单位对施工现场的安全管理，分包单位在其分包范围内建立施工现场安全生产管理制度，并组织实施。

(4)项目的主要工种应有相应的安全技术操作规程，应将安全技术操作规程列为日常安全活动和安全教育的主要内容，并应悬挂在操作岗位前。

(5)施工现场应按工程项目大小配备专(兼)职安全人员。以建筑工程为例，可按建筑面积 1 万 m^2 以下的工地至少应有 1 名专职人员；1 万 m^2 以上的工地应设 2～3 名专职人员；5 万 m^2 以上的大型工地，按不同专业组成安全管理组进行安全监督检查。

总之，企业实行安全生产责任制必须做到在计划、布置、检查、总结、评比生产的时候，同时计划、布置、检查、总结、评比安全工作。

三、安全生产教育培训制度

企业安全生产教育培训一般包括对管理人员、特种作业人员和企业员工的安全教育。

1.管理人员的安全教育

(1)企业领导的安全教育。对企业法定代表人安全教育的主要内容包括：

①国家有关安全生产的方针、政策、法律、法规及有关规章制度。

②安全生产管理职责、企业安全生产管理知识以及安全文化。

③有关事故案例及事故应急处理措施等。

(2)项目经理、技术负责人和技术干部的安全教育。项目经理、技术负责人和技术干部安全教育的主要内容包括：

①国家有关安全生产方针、政策和法律、法规。

②项目经理部安全生产责任。

③典型事故案例剖析。

④本系统安全及其相应的安全技术知识。

(3)企业安全管理人员的安全教育。企业安全管理人员安全教育内容应包括：

①国家有关安全生产的方针、政策、法律、法规和安全生产标准。

②企业安全生产管理、安全技术、职业病知识等安全文件。

③员工伤亡事故、职业病统计报告及调查处理程序。

④有关事故案例及事故应急处理措施。

(4)班组长和安全员的安全教育。班组长和安全员的安全教育内容包括：

①安全生产法律、法规、安全生产技术及技能、职业病和安全文化的知识。

②本企业、本班组和作业岗位的危险因素、安全注意事项。

③本岗位安全生产职责。

④典型事故案例。

⑤事故抢救与应急处理措施。

2.特种作业人员的安全教育

(1)特种作业的范围。根据《特种作业人员安全技术培训考核管理规定》，特种作业的范围主要有：

①电工作业，包括高压电工作业、低压电工作业、防爆电气作业。

②焊接与热切割作业，包括熔化焊接与热切割作业、压力焊作业、钎焊作业。

③高处作业，包括登高架设作业，高处安装、维护、拆除作业。

④制冷与空调作业，包括制冷与空调设备运行操作作业、制冷与空调设备安装修理作业。

⑤煤矿安全作业。

⑥金属非金属矿山安全作业。

⑦石油天然气安全作业。

⑧冶金(有色)生产安全作业。

⑨危险化学品安全作业。

⑩烟花爆竹安全作业。

⑪安全监管总局认定的其他作业。

(2)特种作业人员安全教育要求。

特种作业人员必须经专门的安全技术培训并考核合格，取得《中华人民共和国特种作业操作证》后方可上岗作业。特种作业人员应当接受与其从事的特种作业相应的安全技术理论培训和实际操作培训，跨省、自治区、直辖市从业的特种作业人员可以在户籍所在地或者从业所在地参加培训。已经取得职业高中、技工学校以及中专以上学历的毕业生从事与其所学专业相应的特种作业，持学历证明经考核发证机关同意，可以免予相关专业的培训。

3.企业员工的安全教育

企业员工的安全教育主要有新员工上岗前的三级安全教育、改变工艺和变换岗位的安全教育和经常性安全教育三种形式。

(1)新员工上岗前的三级安全教育。对建设工程来说三级安全教育是指企业(公司)安全教育、项目(或工区、工程处、施工队)安全教育、班组安全教育三级。企业新员工上岗前必须进行三级安全教育，企业新员工须按规定通过三级安全教育和实际操作训练，并经考核合格后方可上岗。

①企业(公司)级安全教育由企业主管领导负责，企业职业健康安全管理部门会同有关部门组织实施，教育内容应包括安全生产法律、法规，通用安全技术、职业卫生和安全文化的基本知识，本企业安全生产规章制度、劳动纪律以及有关事故案例等内容。

②项目(或工区、工程处、施工队)级安全教育由项目负责人组织实施，专职或兼职安全员协助，教育内容应包括工程项目概况，安全生产状况和规章制度，主要危险因素与安全事项，预防工伤事故和职业病的主要措施，典型事故案例与事故应急处理措施等。

③班组级安全教育由班组长组织实施，教育内容应包括遵章守纪，岗位安全操作规程，岗位间工作衔接配合的安全生产事项，典型事故与发生事故后应采取的紧急措施，劳动防护用品(用具)的性能与正确使用方法等内容。

(2)改变工艺和变换岗位时的安全教育。

①企业(或工程项目)在实施新工艺、新技术或使用新设备、新材料时，必须对有关人员进行相应级别的安全教育，要按新的安全操作规程教育和培训参加操作的岗位员工和有关人员，使其了解新工艺、新设备、新产品的安全性能及安全技术，以适应新的岗位作业的安全要求。

②当员工发生从一个岗位调到另外一个岗位，从某工种改变为另一工种，以及因放长假离岗一年以上重新上岗的情况时，企业必须进行相应的安全技术教育和培训，以使其掌握现岗位安全生产的特点和要求。

(3)经常性安全教育。无论何种教育都不可能是一劳永逸的，安全教育同样如此，必须坚持不懈、经常不断地进行，这就是经常性安全教育。在经常性安全教育中，安全思想、安全态度教育最为重要。进行安全思想、安全态度的教育，要通过采取多种多样形式的安全教育活动，激发员工做好安全生产的热情，促使员工重视和真正实现安全生产。经常性安全教育的形式主要有：每天班前班后会上说明安全注意事项；安全活动日；安全生产会议；事故现场会；粘贴安全生产宣传标语及标志等。

四、安全措施计划制度

安全措施计划制度是指企业进行生产活动时，必须编制安全措施计划。它是企业有计划地改善劳动条件和安全生产设施，防止工伤事故和职业病的重要措施之一，对企业加强劳动保护，改善劳动条件，保障职工的安全和健康，促进企业生产经营的发展都起着积极的作用。

1.安全措施计划的范围

安全措施计划的范围应包括改善劳动条件、防止事故发生以及预防职业病等内容，具体包括安全技术措施、职业卫生措施以及安全宣传教育措施。

2.编制安全措施计划的依据

(1)国家发布的有关职业健康安全政策、法规和标准。

(2)在安全检查中发现的尚未解决的问题。

(3)造成伤亡事故和职业病的主要原因和所采取的措施。

(4)生产发展需要所应采取的安全技术措施。

(5)安全技术革新项目和员工提出的合理化建议。

3.编制安全措施计划的步骤

工作活动分类→危险源识别→风险确定→风险评价→制订安全技术措施计划→评价安全技术措施计划。

4.安全措施计划的主要内容

安全措施计划的主要内容：工程概况；管理目标；组织机构与职责权限；规章制度；风险分析与控制措施；安全专项施工方案；应急准备与响应；资源配置与费用投入计划；教育培训；检查评价、验证与持续改进等。

五、“三同时”制度

“三同时”制度是指凡是我国境内新建、改建、扩建的基本建设项目(工程)，技术改建项目(工程)和引进的建设项目，其安全生产设施必须符合国家规定的标准，必须与主体工程同时设计、同时施工、同时投入生产和使用。安全生产设施主要是指安全技术方面的设施、职业卫生方面的设施及生产辅助性设施。

新建、改建、扩建工程的初步设计要经过行业主管部门、安全生产管理部门、卫生部门和工会的审查，同意后方可进行施工。建设项目完成后，必须经过主管部门、安全生产管理行政部门、卫生部门和工会的竣工检验。建设项目投产后，不得将安全设施闲置不用，生产设施必须和安全设施同时使用。

六、意外伤害保险制度

根据《中华人民共和国建筑法》的相关规定，建筑职工意外伤害保险是法定的强制性保险。住房和城乡建设部于2003年5月23日公布了《建设部关于加强建筑意外伤害保险工作的指导意见》，从九个方面对加强和规范建筑意外伤害保险工作提出了较详尽的规定，明确规定了建筑施工企业应当为施工现场从事施工作业和管理的人员，在施工活动过程中发生的人身意外伤亡事故提供保障，办理建筑意外伤害保险，支付保险费。同时，还对保险期限、金额、保费、投保方式、索赔、安全服务以及行业自保等提出了指导性意见。

第三节　工程项目危险源辨识

危险源是指可能导致人员伤害或疾病、物质财产损失、工作环境破坏的情况或这些情况组合的根源或状态的因素。危险因素与危害因素同属于危险源，危险源是安全管理的主要对象。

一、两类危险源

在实际生活和生产过程中的危险源是以多种多样的形式存在，危险源导致的事故可归结为能量的意外释放或有害物质的泄漏。根据危险源在事故发生发展中的作用，可把危险源分为两大类，即第一类危险源和第二类危险源。

1.第一类危险源

可能发生意外释放的能量的载体或危险物质称作第一类危险源(如“炸药”是能够产生能量的物质；“压力容器”是拥有能量的载体)。能量或危险物质的意外释放是事故发生的物理本质，通常把产生能量的能量源或拥有能量的能量载体作为第一类危险源来处理。

2.第二类危险源

造成约束、限制能量措施失效或破坏的各种不安全因素称作第二类危险源(如“电缆绝缘层”“脚手架”“起重机钢绳”等)。在生产和生活中，为了利用能源，人们制造了各种机器设备，让能量按照人们的意图在系统中流动和转换，为人类服务，而这些设备设施又可看成是约束或限制能量的工具。在正常情况下，生产过程的能量或危险物质受到约束或限制，不会发生意外释放，即不会发生事故。但是，一旦这些约束或限制能量或危险物质的措施受到破坏或失效(故障)，则会发生事故。第二类危险源包括人的不安全行为、物的不安全状态和不良环境条件三个方面。

3.危险源与事故

事故的发生是两类危险源共同作用的结果，第一类危险源是事故发生的前提，第二类危险源是第一类危险源导致事故的必要条件。在事故的发生发展过程中，两类危险源相互依存，相辅相成。第一类危险源是事故的主体，决定事故的严重程度，第二类危险源出现的难易，决定了事故发生的可能性大小。

二、危险源的辨识

危险源的辨识是安全管理的基础工作，主要目的就是从生产活动中识别出可能造成人员伤害或疾病、财产损失、环境破坏的危险因素和危害因素，并判定其可能导致的事故类别及发生的直接原因的过程。危险源的辨识方法主要有专家调查法与安全检查表法两种。

1.专家调查法

专家调查法是通过向有经验的专家咨询，辨识、分析和评价危险源的一类方法，其优点是简便、易行，其缺点是受专家的知识、经验和占有资料的限制，可能出现遗漏。常用的方法有：头脑风暴法(Brainstorming)和德尔菲法(Delphi)。

头脑风暴法是通过专家创造性的思考，从而产生大量的观点、问题和议题的方法。其特点是多人讨论，集思广益，可以弥补个人判断的不足，常采取专家会议的方式来相互启发、交换意见，使危险因素、危害因素的辨识更加细致、具体。常用于目标比较单纯的议题，如果涉及面较广，包含因素较多，可以分解目标，再对单一目标或简单目标使用本方法。

德尔菲法是采用背对背的方式对专家进行调查，其特点是避免了集体讨论中的从众性倾向，更代表专家的真实意见。要求对调查的各种意见进行汇总统计处理后，再反馈给专家，反复征求意见。

2.安全检查表法

安全检查表(Safety Check List)是实施安全检查和诊断项目的明细表。安全检查表法是运用已编制好的安全检查表，进行系统的安全检查，辨识工程项目存在的危险源。检查表的内容一般包括分类项目，检查内容及要求，检查以后的处理意见等。检查表可以用“是”“否”做回答或“√”“×”符号做标记，同时注明检查日期，并由检查人员和被检单位同时签字。安全检查表法的优点是简单易懂、容易掌握，可以事先组织专家编制检查项目，使安全检查做到系统化、完整化。其缺点是一般只能做出定性评价。

三、风险评价

风险评价是评估危险源所带来的风险大小及确定风险是否容许的过程。根据评价结果对风险进行分级，按不同级别的风险有针对性地采取风险控制措施。风险评价方法主要有以下两种：

(1)将风险的大小用事故发生的可能性(p)与发生事故后果的严重程度(f)的乘积来衡量。即：

$$R=p\cdot f$$

式中 R——风险大小；

p——事故发生的概率(频率)；

f——事故后果的严重程度。

根据上述的估算结果，可按表12-1对风险的大小进行分级。

表12-1 风险分级表

后果(f) / 风险级别(大小) / 可能性(p)	轻度损失(轻微伤害)	中度损失(伤害)	重大损失(严重伤害)
很大	Ⅲ	Ⅳ	Ⅴ
中等	Ⅱ	Ⅲ	Ⅳ
极小	Ⅰ	Ⅱ	Ⅲ
注：Ⅰ—可忽略风险；Ⅱ—可容许风险；Ⅲ—中度风险；Ⅳ—重大风险；Ⅴ—不容许风险。			

(2)将可能造成风险的大小用事故发生的可能性(L)、人员暴露于危险环境中的频繁程

度(E)和事故后果(C)三个自变量的乘积衡量,即:

$$S=L\cdot E\cdot C$$

式中 S——风险大小。

L——事故发生的可能性,按表 12-2 所给的定义取值。

E——人员暴露于危险环境中的频繁程度,按表 12-3 所给的定义取值。

C——事故后果的严重程度,按表 12-4 所给的定义取值。

此方法因为采用了 L、E、C 三个自变量,故也称为 LEC 方法。

表 12-2 事故发生的可能性(L)

分数值	事故发生的可能性	分数值	事故发生的可能性
10	必然发生的	0.5	很不可能,可以设想
6	相当可能	0.2	极不可能
3	可能,但不经常	0.1	实际不可能
1	可能性极小,完全意外	—	—

表 12-3 暴露于危险环境中的频繁程度(E)

分数值	人员暴露于危险环境中的频繁程度	分数值	人员暴露于危险环境中的频繁程度
10	连续暴露	2	每月一次暴露
6	每天工作时间暴露	1	每年几次暴露
3	每周一次暴露	0.5	非常罕见的暴露

表 12-4 发生事故产生的后果(C)

分数值	事故发生造成的后果	分数值	事故发生造成的后果
100	大灾难,许多人死亡	7	严重,重伤
40	灾难,多人死亡	3	较严重,受伤较重
15	非常严重,一人死亡	1	引人关注,轻伤

危险性得分值在 20 分以下为可忽略风险,得分值为 20~70 为可容许风险,得分值为 70~160 为中度风险,得分值为 160~320 为重大风险,得分值大于 320 的为不容许风险。

表 12-5 危险性等级划分表

危险性量值(S)	危险程度	危险性量值(S)	危险程度
≥320	不容许风险,不能继续作业	20~70	可容许风险,需要注意
160~320	重大风险,需要立即整改	≤20	可忽略风险,可以接受
70~160	中度风险,需要整改	—	—

四、危险源的控制原则与方法

重大危险源控制的目的,不仅是要预防重大事故的发生,而且要做到一旦发生事故,能将事故危害限制到最低程度。由于工业活动的复杂性,需要采用系统工程的思想和方法控制重大危险源。

1.危险源的控制原则

风险评价后，应分别列出所有的危险源和重大危险源清单，对已经评价出的不容许的危险源和重大风险（重大危险源）进行优先排序，由工程技术主管部门的相关人员制订风险控制措施计划或管理方案。对于一般危险源可以通过加强日常管理来实施控制。

风险控制可以按照以下顺序和原则进行：

(1)应尽可能完全消除有不可接受风险的危险源，如用安全品取代危险品。

(2)如果是不可消除的、有重大危险的危险源，应努力采取降低风险的措施，如使用低压电器等。

(3)条件允许时，应使工作适合于人，如考虑降低人的精神压力和体能消耗。

(4)应尽可能利用技术进步来改善安全控制措施。

(5)应采取保护每个工作人员的防护措施。

(6)应将技术管理与程序控制结合起来。

(7)应尽可能装备诸如机械安全防护装置的设施、设备。

(8)在各种措施还不能绝对保证安全的情况下，作为最终手段，还应考虑使用个人防护用品、用具。

(9)应有可行、有效的应急处置方案。

(10)预防性测定指标应符合控制措施计划的要求。

不同工程项目需要根据不同的条件和风险量来选择适合的控制策略和管理方案。不同风险水平的风险控制措施计划，见表12-6。

表12-6　风险控制措施计划表

风　　险	措　　施
可忽略的	不采取措施且不必保留文件记录
可容许的	不需要额外的控制措施，应考虑投资效果更佳的解决方案或不增加额外成本的改进措施，需要监视来确保控制措施得以维持
中度的	应努力降低风险，但应仔细测定并限定预防成本，并在规定的时间期限内实现降低风险的措施。中度风险与严重伤害后果相关的情况，应做进一步地评价，以便更准确地确定伤害发生的可能性及是否需要改进控制措施
重大的	直至风险降低后才能开始工作，当风险涉及正在进行中的工作时，应采取应急措施
不容许的	只有风险降低后才能开始或继续工作。如果大量的资源投入后，仍不能降低风险，就必须禁止工作

2.危险源的控制方法

(1)第一类危险源的控制方法。防止事故发生的方法主要有消除危险源、限制能量或危险物质、隔离。避免或减少事故损失的方法主要有隔离、个体防护、设置薄弱环节、使能量或危险物质按人们的意图释放、避难与援救措施。

(2)第二类危险源的控制方法。减少故障的方法主要有增加安全系数、提高可靠性、设置安全监控系统，并且做好故障—安全设计工作。故障—安全设计的设计方案包括故障—

消极方案、故障—积极方案和故障—正常方案三种。故障—消极方案是指故障发生后，设备、系统处于最低能量状态，直到采取校正措施之前不能运转；故障—积极方案是指故障发生后，在没有采取校正措施之前使系统、设备处于安全的能量状态之下；故障—正常方案是指保证在采取校正行动之前，设备、系统正常发挥功能。

第四节　工程项目安全生产检查

一、工程项目安全检查的主要内容

(1)工程项目安全检查主要是以查安全思想、查安全责任、查安全制度、查安全措施、查安全防护、查设备设施、查教育培训、查操作行为、查劳动防护用品使用、查伤亡事故处理为主要内容。

(2)工程项目安全检查要根据施工生产的特点，具体确定检查项目和标准。

①查安全思想主要是检查以项目经理为主的项目全体员工(包括分包作业人员)的安全生产意识和对安全生产工作的重视程度。

②查安全责任主要是检查现场安全生产责任制度的建立，安全生产责任目标的分解、考核情况，安全生产责任制与责任目标是否已落实到了每一个岗位和每一个人员。

③查安全制度主要是检查现场各项安全生产规章制度和安全技术操作规程的建立和执行情况。

④查安全措施主要是检查现场安全措施计划及各项安全专项施工方案的编制、审核、审批及实施情况，重点是检查方案的内容是否全面、措施是否具体有针对性，现场的实施运行是否与方案规定的要求相符。

⑤查安全防护主要是检查现场临边、洞口等各项安全防护设施是否到位，有无安全隐患。

⑥查设备设施主要是检查现场使用的设备设施的购置、租赁、安装、验收、使用、维护保养等各环节是否符合要求，设备设施的安全装置是否齐全、灵敏、可靠，有无安全隐患。

⑦查教育培训主要是检查现场教育培训岗位、教育培训人员、教育培训内容是否明确、具体、有针对性，三级安全教育制度和特种作业人员持证上岗制度的落实是否到位，教育培训档案资料是否真实、齐全。

⑧查操作行为主要是检查现场施工作业过程中有无违章指挥、违章作业、违反劳动纪律的行为发生。

⑨查劳动防护用品使用主要是检查现场劳动防护用品、用具的购置、产品质量、配备数量和使用情况是否符合安全与职业卫生的要求。

⑩查伤亡事故处理主要是检查现场是否发生伤亡事故，对发生的伤亡事故是否按照“四不放过”的原则进行了调查处理，是否已有针对性地制订了纠正与预防措施，制订的纠正与

预防措施是否已经得到落实。

二、工程项目安全检查的主要形式

(1)定期安全检查:定期安全检查属全面性和考核性的检查,施工企业应建立定期分级的安全检查制度,由项目经理亲自组织,工程施工现场应至少每季度开展一次安全检查工作。

(2)经常性安全检查:工程施工过程中应经常开展预防性的安全检查工作,以便于及时发现并消除事故隐患,保证施工生产的正常进行。施工现场经常性安全检查方式主要有:

①现场专(兼)职安全生产管理人员及安全值班人员每天例行开展的安全巡视、巡查。

②项目经理、责任工程师及相关专业技术管理人员在检查生产工作的同时进行的安全检查。

③作业班组在班前、班中和班后进行的安全检查。

(3)季节性安全检查:季节性安全检查主要是针对气候特点,如暑季、雨季、风季、冬季等,可能给安全生产造成不利影响或带来危害而组织的安全检查。

(4)节假日安全检查:在节假日、特别是重大或传统节假日,如"五一""十一"、元旦、春节等节日前后和节日期间,为防止现场管理人员和作业人员思想麻痹、纪律松懈而进行的安全检查。

(5)开工、复工安全检查:针对工程项目开工、复工之前进行的安全检查,主要是检查现场是否具备保障安全生产的条件。

(6)专业性安全检查:由有关专业人员对现场某项专业安全问题或在施工生产过程中存在的比较系统性的安全问题进行的单项检查。这类检查专业性强,主要应由专业工程技术人员、专业安全管理人员参加。

(7)设备设施安全验收检查:针对现场塔式起重机等起重设备、外用施工电梯、龙门架及井架等物料提升机设备、电气设备、脚手架、现浇混凝土模板支撑系统等设备设施在安装、搭设过程中进行的安全检查和验收。

三、安全检查的基本要求

(1)根据检查内容配备力量,抽调专业人员,确定检查负责人,明确分工。

(2)应有明确的检查目的、检查项目、检查内容及检查标准,对大面积或数量多的项目可采取系统的观感和一定数量的测点相结合的检查方法,检查时尽量采用检测工具,用数据说话。

(3)对现场管理人员和操作工人不仅要检查是否有违章指挥和违章作业的行为,还应进行"应知应会"的抽查,以便了解管理人员及操作工人的安全素质。对于违章指挥、违章作业的行为,检查人员应当场指出、进行纠正。

(4)检查记录应详细、认真,特别是对隐患的记录必须具体,应包括隐患的部位、危险性程度及处理意见等。采用安全检查评分表时,应记录每项扣分的原因。

(5)检查中发现的隐患应该进行登记,并发出整改通知书,作为整改备查的依据。对凡是有即发型事故危险的隐患,检查人员应责令其停工,被查单位必须立即整改。

(6)尽可能系统地、定量地进行安全评价，做出检查结论，以利于受检单位根据安全检查结果，研究对策、进行整改、加强管理。

(7)应对隐患整改情况进行跟踪复查，检查被检单位是否按照“三定”(定人、定期限、定措施)原则落实整改，经整改复查合格后，进行销案。

四、安全检查方法

工程项目安全检查可以采用“听”“问”“看”“量”“测”“运转试验”等方法进行。

(1)“听”：听取基层管理人员或施工现场安全管理人员汇报安全生产情况，介绍现场安全工作经验、存在的问题及今后的发展方向。

(2)“问”：主要是指通过询问、提问，对以项目经理为主的现场管理人员和操作工人进行的“应知应会”的抽查，以便了解现场管理人员和操作工人的安全意识和安全素质。

(3)“看”：主要是指对施工现场进行巡视，并查看施工现场安全管理资料。例如，查看项目负责人、专职安全管理人员、特种作业人员等持证上岗情况，现场安全标志设置情况，劳动防护用品、用具使用情况，现场安全防护情况，现场安全设施及机械设备安全装置配置情况等。

(4)“量”：主要是指使用测量仪器对施工现场的一些设施、装置进行实际测量。例如，对脚手架杆件间距的测量，对现场安全防护栏杆高度的测量，对电气开关箱安装高度的测量，对在建工程与外电边线安全距离的测量等。

(5)“测”：主要是指使用专用监测器具对特定对象的关键性技术参数的测试。例如，使用漏电保护器测试仪对漏电保护器漏电动作电流、漏电动作时间的测试，使用电阻仪对现场各种接地装置的接地电阻测试，使用电流表对电机绝缘电阻的测试，使用经纬仪对塔式起重机、外用电梯安装垂直度的测试等。

(6)“运转试验”：主要是指由具有专业资格的人员对机械设备进行实际操作、试验，检验其运转的可靠性和安全限位装置的灵敏性。例如，对塔式起重机力矩限制器、变幅限位器、起重限位器等安全装置的试验，对施工电梯制动器、限速器、上下极限限位器等安全装置的试验，对龙门架超高限位器、断绳保护器等安全装置的试验等。

五、安全检查标准

《建筑施工安全检查标准》(JGJ 59－2011)使建筑工程安全检查由传统的定性评价上升到定量评价，使安全检查进一步规范化、标准化。安全检查内容中包括保证项目和一般项目。保证项目为一票否决项目，在实施安全检查评分时，当一张检查表的保证项目中有一项不得分或保证项目小计得分不足 40 分时，此张检查评分表不得分。

1.《建筑施工安全检查标准》(JGJ 59－2011)中各检查表检查项目的构成

(1)《建筑施工安全检查评分汇总表》主要内容包括：安全管理、文明施工、脚手架、基坑工程、模板支架、高处作业、施工用电、物料提升机与施工升降机、塔式起重机与起重吊装、施工机具等，所得分作为对一个施工现场安全生产情况综合评价的依据。

(2)《安全管理检查评分表》检查项目包括：安全生产责任制、施工组织设计、安全技术交底、安全检查、安全教育、应急预案、分包单位安全管理特种作业持证上岗、生产安全事故处理和安全标志等内容。其中，安全生产责任制、施工组织设计、安全技术交底、安全检查、安全教育、应急预案等内容为保证项目。

(3)《文明施工检查评分表》检查项目包括：现场围挡、封闭管理、施工场地、现场材料、现场住宿、现场防火、治安综合治理、施工现场标牌、生活设施、保健急救和社区服务等内容。其中，现场围挡、封闭管理、施工场地、现场材料、现场住宿、现场防火等内容为保证项目。

(4)脚手架检查评分表分为《扣件式钢管脚手架检查评分表》《悬挑式脚手架检查评分表》《门式钢管脚手架检查评分表》《碗扣式钢管脚手架检查评分表》《附着式升降脚手架检查评分表》《承插型盘扣式钢管支架检查评分表》《高处作业吊篮检查评分表》《满堂式脚手架检查评分表》等脚手架的安全检查评分表。

(5)《基坑支护、土方作业检查评分表》检查项目包括：施工方案、临边防护、基坑支护及支撑拆除、基坑降排水、坑边荷载、上下通道、土方开挖、基坑支护变形监测和作业环境等内容。其中，施工方案、临边防护、基坑支护及支撑拆除、基坑降排水、坑边荷载等内容为保证项目。

(6)《模板支架检查评分表》检查项目包括：施工方案、立杆基础、支架稳定、施工荷载、交底与验收、立杆设置、水平杆设置、支架拆除、支架材质等内容。其中，施工方案、立杆基础、支架稳定、施工荷载、交底与验收等内容为保证项目。

(7)《"三宝""四口"及临边防护检查评分表》检查项目包括：安全帽、安全网、安全带、临边防护、洞口防护、通道口防护、攀登作业、悬空作业、移动式操作平台、物料平台、悬挑平台等内容。该检查评分表中没有设置保证项目。

(8)《施工用电检查评分表》检查项目包括：外电防护、接地与接零保护系统、配电箱与开关箱、配电线路、现场照明、配电室与配电装置和用电档案 8 项内容。其中，外电防护、接地与接零保护系统、配电线路、配电箱与开关箱等内容为保证项目。

(9)《物料提升机检查评分表》是对物料提升机的设计制作、安装和使用情况的评价。检查项目包括：安全装置、防护设施、附墙架与缆风绳、钢丝绳、安装与验收、导轨架、动力与传动、通信装置、卷物机操作棚、避雷装置等内容。其中，安全装置、防护设施、附墙架与缆风绳、钢丝绳、安装与验收等内容为保证项目。

(10)《施工升降机检查评分表》检查项目包括：安全装置，限位装置，防护设施，附着、钢丝绳、滑轮与对重，安装、拆卸与验收，导轨架、基础、电气安全、通信装置内容。其中，安全装置，限位装置、防护设施，附着，钢丝绳、滑轮与对重，安装、拆卸与验收等内容为保证项目。

(11)《塔式起重机检查评分表》检查项目包括：载荷限制装置，行程限位装置，保护装置，吊钩、滑轮、卷筒与钢丝绳，多塔作业，安装、拆卸与验收，附着，基础与轨道，结构设施、电气安全等内容。其中，载荷限制装置，行程限位装置，保护装置，吊钩、滑轮、卷筒与钢丝绳，多塔作业，安装、拆卸与验收为保证项目。

(12)《起重吊装安全检查评分表》是对施工现场起重吊装作业和起重吊装机械的安全评价。检查项目包括：施工方案、起重机械、钢丝绳与地锚、作业环境、作业人员、高处作业、构件堆放、警戒监护内容。其中，施工方案、起重机械、钢丝绳与地锚、作业环境、作业人员等内容为保证项目。

(13)《施工机具检查评分表》是对施工中使用的平刨、圆盘锯、手持电动工具、钢筋机械、电焊机、搅拌机、气瓶、翻斗车、潜水泵和桩工机械泵送机械施工机具安全状况的评价。该检查评分表中没有设置保证项目。

2.评分方法

(1)汇总表分数分配。汇总表满分为100分，各分项检查表在汇总表中所占满分分值分别为：安全管理10分、文明施工20分、脚手架10分、基坑支护与模板工作10分、“三宝”“四口”防护10分、施工用电10分、物料提升机与外用电梯10分、塔式起重机10分、起重吊装5分、施工机具5分。

(2)汇总表中各分值的计算方法。

①汇总表中各项实得分值计算方法：

各项实得分值=该分项在汇总表中应得满分值×该分项检查评分表实得分值/100

②汇总表中遇有缺项时，汇总表总分计算方法：

遇有缺项时总得分值=实查项目实得分值之和/实查项目应得分值之和×100

③检查评分表中遇有缺项时，评分表分值计算方法：

评分表总得分值=实查子项目实得分值之和/实查子项目应得分值之和×100

④对有保证项目的检查评分表，当保证项目中有一项不得分时，该评分表为零分；遇保证项目缺项时，保证项目小计得分不足40分时，该评分表为零分，具体计算方法为：实得分与应得分之比<66.7%(40/60=66.7%)时，评分表得零分。

⑤在检查评分表中，遇有多个脚手架、塔式起重机、龙门架、井字架时，则该项得分应为各单项实得分数的算术平均值。

3.评价等级划分原则

依据汇总表的总得分和保证项目的达标情况，工程项目安全检查的评定结论分为优良、合格和不合格三个等级。

(1)优良。分项检查评分表无零分，汇总表得分值在80分(含80分)及以上。

(2)合格。分项检查评分表无零分，汇总表得分值应在80分以下，70分以上。

(3)不合格。

①当汇总表得分值不足70分时；

②当有一项检查评分表得零分时。

当建筑施工安全检查评定的等级为不合格时，必须限期整改达到合格。

第五节　工程项目常见安全事故类型与原因

一、安全事故分类

1.按事故原因与性质分类

从施工活动的特点及事故的原因和性质来看，安全事故可以分为四类，即生产事故、质量问题、技术事故和环境事故。

(1)生产事故。生产事故主要是指在建筑产品的生产、维修及拆除过程中,操作人员违反有关施工操作规程等而直接导致的安全事故。这种事故一般都是在施工作业过程中出现的,事故发生的次数比较频繁,是安全事故的主要类型之一。目前,我国对施工安全生产的管理主要是针对生产事故。

(2)质量问题。质量问题主要是指由于设计不符合规范或施工达不到设计要求等原因,而导致工程结构实体或使用功能存在瑕疵,进而引起安全事故的发生。在设计不符合规范标准方面,主要是由一些没有相应资质的单位或个人私自出图,致使设计本身存在安全隐患。在施工达不到设计要求方面,一是施工过程违反有关操作规程留下了安全隐患;二是由于有关施工主体偷工减料的行为而导致的安全隐患。质量问题可能发生在施工作业过程中,也可能发生在工程实体使用过程中,特别是在使用过程中,质量问题带来的危害是极其严重的,如果在外加灾害作用下,如地震、火灾发生的情况下,其危害后果是不堪设想的。质量问题也是安全事故的主要类型之一。

(3)技术事故。技术事故主要是指由于工程技术原因而导致的安全事故,技术事故的结果通常是毁灭性的。技术事故的发生,可能发生在施工生产阶段,也可能发生在使用阶段。技术是安全的保证,起初微不足道的瑕疵可能导致灾难性的后果,很多时候正是由于一些不经意的技术失误才导致了严重的事故。在工程建设领域,人类历史上曾发生过多次技术灾难,如 1981 年 7 月 17 日美国密苏里州发生的海厄特摄政通道垮塌事故。

(4)环境事故。环境事故主要是指工程实体在施工或使用的过程中,由于使用环境或周边环境原因而导致的安全事故。使用环境原因主要是对工程实体的使用不当,如超载、静荷载设计而动荷载使用以及使用高污染工程材料或放射性材料等。周边环境原因主要是一些自然灾害方面的,如山体滑坡等。环境事故的发生,人们往往归咎于自然灾害,其实是人们缺乏对环境事故的预判和防治能力。

2.按事故类别分类

按事故类别可以分为 14 类,即物体打击、车辆伤害、机械伤害、起重伤害、触电、灼烫、火灾、高处坠落、坍塌、透水、爆炸、中毒、窒息和其他伤害。

3.按事故严重程度分类

按事故严重程度可以分为轻伤事故、重伤事故和死亡事故三类。

二、伤亡事故

伤亡事故是指劳动者在作业过程中发生的人身伤害、急性中毒等事故。施工企业的伤亡事故是指在项目施工过程中,由于危险、有害因素的影响而造成的工伤、中毒、爆炸、触电等情况,或由于各种原因造成的各类伤害。我国《企业职工伤亡事故报告和处理规定》指出,劳动者在作业过程中发生的人身伤害、急性中毒伤亡事故分为轻伤、重伤、死亡、重大死亡四个事故等级。国务院《生产安全事故报告和调查处理条例》将伤亡事故分为以下四个等级。

(1)特别重大事故,是指造成 30 人以上死亡,或者 100 人以上重伤(包括急性工业中毒),或者1亿元以上直接经济损失的事故。

(2)重大事故,是指造成10人以上30人以下死亡,或者50人以上100人以下重伤(包括急性工业中毒),或者5 000万元以上1亿元以下直接经济损失的事故。

(3)较大事故,是指造成3人以上10人以下死亡,或者10人以上50人以下重伤(包括急性工业中毒),或者1 000万元以上5 000万元以下直接经济损失的事故。

(4)一般事故,是指造成3人以下死亡,或者10人以下重伤(包括急性工业中毒),或者1 000万元以下直接经济损失的事故。

三、安全事故原因

工程项目安全事故发生的常见原因可以归纳为人的不安全因素、物的不安全状态以及管理上的不安全因素三大类。

1.人的不安全因素

人的不安全因素可分为人的不安全因素和不安全行为两类。

(1)人的不安全因素主要有以下三种:

①心理上的不安全因素,是指人在心理上具有影响安全的性格和情绪,如懒散、粗心等。

②生理上的不安全因素,包括视觉、听觉等感觉器官,体能、年龄及疾病等不适合工作或作业岗位要求的影响因素。

③能力上的不安全因素,包括知识技能、应变能力、资格等不能适应工作或作业岗位要求的影响因素。

(2)人的不安全行为在施工现场的类型主要有以下几种:

①操作失误,忽视安全、忽视警告。

②造成安全装置失效。

③使用不安全设备。

④肢体代替工具操作。

⑤物体存放不当。

⑥冒险进入危险区域。

⑦攀坐不安全位置。

⑧在起吊物下作业、停留。

⑨在机器运转时进行检查、维修、保养等工作。

⑩有分散注意力的行为。

⑪没有正确使用个人防护用品、用具。

⑫不安全装束。

⑬对易燃、易爆等危险物品错误处理。

2.物的不安全状态

物的不安全状态主要包括以下四种:

(1)防护装置等缺乏或有缺陷。

(2)设备、设施、工具、附件有缺陷。

(3)个人防护用品、用具缺少或有缺陷。

(4)施工作业场地环境不良,现场布置杂乱无序。

3.管理上的不安全因素

管理上的不安全因素也称管理上的缺陷,主要包括对物的管理失误、对人的管理失误以及管理工作的失误三种。对物的管理失误是指技术、设计、结构上有缺陷、作业现场环境有缺陷、防护用品有缺陷等;对人的管理失误是指教育、培训、指示和对作业人员的安排等方面的缺陷;管理工作的失误是指对作业程序、操作规程、工艺过程的管理失误,以及对采购、安全监控、事故防范措施方面的管理失误。

第六节　工程项目安全生产防护

《中华人民共和国建筑法》规定,建筑施工企业在编制施工组织设计时,应当根据工程的特点制订相应的安全技术措施;对专业性较强的工程项目,应当编制专项安全施工组织设计,并采取安全技术措施。

一、编制安全技术措施和施工现场临时用电方案

《建设工程安全生产管理条例》中规定,施工单位应当在施工组织设计中编制安全技术措施和施工现场临时用电方案,施工组织设计是规划和指导施工全过程的综合性技术经济文件,是施工准备工作的重要组成部分。详尽的施工组织设计可保证施工准备阶段各项工作的顺利进行,各分包单位、各工种的有序衔接,以及确定各类材料、构件、机具等供应时间和顺序,并对一些关键部位和需要控制的部位提出相应的安全技术措施。

1.安全技术措施

安全技术措施是为了实现安全生产,在防护上、技术上和管理上采取的相应措施。具体来说,就是在工程项目施工过程中,针对工程特点、施工现场环境、施工方法、劳动组织、作业工艺、使用机械、动力设备、变配电设施、架设工具以及各项安全防护设施等制订的确保安全施工的措施。通常安全技术措施包括以下内容:

(1)根据基坑、地下室深度和地质资料,保证土石方边坡稳定的措施。

(2)脚手架、吊篮、安全网及各类洞口防止人员坠落的技术措施。

(3)外用电梯、井架以及塔式起重机等垂直运输机具的拉结要求及防倒塌的措施。

(4)安全用电和机电防短路、防触电的措施。

(5)有毒有害、易燃易爆作业的技术措施。

(6)施工现场周围通行道路及附近居民等防护隔离措施。

安全技术措施可分为防止事故发生的安全技术措施和减少事故损失的安全技术措施两种。其中,减少事故损失的安全技术措施主要是指在事故发生后,迅速控制局面,防止事故

扩大，避免引起二次事故发生，从而减少事故造成的损失的技术措施。常用的防止事故发生的安全技术措施主要有：消除危险源，限制能量或危险物质，隔离，故障—安全设计以及减少故障和失误等。常用的减少事故损失的安全技术措施主要有：隔离、个体防护、设置薄弱环节、避难与救援等。

2.施工现场临时用电方案

在施工组织设计中应包括施工现场临时用电方案，以防止施工人员触电和电气火灾等事故发生。临时用电方案不仅直接关系到用电人员的安全，也关系到施工进度和工程质量。

《施工现场临时用电安全技术规范》(JGJ 46－2005)规定，施工现场临时用电设备在5台及以上或设备总容量在50 kW及以上者，应编制用电组织设计。施工现场临时用电设备在5台以下或设备总容量在50 kW以下者，应制订安全用电和电气防火措施。临时用电组织设计编制及变更时，必须履行"编制、审核、批准"程序，由专业电气工程技术人员组织编制，经相关部门审核，企业技术负责人批准后实施，变更用电组织设计时，应补充有关图纸资料。临时用电工程必须经编制、审核、批准部门和使用单位共同验收，合格后方可投入使用。

二、编制安全专项施工方案

《建设工程安全生产管理条例》规定，对达到一定规模的危险性较大的分部分项工程应编制专项施工方案，并附具安全验算结果，经施工单位技术负责人、总监理工程师签字后实施，由专职安全生产管理人员进行现场监督。

1.应单独编制安全专项施工方案的工程

(1)基坑(槽)支护、降水工程：开挖深度超过3 m(含3 m)或虽未超过3 m但地质条件和周边环境复杂的基坑(槽)支护、降水工程。

(2)土方开挖工程：开挖深度超过3 m(含3 m)的基坑(槽)土方开挖工程。

(3)模板工程及支撑体系。

①各类工具式模板工程：包括大模板、滑模、爬模、飞模等模板工程。

②混凝土模板支撑工程：搭设高度5 m及以上，搭设跨度10 m及以上，施工总荷载10 kN/m^{2}及以上，集中线荷载15 kN/m及以上，高度大于支撑水平投影宽度且相对独立无连系构件的混凝土模板支撑工程。

③重支撑体系：用于钢结构安装等满堂支撑体系。

(4)起重吊装及安装拆卸工程。

①非常规起重设备、方法，且单件起吊重量在10 kN及以上的起重吊装工程。

②采用起重机械进行安装的工程。

③起重机械设备自身的安装、拆卸工程。

(5)脚手架工程。

①搭设高度24 m及以上的落地式钢管脚手架工程。

②附着式整体和分片提升脚手架工程。

③悬挑式脚手架工程。

④吊篮脚手架工程。

⑤自制卸料平台、移动操作平台工程。

⑥新型及异形脚手架工程。

(6)拆除与爆破工程。

①建筑物、构筑物拆除工程。

②采用爆破拆除的工程。

(7)其他。

①建筑幕墙安装工程。

②钢结构、网架以及索膜结构安装工程。

③人工挖扩孔桩基础工程。

④地下暗挖、顶管及水下作业工程。

⑤预应力工程。

⑥采用新技术、新工艺、新材料、新设备及尚无相关技术标准的危险性较大的分部分项工程。

2.应单独编制安全专项施工方案并进行专家论证的工程

(1)开挖深度超过 5 m(含 5 m)的基坑(槽)支护与降水工程,或基坑(槽)虽未超过 5 m,但地质条件和周围环境复杂、地下水位在坑底以上的基坑(槽)支护与降水工程。

(2)开挖深度超过 5 m(含 5 m)的基坑(槽)的土方开挖工程。

(3)各类工具式模板工程(滑模、爬模、大模板等),水平混凝土构件模板支撑系统,及特殊结构模板工程。

(4)现场临时用电工程。

(5)现场外电防护工程,地下供电、供气、通风、管线以及毗邻建筑防护工程。

(6)脚手架工程:高度超过 24 m 的落地式钢管脚手架,附着式升降脚手架(包括整体提升与分片式提升),悬挑式脚手架,门型脚手架,挂脚手架,吊篮脚手架,及卸料平台。

(7)塔式起重机、施工电梯等特种设备安拆工程。

(8)起重吊装工程。

(9)采用人工、机械拆除或爆破拆除的工程。

(10)其他危险性较大的工程。建筑幕墙的安装施工,预应力结构张拉施工,大型设备安装施工,网架和索膜结构施工,6 m 以上的边坡施工,采用新技术、新工艺、新材料,可能影响工程质量安全,危险性较大的工程等。

3.安全专项施工方案的编制

住房和城乡建设部颁布的《危险性较大的分部分项工程安全管理规定》指出,施工单位应当在危险性较大的分部分项工程施工前组织工程技术人员编制专项施工方案;对于超过一定规模的危险性较大的分部分项工程,施工单位应当组织召开专家论证会对专项施工方案进行论证。

建设工程项目实行施工总承包的,专项方案应当由施工总承包单位组织编制。其中,起重机械安装拆卸工程、深基坑工程、附着式升降脚手架等专业工程实行分包的，其专项方案可由专业承包单位组织编制。

专项方案编制应当包括以下内容：

(1)工程概况：危险性较大的分部分项工程概况、施工平面布置、施工要求和技术保证条件。

(2)编制依据：相关法律、法规、规范性文件、标准、规范及图纸(国标图集)、施工组织设计等。

(3)施工计划：包括施工进度计划、材料与设备计划。

(4)施工工艺技术：技术参数、工艺流程、施工方法、检查验收等。

(5)施工安全保证措施：组织保障、技术措施、应急预案、监测监控等。

(6)劳动力计划：专职安全生产管理人员、特种作业人员等。

(7)计算书与相关图纸。

4.安全专项施工方案的审核

安全专项施工方案应当由施工企业技术部门组织本单位施工技术、安全、质量等部门的专业技术人员进行审核，经审核合格的，由施工企业技术负责人签字。实行施工总承包的，安全专项施工方案应当由总承包单位技术负责人及相关专业承包单位技术负责人签字。不需专家论证的安全专项施工方案，经施工企业审核合格后报监理单位，由项目总监理工程师审核签字。超过一定规模的危险性较大的分部分项工程的安全专项施工方案应当由施工企业组织召开专家论证会，实行施工总承包的，由施工总承包单位组织召开专家论证会。

施工企业应当根据论证报告，修改完善安全专项施工方案，并经施工企业技术负责人、项目总监理工程师、建设单位项目负责人签字后，方可组织实施。实行施工总承包的，应当由施工总承包单位、相关专业承包单位技术负责人签字。安全专项施工方案经论证后需做重大修改的，施工企业应当按照论证报告进行修改，并重新组织专家论证。

5.安全专项施工方案的实施

施工企业应当严格按照安全专项施工方案组织施工，不得擅自修改、调整专项方案。如因设计、结构、外部环境等因素发生变化，确实需要修改的，修改后的安全专项施工方案应当按规定重新审核。对于超过一定规模的危险性较大的分部分项工程的安全专项施工方案，施工企业应当重新组织专家进行论证。

施工企业应当指定专人按相关规定对安全专项施工方案的实施情况进行现场监督和监测，发现不按照专项方案施工的，应当要求其立即整改，发现有危及人身安全的紧急情况，应当立即组织作业人员撤离危险区域，施工企业技术负责人应当定期巡查安全专项施工方案的实施情况。

对于按规定需要验收的危险性较大的分部分项工程，施工企业、监理单位应当组织相关人员进行验收。验收合格的，经施工企业项目技术负责人及项目总监理工程师签字后，方可进入下一道工序。

三、安全施工技术交底

工程项目施工前，施工企业负责项目管理的技术人员应当对有关安全施工的技术要求向施工作业班组、作业人员做出详细说明，并由双方签字确认。

1.安全技术交底的基本要求

(1)项目经理部必须实行逐级安全技术交底制度，纵向延伸到班组全体作业人员。

(2)技术交底必须具体、明确，针对性强。

(3)技术交底的内容应针对分部分项工程施工中给作业人员带来的潜在危害和存在问题。

(4)应优先采用新的安全技术措施。

(5)应将工程概况、施工方法、施工程序、安全技术措施等向工长、班组长进行详细交底。

(6)定期向由多个作业队和多工种进行交叉施工的作业队进行书面交底。

(7)保存书面安全技术交底签字记录。

2.安全技术交底的主要内容

(1)工程项目施工作业特点和危险点。

(2)危险点的具体预防措施。

(3)应注意的安全事项。

(4)相应的安全操作规程和标准。

(5)发生事故后应及时采取的避难和急救措施。

四、施工现场安全防护的规定

1.危险部位应设置安全警示标志

《建设工程安全生产管理条例》规定，施工单位应当在施工现场入口处、施工起重机械、临时用电设施、脚手架、出入通道口、楼梯口、电梯井口、孔洞口、桥梁口、隧道口、基坑边沿、爆破物及有害危险气体和液体存放处等危险部位，设置明显的安全警示标志。安全警示标志必须符合国家标准《安全标志及其使用导则》(GB 2894—2008)的规定。各种安全警示标志设置后，未经施工企业负责人批准，不得擅自移动或者拆除。

2.对施工现场周边的安全防护措施

施工企业对因工程项目施工可能造成损害的毗邻建筑物、构筑物和地下管线等，应当采取专项防护措施。在城市市区内的工程项目，施工企业应当对施工现场实行封闭围挡。

3.危险作业的施工现场安全管理

施工单位进行爆破、吊装等危险作业时，应当安排专门人员进行现场的安全管理，确保遵守操作规程和安全措施的落实。

第七节　工程项目安全事故的应急救援与调查处理

一、工程项目安全事故应急救援预案

《建设工程安全生产管理条例》规定，施工单位应当制订本单位生产安全事故的应急救援预案，建立应急救援组织或者配备应急救援人员，配备必要的应急救援器材、设备，并定期组织演练。

1.应急预案体系的构成

应急预案应形成体系，针对各级各类可能发生的事故和所有的危险源制订专项应急预案和现场应急处置方案，并明确事前、事发、事中、事后的各个过程中相关部门和有关人员的职责。

(1)综合应急预案。综合应急预案是从总体上阐述事故的应急方针、政策，应急组织结构，相关应急职责及应急行动、措施、保障等的基本要求和程序，是应对各类事故的综合性文件。

(2)专项应急预案。专项应急预案是针对具体的事故类别，如基坑开挖、脚手架拆除等事故的危险源和应急保障而制订的专项计划或方案。专项应急预案应制订明确的救援程序和具体的应急救援措施。专项应急预案是综合应急预案的组成部分，应按照综合应急预案的程序和要求组织制订，并作为综合应急预案的附件。

(3)现场处置方案。现场处置方案是针对具体的装置、场所、设施或岗位所制订的应急处置措施。现场处置方案应具体、简单、针对性强。现场处置方案应根据风险评估及危险性控制措施逐一编制，做到事故相关人员应知应会、熟练掌握，并通过应急演练，做到反应迅速、处置正确。

2.总分包单位的职责分工

实行施工总承包的，由总承包单位统一组织编制工程项目生产安全事故应急救援预案，工程总承包单位和分包单位按照应急救援预案，各自建立应急救援组织或者配备应急救援人员、救援器材、设备，并定期组织演练。

3.应急预案的演练与修订

施工企业的主要负责人具有组织、制订并实施本单位的生产安全事故应急救援预案的职责，同时施工企业应当制订本单位应急救援预案的演练计划，根据本单位的安全事故预防重点，每年至少组织一次综合应急预案演练或者专项应急预案演练，每半年至少组织一次现场处置方案演练。

应急预案演练结束后，企业应当对应急预案演练效果进行评估，分析存在的问题，并对应急预案提出修订意见，施工企业制订的应急预案应当至少每三年修订一次，预案修订情况应有记录并归档。

二、安全事故报告

施工过程中发生事故时，施工单位应当采取紧急措施减少人员伤亡和事故导致的损失，并按照国家有关规定及时向相关部门报告。《建设工程安全生产管理条例》进一步规定："施工单位发生生产安全事故，应当按照国家有关伤亡事故报告和调查处理的规定，及时、如实地向负责安全生产监督管理的部门、建设行政主管部门或者其他有关部门报告；特种设备发生事故的，还应当同时向特种设备安全监督管理部门报告。接到报告的部门应当按照国家有关规定，如实上报。实行施工总承包的建设工程，由总承包单位负责上报事故。"

1.事故报告的时间要求

安全事故发生后，事故现场有关人员应当立即向本单位负责人报告，单位负责人接到报告后，应当于 1 h 内向事故发生地县级以上人民政府安全生产监督管理部门和负有安全生产监督管理职责的有关部门报告。情况紧急时，事故现场有关人员可以直接向事故发生地县级以上人民政府安全生产监督管理部门和负有安全生产监督管理职责的有关部门报告。

2.事故报告的内容

报告安全事故应当包括下列内容：事故发生的单位概况，事故发生的时间、地点以及事故现场的情况，事故的简要经过，事故已造成或者可能造成的伤亡人数（包括下落不明的人数）和初步估计的直接经济损失，已经采取的措施，及其他应当报告的情况。

3.事故补报的要求

安全事故报告后出现新的情况应当及时补报，自事故发生之日起 30 日内，事故造成的伤亡人数发生变化，应当及时补报。道路交通事故、火灾事故自发生之日起 7 日内，事故造成的伤亡人数发生变化的，应当及时补报。

三、安全事故应采取的措施

发生生产安全事故后，施工企业应当采取措施防止事故扩大，保护事故现场，需要移动现场物品时，应当做出标记和书面记录，妥善保管有关证物。

1.组织应急抢救工作

事故发生单位负责人接到事故报告后，应当立即启动应急预案，或采取有效措施，积极组织抢救，防止事故扩大，减少人员伤亡和财产损失。

2.妥善保护事故现场

事故发生后，有关单位和人员应当妥善保护事故现场以及相关证据，任何单位和个人不得破坏事故现场，毁灭相关证据。因抢救人员、防止事故扩大及疏导交通等原因，确实需要移动事故现场物件的，应当做出标志，绘制现场简图并做出书面记录，妥善保存现场重要痕迹及物证。

四、安全事故的调查与处理

安全事故的调查处理应当按照实事求是、尊重科学的原则，及时、准确地查清事故原因，查明事故性质和责任，总结事故教训，提出整改措施，并对事故责任者提出处理意见。

1.事故调查的管辖

《生产安全事故报告和调查处理条例》中规定，特别重大事故由国务院或者国务院授权有关部门组成事故调查组进行调查。重大事故、较大事故、一般事故分别由事故发生地省级人民政府、设区的市级人民政府、县级人民政府负责调查。因事故伤亡人数变化导致事故等级发生变化，应当由上级人民政府负责调查，上级人民政府可以另行组织事故调查组进行调查。

2.事故调查的原则

实践表明，事故调查处理应遵循“四不放过”的原则，即事故原因未查清不放过，事故责任者未受到处理不放过，事故责任人和周围群众未受到教育不放过，整改防范措施未落实不放过。

3.事故调查报告

安全事故调查报告的主要内容有：事故发生单位概况，事故发生经过和事故救援情况，事故造成的人员伤亡和直接经济损失，事故发生的原因和事故性质，事故责任的认定以及对事故责任者的处理建议，事故的防范和整改措施等。

事故调查组应当自事故发生之日起 60 日内提交事故调查报告，特殊情况下，经负责事故调查的人民政府批准，提交事故调查报告的期限可以适当延长，但延长的期限最长不超过 60 日，事故调查报告应当附具有关证据材料，事故调查组成员应当在事故调查报告上签名。

4.事故的处理

对于重大事故、较大事故、一般事故，负责事故调查的人民政府应当自收到事故调查报告之日起 15 日内做出批复，特别重大事故，30 日内做出批复，特殊情况下，批复时间可以适当延长，但延长的时间最长不超过 30 日，事故处理情况由负责事故调查的人民政府或者其授权的有关部门、机构向社会公布，依法应当保密的除外。

第十三章 工程项目信息管理

第一节　工程项目信息管理概述

一、工程项目信息管理的含义和目的

信息管理在工程项目管理中是最薄弱的工作环节，多数施工企业的信息管理还相当落后，其落后表现在于对信息管理的理解，以及信息管理的组织、方法和手段基本上还停留在传统的方式和模式上。工程项目的信息包括在项目决策过程、实施过程（设计准备、设计、施工和物资采购环节等）和运行过程中产生的信息，以及其他与项目建设有关的信息。它包括项目的组织类信息、管理类信息、经济类信息，技术类信息和法规类信息。通过信息技术在工程项目管理中的应用，首先能够实现各类信息存储相对集中，如图 13-1 所示。这有利于工程项目信息的检索和查询，数据和文件版本的统一，以及工程项目的文档管理；其次能够

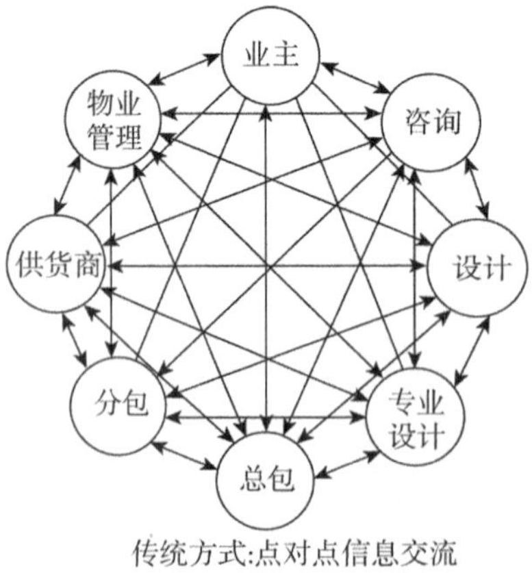

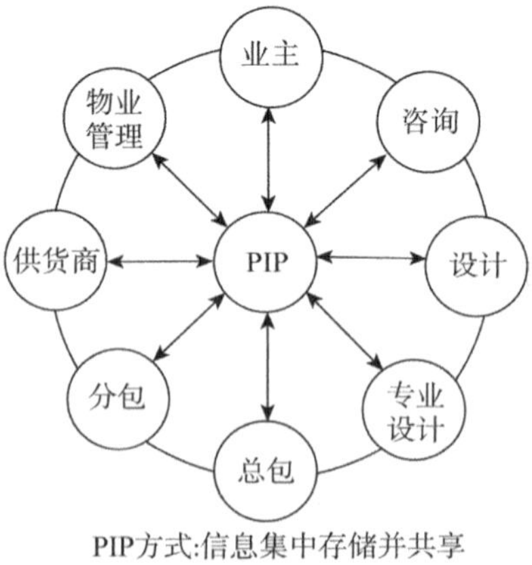

图 13-1　工程信息处理方式

实现各类信息处理的程序化,数字化和电子化,这有利于提高数据处理的准确性及保密性,以及提高数据处理的效率;最后能够实现各类信息获取更加便捷,提高信息透明度,这有利于工程项目各参与方之间的信息交流和协同工作。工程项目的实施需要人力资源和物质资源,应认识到信息也是项目实施的重要资源之一。

信息管理是指信息传输的合理组织和控制。工程项目的信息管理是指通过对各个系统、各项工作和各种数据的管理,使项目的信息能方便、有效地获取、存储、处理和交流。工程项目的信息管理的目的旨在通过有效的项目信息传输的组织和控制为项目建设增值服务。据国际有关文献资料介绍,工程项目实施过程中存在的诸多问题中,2/3 与信息交流、信息沟通的问题有关,工程项目 10%～33%的费用增加与信息交流存在的问题有关,在大型工程项目建设中,信息交流的问题导致工程变更和工程实施的错误约占工程总成本的 3%～5%,由此可见工程管理信息化有利于提高工程项目的经济效益和社会效益,达到为项目建设增值的目的。

二、工程项目信息管理的任务

1.信息管理手册

项目各参与方都有各自的信息管理任务,为充分利用和发挥信息资源的价值、提高信息管理的效率,实现有序的和科学的信息管理,各方都应编制各自的信息管理手册,以规范信息管理工作。信息管理手册描述和定义了信息管理做什么、谁来做、什么时候做和其工作成果是什么等。它的主要内容包括:

(1)信息管理的任务(信息管理任务目录)。

(2)信息管理的任务分工表和管理职能分工表。

(3)信息的分类。

(4)信息的编码体系和编码。

(5)信息输入、输出模型。

(6)各项信息管理工作的工作流程图。

(7)信息流程图。

(8)信息处理的工作平台及其使用规定。

(9)各种报表、报告的格式,以及报告周期。

(10)工程项目进展的月度、季度、年度报告和工程总报告的内容及其编制。

(11)工程档案管理制度。

(12)信息管理保密等制度。

2.信息管理部门的工作任务

工程项目管理班子中各个工作部门的管理工作都与信息处理有关,而信息管理部门的主要工作任务:

(1)编制项目信息管理手册,在项目实施过程中进行信息管理手册的必要修改和补充,并检查执行情况。

(2)协调和组织项目管理班子中各个工作部门的信息处理工作。

(3)信息处理工作平台的建立和运行维护。

(4)与其他工作部门协同组织信息的收集、处理,并形成各种反映工程项目进展和目标控制的报表和报告。

(5)工程项目档案管理等。

3.信息管理工作流程

工程项目信息管理的工作流程,如图 13-2 所示。

图 13-2　信息管理工作流程

由于工程项目大量数据处理的需要,应充分重视利用信息技术的手段进行信息管理,其核心的手段是基于网络的信息处理平台。国际上,许多工程项目都专门设立信息管理部门,以确保信息管理工作的顺利进行,也有一些大型工程项目专门委托咨询公司从事项目信息的动态跟踪和分析,以信息流指导物质流,从宏观上对工程项目的实施进行控制。

第二节　工程项目信息的分类、编码及处理

一、工程项目信息的分类

工程项目各参与方可根据各自的工程项目管理需求确定其信息管理的分类,也可以从不同的角度对工程项目的信息进行分类。按项目管理工作的对象,即按项目的分解结构,如子项目 1、子项目 2 等进行信息分类;按项目实施的工作流程,如设计准备、设计、招投标和施工过程等进行信息分类;按项目管理工作的任务,如投资控制、进度控制、质量控制等进行信息分类;按信息的内容属性,如组织类、管理类、经济类、技术类和法规类等进行信息分类。

为满足工程项目管理工作的要求,往往需要对项目信息进行综合分类,即按多维进行分类,如第一维按项目的分解结构,第二维按项目实施的工作过程,第三维按项目管理工作的任务。为了方便信息交流和实现部分信息共享,应尽可能统一分类,如项目的分解结构应统一。

某工程项目信息分类如图 13-3 所示。

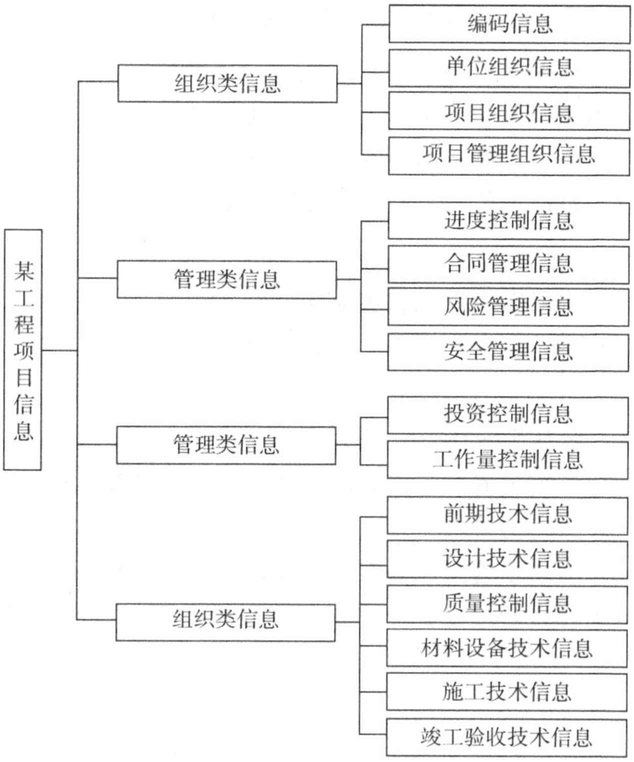

图 13-3 某工程项目信息分类

二、工程项目信息的编码

编码是信息处理的一项重要的基础工作。编码是由一系列符号(如文字)和数字组成，一个工程项目有不同类型和不同用途的信息。为了有组织地存储信息,方便信息的检索和信息的加工整理,必须对项目的信息进行编码。

1.项目结构编码

项目的结构编码是依据项目结构图,对项目结构的每一层的每一个组成部分进行编码。项目结构的编码和用于成本控制、进度控制、质量控制、合同管理和信息管理等管理工作的编码虽有紧密的联系,但它们之间又有区别。项目结构图和项目结构的编码是编制上述其他编码的基础。如图 13-4 所示,某工程项目进度计划的一个工作项的综合编码由计划平面编码、工作类别编码、项目结构编码、工作项编码、项目参与单位编码五部分组成。计划平面编码,如 A_1 表示总进度计划平面的工作,A_2 表示第 2 进度计划平面的工作等;工作类别编码,如 B_1 表示设计工作,B_2 表示施工工作等;项目结构编码如 C_1、C_2、C_3、C_4 4 个字符;工作项编码,如 D_1、D_2、D_3、D_4 4 个字符;项目参与单位编码,如

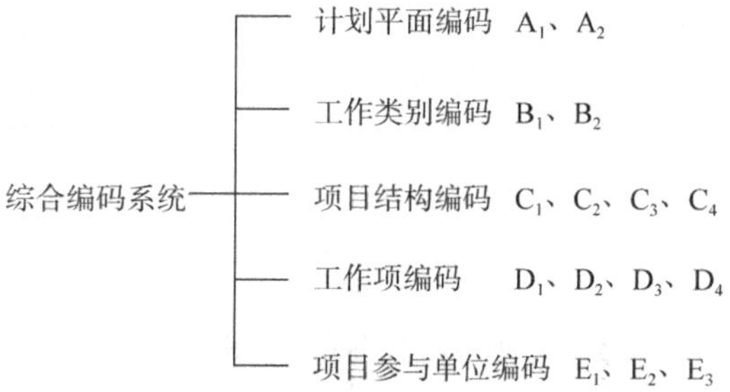

图 13-4 某工程项目进度计划的工作项编码

E_1 表示甲设计单位，E_2 表示乙设计单位，E_3 表示施工单位等。

2.项目管理组织结构编码

项目管理组织结构编码是依据项目管理的组织结构图，对每一个工作部门进行编码。项目的政府主管部门和各参与单位的编码包括政府主管部门、业主方的上级单位或部门、金融机构、工程咨询单位、设计单位、施工单位、物资供应单位、物业管理单位等。

3.项目实施工作项编码

项目实施的工作项编码应覆盖项目实施工作任务目录的全部内容，包括设计准备阶段的工作项、设计阶段的工作项、招投标工作项、施工和设备安装工作项、项目动用前的准备工作项等。

4.项目的投资项与成本项编码

项目的投资项编码并不是概预算定额确定的分部分项工程编码，而是综合考虑概算、预算、标底、合同价和工程款的支付等因素建立统一的编码，以服务于项目投资目标的动态控制。项目成本项编码也不是预算定额确定的分部分项工程编码，而是综合考虑预算、投标价估算、合同价、施工成本分析和工程款的支付等因素建立统一的编码，以服务于项目成本目标的动态控制。

5.项目进度项编码

项目的进度项编码应综合考虑不同层次、不同深度和不同用途的进度计划工作项的需要，建立统一的编码，服务于项目进度目标的动态控制。项目进展报告和各类报表编码应包括项目管理形成的各种报告和报表的编码。

6.项目合同编码

合同编码应参考项目的合同结构和合同的分类，准确反映合同的类型、相应的项目结构和合同签订的时间等特征。

7.项目函件编码

项目函件编码应反映发函者、收函者、函件内容所涉及的分类和时间等，以便函件的查询和整理。

8.项目档案编码

项目档案的编码应根据有关工程档案的规定、项目的特点和项目实施单位的需求而建立。

由此可知这些编码是因不同的用途而编制的，如投资项编码（业主方）/成本项编码（施工方）服务于投资控制工作/成本控制工作；进度项编码服务于进度控制工作。但是有些编码并不是针对某一项管理工作而编制的，如投资控制/成本控制、进度控制、质量控制、合同管理、编制项目进展报告等都要使用项目的结构编码，因此，就需要进行编码组合。

三、工程项目信息的处理

为了充分发挥信息资源的价值，信息对项目目标控制的作用，工程项目信息的处理应由传统方式向基于网络信息处理平台方向发展。网络信息处理平台主要由三个部分构成：第一部分是数据处理设备,包括计算机、打印机、扫描仪、绘图仪等。第二部分是数据通信网络,包括形成网络的有关硬件设备和相应的软件等。数据通信网络主要有三种类型,分别是局域网、城域网以及广域网。局域网(LAN)是由与各网点连接的网线构成的网络;城域网(MAN)是指在大城市范围内两个或多个网络的互联;广域网(WAN)是指在数据通信中,用来连接分散在广阔地域内的大量终端和计算机的一种多态网络。第三部分是软件系统,包括操作系统和服务于信息处理的应用软件等。基于互联网的信息处理平台,如图13-5所示。

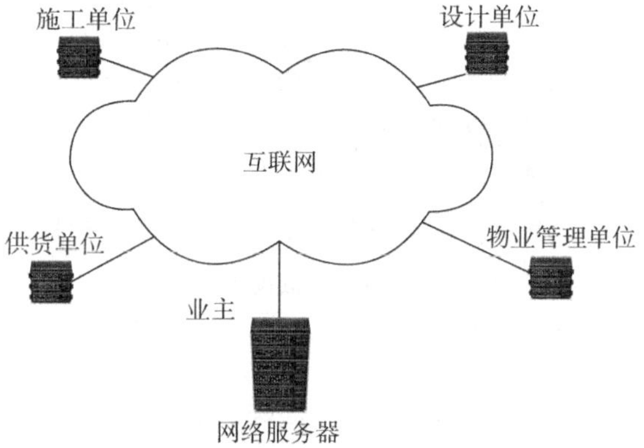

图13-5 基于互联网的信息处理平台

工程项目各参与方往往分散在不同的地点,不同的城市,或不同的国家,因此,其信息处理应充分考虑利用远程数据通信的方式。目前,工程项目数据通信的方式主要有以下几种:

(1)通过电子邮件收集和发布信息。

(2)通过基于互联网的项目专用网站实现项目各参与方之间的信息交流、协同工作和文档管理。

(3)召开网络会议。

(4)基于互联网的远程教育与培训。

第三节 施工项目信息管理

一、施工项目信息的内容

1.施工项目信息的分类

施工项目信息主要分类见表13-1。

表 13-1　施工项目信息主要分类

依据	信息分类	主要内容
管理目标	成本控制信息	施工项目成本计划、施工任务单、限额领料单、施工定额、成本统计报表、对外分包经济合同、原材料价格、机械设备台班费、人工费、运杂费等
	质量控制信息	国家或地方政府部门颁布的有关质量政策、法律、法规和标准等，质量目标的分解图表、质量控制的工作流程和工作制度、质量管理体系构成、质量抽样检查数据、各种材料和设备的合格证、质量证明书、检测报告等
	进度控制信息	施工项目进度计划、施工定额、进度目标分解图表、进度控制工作流程和工作制度、材料和设备到货计划、各分部分项工程进度计划、进度记录等
	安全控制信息	施工项目安全目标、安全控制体系、安全控制组织和技术措施、安全教育制度、安全检查制度、伤亡事故统计、伤亡事故调查与分析处理等
生产要素	劳动力管理信息	劳动力需用量计划、劳动力流动、调配等
	材料管理信息	材料供应计划、材料库存、储备与消耗、材料定额、材料领发及回收台账等
	机械设备管理信息	机械设备需求计划、机械设备使用情况、保养与维修记录等
	技术管理信息	各项技术管理组织体系、制度和技术交底、技术复核、已完工程的检查验收记录等
	资金管理信息	资金收支金额及其对比分析、资金来源渠道和筹措方式等
管理工作流程	计划信息	各项计划指标、工程施工预测指标等
	执行信息	项目施工过程中下达的各项计划、指示、命令等
	检查信息	工程的实际进度、成本、质量的实施状况等
	反馈信息	各项调整措施、意见、改进的办法和方案等
信息来源	内部信息	工程概况、施工项目的成本目标、质量目标、进度目标、施工方案、施工进度、完成的各项技术经济指标、项目经理部组织、管理制度等
	外部信息	监理通知、设计变更、国家有关的政策及法规、国内外市场的有关价格信息、竞争对手信息等
信息稳定程度	固定信息	施工定额、材料消耗定额、施工质量验收统一标准、施工质量验收规范、生产作业计划标准、施工现场管理制度、政府部门颁布的技术标准、不变价格等
	流动信息	施工项目的质量、成本、进度的统计信息、计划完成情况、原材料消耗量、库存量、人工工日数、机械台班数等
信息性质	生产信息	施工进度计划、材料消耗等
	技术信息	技术规范、施工方案、技术交底等
	经济信息	施工项目成本计划、成本统计报表、资金耗用等
	资源信息	资金来源、劳动力供应、材料供应等
信息层次	战略信息	提供给上级领导的重大决策性信息
	策略信息	提供给中层领导部门的管理信息
	业务信息	基层部门例行性工作产生的或需用的日常信息

2.施工项目信息的表现形式

施工项目信息的表现形式主要有书面形式、技术形式与电子形式三种。其中，书面形式是施工项目信息最主要的表现形式，包括设计图纸、说明书、任务书、施工组织设计、合同文本、概预算书、各类报表、工作条例、规章、制度，会议纪要、技术交底记录、工作研讨记录，工程变更文件记录、电话记录等。技术形式的施工项目信息主要包括电报、录像、录音、磁盘、光盘、图片、照片等记载储存的信息。电子形式的施工项目信息主要是指电子邮件等信息。

3.施工项目信息结构

施工项目信息结构是由施工项目公共信息及施工项目个体信息两大系统组成。施工项目信息结构与内容如图 13-6 所示。

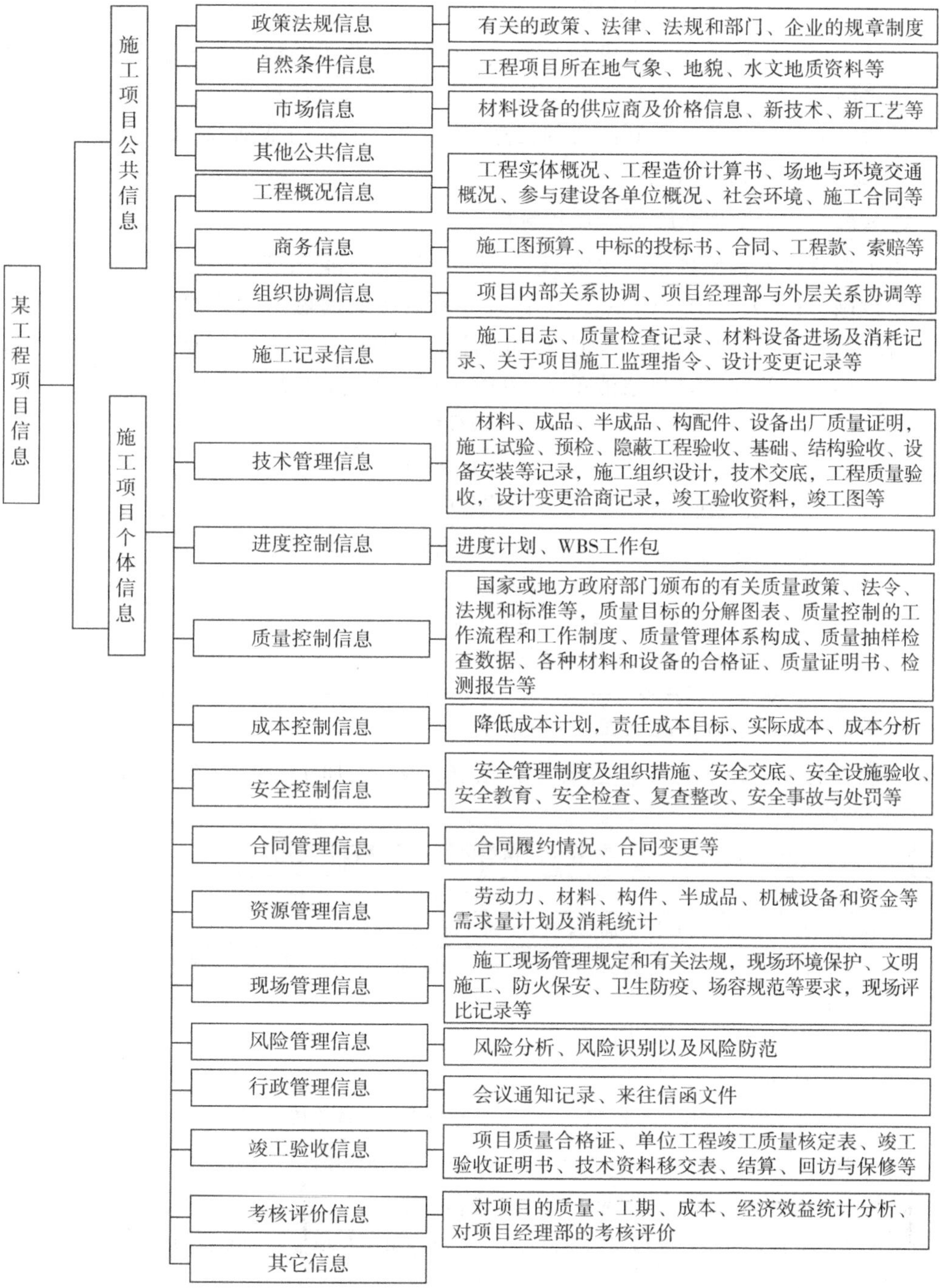

图 13-6　施工项目信息结构与内容

二、施工项目信息的管理

施工项目信息管理是指施工企业以项目管理为目标，以施工项目信息为管理对象所进行的有计划地收集、处理、储存、传递、应用各类信息的一系列工作。企业为实现项目管理的信息化，取得良好的经济效果，应做好以下几方面工作。

1.明确施工项目管理中的信息流程

根据施工项目管理工作的要求和对项目组织结构、业务功能以及流程的分析，建立各部门及人员之间，上下级之间，内外之间的信息连接，并要保持信息流动渠道的畅通有序，否则施工项目管理人员无法及时得到必要的信息，就会失去控制的基础、决策的依据和协调的媒介，将影响施工项目顺利进行。

2.建立施工项目管理中的信息收集制度

对施工项目的各种原始信息来源、信息内容、信息标准、信息时间要求、信息传递途径、信息反馈范围、责任人员的工作职责、工作程序等有关问题做出具体规定，形成制度并认真执行，以保证原始资料的全面性、及时性、准确性和可靠性。为了便于信息的查询使用，一般是将收集的信息填写在项目目录清单上，再输入管理系统，其格式见表13-2。

表13-2　项目目录清单

序号	项目名称	项目电子文档名称	单位工程名称	单位工程电子文档名称	负责部门	负责人	日期	附注
1								
2								
3								
…								
N								

3.施工项目管理中的信息处理

施工项目管理中的信息处理主要包括信息的收集、加工、传输、存储、检索和输出等工作，其内容见表13-3。

表13-3　信息处理的工作内容

工作	工作内容
收集	收集原始资料，要求资料全面、及时、准确可靠
加工	(1)对所收集的资料进行筛选、校核、分组、排序、汇总、计算平均数等整理工作，建立索引或目录文件； (2)将基础数据综合成决策信息； (3)对数据进行统计分析和预测
传输	借助纸张、图片、胶片、磁带、软盘、光盘、计算机网络等载体传递信息
存储	将各类信息存储、建立档案，妥善保管，以备随时查询使用
检索	建立一套科学、迅速地检索方法，便于查找各类信息
输出	将处理好的信息按各管理层的不同要求，编制打印成各种报表和文件，或以电子邮件、Web网页等形式发布

第十四章 工程项目职业健康与环境管理

第一节 工程项目职业健康管理

建设工程项目职业健康管理的目的是防止和减少生产安全事故、保护产品生产者的健康与安全、保障人民群众的生命和财产免受损失，控制影响工作场所内员工、临时工作人员、合同方人员、访问者和其他有关部门人员健康和安全的条件和因素，考虑和避免因管理不当对员工健康和安全造成的危害。

职业健康安全管理体系要素是管理体系的具体内容，如图 14-1 所示。

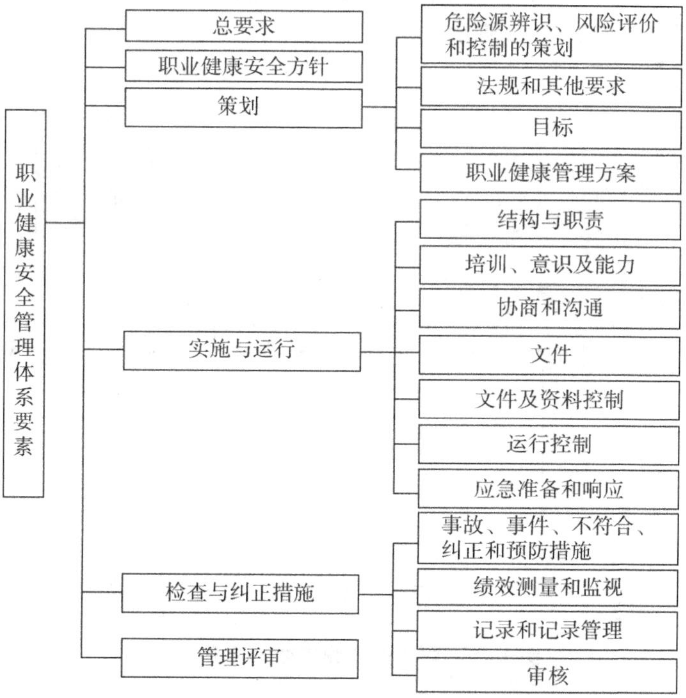

图 14-1 职业健康安全管理要素

一、职业健康管理要素

根据《职业健康安全管理体系 要求》(GB/T 28001—2011)，职业健康是指影响工作场所内的员工、临时工作人员、合同方人员、访问者和其他人员健康安全的条件和因素。

二、职业健康管理体系

职业健康安全管理体系是施工企业总体管理体系的一部分，目前被企业普遍采用，用以建立职业健康安全管理体系主要标准有《职业健康安全管理体系 要求》(GB/T 28001—2011)和《职业健康安全管理体系 实施指南》(GB/T 28002—2011)。根据《职业健康安全管理体系 要求》(GB/T 28001—2011)，在确定职业健康管理体系模式时，应按系统理论管理职业健康安全及其相关事务，即一个动态循环并螺旋上升的系统化管理模式，以达到预防和减少生产事故和劳动疾病的目的。职业健康安全管理体系运行模式如图 14-2 所示。

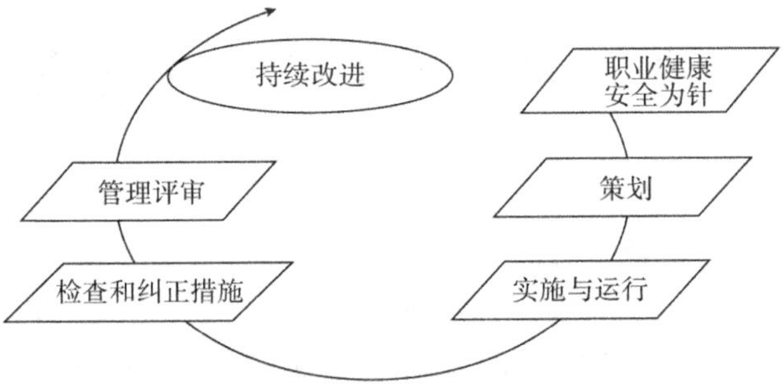

图 14-2 职业健康管理体系运行模式

在职业健康管理体系中，各要素间相互关系、相互作用共同有机地构成了职业健康安全管理体系的一个整体，如图 14-3 所示。

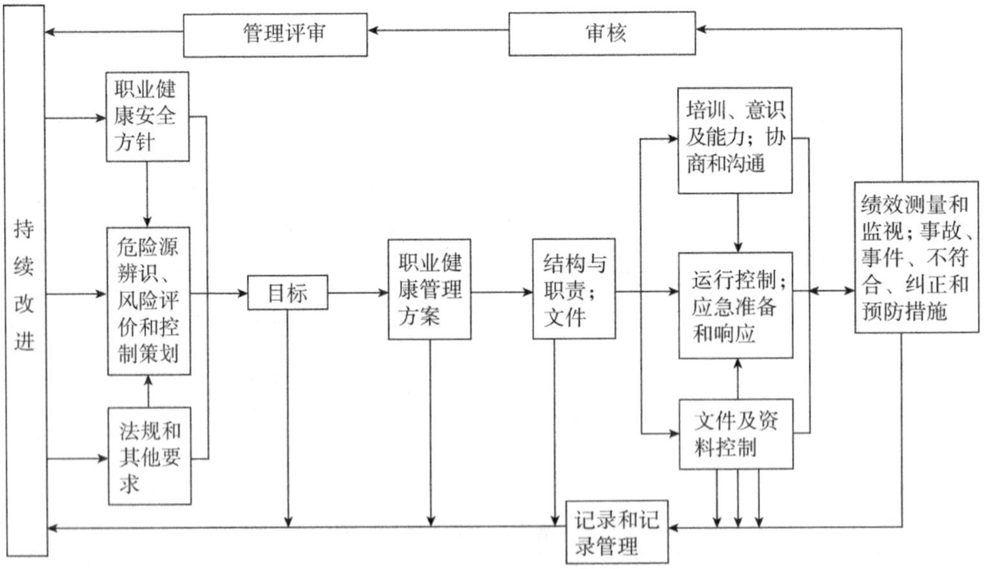

图 14-3 职业健康管理体系要素关联图

三、工程项目职业危害

1.职业危害因素来源

职业危害因素就是生产劳动过程中，存在于作业环境中的、危害劳动者健康的因素。按其来源可分为以下三类。

(1)生产过程中产生的有害因素：包括原料、半成品、产品、机械设备等产生的工业毒物、粉尘、噪声、振动、高温、辐射以及污染性因素等。

(2)劳动组织中的有害因素。包括作业时间过长、作业强度过大、劳动制度不合理、长时间处于不良体位、个别器官或系统过度紧张、使用不合理的工具等。

(3)与卫生条件和卫生技术设施不良有关的有害因素。包括生产场所设计不符合卫生标准和要求，如露天作业的不良气候条件、厂房狭小、作业场所布局不合理、照明不良等；缺乏有效的卫生技术设施或设施不完备，以及个体防护存在缺陷等。

2.工程施工易发的职业病类型

职业病是指作业者在从事生产活动中，因接触职业性危害因素而引起的疾病，但我国目前所谓的职业病仅指由政府部门立法所规定的法定职业病。2002 年，国家卫生和计划性育委员会颁布的《职业病目录》规定的法定职业病为十大类 115 种。其中，工程施工过程中易引起的职业病类型主要有以下几种：

(1)硅尘肺：主要由碎石设备作业、爆破作业等引起。

(2)水泥尘肺：主要由水泥搬运、投料、拌和等作业引起。

(3)电焊尘肺：主要由手工电弧焊、气焊作业等引起。

(4)锰及其化合物中毒：主要由手工电弧焊作业等引起。

(5)氮氧化物中毒：主要由手工电弧焊、电渣焊、气割、气焊作业等引起。

(6)一氧化碳中毒：主要由手工电弧焊、电渣焊、气割、气焊作业等引起。

(7)苯中毒：主要由油漆作业、防腐作业等引起。

(8)甲苯中毒：主要由油漆作业、防水作业、防腐作业等引起。

(9)二甲苯中毒：主要由油漆作业、防水作业、防腐作业等引起。

(10)中暑：主要由高温作业等引起。

(11)手臂振动病：主要由操作混凝土振动棒、风镐作业等引起。

(12)接触性皮炎：主要由混凝土搅拌作业、油漆作业、防腐作业等引起。

(13)电光性皮炎：主要由手工电弧焊、电渣焊、气割作业等引起。

(14)电光性眼炎：主要由手工电弧焊、电渣焊、气割作业等引起。

(15)噪声致聋：主要由木工圆锯、平刨操作，无齿锯切割作业，卷扬机操作，混凝土振捣作业等引起。

(16)苯致白血病：主要由油漆作业、防腐作业等引起。

由上可知建设工程项目职业危害主要有粉尘危害、噪声危害、高温危害、振动危害、密闭空间危害、化学毒物危害及其他因素危害七种。

四、工程项目职业健康管理要求

工程项目在实施过程中的职业健康管理主要是对作业者的工作场所、生产过程及其享有的职业健康保护权利三个方面进行管理。

1.工作场所的职业健康管理

(1)职业危害因素的强度或浓度应符合国家职业卫生标准。

(2)设有与职业病危害防护相适应的设施。

(3)现场施工布局合理,符合有害与无害作业分开的原则。

(4)有配套的卫生保健设施。

(5)设备、工具、用具等设施符合保护劳动者生理、心理健康的要求。

(6)法律、法规和国务院卫生行政主管部门关于保护劳动者健康的其他要求。

2.生产过程的职业健康管理

(1)建立健全职业病防治管理措施。

(2)为作业者提供必备的、符合防治职业病要求的防护用具、用品,不符合要求的,不得使用。

(3)优先采用有利于防治职业病和保护作业者健康的新技术、新工艺、新材料、新设备,不得使用国家明令禁止使用的可能产生职业病危害的设备或材料。

(4)书面告知作业者工作场所或工作岗位产生或可能产生的职业危害因素、危害后果及应采取的防护措施。

(5)对劳动者进行上岗前的职业卫生培训和在岗期间的定期职业卫生培训。

(6)对从事接触职业病危害因素的作业者,应进行上岗前、在岗期间和离岗时的职业健康检查。

(7)不得安排未经上岗前职业健康检查的劳动者从事接触职业病危害因素的作业,不得安排有职业禁忌的劳动者从事其所禁忌的作业。

(8)不得安排未成年工从事接触职业病危害的作业,不得安排孕期、哺乳期的女职工从事对本人和胎儿、婴儿有危害的作业。

(9)用于预防、治理职业病危害、工作场所卫生检测、健康监护和职业卫生培训等费用,按照国家有关规定,应在生产成本中据实列支,专款专用。

3.作业者享有的职业健康保护权利

(1)有获得职业健康教育、培训的权利。

(2)有获得职业健康检查、职业病诊疗、康复等职业病防治服务的权利。

(3)有了解工作场所产生或可能产生的职业病危害因素、危害后果及应采取的职业病防护措施的权利。

(4)有要求用人企业提供符合要求的职业病防护设施、个人防护用具、用品,及改善工作条件的权利。

(5)对违反职业病防治的法律、法规以及危及生命安全的行为有提出批评、检举和控告的权利。

(6)有拒绝违章指挥和强令进行没有职业病防护措施作业的权利。

(7)参与用人企业职业健康保护工作的民主管理,对职业病防治工作有提出意见和建议的权利。

第二节 工程项目环境管理

工程项目的环境管理主要是指工程建造实施阶段的环境保护,其环境管理的内容主要包括噪声排放、粉尘排放、有毒有害物质排放、废水排放、固体废弃物处置以及油品化学品泄漏等方面。施工企业应提高环境保护意识,采取切实可行的措施进行控制,减少有害的环境影响,降低工程建造成本,提高环保效益。

一、环境噪声污染防治

在工程建设领域,噪声污染的防治主要包括两个方面:一是建设项目噪声污染的防治;二是施工现场噪声污染的防治。前者主要是解决建设项目建成后使用过程中可能产生的环境噪声污染问题,后者则是要解决建设工程施工过程中产生的施工噪声污染问题。

1.建设项目噪声污染的防治

一些建设项目,如市政道桥、铁路(包括轻轨)、工业厂房等,其建成后的使用可能会对周围环境产生噪声污染。根据《中华人民共和国环境噪声污染防治法》的规定,建设项目可能产生噪声污染的,建设单位必须提出环境影响报告书,规定环境噪声污染的防治措施,并按照国家规定的程序报环境保护行政主管部门批准(环境影响报告书中,应当有该建设项目所在地单位和居民的意见)。建设项目的环境噪声污染防治设施必须与主体工程同时设计、同时施工、同时投产使用。例如,建设经过已有的噪声敏感建筑物集中区域的高速公路和城市高架、轻轨道路,有可能造成环境噪声污染的,应当设置声屏障或者采取其他有效的控制环境噪声污染的措施;在已有的城市交通干线的两侧建设噪声敏感建筑物的,建设单位应当按照国家规定间隔一定距离,并采取减轻、避免交通噪声影响的措施等。

建设项目在投入生产或者使用之前,其环境噪声污染防治设施必须经原审批环境影响报告书的环境保护行政主管部门验收,达不到国家规定要求的,该建设项目不得投入生产或者使用。拆除或者闲置建设项目环境噪声污染防治设施的,必须事先报经所在地的县级以上地方人民政府环境保护行政主管部门批准。

所谓噪声敏感建筑物集中区域,是指医疗区、文教科研区和以机关或者居民住宅为主的区域。所谓噪声敏感建筑物,是指医院、学校、机关、科研单位、住宅等需要保持安静的建筑物。

2.施工现场环境噪声污染的防治

施工噪声是指在建设工程施工过程中,产生的干扰周围生活环境的声音。随着工程建设的大规模开展，施工噪声污染问题日益突出，噪声污染不仅影响周围居民的正常生活，而且损害城市的环境形象。因此，应当依法加强施工现场噪声管理，采取有效措施防治施工噪声污染。

(1)施工噪声排放标准。在城市市区范围内向周围生活环境排放施工噪声的，应当符合国家规定的建筑施工场界环境噪声排放标准。按照《建筑施工场界环境噪声排放标准》(GB 12523—2011)的规定，城市建筑施工期间施工场地不同施工阶段产生的作业噪声限值，见表 14-1。

表 14-1 不同施工阶段作业噪声限值 dB

阶段＼时间段	昼间	夜间	备注
土石方	75	55	主要噪声源为推土机、挖掘机、装载机等
桩基础	85	禁止施工	主要噪声源为各种打桩机等
结构工程	70	55	主要噪声源为混凝土施工、振捣棒、电锯等
装饰装修	62	55	主要噪声源为起重机、升降机等
注：夜间是指夜间 22：00 至早晨 6：00 期间。			

(2)噪声污染的申报。在城市市区范围内，施工过程中使用机械设备，可能产生环境噪声污染的，施工单位必须在工程开工 15 日以前，向工程所在地县级以上地方人民政府环境保护行政主管部门，申报该工程的项目名称、施工场所和期限、可能产生的环境噪声值以及所采取的环境噪声污染防治措施的情况。

国家对环境噪声污染严重的落后设备实行淘汰制度。国务院经济综合主管部门应当会同国务院有关部门公布限期禁止生产、禁止销售、禁止进口的环境噪声污染严重的设备名录。

(3)禁止夜间进行产生环境噪声污染施工作业的规定。在城市市区噪声敏感建筑物集中区域内，禁止夜间进行产生环境噪声污染的建筑施工作业，但抢修、抢险作业和因生产工艺上要求或者特殊需要必须连续作业的除外。因特殊需要必须连续作业的，必须有县级以上人民政府或者其有关主管部门的证明，并公告附近居民。

二、大气污染的防治

1.建设项目大气污染的防治

建设项目的环境影响报告书必须对建设项目可能产生的大气污染和对生态环境的影响做出评价，规定防治措施，并按照规定的程序报环境保护行政主管部门审查批准。例如，新建、扩建排放二氧化硫的火电厂和其他大中型企业，超过规定的污染物排放标准或者总量控制指标的，必须建设配套脱硫、除尘装置或者采取其他控制二氧化硫排放、除尘的措施；炼制石油、生产合成氨、煤气和燃煤焦化、有色金属冶炼过程中排放含有硫化物气体的，应当配备脱硫装置或者采取其他脱硫措施等。

建设项目投入生产或者使用之前，其大气污染防治设施必须经过环境保护行政主管部门验收，达不到国家有关建设项目环境保护管理规定要求的建设项目，不得投入生产或者使用。

2.施于现场大气污染的防治

建设项目施工活动中应按照环境保护的相关规定，采取防治扬尘污染的措施；运输、装卸、贮存能够散发有毒有害气体或者粉尘物质的，应当采取密闭措施或者其他防护措施；在人口集中地区存放煤炭、煤矸石、煤渣、煤灰、砂石、灰土等物料，应当采取防燃、防尘措施；在人口集中地区和其他依法需要特殊保护的区域内，禁止焚烧沥青，油毡、橡胶、塑料、皮革、垃圾以及其他产生有毒有害烟尘和恶臭气体的物质，严格限制向大气排放含有毒物质的废气和粉尘，确需排放的，必须经过净化处理，不得超过规定的排放标准。

施工现场大气污染的防治重点是防治扬尘污染。对于扬尘的控制，住房和城乡建设部《绿色施工导则》中做了如下规定：

(1)运送土方、垃圾、设备及建筑材料等，不污损场外道路；运输容易散落、飞扬、流漏的物料的车辆，必须采取措施封闭严密，保证车辆清洁；施工现场出口应设置洗车槽。

(2)土方作业阶段应采取洒水、覆盖等措施，达到作业区目测扬尘高度小于 1.5 m，不扩散到场区外。

(3)结构施工、安装、装饰装修阶段，作业区目测扬尘高度应小于 0.5 m。对易产生扬尘的堆放材料应采取覆盖措施；对粉末状材料应封闭存放；场区内可能引起扬尘的材料及建筑垃圾搬运应有降尘措施，如覆盖、洒水等；浇筑混凝土前清理灰尘和垃圾时尽量使用吸尘器，避免使用吹风器等易产生扬尘的设备；机械剔凿作业时可用局部遮挡，掩盖、水淋等防护措施；高层或多层建筑清理垃圾时应搭设封闭性临时专用道或采用容器吊运。

(4)施工现场非作业区应达到目测无扬尘的要求。对现场易飞扬物质采取有效措施，如洒水、地面硬化、围挡、密网覆盖、封闭等，防止扬尘产生。

(5)构筑物机械拆除前，做好扬尘控制计划。可采取清理积尘、拆除体洒水、设置隔挡等措施。

(6)构筑物爆破拆除前，做好扬尘控制计划。可采用清理积尘、淋湿地面、预湿墙体、屋面敷水袋、楼面蓄水、建筑外设高压喷雾系统、搭设防尘排栅和直升机投水弹等综合降尘措施，以及选择风力小的天气进行爆破作业。

(7)在场界四周隔挡高度位置测得的大气总悬浮颗粒物(TSP)月平均浓度与城市背景值的差值不大于 0.08 mg/m^3。

三、水污染的防治

水污染是指水体因某种物质的介入，而导致其化学、物理、生物或者放射性等方面特性的改变，从而影响水的有效利用，危害人体健康或者破坏生态环境，造成水质恶化的现象。水污染防治包括江河、湖泊、运河、渠道、水库等地表水体以及地下水体的污染防治。水污染防治应当坚持预防为主、防治结合、综合治理的原则。

1.建设项目水污染的防治

新建、改建、扩建直接或者间接向水体排放污染物的建设项目和其他水上设施时，首先应当进行环境影响评价。水污染防治设施，应当与主体工程同时设计、同时施工、同时投入使用。水污染防治设施应当经过环境保护主管部门验收，验收不合格的，该建设项目不得投入生产或者使用。

2.施工现场水污染的防治

直接或者间接向水体排放污染物的建设项目，应当按照国务院环境保护主管部门的规定，向县级以上地方人民政府环境保护主管部门申报登记水污染物排放设施、处理设施和在正常作业条件下排放水污染物的种类、数量和浓度，并提供防治水污染方面的有关技术资料。住房和城乡建设部《绿色施工导则》中对水污染的控制做了进一步的规定，其具体内容如下：

(1)施工现场污水排放应达到国家标准《污水综合排放标准》(GB 8978—1996)的要求。

(2)施工现场应针对不同的污水，设置相应的处理设施，如沉淀池、隔油池、化粪池等。

(3)污水排放应委托有资质的单位进行废水水质检测，提供相应的污水检测报告。

(4)做好地下水的保护措施，采用隔水性能好的边坡支护技术，在缺水地区或地下水位持续下降的地区，基坑降水尽可能少的抽取地下水，当基坑开挖抽水量大于50万立方米时，应进行地下水回灌，并避免地下水被污染。

(5)对于化学品等有毒材料、油料的储存地，应有严格的隔水层设计，做好渗漏液收集和处理。

四、固体废物污染的防治

固体废物污染是指固体废物在产生、收集、贮存、运输、利用、处置的过程中产生危害环境的现象。国家对固体废物污染环境的防治，实行减少固体废物的产生量和危害性、充分合理利用固体废物和无害化处置固体废物的原则，促进清洁生产和循环经济发展。

1.建设项目固体废物污染的防治

建设产生固体废物的项目以及建设贮存、利用、处置固体废物的项目，应首先进行环境影响评价。环境影响评价文件确定需要配套建设固体废物污染环境防治设施的，必须与主体工程同时设计、同时施工、同时投入使用。固体废物污染环境防治设施必须经原审批环境影响评价文件的环境保护行政主管部门验收合格后，该建设项目方可投入生产使用。对固体废物污染环境防治设施的验收应当与对主体工程的验收同时进行。

2.施工现场固体废物污染的防治

(1)一般固体废物污染的防治。施工现场收集、贮存、运输、利用、处置固体废物必须采取防扬散、防流失、防渗漏或者其他防止污染环境的措施，不应擅自倾倒、堆放、丢弃、遗撒固体废物，禁止向江河、湖泊、运河、渠道、水库及其最高水位线以下的滩地和岸坡等法律、法规规定禁止倾倒、堆放废弃物的地点倾倒、堆放固体废物。

住房和城乡建设部《绿色施工导则》中对一般固体废物的污染提出了减量化和再利用的防治思路。首先，施工现场应制订建筑垃圾减量化计划，如住宅建筑，每万平方米的建筑垃圾不宜超过400 t。其次，施工现场应加强建筑垃圾的回收再利用，力争建筑垃圾的再利用和回收率达到30%；建筑物拆除产生的废弃物的再利用和回收率大于40%；对于碎石类、土石方类建筑垃圾，可采用地基填埋、铺路等方式提高再利用率，力争再利用率大于50%。

(2)危险废物污染的防治。危险废物是指在操作、储存、运输、处理和处置不当时，会对人体健康或环境带来重大威胁的废物，如具有强腐蚀性、毒性的废物。接触到危险废物的施工项目，应当制订意外事故的防范措施和应急预案，并向所在地县级以上地方人民政府环境保护行政主管部门备案；对危险废物的容器和包装物以及收集、贮存、运输、处置危险废物的设施、场所，必须设置危险废物识别标志；接触到危险废物的场所、设施、设备和容器、包装物及其他物品转作他用时，必须经过消除污染的处理，方可使用。

因发生事故或者其他突发性事件，造成危险废物严重污染环境的施工项目，必须立即采取措施消除或者减轻对环境的污染危害，及时通报可能受到污染危害的单位和居民，并向所在地县级以上地方人民政府环境保护行政主管部门和有关部门报告，接受调查处理。

参考文献

[1] 中华人民共和国住房和城乡建设部. GB/T 50326—2017 建设工程项目管理规范[M]. 北京:中国建筑工业出版社，2017.

[2] 全国一级建造师职业资格考试用书编写委员会. 建设工程项目管理[S]. 北京：中国建筑工业出版社，2016.

[3] 中华人民共和国住房和城乡建设部.GB 50500—2013 建设工程工程量清单计价规范[S]. 北京：中国计划出版社，2013.

[4] 中华人民共和国住房和城乡建设部.建标〔2000〕38 号全国统一建筑安装工程工期定额[S].北京：中国计划出版社，2000.

[5] 丁士昭. 工程项目管理[M]. 2 版. 北京：中国建筑工业出版社，2014.

[6] 乐云. 建设工程项目管理[M]. 北京：科学出版社，2013.

[7] 卢向南. 项目计划与控制[M]. 2 版. 北京：机械工业出版社，2009.

[8] 崔东红. 建设工程招投标与合同管理务实[M]. 北京：北京大学出版社，2009.

[9] 杨晓庄. 工程项目管理[M]. 武汉：华中科技大学出版社，2010.

[10] 吴涛. 从培经. 建设工程项目管理实施手册[M]. 2 版. 北京：中国建筑工业出版社，2010.

[11] 何清华. 项目管理[M].上海：同济大学出版社，2012.

[12] 刘小平. 建筑工程项目管理[M]. 2 版. 北京：高等教育出版社，2014.